LVTE
TIA

Gabrielle
Wittkop
Justus Franz
Wittkop

Paris

Prisma einer Stadt
Eine illustrierte Kulturgeschichte

Atlantis

Legenden:
Vorsatzpapier vorn: Ansicht der Quais vom Pont-Neuf aus. Stich von Chamouin nach einer Zeichnung von Rouargue.
Vorsatzpapier hinten: Place de la Concorde. Stich von Chamouin nach einer Daguerreotypie.
Schmutztitel: La Grand'Navire. Holzschnitt von Deschamps. Wappen der Pariser Buchhändlergilde, die zur mächtigen Klasse der «Wasserkaufherren» gehörte, die ihrerseits das Monopol des Schiffsverkehrs auf der Seine hatten. Das Schiff wurde zum Stadtwappen von Paris.
Frontispiz: La Maison aux Piliers. Miniatur aus dem Missel für Juvénal des Ursins. Das «Haus mit den Pfeilern» stand auf dem heutigen Platz des Hôtel de Ville. Es enthielt einen großen Versammlungsraum. Die beiden Stockwerke ruhten auf Arkaden, die Ecken waren von Erkern flankiert.

Atlantis Verlag AG
Zürich
und Freiburg im Breisgau

Photolithos: Vontobel Druck AG, Feldmeilen
Satz: Filmsatz Stauffer + Cie., Basel
Druck: Vontobel Druck AG, Feldmeilen
Einband: Buchbinderei Burkhardt AG, Zürich
Printed in Switzerland
ISBN 3 7611 0534 7

Inhaltsverzeichnis

Einleitung 9
Über die Entwicklung der Stadt 13
Stadt am Wasser 45
Stadt der Kirchen und Paläste 71
Das Irrationale in Paris 99
Das Blut von Paris 115
Paris der Schatten 141
Hospitäler und Gefängnisse 153
Die Pariserin 167
Enrichissez-vous! 181
Das Paris der kleinen Leute 192
Der Boulevard 205
Passagen 219
Unterirdisches Paris 225
Verkehr und Verkehrsmittel 234
Pariser Gärten 255
Märkte und Ausstellungen 269
Pariser Merkwürdigkeiten 286
Festlichkeiten und Belustigungen 294
Die Welt der Bretter 309
Die Musik in Paris 320
Paris bei Tisch 332
Die Stadt der Maler 341
Die Presse 352
Vom Wehen des Geistes 359
Zeittafel 372
Bildnachweis 374
Bibliographie 381
Personenregister 383
Orts- und Sachregister 388

Der Plan von Charles Piquet zeigt die Gestalt von Paris unter dem Empire, die Aufteilung in Arrondissements oder Munizipalitäten und vor allem die Abgrenzung gegen die anrainenden Gemeinden.

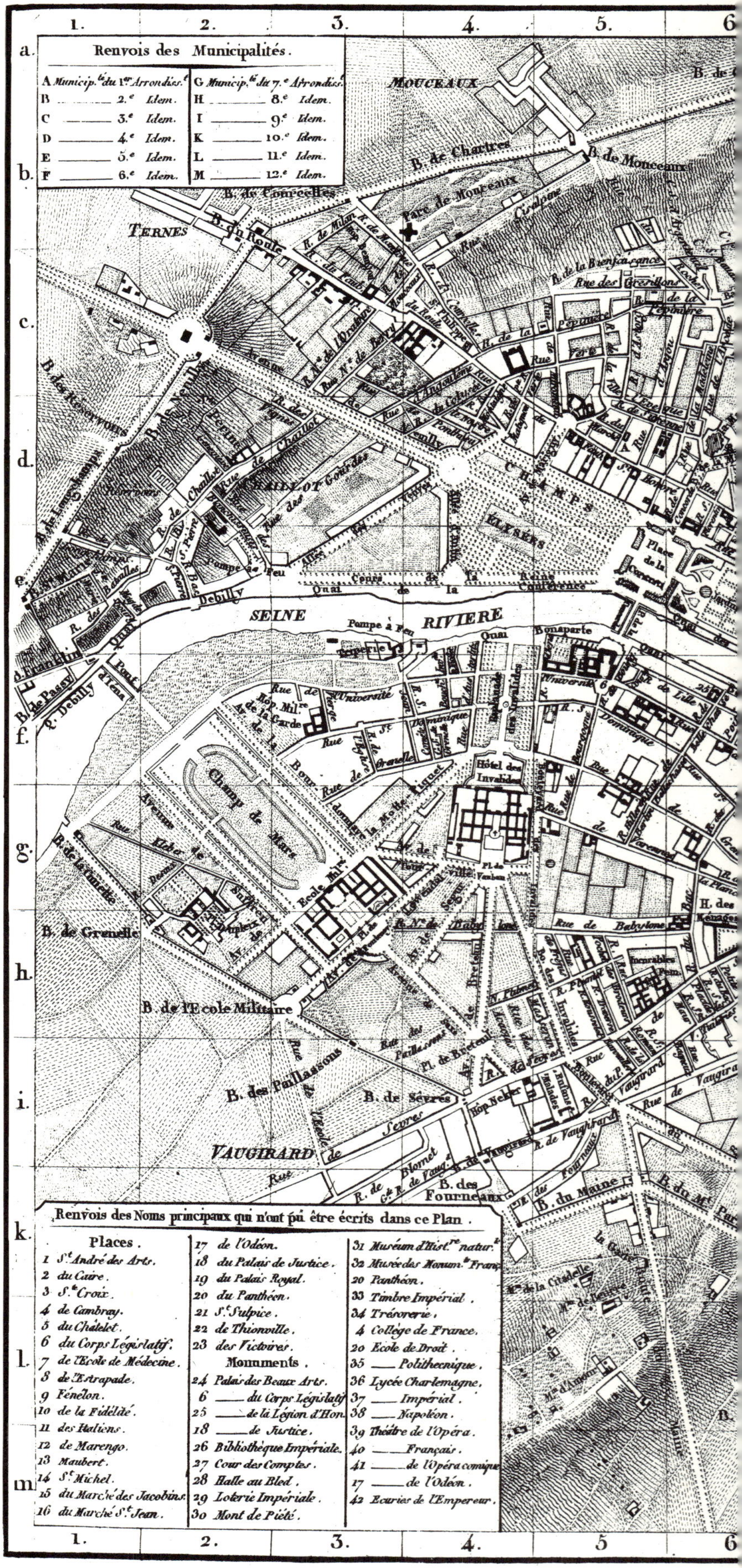

PLAN
DE PARIS
ET DE SES FAUBOURGS
Réduit
d'après celui publié en deux feuilles
Par Ch.les Picquet
Géographe-Graveur du Cabinet Topog.que
de S. M. l'Empereur et Roi.
Avec tous les Changements survenus
jusqu'en 1809.
A PARIS,
ECHELLES
de 800 Mètres.
de 410 Toises
SEINE
RIVIERE
BERCY
Parc de Bercy

Deine Orgien ohne Durst und deine seelenlosen Lieben, Deinen Hang zu dem Unendlichen,
Überall und noch im Bösen sich erweisend.
Deine Bomben, deine Dolche, deine Siege, deine Feste,
Deine Vorstadtviertel in Melancholie,
Die Hôtels garnis,
Deine Gärten voller Seufzer und Kabalen,
Deine Tempel mit dem Auswurf der gesungenen Gebete,
Deine kindliche Verzweiflung, deine Spiele einer greisen Närrin, Dein Verzagen;
Deine Feuerwerke, Freudeneruptionen,
Ein Gelächter für den stumm verhangenen Himmel.
Dein verehrungswürdiges Laster, das in Seide gleißt,
Deine spaßige Tugend mit dem leidverklärten Blick,
Sanft und vor dem Luxus stumm, den es entfaltet.
Deine unberührten Lebensregeln, dein verspottetes Gesetz.
Deine stolzen Monumente, die der Nebel einhüllt,
Deine Kuppeln aus Metall im Sonnenglast;
Deine Bühnenköniginnen mit dem Zauber ihrer Stimmen,
Deine Sturmgeläute, dein Kanonenbrüllen, schmetternde Orchester.
Deine magischen Pflastersteine, jäh zu Schanzen aufgetürmt.
Deine kleinen Redner mit barocken Floskeln,
Liebe predigend; deine Abzugsgruben voll geronnenen Bluts,
in die Hölle wie in einen Orinoko sich ergießend.

(Baudelaire, Plan zu einem Epilog für die zweite Ausgabe der *Fleurs du Mal*)

Einleitung

Elastisch, fluktuierend, dem Rhythmus der Jahrhunderte und den Zyklen der Geschichte unterworfen, ruht Paris dennoch wie ein Kristall in sich selbst. Seit der Stadtgründung hat das Klima sich wenig verändert; trotz hundert Jahren Industrialisierung und siebzig Jahren Auto-Verkehr, die das Licht um 30 Prozent gedämpft haben, hat die Stadt bleibende Komponenten bewahrt. Lang vor Entstehen der modernen Malerei, sogar lang vor dem Aufkommen des Impressionismus hatten Himmel und Licht von Paris große Maler inspiriert; man könnte von einer Pariser Natur sprechen, vielleicht Entartung der Natur der Ile-de-France; zu ihr gehören auch die Wolken, die abends in violettem Leuchten aufglühen, die Spatzen der öffentlichen Gärten, die Geranien auf den Balkons und die Robinien von Saint-Julien-le-Pauvre.

Ein alter Führer, *Guide Richard pour 1828,* in dessen alphabetischem Index die Akrobatik von Madame Saqui friedlich einer *clinique d'Accouchement* benachbart ist, macht genaue Angaben über die geographische Lage von Paris und seine atmosphärischen Bedingungen: «Paris liegt bei 48° 50′ 10″ nördlicher Breite und 20° 11′ östlicher Länge vom Meridian der Westspitze des Ferro-Eilandes der Kanarischen Inseln ... Die tiefste Bodenstelle der Stadt liegt 37 m über dem Meeresspiegel ... Die durchschnittliche Höchsttemperatur ist 27° Réaumur, und der mittlere Kältetiefpunkt ist 7° unter 0. Die Seine friert meist bei minus 8° zu. Die Durchschnittstemperatur ist 9° über dem Gefrierpunkt. Der höchste Barometerstand ist 28 Zoll 5 Strich gewesen, der niedrigste 27 Zoll 3 Strich. Die Windrichtung ist meist aus Südsüdwest und Nordwest. Die Regenfälle sind nicht heftig, Gewitter ziemlich selten, doch häufig herrscht Nebel.» Anmutiger drückt es in seinem *Misopogon* Julian Apostata aus: «... ich habe mein Winterquartier im vielgeliebten Lutetia bezogen, wie die Kelten die Hauptstadt der Parisier nennen; eine kleine Insel auf einem Fluß, von einem Schutzwall umgeben; von den Ufern aus gelangt man auf zwei Holzbrücken zu ihr. Das Wasser des Flusses ist kristallklar und angenehm zu trinken. Der Winter ist hier ziemlich milde, wohl wegen der Winde vom nicht allzu fernen Ozean herüber, denn anscheinend ist Meerwasser eher warm als kalt... Es gibt hier auch Weinberge mit gutem Wein, und manche Leute besitzen sogar Feigenbäume, die winters einfach mit Strohmatten zugedeckt werden... Doch der heurige Winter war strenger als gewöhnlich; im Fluß trieben dicke Eisschollen, weiß wie phrygischer Marmor... Die Stube, in der ich schlief, war nicht geheizt, wie es sonst die hiesigen Häuser meist sind, die über eine Bodenheizung verfügen.»

Julian zog Kohlenbecken vor, auf die er aber verzichtete, als er einmal fast an Kohlenoxyd erstickt wäre. Von den Sitten der Einwohner von Paris hatte der Römer eine sehr viel höhere Meinung als von denen der Bewohner Antiochias, wo er vorher gelebt hatte. Er stellte fest, in Lutetia kenne man weder Unverschämtheit noch Obszönität. Heute würden die Kritzeleien an den Wänden der Métro ihm wohl eine andere Meinung eingegeben haben.

Trotz aller Verwandlungen hat die Stadt ihre Gestalt bewahrt: kreisförmig um die doppelte Kreuzung, die der Wasserweg mit der römischen Nord-Süd-Straße und die Rue Saint-Jacques mit der ost-westlichen Rue Saint-Antoine bilden. Woher kommt es, daß diese schmutzige, laute, in ihrer Geschichte tragische Stadt, die weder sanft noch umgänglich ist, soviel Charme besitzt und daß sie soviel Liebe auf sich zieht? Sie ist lebendig, merkwürdig personifizierbar, doch von einer mysteriösen und widersprüchlichen Personalität, gemischt gleichzeitig aus dem Lachen Rabelais', das rund um Saint-Eustache dröhnt, und der vieldeutigen Melancholie der Flußperspektiven.

Paris, dessen graue Steine das Licht – und die erbarmungslose Hitze der Sommertage – zurückstrahlen, ist vor allem eine geistige Haltung, ein Denkvorgang nach Regeln des Konfliktes und des Vorbehalts. Nicht Hast, sondern heimliches Zögern ist es, das den Pariser vom fahrenden Autobus abspringen läßt. Die Wegrichtung kann man immer ändern. Außer in jenen Tagen der Raserei, der Hysterie, wenn es der Stadt einfällt, Blut zu vergießen – irgendwelches Blut. Paris ist ein *Janus bifrons,* dessen beide Gesichter eine Maske tragen. Die Maske drängt sich auf, sie erlaubt nicht, daß man sie übersieht. Nichts illustriert besser die Obsession, die von ihr ausgeht, als die monomanischen und

Schon im 15. Jahrhundert bildet der Louvre einen stark befestigten baulichen Komplex. Pol de Limbourg zeigt uns im Stundenbuch des Herzogs von Berry auch den «joli Louvre», den hübschen Louvre König Karls V. Die Äcker im Vordergrund gehörten zur Domäne des Hôtel de Nesle auf dem linken Seineufer.

allmächtigen Plakate und Reklamen, die Schlagworte in Leuchtschrift, die uns zum Komplizen machen wollen, während ihre Eindringlichkeit doch gerade Beschwörung aller Ungewißheit ist. Denn der Gewißheit ist zu mißtrauen. Und wenn es eine ganz besonders unglückliche Annäherung an die Geschichte gibt, dann doch wohl die, die sich für unwiderlegbar hält. Die Dokumente in den Archiven, die Briefe der Augenzeugen sind stets von Subjektivität geprägt, von einer bestimmten Art zu sehen und zu empfinden, von persönlichem Stil. Darum ist jede zuverlässige und vollständige (oder fast vollständige) Geschichtsdarstellung unmöglich, ob die eines Menschen oder die einer Stadt. Zum Glück bleiben jedoch die sie umschreibenden Variationen des Porträts. Weniger also eine komplette Geschichte von Paris darf man hier erwarten als vielmehr ein Gemälde. Ein Porträt im Räumlichen und ein Gemälde im Zeitlichen? Doch Zeit und Raum sind eng verflochten. Und Paris bleibt der unbekannte Organismus, der sich ständig erneuert, der dazu einlädt, daß man ihn zu kennen und zu schildern sich bemüht. Ein Gemälde von Paris, leicht hingetupft – Impressionismus steht der Stadt am besten an – ist immer auch, wie jedes Porträt, eine Bilanz, das Resümee von Erfahrungen und Abenteuern, die in einen partikularen Stil eingeflossen sind. Wenn von Maske und Porträt die Rede ist, so handelt es sich weniger darum, das unter der Maske versteckte Antlitz wiederzugeben, als vielmehr die innere Struktur der Maske zu erfassen.

Nach dem Brand des Justizpalastes 1776 führten die Bauarbeiten zu Grabungen, bei denen eine römische Gedenksäule von 1,86 m Höhe gefunden wurde, als Schmuck trug sie vier Götterbilder; darunter das hier abgebildete: Merkur mit Hahn und Ziege.

Über die Entwicklung der Stadt

Eine ganze Stadt, in ihrer Pracht errichtet,
Scheint durch ein Wunder aus alter Kluft emporgestiegen.
Corneille, Le Menteur

Seit den Zeiten, in denen Mammute Charonne bevölkerten, bis zu dem seinen Gürtel sprengenden Groß-Paris hat die Stadt an Fläche und Dichte zugenommen. Entgegen der Legende, die auf allzu simpler Etymologie beruht, hat nicht der Hirte Pâris sie gegründet. Paris fußt auf einer winzigen Muschel, dem Nummuliten, der zu den Foraminiferen gerechnet wird; sie ist für die Schichten des ältesten Tertiärs charakteristisch; in Kellern und Steinbrüchen findet man sie noch heute in Gipsablagerungen. Die Geologen haben festgestellt, daß dort, wo Paris entstehen sollte, im Verlauf von einigen Millionen Jahren nicht weniger als acht Meere aufeinander gefolgt sind – als letztes die Nordsee –, die Seen und Lagunen zurückließen. Bis zu 30 und 35 m Tiefe finden sich auf dem linken Seine-Ufer die typischen Stratifikationen. Knochen der den Archipel bewohnenden Fauna trugen durch Ansammlung zu den Formationen des Pariser Beckens bei. Weitere Schichten lagerten sich ab, darunter Überreste von Bauten, als der Mensch zu guter Letzt erschienen war. In 3000 Jahren hat der Pariser Boden sich um etwa sechs Meter erhöht.

Als um das Jahr 1000 v.Chr. die Kelten das Seine-Becken besiedelten, hatte es bereits sein heutiges geologisches Aussehen. Anzunehmen ist, daß der Druidenkult zunächst in den benachbarten Wäldern gefeiert wurde. Trümmer eines Dolmens hat man z.B. bei Meudon gefunden. Auf der Insel werden die Schilfhütten allmählich durch Holzhäuser ersetzt; steinerne Götterbilder entstehen; noch unterscheidet sich das große Fischerdorf kaum von seinesgleichen, bis die römischen Eroberer ihm das erste seiner vielen Gesichter geben.

Der Palast des römischen Statthalters erhebt sich dort, wo heute das Palais de Justice steht; doch vor allem wächst die Stadt auf dem linken Ufer, im Lucotetia-Viertel. Sümpfe werden trockengelegt, Straßen gebaut, Gebäude errichtet; man sucht die kleine Garnisonsstadt wohnlich zu machen, die bereits Handelszentrum ist, aber von der Verwaltung in Lyon, der Hauptstadt Galliens, abhängt. Der ganze südliche Hang wird von kaiserlichen Nebengebäuden eingenommen. Constantius Chlorus, zum Befehlshaber über Gallien, Spanien und Großbritannien ernannt, läßt den Thermenpalast bauen, der seiner Bäder wegen so heißt; ein Aquädukt, von dem an der Ecke der Rue Saint-Jacques noch Reste stehen, bringt Quellwasser aus Arcueil und Rungis heran. Die Gärten erstrecken sich bis zum Fluß, und dieser Thermenpalast wird der erste Sitz der Könige von Frankreich sein. Hier residieren Chlodwig, Childebert und noch die Töchter Karls des Großen. Im 9. Jahrhundert wird dieses Lustschloß bei einer der vielen Normannen-Invasionen geplündert, deshalb errichtet man einen neuen Palast auf der Ile de la Cité.

Der Thermenpalast. Die Gesamtansicht der Ruinen aus der Vogelschau läßt die Lage des 1820 entdeckten *tepidarium* erkennen, dessen Südwand Nischen aufweist, in denen die Wannen standen. Von außen sieht man das *frigidarium* mit einem Kreuzgewölbe, ferner die Schwimmbecken und Reservoire.

Das von den Königen verlassene Bauwerk der Römer wird noch von den Architekten Philipp Augusts verstümmelt und als Steinbruch verwendet.

Die römische Stadt ist reich an Tempeln; noch in modernen Zeiten werden selten große städtebauliche Arbeiten ausgeführt, ohne daß man Spuren der Antike zu Tage fördert. Im Boden des Luxembourg-Gartens, wo ein Militärlager stand, wurden römische Münzen gefunden. Das unter dem Namen *Arènes de Lutèce* bekannte Amphitheater lag am Fuß des Sainte-Geneviève-Hügels. Die erst 1869 freigelegten Ruinen dieser Arena zeigen, daß sie nicht wie sonst üblich ellipsenförmig, sondern kreisrund war; mit üppigem Schmuck versehen, diente sie einem doppelten Zweck: Spiele wechselten mit Theateraufführungen. Das Baujahr ist nicht bekannt, muß aber Ende des zweiten oder Anfang des dritten Jahrhunderts angenommen werden. Vermutlich wurde sie beim Barbareneinfall von 285 zum Teil zerstört, ihre Pracht war nur von kurzer Dauer.

Seit je war Paris Ziel der Begehrlichkeiten, und die Stadt mußte der Gefahr immer neuer Invasionen begegnen. «Der Strand dieser Insel war ihre erste Umfriedung und die Seine ihr erster Burggraben», schrieb Victor Hugo. Später folgten einander die Ringmauern, die sich mit der Stadt ausdehnten; die gallo-römische umschloß eine Siedlung von neun Hektaren. Die dauerhafteste, so könnte man sagen, war die Stadtmauer Philipp Augusts, denn man stößt überall – am Ende einer Gasse, in einer Schlosserwerkstatt, in einem Garten – auf ihre Reste; ihr Bau dauerte vier Jahre und kostete 182000 livres. Ihre Erneuerung und Ausdehnung verdankte sie der energischen Initiative von Etienne Marcel, Prévôt der Kaufmannschaft. Der lange Zeit beim Volke sehr beliebte Mann wurde, des Verrats angeklagt, an der Porte Saint-Antoine niedergemacht, dort, wo 1370 sein Nachfolger Hugues Aubriot den Grundstein zur Bastille legte. Es entstanden die Stadtmauer Karls V., diejenige Ludwigs XIII. und schließlich die Mauer der *fermiers généraux* (der Steuerpächter), die im Gegensatz zu den früheren nicht als Verteidigungsanlage, sondern als Oktroi-Einrichtung gedacht war.

Um den Ertrag zu heben
und uns die Sicht zu beengen,
fand der Fiskus es nötig eben
Paris in einen Kerker zu zwängen.

Der letzte Befestigungsgürtel ist der von Thiers, zu dem die Erinnerung an die Invasionen von 1814 und 1815 Anlaß gab. Konzentrisch zur Stadtmauer der *fermiers généraux,* hat er eine

Länge von 39 km und weist 94 Bastionen und eine große Anzahl von Stadttoren oder Barrieren auf. Die Situation der Hauptstadt wird durch ihn nicht sehr beeinträchtigt, doch achtzehn Monate nach seiner Fertigstellung beschließt die Kammer die Eingemeindung der zwischen der alten Mauer der *fermiers généraux* und der neuen Befestigung liegenden Gemeinwesen. Die alte Mauer wird niedergelegt, während die neuen Wehranlagen erst nach dem Ersten Weltkrieg planiert werden.

Die Existenz Frankreichs beginnt vielleicht, als Chlodwig nach dem Sieg über Syagrius Gallien bis zu den Pyrenäen erobert. Paris wird zur provisorischen Hauptstadt, erlangt einige Bedeutung jedoch erst, als die Thronbesteigung Hugo Capets aus der durch ihre Lage dazu prädestinierten Stadt das politische und geistige Zentrum Frankreichs macht. Der Klerus ist mächtig, der Adel nimmt Wohnsitz in der Cité, junge Leute strömen aus allen Ländern zu den Schulen von Paris. Die Schöffen und ihr Vorsitzender, der Prévôt der Kaufmannschaft, verbessern die Stadtverwaltung und fördern den Handel, während der *Prévôt judiciaire,* der Justizvogt, mit seinem Gerichtshof vom Grand Châtelet aus sein Regiment ausübt.

Diese graphische Rekonstruktion der Stadtmauer Philipp-Augusts stammt aus der Zeit der Romantik. Die Befestigung bestand aus einer Außenmauer und der leicht abgeschrägten Innenmauer. Der Zwischenraum zwischen beiden war mit eingemörtelten Steinen gefüllt.

Notre-Dame mit dem Petit-Pont, vom Seineufer aus gesehen. Die Miniatur von Jean Fouquet aus dem Stundenbuch des Etienne Chevalier zeigt die Mitglieder des Domkapitels bei der Ausgießung des heiligen Geistes an Pfingsten.

Die Häuser haben im Erdgeschoß auf dicken Pfeilern ruhende Gewölbe; im ersten Stock nimmt ein durchgehendes Fenster die ganze von kleinen Säulen unterteilte Breite der Fassade ein. Das schräge Dach ist mit glasierten Ziegeln gedeckt. Die Läden strotzen von allen möglichen Waren: Lebensmitteln, Kleidern, Lederwaren, Waffen und Pergamenten. Philipp August läßt nicht nur die Hauptstraßen pflastern und das Beinhaus *des Innocents* bauen, er verwandelt auch den Louvre in ein rechteckig um den Burgfried errichtetes Schloß. Und vor allem läßt er Markthallen entstehen. «Er errichtete 1182 in Paris zwei große Gebäude, gemeinhin Hallen genannt, damit alle Kaufleute zum Markt kämen, ohne den Regen fürchten zu müssen, und vor den Dieben geschützt wären. Die Hallen waren von einer Mauer umgeben, und zwischen der Mauer und den Hallen standen Fleischbänke», schreibt Rigord (zit. bei Labédollière).
Der Sitz der Bürgerschaft sollte oft Ort und Namen wechseln, *Maison de la Marchandise,* dann *Parloir aux Bourgeois,* das sich beim Grand Châtelet befand, darauf *Hôtel de Ville* in der Rue de Rivoli. Erst im 14. Jahrhundert erwirbt die Stadtverwaltung den Bau am Grève-Platz, der *Maison aux Piliers* heißt; an der Stelle dieses «Hauses mit den Pfeilern» erhebt sich später das von Domenico da Cortona (le Boccador genannt) erbaute Stadthaus, das in der Blutwoche vom Mai 1871 niederbrennt und dessen Platz der Neubau von Ballu und Deperthes, der heute als Stadthaus dient, einnimmt. Von Boccadors *Hôtel de Ville* ist noch eine Arkade erhalten, die Stein um Stein bei der Naumachie im Park Monceau wiederaufgebaut worden ist.
Im 15. Jahrhundert besteht nur das Erdgeschoß der meisten Bürgerhäuser aus Stein. Der Rest der Häuser ist aus waagrechten und senkrechten Balken gezimmert, deren Zwischenräume mit Mörtel ausgefüllt werden. Die Fassade ist manchmal mit Schiefer verkleidet, um das Einsickern von Regenwasser zu verhindern. Die Stockwerke kragen vor und sind von einem spitzen Giebel gekrönt. Die Konsolen, Pfeiler und Auflager der Etagen zeigen Schnitzwerk, Wappenschilder, Blätter, phantastische Tiere, biblische Gestalten oder groteske Figuren. Das mittelalterliche Paris, mit dem Victor Hugo uns zum Träumen anregt, schildert er aus der Vogelperspektive von den Türmen von Notre-Dame: «...da war zunächst ein Gewirr von Dächern, Schornsteinen, Straßen, Brücken, Plätzen, Fialen und Kirchtürmen. Alles drängte sich einem gleichzeitig ins Auge, der gehauene Giebel, das spitze Dach, das an der Mauerecke hängende Türmchen, die Steinpyramide aus dem elften, der Schieferobelisk aus dem fünfzehnten Jahrhundert, die Rundung

Um 1500 werden die Vorschriften für den Handel eindeutig von der königlichen Autorität festgelegt, während die Munizipalität hierarchisch in *prevôts* und *échevins* (Vögte und Schöffen) gestaffelt ist; ihnen steht jeweils ein ganzer juristischer Apparat zur Seite. Auf dem Frontispiz der «Sammlung königlicher Verordnungen» ziert das Symbol des Schiffes nicht nur die Tapisserie, sondern auch die offiziell vorgeschriebenen Gewänder.

Messeigneurs les preuost des marchans et escheuins de la ville de Paris

Les quatre sergens de la marchandise

Les six sergẽs du parlouer aux bourgoys

des Bergfrieds aus nacktem Stein, der viereckige, durchbrochene Glockenturm, das Große, Kleine, Massive, Luftige. Lange verlor sich der Blick in diesem Labyrinth tief drunten, wo es nichts gab, was nicht seine Urtümlichkeit, seinen Daseinsgrund, seinen Genius, seine Schönheit hatte, nichts, vom geringsten Haus mit seinem bemalten und geschnitzten Ladenfenster, seinem sichtbaren Balkenwerk, dem Flachbogen seiner Türe, den vorkragenden Stockwerken, bis hin zum königlichen Louvre, der damals eine Kolonnade von Türmen hatte.» Das ist das Paris der königlichen Aufzüge und der Mysterienspiele, bei denen auf Estraden unter freiem Himmel Engel und Teufel miteinander kämpfen. Und die Sbirren Johanns ohne Furcht erdolchen den Herzog von Orléans, als er eben bei der Königin Isabeau durch die Pforte ins Freie schlüpft. Die Marktweiber schlagen die schikanösen Aufseher tot. Der Pöbel plündert das Juden-Ghetto und brennt es nieder. Unter Glockengeläute lodern die Scheiterhaufen für die Hexen. Armagnacs und Burgunder werden alsbald Frankreich zerfleischen, während sich in Paris in irrsinnigem Tempo einander befehdende Verschwörungen ablösen. Und schon schweifen Wölfe durch die Gassen.
Das Ende des Hundertjährigen Krieges läßt Frankreich ausgeblutet zurück. Paris ist ruiniert, ausgehungert, findet aber wie stets Mittel für Überflüssiges, wenn es am Notwendigen fehlt. Bei der Thronbesteigung Ludwigs XI. veranstaltet es Festlichkeiten von unerhörter Pracht, bei denen sich Profanes mit Religiösem mischt, wie immer im Leben des mittelalterlichen Menschen, dem Leben eines kollektiven Organismus, in dem individuelles Gefühl noch abwesend ist. Doch wie soll man in wenigen Worten die Existenz einer Stadt zusammenfassen, die in ihrem langen Bestehen jede Sekunde sich wandelt, unmerklich zwar, doch ununterbrochen, und deren Fortschreiten sich nur am groß gespannten Bogen der Jahrhunderte ablesen läßt...?
Ludwig XI. ist ein guter König und guter Stadtplaner. Wenngleich er nur selten in der Hauptstadt weilt, weiß er den Parisern doch Dank für den Beistand, den sie ihm im Kampf gegen die Feudalität leisten. Er bestätigt ihre Privilegien und beschenkt sie mit der ersten Spezialschule für Medizin in Frankreich. Er richtet Märkte und Messen ein und macht einen ersten Versuch zur Straßenbeleuchtung, indem er befiehlt, jeder Bürger müsse allnächtlich eine brennende Laterne vor sein Haus stellen.
Bereits 1489 erscheint das erste Straßenverzeichnis; unter den Straßennamen sind so saftige, so anstößige, daß man sie schleunigst ändern muß, wenn eine große Dame des Weges kommen soll. Dreißig Jahre später wird schon ein eigentlicher Führer

gedruckt, eine kleine Broschüre mit dem Titel «Die Straßen und Kirchen von Paris nebst den Kosten, die täglich hier anfallen». Die ersten Häuser mit Nummern sind die auf dem Pont Notre-Dame; sie tragen schöne Ziffern in Gold und Rot, was allerdings nicht verhindert, daß das Hochwasser von 1499 sie alle fortreißt.

Paris entwickelt eine sehr einträgliche Luxusindustrie. Paris hämmert Blattgold und spinnt Seidengarne; Paris gerbt an den Ufern der Bièvre edle Leder, Paris malt und stickt. Die breiten Seine-Kähne führen Pelze und Tuche, Glaswaren und Waffen, Vieh und Korn. Wieder einmal wird Paris reich in der langen Litanei seiner Erfolge und Mißerfolge, seiner Großtaten und Niederlagen. Die Verordnungen für den Handel sind genau umrissen. Das Zunftwesen steht auf dem Höhepunkt und fügt sich ins Stadtregiment ein.

Die Kriege Ludwigs XII. in Italien, vor allem aber die Heiraten mit fremden Prinzessinnen bringen der Hauptstadt – manchmal auf recht labyrinthischen Wegen – ein neues Lebensgefühl, ein geistiges Klima, das seinen Ausdruck in einer neuen Formensprache findet, der Renaissance: Kolonnaden und Schmuckgiebel, geschwungene Doppeltreppen, schlanke Nymphen mit flachem Rücken und schmalen Hüften, über toskanische Städte vom Olymp abstammend. Der Geist wird heiterer, freier. Ein gewaltiger Wissensdurst geht mit einer inbrünstigen Lebenslust einher. Die Valois sind große Bauherren. Franz I., der den

Dieser Plan für den Bau des Pont-Neuf ist von Jacques Du Cerceau dem Älteren, doch bei der von seinem Sohn Baptiste Du Cerceau, dem Architekten des Königs, unternommenen Ausführung wich man stark von dem Originalplan ab.

▷▷

Paris im Jahre 1620. Stich von Merian. Ansicht vom Montmartre-Hügel aus. Der Gebäudekomplex im Mittelgrund gehört noch zum Gebiet der Abtei von Montmartre, das noch über die *butte* hinausreichte. Es handelt sich um die «untere Abtei», in die im 17. Jahrhundert die Damen von Montmartre umzogen.

1. La Bastille et Porte S. Anthonie
2. L'arcenale
3. Bisestre
4. Le Cordelieres
5. S. Victoire
6. S. Paule
7. Les Celestins
8. S. Catharine
9. S. Anthonie
10. S. Bernhard
11. S. Geneuiefue
12. S. Geruais
13. Le Temple
14. Nostre Dame
15. Host: de Ville
16 Porte du Temple
17. S. Seuerin
18. La S. Chapelle au Pallais
19.
20
21.

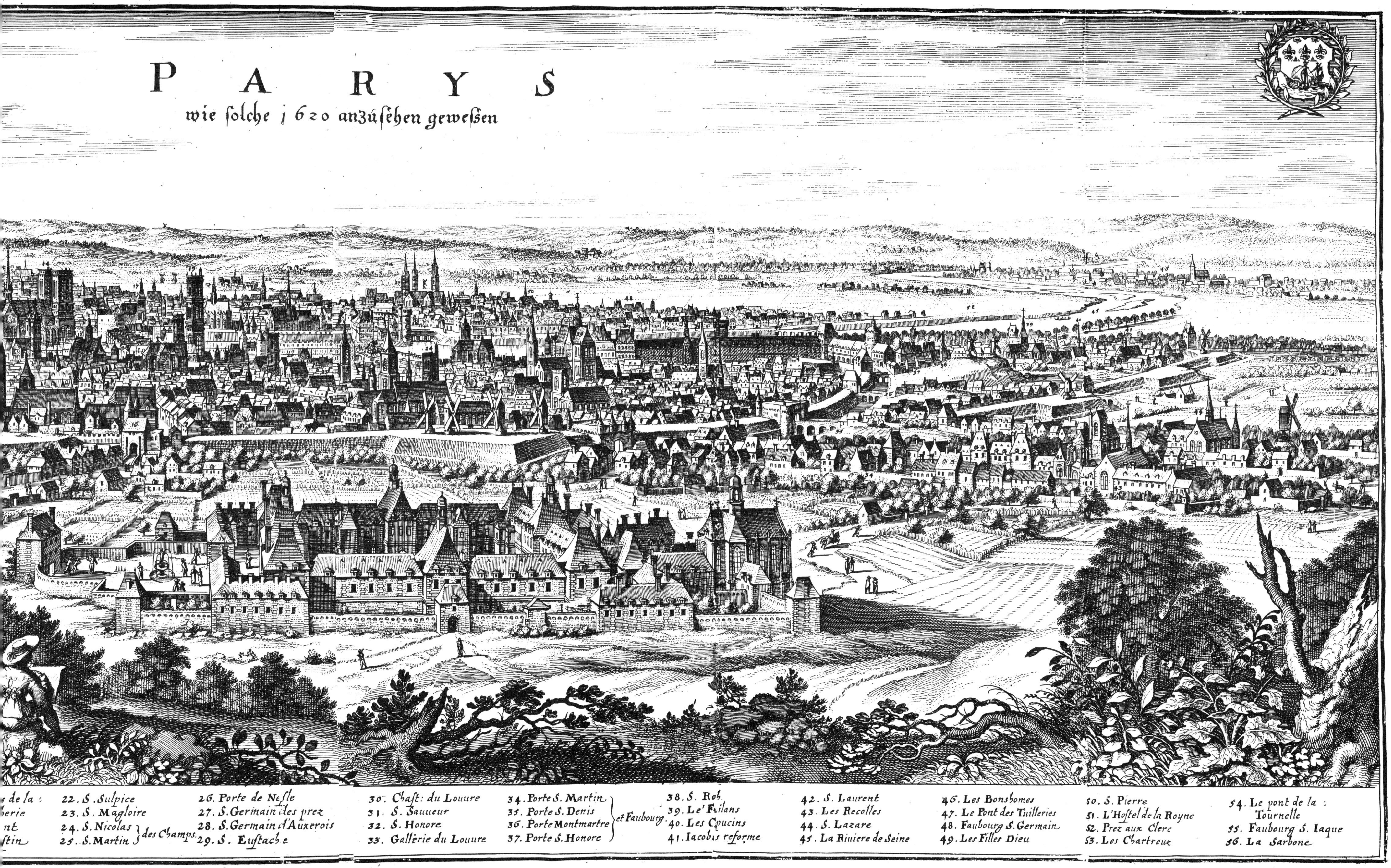
P A R Y S
wie solche 1620 anzusehen gewesen
22. S. Sulpice
23. S. Magloire
24. S. Nicolas } des Champs.
25. S. Martin }
26. Porte de Nesle
27. S. Germain des prez
28. S. Germain d'Auxerois
29. S. Eustache
30. Chast: du Louure
31. S. Sauueur
32. S. Honore
33. Gallerie du Louure
34. Porte S. Martin }
35. Porte S. Denis } et Faubourg
36. Porte Montmartre }
37. Porte S. Honore }
38. S. Rob
39. Le' Feilans
40. Les Capucins
41. Iacobis reforme
42. S. Laurent
43. Les Recolles
44. S. Lazare
45. La Riuiere de Seine
46. Les Bonshomes
47. Le Pont des Tuilleries
48. Faubourg S. Germain
49. Les Filles Dieu
50. S. Pierre
51. L'Hostel de la Royne
52. Prez aux Clerc
53. Les Chartreux
54. Le pont de la Tournelle
55. Faubourg S. Iaque
56. La Sarbone

EXPLICATION DE LA PLACE DE LOUIS LE GRAND.

Ce superbe monument est le plus grand et le plus magnifique de tous ceux que l'antiquité nous a fournis, son poids et sa grandeur surpasse tout ce qui a paru jusques a present; le trauail en est incomparable estant d'un seul jet de fonte, quoy qu'il pese plus de sixvingt milliers et qu'il ayt 24 pieds de hauteur. Cet ouurage a esté construit et fondu par le celebre Mr Girardon sous la preuosté de messire Claude Bosc. Coner du Roy et son procureur general en la cour des aydes Mesr maximilian Titon estant le procureur de sa Mate et de la ville et nobles hommes I.F Sautreau A. de la loire. F. regnaud et F. dionis tous conseillers et escheuins, qui l'ont fait Eleuer sur un pied d'Estail orné et enrichy de bas reliefs et inscriptions latines et françoises lequel a pieds de hault 25 pieds de long sur 15 pieds de large au milieu d'une place octogone entourée d'une façade de bastiments du dessein de l'illustre Mr Mansard surintendant des bastiments du Roy laquelle a esté nommée par la ville po. la place de Louis le Grand. le aoust 1699

ORDRE DE LA MARCHE.

A la teste estoit Mr fournier Colonel Mr Charton lieutenant Colonel Mr fournier Major Mr le Grand et Monsieur Barocher Capitaine suiuis de 100 archers de Ville en casaque et hallebardes de 100 fusilliers et des 100 arbalestriers marchans 4 a 4 auec leurs lieutenan et officiers au 2me rang les hautsbois et tambours suiuis des 3 drapeaux aux armes du Roy et de la ville portés par les Srs cherbuis dory et niepor dans les sorfils les tambours et les fifres suiuis des huissiers commissaires et enquesteurs de la Ville ayant a leurs teste Mr lefeure les gardes de Mr le duc de Gesure suiuoient ayant a leurs teste les tambours et les trompettes entre les archers de Ville et sur la file Mr le gouuerneur de paris auec 2 officiers estoient a la droite de Mr le preuost des marchands ayant aussy a. 2 officiers suiui des 4 Echeuins de Mr le procureur du Roy Mr testebou greffier Mr Boucot Conseiller du Roy receueur des dons et octrois de la Ville suiuis de Mesr les conseillers quartiniers et diziniers tous monté sur de tresbeaux cheuaux Mr lamourette ayde major aloit sur les ayles

Auf den Rat seines Ministers Louvois ließ Ludwig XIV. die Place Louis-le-Grand (Place Vendôme) nach den Plänen von Hardouin-Mansart und von Boffrant bauen. Es ging nicht nur um das Prestige, sondern auch um Spekulation, denn das Terrain hinter den Fassaden wurde sehr teuer verkauft.

Prunk und der Paris liebt, verjüngt den Louvre. Brücken werden über die Seine geschlagen. Brunnen sprudeln aus dem Boden, Paläste entstehen. Die Stadt verliert ihren gotischen, vertrackten Charakter. Das Phänomen der Renaissance prägt den Lebensstil, und mehr als einmal wird die profane Kunst von einer religiösen Ideologie in Dienst genommen, gegen die sie ursprünglich angetreten war. Die Reformation bringt eine Politisierung der Kultur mit sich, und die katholische Partei scheut sich nicht, um dem Gegner desto besser entgegenzutreten, Anleihen bei der heidnischen Antike zu machen. Eigentlich hat der lateinische Beitrag schon mit der römischen Eroberung erste Wurzeln geschlagen und sich im Entstehen einer romanischen Kultur manifestiert, die den Tisch, das Bad, die Erotik umfaßte, dann aber durch barbarischere Jahrhunderte verlorenging. Wenngleich zu Beginn des 15. Jahrhunderts der italienische und der flämische Beitrag gleiche Entwicklungschancen haben, so läßt die Politik der Könige die Waagschale sich zu Gunsten Italiens neigen.

So erinnert Paris denn in den Medaillons, Büsten und Kolonnaden seiner Palais – etwa denen eines Scipio Sardini, der über seine Frau weitläufig mit Katharina von Medici verwandt war – mehr und mehr an Rom oder Florenz. Die königliche Hexe hat nicht nur den Bau der Tuilerien veranlaßt, sondern auch den des *Hôtel de la Reine* mit seinen Bädern und Gärten, von dem heute nur noch eine seltsame astrologische Säule zeugt. Maria von Medici läßt dann am Flußufer die Allee des *Cours-la-Reine* pflanzen, in dessen ausgemauerten Gräben sich die Bürger zum Kugelspiel treffen, während die Adligen unter den jungen Ulmen

Die Barrière de Fontainebleau, von Ledoux erbaut, trug nacheinander den Namen Barrière d'Italie und Barrière des Gobelins. Sie bestand aus zwei Bauten, die während der Revolution niedergebrannt wurden, doch Reste standen noch bis 1877.

Salomon de Brosse entwarf den Plan für die neue Porte Saint-Honoré, als Ersatz für das Tor aus dem 12. Jahrhundert; ihrerseits wurde sie abgerissen, um einem Entwurf von Pidoux Platz zu machen; aber auch diese letzte Ausführung verschwand 1773.

LA PORTE S.T ANTHOINE fut bâtie l'an 1585. Sous le Regne de Henry 3.e ornée de Devizes, dorures &c. Pour l'Entrée de la Reine Marie Thereze Espou= se de Louis 14.e l'an 1660. enfin embellie et augmentée en 1671 de deux autres Portes, d'vne avenuë, et d'vn agreable Jardin qui est à côté.

Die Porte Saint-Antoine wurde ebenfalls mehrfach neu gebaut. Auf dem Stich von Perelle sieht man links das alte befestigte Stadttor, das von 1375 bis 1778 stand; davor erhob sich seit dem 16. Jahrhundert ein Triumphbogen, der bei der Hochzeit Ludwigs XIV. ausgeschmückt wurde.

promenieren. Von Salomon de Brosse läßt sie den Luxembourg-Palast bauen, der unter französischem Himmel den Stil des Palazzo Pitti erneuern soll, nach seiner Vollendung aber dem Modell wenig ähnelt.

Die Pariser Architektur jener Zeit zeigt vor allem ein Streben nach Ordnung, Klarheit und urbanistischer Einheit. Die Place Royale, heute Place des Vosges, ist dafür das schönste Beispiel. Unter Heinrich IV. nach Plänen errichtet, die Claude de Chastillon und Androuet Du Cerceau zugeschrieben werden, ruhen ihre Pavillons auf einer Galerie fortlaufender Arkaden. Oft wurde sie Schauplatz von Prachtentfaltung und Duellen.

Der Sonnenkönig verläßt die Hauptstadt, aus Furcht vor der bösen Erinnerung an die Fronde, und residiert erst in Saint-Germain-en-Laye, dann in Versailles. Alle, die nicht zum Hof gehören, wollen wenigstens mit zur Stadt zählen; der Adel strömt nach Paris, in Erwartung des geringsten Gnadenbeweises, den unter der Perücke der Staat *(l'Etat c'est moi)* zubilligen könnte. Das Marais, ein ausgedehntes Gebiet von Gemüsegärten *(cultures maraîchères)*, denen es den Namen verdankt, wird

parzelliert, und bald erheben sich hier die schönsten Stadtpalais Europas. Zur selben Zeit verteilt der Polizeigewaltige, der *lieutenant général de police,* 6500 Laternen zur Straßenbeleuchtung. Obwohl der Wind sie alle Augenblicke ausbläst, der Ruß ihre Scheiben schwärzt oder sie anzuzünden bei Vollmond überhaupt vergessen wird, findet die Neuerung offenbar so großen Anklang, daß man eine Medaille prägt mit der Inschrift: *Urbis securitas et nitor.* Hundert Jahre später ersetzt Öl die Talglichter, und die Laternen, mit Reflektoren versehen, werden in der Straßenmitte aufgehängt, ein System, das bis ins 19. Jahrhundert, als die Gaslaterne es ablöst, gültig bleibt.
Es ist nun auch die Zeit der großen architektonischen Anordnungen zum Ruhm des Sonnenkönigs – Place des Victoires, Place Louis-le-Grand, heute Place Vendôme – und der Triumphbogen der Porte Saint-Martin und der Porte Saint-Denis. Der Bau des Hôtel des Invalides wird den Architekten Libéral Bruant und Jules Hardouin-Mansart übertragen; letzterer errichtet Kapelle und Dom. Im zu eng gewordenen Paris, dessen Verkehrsstockungen schon zu Satiren Anlaß geben, versucht man die Straßen zu entlasten, man baut Kaianlagen, richtet Häfen ein, und auch *la petite poste* tritt ins Leben. Schon zählt Paris 500 große Straßen, 100 Plätze, 9 Vorstädte, 9 Brücken und 22000 Häuser, davon 4000 mit einer Toreinfahrt.
Als Ludwig XV. den Thron besteigt, hat Paris eine halbe Million Einwohner und die königliche Staatskasse ein Defizit von drei Milliarden. Pferde und Wagen, Kutscher und Karrenführer tragen zum ständigen Lärm bei, zusammen mit dem Dröhnen der Glocken und den Rufen der ambulanten Händler. Paris hat Fieber. Es ist die Zeit der Spekulation, der philosophischen und der finanziellen. Ludwig XV. weiß, daß nach ihm die Sintflut kommt, eine Meinung, die viele seiner Zeitgenossen teilen; dennoch wird der große Platz gebaut, der den Namen des Königs tragen soll und der schließlich die Place de la Concorde sein wird.
Die Pariser entdecken auf einmal den Reiz der breiten Alleen, die man an der Stelle der im vorausgegangenen Jahrhundert abgerissenen Befestigungen angelegt hat. Die Champs-Elysées sind noch ganz ländlich, vom Zentrum weitab, und nur das neuerdings kommerzialisierte Palais-Royal kann mit den Boulevards rivalisieren, die in Mode kommen und es lange bleiben werden.
Die Revolution gründet öffentliche Einrichtungen: Archive, das Konservatorium, das naturwissenschaftliche Museum, das *Bureau des Longitudes,* die *Ecole Normale* und die *Ecole Polytech-*

nique usw., baut jedoch nichts außer vergänglichen Felsen aus bemalter Pappe für ihre Massenfeierlichkeiten. Dafür gibt der Konvent der von Soufflot erbauten Kirche Sainte-Geneviève den neuen Namen Panthéon zum Ruhme großer Männer. Konsulat und Kaiserreich dagegen, fruchtbar an neuen Bauten, trachten danach, die Stadt gründlich zu verändern. Der napoleonische Klassizismus verleiht ihr einen gänzlich neuen Charakter, während sich bis anhin ein Stil aus dem anderen in einer Folge von mehr oder weniger jähen Mutationen von mehr oder weniger abgewandelten Formen entwickelt hat. Zunächst wird die Gliederung der Stadt reformiert. Ein Gesetz aus dem Jahre IV hat bereits die Einteilung in 48 Sektionen, die der Konvent beschlossen hatte, abgeschafft, um dafür ein System von 12 Arrondissements einzuführen. 1805 wird die Numerierung der Häuser obligatorisch. Zum Schutz der Fußgänger werden Bürgersteige erbaut, trotz der Nörgler, die behaupten, die Vielzahl der Toreinfahrten sei dafür ein unüberwindliches Hindernis. Das Kaiserreich unternimmt die weitere Ausgestaltung des Louvre und richtet darin hauptsächlich für die Kunstbeute aus Italien ein Museum ein; Brücken, Kais, Schlachthäuser, Weinhallen und Kornspeicher werden gebaut. Ein Dekret von 1806 bestimmt, daß die 65 öffentlichen Brunnen so instand gesetzt werden, daß sie dauernd Wasser liefern, und 15 werden zusätzlich geschaffen.
Die Restauration restauriert baulich ganz und gar nichts. Die Weltgeschichte scheint eingeschlummert zu sein. Manchmal schreckt die Aktualität mit irgendeiner Katastrophe auf, mit einer aus Indien eingeschleppten Cholera, wie die, welche 1817 die Opéra-Comique in ein Hospital verwandelt. Das Paris unter Louis-Philippe ist Balzacs Paris, mit ländlichen Enklaven, verwahrlosten Leergeländen, grasbewachsenen Wegen zwischen einstöckigen Pavillons. Es ist aber auch das Paris der Presse und der Satire, das eines Daumier und eines Grandville. Die Regierung vollendet, was andere vorher begonnen haben, z.B. die Madeleine, das Quai d'Orsay und sogar den Arc de Triomphe Napoleons. Neue Museen, neue Gärten, neue Straßen kommen dazu. Inmitten der Place de la Concorde erhebt sich der Obelisk von Luksor – zu Ehren Ramses' II. Der König mit dem Regenschirm war klug genug, den allerpolitischsten Platz zu entpolitisieren. Es ist auch die Epoche, in der die Bahnhöfe entstehen, profane Kathedralen aus Glas und Gußeisen voller Lärm und Lokomotivenrauch. Der Himmel wird trüber, doch das Licht, das in den Kugeln der Gaslaternen strahlt, zieht eine riesige Menge von Fremden an. «Kommt der Fremde mit einem Ansu-

chen? Dann sollte er nahe der Ministerien und Verwaltungsbauten Wohnung nehmen. Kommt er einfach nur der Vergnügungen der Hauptstadt wegen? So muß er in der Umgebung des Palais-Royal, der Tuilerien und des Boulevard des Italiens absteigen. Neigung zur Literatur und Studienzwecke werden ihn im Faubourg Saint-Germain festhalten, große Bank- und Börsengeschäfte dagegen in den Rues d'Antin, Bergère, de Provence oder de Richelieu», kommentiert der *Guide Richard* von 1828, nachdem er dem Besucher empfohlen hat, seine Finanzen sehr genau zu prüfen, um die Unterkunft je nach Vermögen und Rang zu wählen. Weise Vorsicht, denn in seiner jahrhundertelangen Geschichte hat Paris noch nie den Ruf, billig zu sein, genossen.

Von der Mitte des 19. Jahrhunderts an wachsen Mietskasernen empor, wie die auf der öden Ebene der Batignolles, für Familien, die an Miete sparen und eine gesündere Luft als die der

Ein Ausschnitt aus dem sogenannten Plan von Turgot: die Cité mit der Umgebung von Notre-Dame. Im 18. Jahrhundert war die Kathedrale noch dicht mit Häusern umstellt. Sie war übrigens nicht gebaut, um über einen weiten freien Platz hinweg betrachtet zu werden, sondern um an ihr hinaufzublicken. ▷

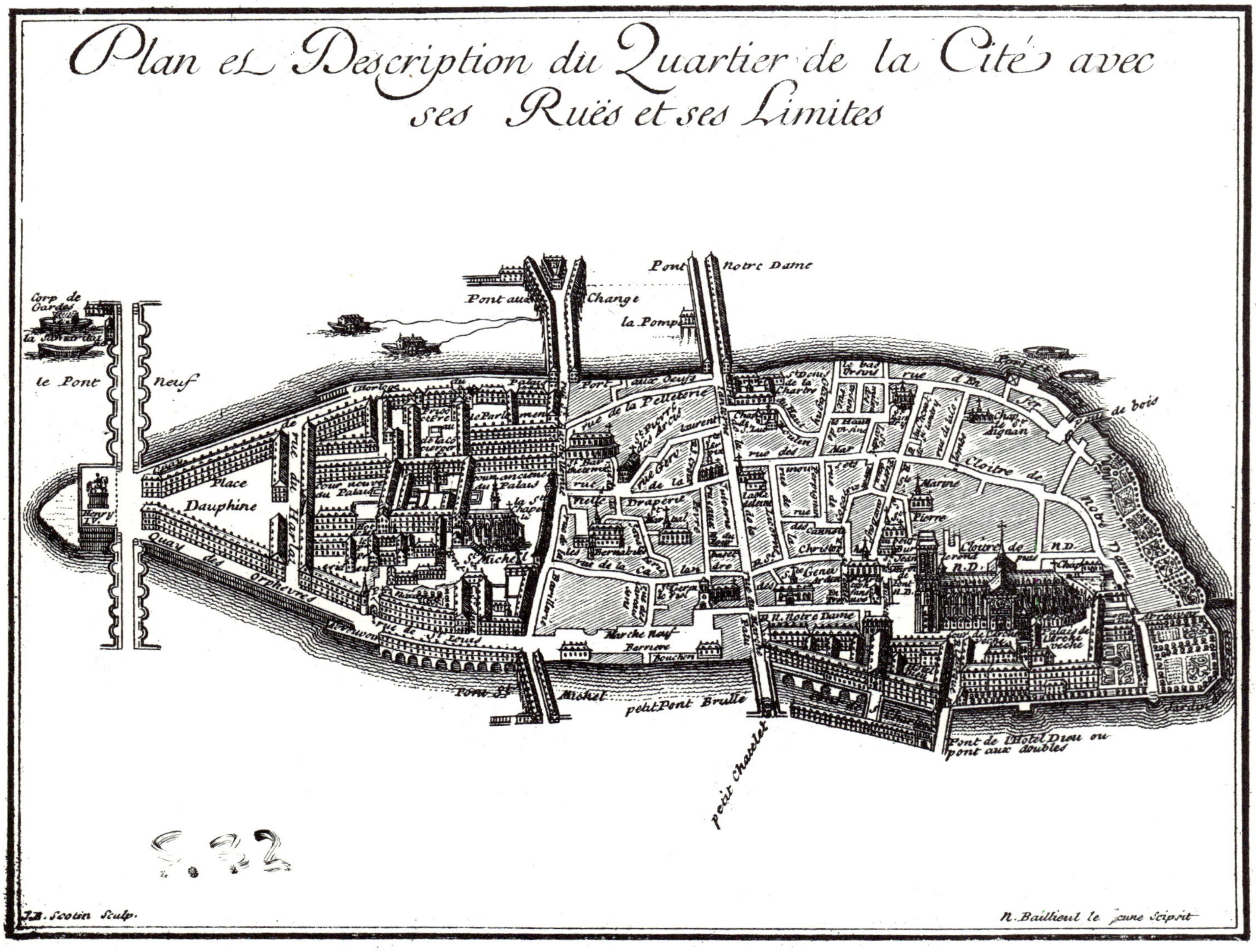

Der Plan der Ile de la Cité von Scotin gibt eine gute Vorstellung von der Dichte der Bebauung im 18. Jahrhundert: während die West- und Südost-Seite der Insel klar strukturiert sind, ist das Zentrum von mehr oder weniger parasitären Bauten bedeckt.

NOTRE DAME
Cloître N.D.
Parvis N.D.
S. CHRISTOPHE
HOTEL DIEU
Enfans trouvés
R. Neuve N.D.
Petit Chatelet
Petit Pont
R. du Petit Pont
Rue de la Huchette
R. St. Julien le Pauvre
R. du Fouare
Rue des Rats
Rue de la Bucherie
Ecole de Medecine
Rue Gallande
Rue des trois Portes
R. St. Jacinte
R. Cocatrice
R. des deux Hermites
R. de Perpignan
R. des Cargaisons
R. de la Licorne
Marmousets
Ste. MADELAINE
Rue de la Juiverie
R. du Marché Palu
S. GERMAIN le Vieux
MARCHE NEUF
R. de la Lanterne
Ste. CROIX
Rue aux Fèves
R. Gervais Laurent
S. PIERRE des Arcis
R. de la Pelleterie
R. de la Draperie
St. Barthelemi
BARNABITES
R. de la Callandre
R. de la Barillerie
PLACE
Grande Salle
PALAIS
Cour du Palais
St. Michel
Cour du Palais
Horloge du Palais
Quai de l'Hôrloge
Ste. CHAPELLE
R. Ste. Anne
R. de Nazaret
R. St. Louis
Conciergerie
H. du Premier Presid.
Cour neuve du Palais
Quai

Der Pont Saint-Michel verdankte seinen Namen der Nähe der Sankt-Michaels-Kapelle. Mehrfach brannte er ab oder wurde vom Fluß fortgerissen. Der Stich von Georg Balthasar Probst stellt die Brücke dar, die in Stein neu errichtet nicht weniger als 32 Häuser auf jeder Seite trug.

urisiensis. Veduta del Ponte St. Micaele, verso del Duomo a Parigi.

uris. Gesicht der St. Michels Bruk; gegen U. L. Frauen Kirche, zu Paris.

C. P. S. C. M. Georg Balthasar Probst excud. A. V.

Innenstadt atmen wollen. Die demographische Entwicklung, die industrielle Expansion und die Folgen einer vielhundertjährigen Politik der Zentralisierung lassen die Bodenpreise steil emporschnellen. Nicht nur in die Höhe muß man bauen, sondern auch in die Tiefe graben, um das unterirdische Netz der nötigen Zu- und Ableitungen zu schaffen. Spekulation ist nicht die einzige Triebfeder bei der sehr komplexen Unternehmung einer Erneuerung, auch das Streben nach einer durchlüfteten Stadt mit gradlinigen Verkehrsadern, deren Weite der Strategie eventueller Revolten wenig Chance läßt. Napoleon III. beauftragt den Baron Haussmann mit der Umgestaltung, aus der eine echte urbanistische Revolution wird. Haussmann wird zum eigentlichen Schöpfer der modernen Stadt, die auf einem gro-

Die niedergelegte Cité. Das Photo wurde 1867 von der Tour Saint-Jacques aufgenommen. Nach 1860 beauftragte die Regierung Napoleons III. einige Photographen damit, die Ansicht der Straßen und Häuser festzuhalten, die bei der «strategischen Verschönerung» von Paris zum Abriß bestimmt waren.

ßen Teil der alten entsteht. Dabei mißachtet er den Rat von François Miron, «nicht die fett Lebenden auf der einen und die kleinen Leute auf der anderen Seite anzusiedeln». Die sozialen Klassen werden nach Stadtvierteln katalogisiert. Die Stadt wird zum riesigen Bauplatz, wird aufgerissen, wegrasiert, zerstört und neu geschaffen. Ihrer Paläste enteignet, finden die Reichen nur umso schönere vor; die Armen aber, aus ihren Wohnwinkeln vertrieben, grollen. Es ist auch die Epoche der Denkmäler, wenn auch gewiß nicht ihre große Zeit, denn alle sind häßlich, obgleich Louis Aragon im *Paysan de Paris* ihnen Reiz abgewinnt.

Paris ist dem Phänomen einer Fixation unterworfen, nicht nur in seiner tatsächlichen Struktur, sondern auch im Bild, das die Welt sich von ihm macht. Seit dem 17. Jahrhundert strahlt Frankreich, auf ein Symbol reduziert, das man Paris nennt, einen Idealbegriff von Raffinement und Esprit aus. Mit der Verbesserung der Verkehrsverhältnisse verbreiten sich Informationen – und Deformationen – innerhalb einer Schicht, die ihrerseits informiert, aber auch entstellt, so daß die allgemeine Vorstellung, die man sich von Paris macht, im 19. Jahrhundert einen Höhepunkt erreicht. Kein «Familiensohn», dessen Lehrzeit an Welterfahrung sich nicht in dem damaligen Paris abspielte. Dabei steckt es noch voller Abscheulichkeiten, und das monströse Gassengewirr beim Châtelet mit seinen schauererweckenden Straßennamen und dem Leichengeruch der Morgue wird noch bis 1858 existieren. «Was für eine Bevölkerung lebte dort!», ruft Haussmann aus. «Wer nicht wie ich das alte Paris in allen Richtungen durchstreift hat, kann sich keine richtige Vorstellung davon machen, obwohl unvermeidlicherweise manches noch fortbesteht; doch ich habe nichts versäumt, um Besserung zu schaffen. Dennoch ist es Mode bei einigen Archäologen, die sich für besser unterrichtet ausgeben, auf Treu und Glauben hin das alte Paris zu bewundern, das sie gewiß nur aus Büchern kennen.» Der ewige Streit der «Alten» und der «Modernen». Tatsächlich aber hat Haussmann, von seiner Idee besessen, ohne Unterschied Wanzenbuden und Kleinode der alten Stadt vernichtet; leider waren sie häufig identisch.

Paris der Fiaker und des *«Grand Seize»* in der *Maison Dorée:* Die Kokotte regiert, der Bankier zahlt, und die künftigen Protagonisten der *Rougon-Macquart* berauschen sich an den Melodien Offenbachs. Bei den auf Befehl Napoleons III. neu erbauten Hallen stehen die kühnen Architekturen Baltards Fassaden gegenüber, die zwei Jahrhunderte vorher nobel waren und jetzt vom Zerfall bedroht sind. Auch dem Zweiten Kaiserreich droht Zer-

Der neue Louvre von den Tuilerien aus gesehen. Stich von Chamouin nach einer Zeichnung von Rouargue. – Die Place du Carrousel ruft viele historische Erinnerungen wach. Hier sieht man sie zur Zeit Louis-Philippes. Die jetzige Gestalt wurde erst 1906 beendet.

Oben: Die Fontaine des Innocents. Der Brunnentempel steht seit 1865 inmitten des Squares, nachdem er mehrfach versetzt, ergänzt und umgebaut worden war. Der erste Brunnen floß hier schon unter Philipp-August an der Ecke Rue Saint-Denis und Rue aux Fers.

Unten: Die Fontaine de Birague hieß so nach dem Kardinal gleichen Namens, Kanzler von Frankreich, der sie 1579 errichten ließ. 1857 wurde sie bei der Umgestaltung von Paris demoliert.

fall, und sechs Wochen, nachdem Frankreich Preußen den Krieg erklärt hat, ist die Niederlage schon eingetreten, der Kaiser kriegsgefangen, die Republik ausgerufen. Bald schon dröhnt der Kanonendonner bei den Festungswällen. Nach den Schrekken der Belagerung die Tage der *Commune*. Bei ihrer Niederwerfung gehen das Hôtel de Ville und das alte Palais der Tuilerien, an dem so viele Generationen gebaut haben, wie Fackeln in Flammen auf. Doch eine neue Ära beginnt, die der materialistischen und laizistischen Demokratie, der großen Ausstellungen, des Eiffelturms, der weißen Basilika von Sacré-Cœur und der Métro. Paris Fin de siècle, mit seinen Skandalen, seinen Meinungskämpfen und auch seinen Duellen. Eigentlich nur eine

kurze Zeitspanne, die aber lange zu dauern scheint und nahtlos in die sogenannte Belle Epoque übergeht – über die Schwelle der Glastür zu Maxim's. Paris strahlt mit allen Lichtern der Fee Elektrizität und glitzert im Monokel Swanns.
Bald tauchen in der Literatur und den Künsten Zeichen wenn nicht der Freiheit, so doch der Befreiung auf. Die Stadt lehrt die Schaffenden, die aus der ganzen Welt herbeikommen, neue Formen; ein mächtiger frischer Wind bläst die trüben Funzeln des Akademismus aus, und die Pariserinnen entdecken die Farben der *Fauves* in den Kleidern von Poiret wieder.
So überlebt das 19. Jahrhundert sich selbst bis ins Jahr 1914; bis Krieg und Trauer sich wieder über Paris herabsenken. Der Siegesrausch macht nichts wieder gut, und die «tollen Jahre» werden nicht die Kinder der Belle Epoque sein. Etwas wie Utilitarismus, Anpassung an die neuen Bedürfnisse, hat für immer das Spiel und die Zweckfreiheit der alten Formen hinweggefegt. Andererseits erweitert das Verlangen nach besserem Verständnis der Völker die Weltoffenheit der Stadt, verleiht ihr eine neue Form von Kosmopolitismus, der seinen Ausdruck nicht nur im Entstehen der Cité Universitaire für ausländische Studenten findet, sondern auch im Einfluß, den Künstler aller Länder mehr und mehr sehr glücklich auf die Kunst und das Gesicht der Stadt ausüben. Trotz der Weltwirtschaftskrise stimulieren die

Die Place Royale; heute Place des Vosges, wurde anstelle eines ehemaligen Pferdemarktes von Heinrich IV. als Fest- und Promenadeplatz gewünscht. Er erlebte die Fertigstellung nicht; die Einweihung fand zwei Jahre nach seinem Tode statt. Lange war hier ein Zentrum mondänen Lebens.

großen Ausstellungen die Kreativität der dreißiger Jahre. Das Trocadéro ist tot, es lebe Chaillot! Das Palais de Chaillot ist übrigens vielleicht das einzige moderne Pariser Bauwerk, das wirklich seinem Jahrhundert zugehört, die anderen sind entschieden entweder 19. oder 21. Jahrhundert.

Der Zweite Weltkrieg verschont die Stadt in ihren Steinen, nicht aber ihre Menschen. Haß und Kummer dauern lange über die Besatzungszeit hinaus. Paris braucht eine Weile, bis es sich von seinem Sturz erholt, dessen Bewußtsein die wirtschaftlichen und sozialen Konflikte noch verschärft. Die Stadt ist alt, schmutzig, laut, und nichts funktioniert, sagt man. Jedes urbanistische Problem beruht nicht nur auf der Finanzfrage, sondern auch auf dem administrativen Verständnis. Nicht nur versteckte Intrigen und fossile Institutionen stehen den mannigfachen Erneuerungen im Weg, sondern auch der Mangel an Kohärenz, die Zersplitterung der Kräfte. Immerhin werden große städtebauliche Pläne mit mehr oder weniger Glück verwirklicht, und es läßt sich nicht leugnen, daß sich mit dem UNESCO-Palais, mit dem Défense-Viertel und mit Beaubourg eine Wiedergeburt ankündigt. Fassaden werden gereinigt, neue Straßen angelegt, man versucht auch, die Hauptstadt zu entlasten und zu dezentralisieren. In Bercy räumen die Weinhallen einem Wohnviertel den Platz, Satellitenstädte entstehen im Umkreis von 15 km, und Autobahnen sollen sie mit Paris verbinden. Es ergibt sich der Widerspruch, daß die übervölkerte Stadt einerseits nicht über eine genügende Zahl von Wohnungen verfügt, um die elementarsten Bedürfnisse zu befriedigen, und daß andererseits ein fluchtähnlicher Exodus die lebendigen Kräfte der Hauptstadt zu Gunsten der Vororte und der Provinz auszehrt. Als Julian Apostata die Reben und Feigenbäume der Stadt rühmte, zählte sie 20000 Einwohner. 600000 hatte sie zu Beginn der Revolution. Eine Million im Jahre 1851 und drei Millionen 1921. Während im 19. Jahrhundert 5 Prozent der Franzosen das Pariser Becken bewohnten, das heute die *Agglomération Parisienne* darstellt, sind es heute 15 Prozent. Dieses «Groß-Paris» ist jedoch seiner Struktur nach sehr verschieden vom eigentlichen Stadtkern, wo man 30000 Einwohner pro Quadratkilometer zählt. (Manhattan hat 25400, London 13200, Hamburg 2700 auf der gleichen Fläche.) Doch nur eine erschöpfende und sorgfältig die Einzelheiten berücksichtigende Statistik könnte eine Vorstellung von der demographischen Zusammensetzung und den sozialen Verschiebungen geben, die ganz neue Tatsachen schaffen. Die jüngere Generation und die Intellektuellen verlassen Paris ebenso wie die Handwerker und kleinen Kaufleute, die

Eine der ersten Luftaufnahmen von Paris. Nadar machte sie vom Etoile-Viertel bei seinem Ballonaufstieg im Jahre 1868.

jahrhundertelang das Gesicht der Hauptstadt mitgeformt haben. Die Profitgier der Spekulanten zusammen mit der Idolatrie des Automobils, die bereits zu einer Luftverpestung führt, an der die Auto-Fans selbst ersticken, kompromittieren die Integrität einer Stadt aufs schwerste, deren Reiz Generation um Generation fasziniert hat. Auf dieses Privileg zu verzichten wäre ein Jammer.

Die Tour de Nesle stand auf einer Landzunge, die in die damals viel breitere Seine hineinragte. Leuchtturm? Befestigung? Oder ganz ohne Zweck? fragt Brioché, der Marionettenspieler, in einem Chanson. Bei der Anlage der Quais wurde der Turm 1655 abgerissen. Ausschnitt aus einer Radierung von Jacques Callot.

Stadt am Wasser

Tag und Nacht ist die Seine beschäftigt,
Lutetias verblassendes Wappen zu putzen...
Ab und zu gähnt der Fluß,
Um ein Relikt des Lebens zu verschlingen.
Henry Miller, Paris des Rêves

Das Wappen von Paris ist ein Schiff: *Fluctuat nec mergitur* (es treibt dahin, doch sinkt es nicht). Paris, eine Tochter der Seine, ist eine maritime Stadt: Der Wind über dem Fluß riecht nach dem Meer, mächtig weht er von den Küsten herüber. Wenn die Herbstnebel über den Uferstraßen brauen, meint man, geisterhaft die Baß-Sirenen von Ozeanschiffen zu hören; es sind die röhrenden Stimmen der Schlepper, die die Lastkähne voll Weinfässer, Kohle und Sand in die Hafenanlagen bei den Seine-Quais bringen. Doch die über die Wellen rollenden Rauchfahnen sind jetzt durch Dunstwolken verbrannten Schweröls ersetzt.

Paris ist auf sieben Inseln in der Flußmitte entstanden, sein alter Name Lutetia ist die Latinisierung eines keltischen Namens aus *luth* (Wasser), *thouèze* (Mitte) und *y* (Wohnstatt). Auf der Ile de la Cité siedelten gallische Fischer, als das Waffengedröhn von Cäsars Legionen herüberklang. Unter der Römerherrschaft entwickelte sich ein Handelszentrum im Schnittpunkt der Wasserstraße und der durch die Wälder ausgreifenden Heeres- und Handelsschneise. Die ersten Brücken verbanden Nord- und Südufer der Seine mit der größten der Inseln, wo der Jupitertempel das keltische Heiligtum verdrängte. Ein Altarstein gibt als seine Stifter die Seine-Schiffer an. Zur Zeit des Tiberius bildeten sie, die Nauten *(nautae Parisiaci)*, selbstbewußte Wasserkaufleute, eine Korporation, die das Monopol über den Flußhandel hütete. Im *frigidarium* der römischen Thermen, den Ruinen am heutigen Boulevard Saint-Michel, sieht man als Konsolen, auf denen die Gewölberippen ruhen, rundbäuchige, mit Lasten beladene Schiffe, woraus zu schließen ist, daß die Nauten den Bau der Thermen mitfinanziert haben.

Nach den Stürmen der Völkerwanderung und den trüben Zei-

Das Anwachsen der Bevölkerung von Paris machte im 17. Jahrhundert die Vermehrung der Brücken notwendig, als Ersatz für die zahlreichen Fähren, die nicht mehr ausreichten, und deren letzte übrigens erst 1820 verschwand. Der 1632 entstandene, hölzerne Pont Sainte-Anne, nach dem roten Anstrich auch Pont-Rouge genannt, bestand nur etwa fünfzig Jahre, obwohl nach dem Brand von 1657 ausgebessert. 1684 riß ihn ein Hochwasser der Seine fort. An seiner Stelle, nur ein wenig Seine-abwärts, wurde in Stein der Pont Royal gebaut, eine der nobelsten Brücken von Paris. Der Stich von Perelle zeigt den Blick vom Pont-Rouge ins Treiben auf der Seine.

ten der Merowinger, nach der Hunnenplage und den brandschatzenden Normanneneinfällen entstand um das von apokalyptischen Visionen umwitterte Jahr Eintausend eine neue Stadtkultur, und wiederum ist es in Paris eine Korporation von Wasserkaufleuten, die Macht und Monopol ausübt. Der Prévôt (Gildevogt) verleiht das Bürgerrecht, bestimmt Maß und Gewicht, ihm obliegt die Hafenpolizei und der Erhalt der öffentlichen Bauten; mit ihm entscheiden seine Schöffen über die Verteilung der Steuerlast; aus dem Siegel der Gilde entsteht das Stadtwappen. Der erste nachgewiesene Hafen befand sich am heutigen Quai aux Fleurs, auf der Cité-Insel. Schon 1141 wurde ein weiterer am gegenüberliegenden rechten Ufer nötig, am Grève-Platz, der heutigen Place de l'Hôtel de Ville, denn Kommerz und städtisches Leben hatten auf das neu errichtete Viertel übergegriffen, wo es noch lange Sumpf, freie Wildbahn und Dickicht gegeben hatte, während auf dem linken Ufer schon seit Römertagen städtische Besiedelung zu finden war. Immer weiter dehnten sich die Hafenanlagen aus, immer lebhafter wurde der Schiffsverkehr flußauf und flußab. Das Wasser war gekräuselt von den Bugwellen und Rudern, weithin trug es die Rufe der Schiffer, die Schimpfworte bei eben vermiedener Kollision, das Knarren der Dollen und Klatschen der Segel und plätscherte an den sandigen Ufern. Bei starkem Wellengang und gar bei Hochflut, wovon die Chronik immer wieder meldet, wurden die Häuser auf der flachen Böschung bespült, und die Weidenbäume standen im Wasser.

Um dem abzuhelfen, baute man 1312 am Quai de Nesle (heute de Conti) und am Quai des Grands-Augustins erste Kai-Anlagen. Bei der Tour de Nesle mündete auch *la petite Seine* (kleine Seine), der Kanal, der die Gräben der Abbaye de Saint-Germain-des-Prés speiste, draußen vor der Stadt auf dem linken Ufer.

Immer mehr Brücken überspannten den Flußlauf. (Heute sind es 35, alle voneinander verschieden.) Bis zum Vorabend der Revolution waren der Pont Saint-Michel, der Pont au Change, der Pont Notre-Dame und der Pont Marie mit zwei Reihen längst baufälliger Häuser bebaut. Häufig kam es zu Katastrophen. Der hölzerne Pont Saint-Michel wurde in einem einzigen Jahrhundert dreimal von der Flut zerstört, und 1499 wurde auch der Pont Notre-Dame samt der Häuserzeile auf ihm vom Hochwasser fortgerissen. Im Renaissancestil wiederum aus Holz neu erbaut, belasteten ihn abermals zwei arkadengeschmückte Häuserreihen, aus dem irrigen Glauben, eine so beschwerte Brücke halte dem Ansturm der Fluten besser stand.

Brückenbewohner hatten den Vorteil, Wasser mit herabgelassenem Eimer schöpfen zu können, so daß sie es nicht zu kaufen brauchten, denn immer wieder bis zum 16. Jahrhundert erging Klage, 20000 Wasserverkäufer seien nicht genug. 1621 wurde der Pont au Change vom Feuer zerstört und diesmal aus Stein neu erbaut.

Aus Stein gab es bereits den prächtigen Pont-Neuf, den das Volk lange Zeit Pont des Larmes nannte, weil Heinrich III. den Grundstein (1578) weinend an dem Tag gelegt hatte, an dem seine beiden *mignons* nach einem tödlichen Duell begraben wurden. Nach dem Tod des Valois blieb der Brückenbau lange Torso. Erst 1605 konnte Heinrich IV. ihn zur Einweihung hoch zu Roß überqueren. Sein Reiterstandbild, von den Parisern wegen der sprichwörtlichen Potenz des Navarresen *le Vert-Galant* benannt, schmückt noch heute (in einer Neufassung von 1818) den Mittelteil. Das Widerlager der Brücke stützt sich auf die einstige Judeninsel, die beim Bau mit der Ile du Palais verbunden werden mußte. Einst war es eine verrufene Gegend, wo man am hellen Tag seinem Mörder begegnen konnte. Im Weidengestrüpp hauste ein Volk von irischen Bettlern, die Vorüberkommende beraubten und ins Wasser warfen. 1606 ließ der König sie einfangen, auf Schiffe setzen und nach Irland schaffen.

Schon bald entwickelte sich der Pont-Neuf zu einem Promenadenplatz der Pariser mit einem bunten Gewimmel: Händler, Bänkelsänger, Scharlatane, Waffelbäcker, Zahnchirurgen, Kleidertrödler, Buchhändler, öffentliche Schreiber sorgten für einen täglichen Jahrmarkt, auf dem auch die Kupplerinnen und die Taschendiebe nicht fehlten. Tabarin trieb hier, von den Gaffern belacht, seine Possen, Brioché zeigte seine Marionetten und seinen abgerichteten Affen. Neu war, daß die Brücke, die keine Häuser trug, dafür Bürgersteige aufwies. Hier faßten die ersten Bouquinisten Fuß.

Der Pont Marie trägt nicht den Namen der Madonna, sondern den des Bauspekulanten Christophe Marie, der seit 1614 zusammen mit zwei Finanzleuten auf der Ile des Vaches (Kuhinsel) und der Ile Notre-Dame Wohnhäuser errichtete und dann auch die Insel Saint-Louis bebaute, die ein stiller Ableger des Marais-Viertels wurde, wo der Adel seine Stadtpaläste hatte. Auch heute noch ist die Ile Saint-Louis «eine Art Pariser Provinz, eine Kleinstadt mitten in der Métropole» (Labédollière), wo sich nobel und fern dem Lärm wohnen läßt.

1786 befahl ein Edikt Ludwigs XVI., alle Häuser auf den Brükken niederzureißen. Spitzhacke und Schaufel taten unter großen

1. Le Quay de la Megisserie.
2. La Tour S.t Mederie.
3. La Tour S.t Iacques.
4. Le Grand Châtelet.

LE PONT AU
Pont jusques en
debordement ex
Il est d'une Stri

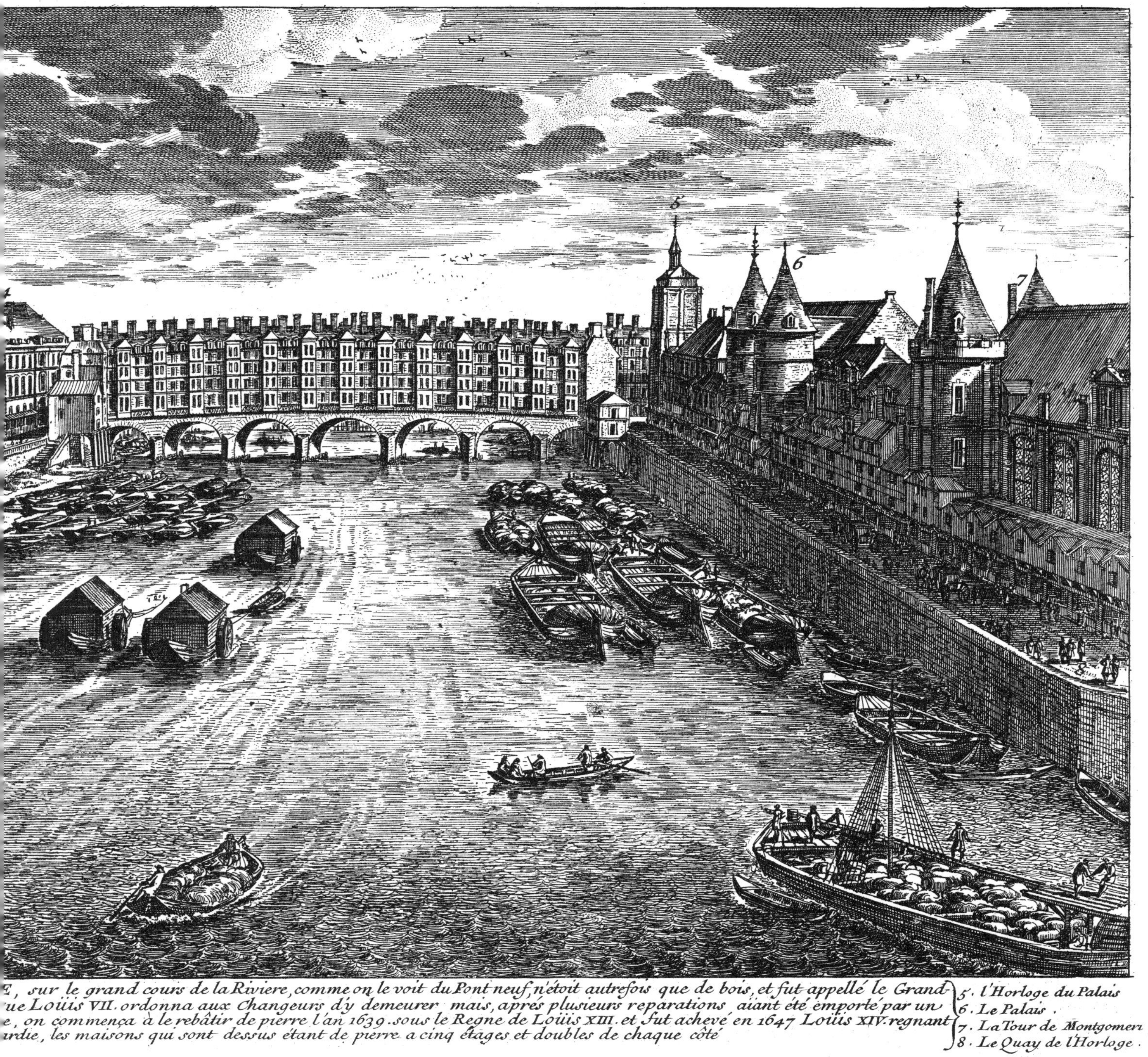

Brücken wurden – auch anderswo, etwa in Florenz oder London – mit Häusern bebaut in der irrigen Annahme, sie dadurch stabiler zu machen. In Paris trugen die Brücken zwei Zeilen bis zu fünfstöckiger Häuser. Die häufigen Katastrophen, bei denen Brücken und Bauten, manchmal beinahe alle fünfzig Jahre, mitsamt den Bewohnern weggerissen wurden oder abbrannten, bewirkten erst im letzten Drittel des 18. Jahrhunderts, daß man von der Bebauung der Brücken mit Wohnhäusern abkam, obwohl ja der Pont-Neuf bereits im 16. Jahrhundert ohne solche Nutzlast auf seinem Rücken errichtet worden war. Die Häuser auf den anderen Brücken wurden auf Befehl Ludwigs XVI. abgerissen. Den Brückenzoll, der auf den meisten Pariser Brücken von jedem erhoben wurde, der den Fluß überquerte, hob erst die Februarrevolution von 1848 auf. Der Stich von Perelle zeigt den Pont au Change zu Beginn des 17. Jahrhunderts.

Das Bild von B. Oudry stellt die Feuersbrunst dar, der 1718 der Petit-Pont zum Opfer fiel. Der Petit-Pont trägt seinen Namen seit mehr als zwanzig Jahrhunderten. Schon ehe die Römer kamen, gab es hier einen Steg; ihren eigenen Bau nannten sie *parvus pons* (kleine Brücke). Seit 1196 allein elfmal zerstört, erstand er immer wieder neu.

PROJ
72. pieds
Halage
Coté de la Place Louis XV.
Deſsus du Pont
Chemin de

UN PONT SUR LA RIVIERE DE SEINE VIS A VIS LA PLACE LOUIS XV

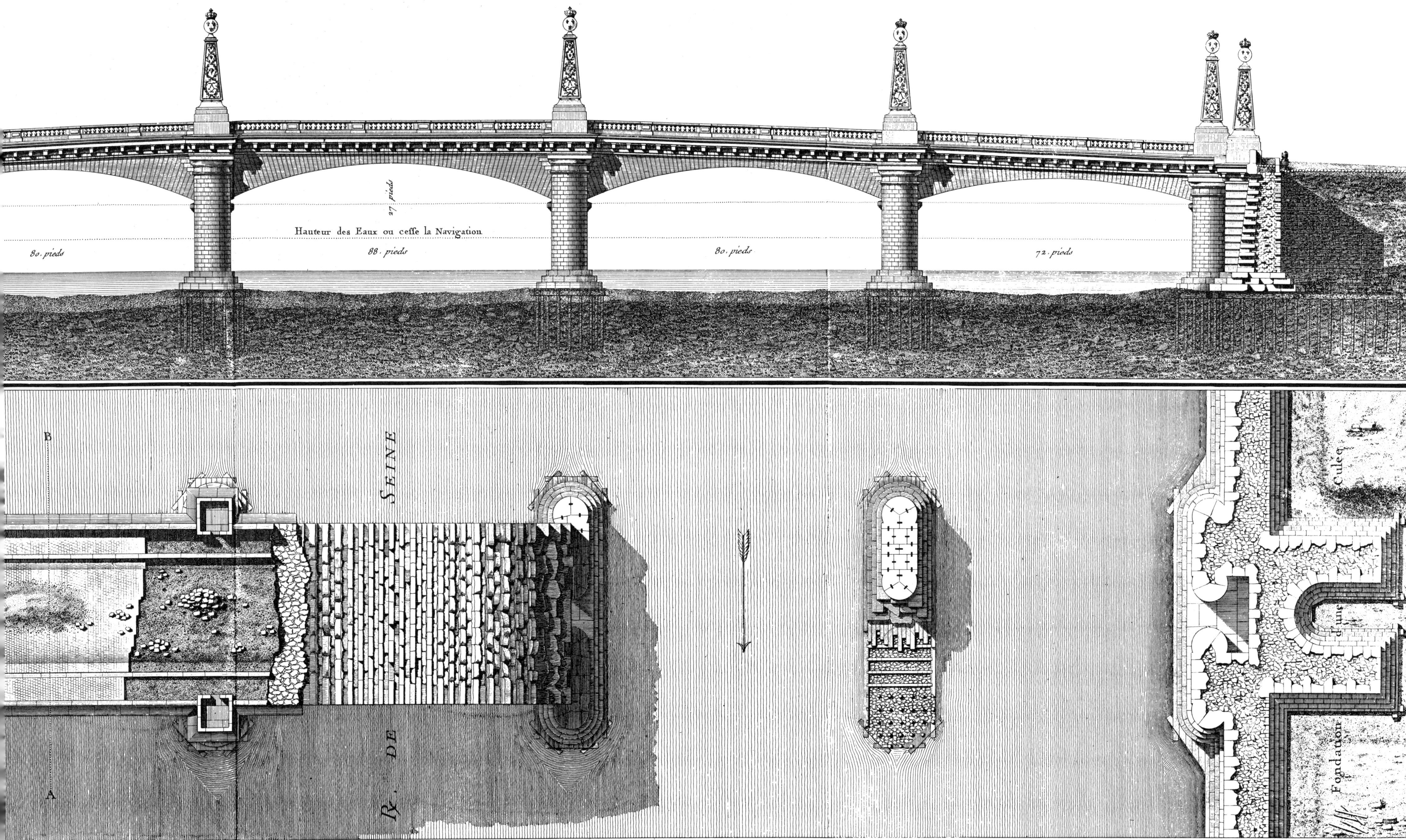

Seiten 52–54
Die Konstruktion einer Brücke zur Verbindung des Faubourg Saint-Honoré mit dem Faubourg Saint-Germain war schon 1723 geplant worden. Doch erst 1787 gab Ludwig XVI. den Befehl zum Baubeginn, der zunächst nur schleppend voranging, bis dann nach dem Ausbruch der Revolution die Steine der erstürmten Bastille als Baumaterial anfielen. Der Pont de la Concorde ist die einzige Seinebrücke, die Paris dem 18. Jahrhundert verdankt. Die Revolution schmückte sie mit zwölf Kolossalstatuen aus der Geschichte Frankreichs; sie erwiesen sich aber als zu schwer für die Tragkraft der Brückenpfeiler, so daß sie 1837 fortgeräumt und nach Versailles transportiert wurden. Die Abbildung stellt den Plan von Jean-Rodolphe Perronet dar; die eisernen Obelisken sollten Glaskugeln für die Lampen tragen, kamen aber nicht zur Aufstellung.

Erfolglos war 1824 bis 1826 versucht worden, an dieser Stelle eine Holzbrücke über die Seine zu spannen. Den Grundstein zum heutigen Pont Alexandre III legten 1896 Zar Nikolaus II., die Zarin und der Präsident der Republik Félix Faure. Es ist die breiteste der Pariser Seinebrücken; zum Flußlauf liegt sie leicht schräg; sie hat die flachste Wölbung für die größte Länge aller Brückenkonstruktionen in Frankreich.

Staubwolken ihr Werk. Auch ordnete er an, eine weitere Brücke, den heutigen Pont de la Concorde, zu bauen, nicht ahnend, daß sie, mit den Steinen der abgetragenen Bastille vollendet, 1792 Pont de la Révolution heißen würde.
Die Baumeister Napoleons I. haben auf des Kaisers Befehl das Bild der Seine verändert. Die hohen Kaimauern wurden geschaffen, denen ein flaches Ufer vorgelagert blieb, damit das Leichtern möglich war. Der gepflasterte Saum knapp über den Wellen wurde aber auch ein heimlicher Zufluchtsort für Liebespaare, der Arbeitsplatz der Hundescherer und Wollhechler alter Matratzen, und die Clochards schufen sich hier ein nächtliches Reich, daher der Ausdruck «unter den Brücken schlafen». Napoleon war es auch, der 1801 bis 1806 den Pont-des-Arts errichten ließ, den zierlichen Steg zwischen Louvre und Institut, der den Dichter Wilhelm Hauff zu seiner Novelle «Die Bettlerin vom Pont des Arts» inspirierte. Noch vor wenigen Jahren konnte man auf dem eisernen Fußgängerweg eine andere, seltsam gekleidete Bettlerin sitzen sehen, die ihre literarische Vorgängerin freilich nicht kannte.
In einem einzigen flach gespannten Bogen überquert der Pont Alexandre III den Fluß, 1896 anläßlich der dritten Pariser Weltausstellung von Zar Nikolaus II. zur Bekräftigung der neuen französisch-russischen Freundschaft eröffnet. Mit den barock geformten Kandelabern, der Gußeisengirlande und den Putten und Statuengruppen ist er eine metallene Illustration der Prachtentfaltung und des Prestigegefühls der Dritten Republik, die den kaiserlichen Gast um so festlicher empfing, als Queen Victoria ihrem Sohn – dem späteren Eduard VII. und Stammgast der Pariser Lebewelt – den offiziellen Besuch der Ausstellung untersagte. Es mißfiel ihr, daß das glänzende internationale Schauspiel an beiden Seine-Ufern unter der Schirmherrschaft eines Präsidenten der Republik stand, der den Namen seines Großvaters Carnot, des «Königsmörders», trug.
Die Häfen der Seine wurden schon zu Beginn des 19. Jahrhunderts jährlich von 11 000 Schiffen besucht, und Fischer zogen ihre Netze in den Nachen, prall vom wimmelnden Fang.
Die Seine-Häfen hatten sich spezialisiert: Am Port des Tuileries wurden Steine und Marmor entladen, und zwischen den Staubwolken legten die Passagierboote nach Sèvres an; der Port Saint-Nicolas beim Louvre sah Schiffe aus Le Havre mit Ballen von Baumwolltuch, Kaffeesäcken, Rumfässern und anderen Kolonialwaren, aber auch Halden von englischer Kohle lagerten hier, und die *Coche-d'Eau,* das Postschiff, entließ hier die Reisenden, normannische Bauern im blauen Kittel, Kaufleute,

Bürger aus den Städten am Ärmelkanal, Touristen aus Albion in großkariertem Tweed; der Port au Sel, Salzhafen, beim Quai de la Ferraille, heute Quai de la Mégisserie, dröhnte beim Entladen der Eisenwaren, während stromaufwärts am Quai de Bercy jahrhundertelang die Flöße aus dem Morvan landeten, deren Stämme Brennmaterial für die Pariser Kamine wie auch Bauholz lieferten. Hinter den Holzstapeln mit ihrem Harzgeruch lagen im Rokoko Landhäuser des Geld- und Ämteradels. Die großen Lagerhallen, die aus Bercy das Zentrum des Wein- und Branntweinhandels gemacht haben, entstanden im 19. Jahrhundert. Nur ein paar uralte Bäume zwischen Mauern und Schuppen zeugten noch vom Idyll der einstigen Gärten. Bei den Weinhallen siedelten sich längs des Ufers zu ihrer Zeit berühmte Ausflugslokale an, und sonntags sah man zahllose Segel- und Ruderboote, Feuerwerk und festliches Treiben. Aus manchen Bildern der Impressionisten strahlt noch die Lebensfreude der Sonntagssportler und ihrer drallen Gefährtinnen.

Bis in die dreißiger Jahre unseres Jahrhunderts pendelten sommers wie winters die *bateaux-mouches* als Wasser-Trams nach festem Fahrplan, bei den Parisern als Verkehrsmittel höchst beliebt, wie schon ihr zärtlich klingender Name sagt. Heute nennen sich die Sight-seeing-Boote der schönen Jahreszeit nach ihnen.

Von jeher lieferte die Seine den Parisern das Trinkwasser, «das ihnen keine Beschwerden macht, doch Fremde haben die leicht abführenden Eigenschaften zu fürchten», warnte der «Führer von Paris» (1828), und Mercier belehrte, man solle den

Pont-Neuf mit der Pompe de la Samaritaine. Beim Bau der Pariser Brücken wurde auf die Schiffahrt wenig Rücksicht genommen, obwohl sie sehr viel bedeutender war als heute. Die Pompe de la Samaritaine stellte für den Schiffer kein geringes Hindernis dar; sie verschwand erst 1813. Die runden Türmchen des Brückengeländers, die 1775 nach dem Entwurf von Soufflot gebaut wurden, beherbergten bis zu ihrem Verschwinden Kleider- und Hutmacherläden. In den Nischen mit den Rundbänken hatten sich schon früh Bouquinisten und Kolporteure eingestellt. Die Mascarons auf Seite 59 sind Zeichnungen nach zweien der Steinmasken, die das Sims der Brückenrampe stützen, und zeigen den Stil des frühen Barocks, den der Architekt Baptiste Androuet seinem Werk zu geben bemüht war.

Schlamm sich im Becher setzen lassen. Neben Wasserverkäufern, die ihre Fässer möglichst in der Flußmitte, fern den einmündenden Kloaken, füllten, sorgten seit Ende des 18. Jahrhunderts große Dampfpumpen für den Bedarf, zum Beispiel die vom Gros-Caillou mit einem 70 Fuß hohen Turm oder die Pompe de la Samaritaine beim Pont-Neuf und die Pompe de Chaillot, die Seine-Wasser in Reservoirs auf dem Hügel pumpte, von wo es bis 1857 in die nördlichen Viertel verteilt wurde. Sie speisten auch die öffentlichen Brunnen, die z.T. pittoreske Namen hatten: *Fontaine d'Amour, du Diable, de l'Elé-*

Das Quai de l'Ecole, Lithographie von J. Villain nach einer Zeichnung von Bacler d'Albe, wurde 1868 mit zwei anschließenden unter dem Namen Quai du Louvre zusammengefaßt. Die Uferbefestigung war 1810 erneuert worden. Ehedem hatte es zwei Schwemmen für das Tränken der Pferde hier gegeben. Schon 1222 wird der Treidelpfad erwähnt, der am Ufer entlangführte.

Der Pont-des-Arts trägt seinen Namen, weil zur Zeit seiner Konstruktion 1802–1804 der Louvre, nach den von Napoleon zusammengetragenen Kunstschätzen aus den in Italien eroberten Städten, «Palais des Arts» genannt wurde. Der bei den Studentenunruhen 1968 beschädigte Pont-des-Arts wurde bereits 1918 von einer deutschen Fliegerbombe getroffen.

phant oder *Fontaine de Tantale* (Tantalusbrunnen). Die erste Anstalt zur Reinigung des Seine-Wassers mittels Filtern aus Kohle, Kies und Schwämmen wurde im ersten Viertel des 19. Jahrhunderts in Betrieb genommen und das gereinigte Wasser faßweise in der Stadt verkauft, den Eimer für 10 centimes. Ende des vorigen Jahrhunderts hatten zudem 30000 Haushalte noch ihren eigenen Ziehbrunnen oder artesischen Brunnen. In 500 bis 700 m Tiefe ist man auf Wasservorkommen gestoßen. Heute versorgen die *Reservoirs de la Vanne,* Rue de la Tombe Issoire, mehr als die Hälfte von Paris mit Leitungswasser; ihre 200000 cbm ergänzen sich aus den kleinen Flüssen Vanne, Lunain, Voulzie u.a., sowie aus der Seine. 1854 gab es die ersten Leitungen in den Etagen. Paris kennt die Versorgung mit zweierlei Wasser; neben dem Trinkwasser liefern andere Leitungen Wasser für Industrie, Straßenreinigung, Bewässerung, und so weiter. Die Feuerwehr, bis ins 17. Jahrhundert Aufgabe der Bettelorden, wurde 1699 umorganisiert, dem Polizeileutnant unterstellt und nach deutschem und niederländischem Muster mit Pumpen ausgerüstet. Nach dem grausigen Brand der österreichischen Botschaft 1810 schuf Napoleon die kasernierte Feuerwehr, die auch heute noch militärisch organisiert ist.
Bekanntlich verfügt Paris über Mineralquellen: Die eisenhaltige in Auteuil, Rue de la Cure, wird schon im 13. Jahrhundert erwähnt. Im Barock entstand das Brunnenhaus, das 1858 erneuert und bis 1930 benutzt wurde. Von den *Eaux de Passy,* in einem Park mit klassizistischem Portal, tranken schon d'Alembert und Franklin.
Der Reiseführer von 1828 meldet: «Jetzt besitzt jedes Viertel elegante, bequeme, äußerst saubere Bäder. Man kann dort zudem ausgezeichnete Stärkungsmittel, gute Weine und herzhafte Liköre haben... Es gibt mehrere Anstalten, die Ihnen nach Wunsch zu jeder Tages- und Nachtzeit bis in Ihr Schlafzimmer, in welcher Etage auch immer, Badewanne, kaltes und warmes Wasser und sogar Mineralwasser bringen.» In den *Bains de Tivoli,* mit großem Garten für die Rekonvaleszenten, stellte man künstlich Mineralwasser von Spaa und anderen Kurorten her. Eine Attraktion waren die *Bains Chinois* am Boulevard des Italiens: «Hinter künstlichen Felsen erheben sich Bauten in chinesischem Stil. Außer der Schönheit des Lokals findet man ein Café-Restaurant, wo man gut bedient wird», rühmt der Reiseführer für seine Biedermeierkundschaft. Der Baedeker von 1878 führt fünf «kalte Seine-Bäder» auf. Das erste war 1765 gegenüber dem Quai d'Orsay auf einem Boot entstanden. Diese schwimmenden Bauten, halb Arche, halb hölzerner Palast,

In der Mitte des Pont Notre-Dame, auf der Westseite, standen seit 1676 zwei Pumpen, die das Wasser auf einen 20 m hohen Turm hoben, von wo etwa 15 Brunnen gespeist wurden. Unter Napoleon I. wurde ihre Zahl auf 29 vermehrt. 1853 wurden die Pumpanlagen entfernt, als die ersten Trinkwasserleitungen die Haushalte direkt zu versorgen begannen. Radierung von Charles Meryon.

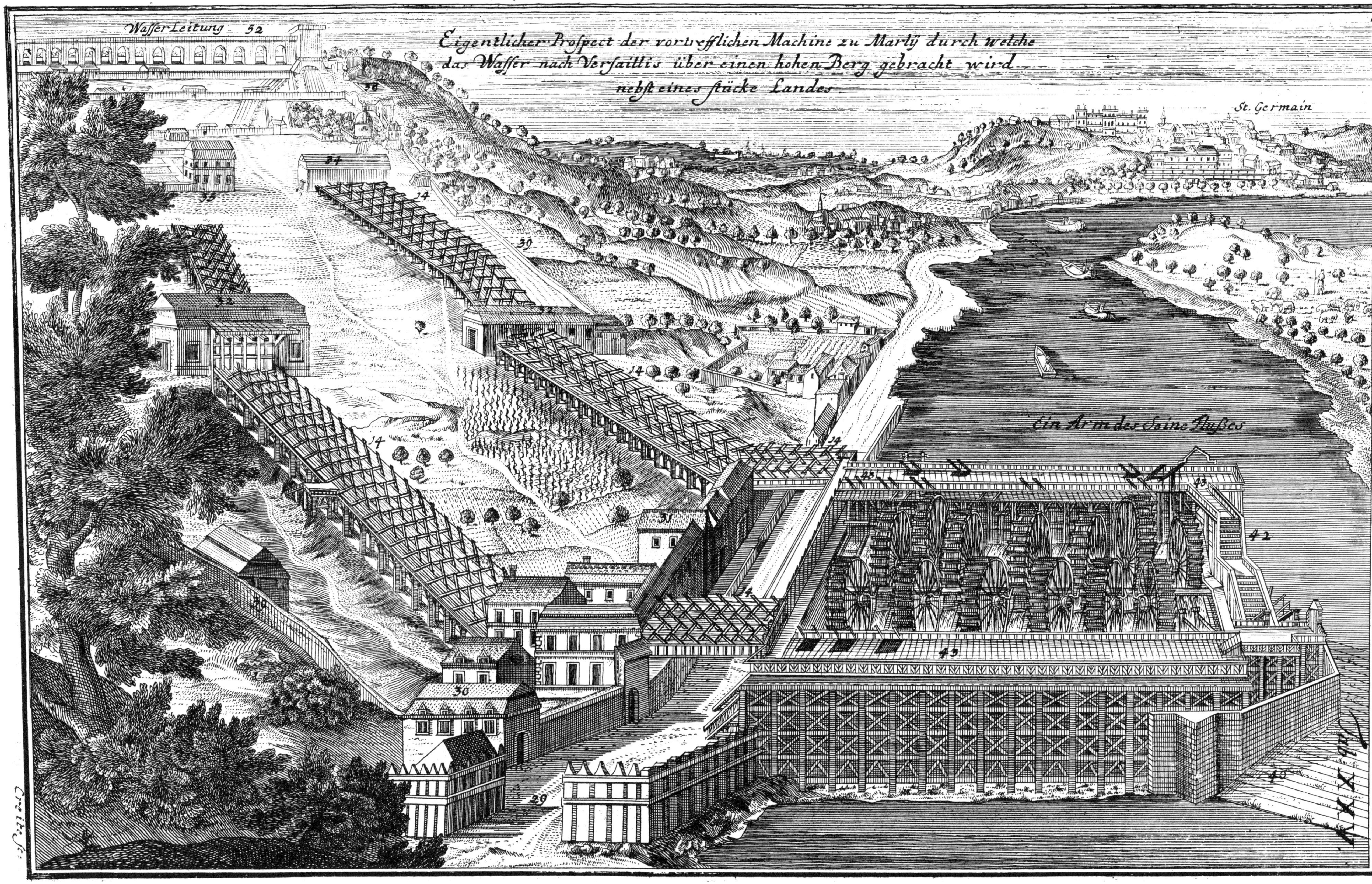

Die Wasserhebemaschine von Marly. Ludwig XIV. läßt 1681–1684 durch den belgischen Ingenieur Deville und den Zimmermeister Sualem dieses «8. Weltwunder» konstruieren, um Wasser für die Parks von Marly und Versailles zu haben. 14 hydraulische Räder betreiben unter lautem Getöse übereinanderliegende Pumpen, von denen das Wasser 100 m hoch gehoben wird, um über einen Aquädukt in die Reservoirs von Louveciennes zu fließen. Das meiste davon ist für Marly bestimmt, der Rest für Versailles. Von 1817 an wurde die Anlage mit Dampf betrieben, 1854 eine neue hydraulische Maschine auf Kosten Napoleons III. installiert. Seitdem wird das Wasser auch durch Leitungen in die Reservoirs geführt, so daß der Aquädukt nun unbenützt bleibt. Seit 1874 wird statt dem verschmutzten Wasser der Seine das saubere aus artesischen Brunnen hochgepumpt. Die Maschine, die heute noch in Betrieb ist, stammt aus dem Jahre 1858. Sie hebt täglich mehr als 20000 Kubikmeter Wasser.

wechselten am Ufer mit den Wäscherei-Schiffen ab, die gern türkische Kioske vom Bosporus nachahmten, mit Lattenarkaden und einem Stockwerk aus Gitter, wo getrocknet wurde. In Schwimmschulen und Bädern blieben die Damen, in brauner Wolle, nur Hals, Hände und Füße nackt, natürlich streng unter sich. Voyeurs mußten sich ein verborgenes Astloch suchen.

Nicht immer war es so gewesen. Unter den Valois waren die Badhäuser der Barbiere sehr in Mode, in denen sich Männlein und Weiblein gemeinsam tummelten. Als aber geschwängerte Mädchen immer häufiger dem Wasser die Schuld gaben und als auch die Lustseuche um sich griff, gerieten die Bäder in Verruf; sie wurden zu einem Ort der Ausschweifung mit Badenymphen, Soupers und Musik. Ein berühmtes nannte sich dennoch *Au Saint Suaire de Turin* (Zum heiligen Schweißtuch von Turin).

In strengen Wintern fror die Seine zuweilen zu, was heute die Abwässer der Elektrizitätswerke durch die Erwärmung verhindern. Zur Vergangenheit zählt auch Schlittschuhlaufen auf den Teichen der Bièvre, die einst Notre-Dame gegenüber, dann abgelenkt beim Pont d'Austerlitz in die Seine mündete, heute aber zum Kanalisationssystem gehört, unter der Seine durchgeführt wird und ihre Kloakenflut unterirdisch zu den Kläranlagen bei Asnières schleppt. Einst wurde ihr Eis in Kellern für den Sommer gehortet, woran noch der Name Glacière erinnert. Jean-Jacques konnte an den Ufern noch herbarisieren. Labédollière schrieb 1860: «Unerwartet steht der Spaziergänger vor einer der schönsten Landschaften; er hat ein von der Bièvre durchflossenes Tal vor sich, weit genug entfernt, so daß er von den ekelhaften Ausdünstungen nichts merkt.» Denn schon im 16. Jahrhundert hatten sich flämische Gerber und Färber an den Ufern niedergelassen. Rabelais spottete, die Bièvre sei der Urin von 600014 Hunden. Unter den Färbern war ein Sieur Gobelin aus Reims wegen seines Scharlachrots berühmt; ein Nachkomme war der Begründer der Teppichmanufaktur, die dem Viertel den Namen gab. 1828 zählt man noch 90 Gerber- und Färberbetriebe, dazu zahllose Wäschereien.

Bis er beim Arsenal wieder ans Licht kommt, fließt auch auf zwei Kilometern der Canal Saint-Martin unterirdisch, seit Napoleon III. ihn aus Bürgerkriegsstrategie einwölben ließ, weil er den Aufständischen im blutigen Juni 1848 eine fast unüberwindliche Verteidigung ermöglicht hatte. Das Wasserstraßensystem von Nord-Paris hat seinen Mittelpunkt im Bassin de Villette. Der Canal de l'Ourcq bringt ihm das Wasser eines Nebenflusses der Marne. In den grauen Fluten der Kanäle Saint-Denis, Saint-Martin und de l'Ourcq spiegeln sich weither kommende

Der Canal de l'Ourcq und das Bassin de la Villette. Der schon aus der Renaissance stammende Plan, die Wasser der Ourcq und der Marne durch einen Kanal nach Paris zu führen, wurde erst unter Napoleon I. in Angriff genommen, aber erst 1826 wurde der 107 m lange Canal de l'Ourcq eingeweiht. Das Bassin de la Villette, 1806 begonnen, empfing am 2. Dezember 1808, dem Jahrestag der Kaiserkrönung, das erste Wasser. Ein Jahr später war die Bassinanlage fertig. Ihr Wasserspiegel liegt 27 m über dem normalen Wasserstand der Seine. – Im Hintergrund des Stiches die Rotonde de la Villette, ein Bau von Ledoux. Sie gehörte zu den Barrières de la Villette und de Pantin. Barrières hießen die Tore in der Stadtmauer der Fermiers Généraux, an denen das Octroi erhoben wurde. Es gab über achtzig Barrières, deren Namen noch heute auf dem Stadtplan figurieren. Von einigen sind auch noch Reste der Torbauten, meist in klassizistischem Stil, zu sehen.

Die Badeanstalt Vigier. Der Besuch der Badhäuser war lange Zeit der Lebewelt vorbehalten. Das Volk begnügte sich mit dem Baden im Fluß, zumal das häusliche Wannenbad ziemlich umständlich zu bewerkstelligen war. Die hölzernen Badeanstalten am Seine-Ufer datierten aus dem Beginn des 19. Jahrhunderts; noch das 18. Jahrhundert kannte nur das Freibad im Seinewasser. Die Badeanstalt von Vigier lag unterhalb des Pavillon de Flore. Lithographie von G. Engelmann nach einer Zeichnung von Bacler d'Albe.

Lastkähne, gewölbte Brücken und die Fassaden mürrischer kleiner Hotels sowie die Wolken, die vom Atlantik herüber ostwärts ziehen. Paris, Stadt am Wasser, einer der großen Binnenhäfen Europas. Zehntausende leben in Paris vom Fluß, von seinen Wasserzweigen und seinen Möglichkeiten.

Stadt der Kirchen und Paläste

...jene großen Fenster verblichener Zeiten
Mit der Seltsamkeit ihrer verlorenen Blicke.
O.V. de L. Milosz, Scène de Don Juan

Aufriß der Kuppel von Val-de-Grâce. Das Kloster Val-de-Grâce war eine Gründung Annas von Österreich, der Gemahlin Ludwigs XIII. Den Grundstein der im Jesuitenstil errichteten Kirche durfte ihr siebenjähriger Sohn, der spätere Ludwig XIV., legen. Die Kuppel stammt von Le Duc, dem letzten der vier Architekten, die sich nacheinander beim Bau ablösten. Der erste war Mansart gewesen, dem die Leitung lange vor der Vollendung entzogen worden war.

Die Marmorpracht der römischen Monumentalbauten ging in den Wirren der Völkerwanderung zugrunde. Die Ruinen der Thermen gehören heute zum Cluny-Museum. Sie waren 1330 von einem Kluniazenserabt erworben worden, der auf dem Gelände einen Garten und eine Unterkunft für die Scholaren der von seinem Orden geleiteten Schule anlegen ließ. Das spätgotische Hôtel de Cluny, der heutige Museumsbau, steht seit Ende des 15. Jahrhunderts an der Stelle dieses verschwundenen Hauses, ein seltenes Beispiel gotischer Profanarchitektur.
Nach den dunkelsten Jahrhunderten des Verfalls der Antike hatte die Bautätigkeit mit dem Frankenkönig Chlodwig wieder eingesetzt, nachdem er 496 zum Christentum übergetreten war. Eine Christengemeinde gab es längst nahe der unterirdischen Zuflucht verlassener Steinbrüche, in denen sich in Zeiten der Verfolgung und beim Einfall feindlicher Horden oder Heere Leben und Gut bergen, in Katakombenkapellen die Eucharistie feiern und die erhoffte Wiederkunft Christi erwarten ließ. Unter Chlodwig entstanden reiche Abteien mit Weilern, Weinbergen und Feldern, der *civitas Dei* des heiligen Augustin nachgebildete Gemeinwesen. An sie hat André Breton vielleicht gedacht, als er dichtete: *«Une ferme prosperait en plein Paris et ses fenêtres donnaient sur la voie lactée.»* (Ein Bauerngut gedieh inmitten von Paris, und auf die Milchstraße hinaus gingen seine Fenster.) Die meisten Abteien lagen freilich vor der Stadt; so auf dem heutigen Panthéon-Hügel die von Chlodwig selbst gegründete, die später nach der Schutzheiligen der Stadt Sainte-Geneviève benannt wurde. Nur die 1180 dort errichtete Tour de Clovis hat sie überdauert. Schiff und Klostergebäude wichen unter Ludwig XV. dem klassizistischen Bau, den die Revolution zum Panthéon umfunktionierte. Die Parochialkirche Saint-Etienne-

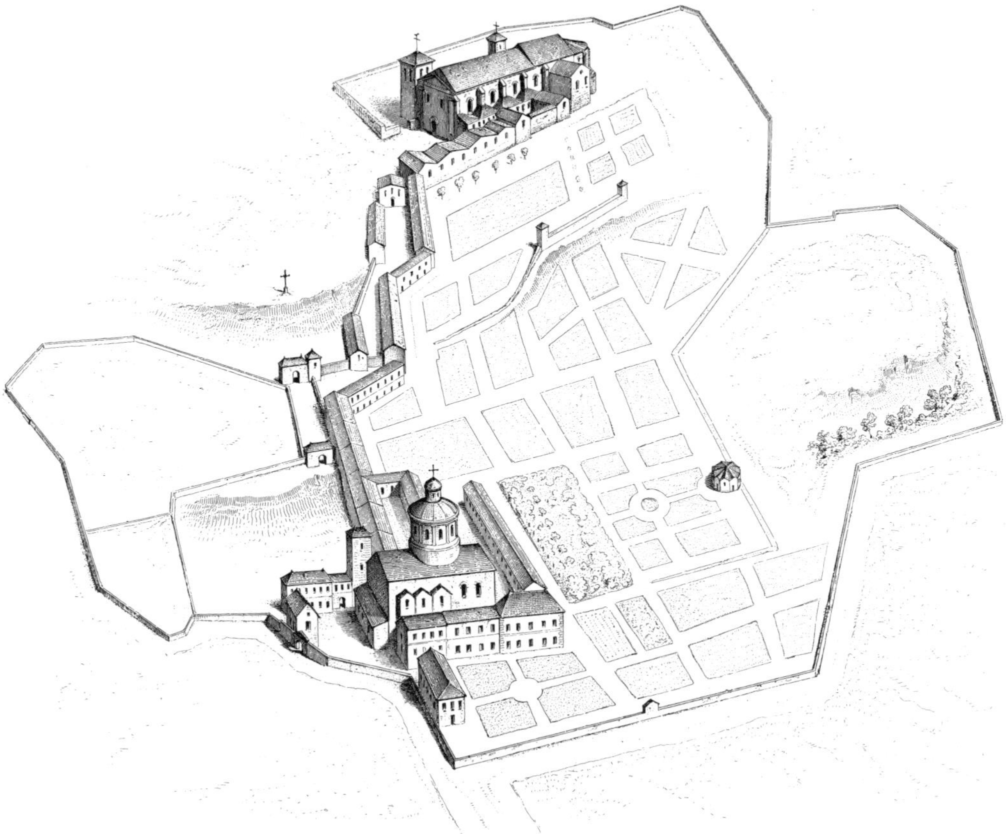

du-Mont wurde 1220 auf dem ländlichen Fleck neben der Abteikirche errichtet; bei einem Umbau erhielt sie 1626 die merkwürdig noch von gotischem Geist erfüllte Renaissance-Fassade und den schönen Lettner; sie nahm als Reliquie auch Teile des Sarkophags der heiligen Genoveva auf, nachdem ihre Gebeine von den Sansculotten verbrannt worden waren.
Weit im Norden vor der Stadt entstand das Kloster Saint-Denis. Es steht an der Stelle, wo nach der Legende der heilige Dionysius, der nach seiner Enthauptung durch einen römischen Regierungsbeamten auf Montmartre *(mons martyrum)* mit dem Kopf unter dem Arm davongelaufen war, zusammengebrochen und einer Christin begegnet sein soll, die ihm zu einem ehrlichen Begräbnis verhalf. Der Wallfahrtsort, dessen Kathedrale den französischen Königen als Mausoleum diente, hat sich schließlich zu dem rauchigen, volkreichen Vorort entwickelt, der Saint-Denis heute ist.
Chlodwigs Sohn Childebert, der bei den Merowingern den Brauch des Verwandtenmordes einführte, war andererseits ein sehr frommer Fürst. Auf Veranlassung von Bischof Germain gründete er nach einem Schlachtensieg die zunächst dem heiligen Vincent geweihte Abtei, die dann den Namen Saint-Germain-des-Prés annahm, *des prés,* weil sie mitten in feuchten Wiesen lag. Die prunkvolle Basilika wurde die Goldene genannt:

Die Etymologie des Namens Montmartre ist umstritten. Manche leiten ihn von *mons Mercuri* oder *mons Martis* her, da es für beide römische

Gottheiten auf dem Hügel Heiligtümer gegeben haben soll. Verbreiteter ist die Annahme einer Ableitung von *mons Martyrum* nach dem Martyrium des heiligen Dionysius und seiner Gefährten, die nach der Legende hier auf Befehl des römischen Statthalters enthauptet wurden. Die kniende Figur (Seite 73), ein Werk von J. Sarasin aus dem 17. Jahrhundert, stellt den Heiligen dar; sie stammt aus der Priorei, die mit dem Kloster der Damen von Montmartre durch eine lange Galerie verbunden war, wie auf der Zeichnung links oben (Seite 72) zu sehen ist. Die 1133 gegründete Abtei war während des Mittelalters ein viel besuchter Wallfahrtsort. Das Bild rechts unten (Seite 73) zeigt die Kirche Saint-Pierre-de-Montmartre mit Resten des Klosterkreuzgangs. Sie war in der Mitte durch eine Mauer getrennt; die eine Hälfte, dem heiligen Petrus geweiht, war den Laien bestimmt, die andere, dem heiligen Dionysius geweiht, für die Klosterfrauen. Erst als die Benediktinerinnen 1686 in die «untere Abtei» umzogen, erhielt die Gemeinde, gegen Abtretung von mehreren Weinbergen, das Recht, ihre Kirche zu vergrößern, so daß nur der Chor den Nonnen blieb. Auf dem Turm installierte die Revolution einen Telegraphen, der bis 1844 benutzt wurde.

Ihr metallenes Dach funkelte weithin ins Land; ihr Inneres muß ein wahres Schatzhaus gewesen sein. Prunk, Frömmigkeit und die Metzeleien unter Familiengliedern waren der gesamten Merowingersippe eigen, die den Karolingern Platz machen mußte. Doch Karl der Große hat in Paris keine steinernen Spuren hinterlassen; er hielt in Aachen Hof. Im 9. Jahrhundert wurde Saint-Germain-des-Prés von den Normannen gründlich geplündert und zerstört, als sie auf ihren Wikingerschiffen die Seine heraufkamen. Auf die alten Fundamente ist man vor kurzem bei Restaurierungsarbeiten der jetzigen Kirche gestoßen. Schlichter als die Goldene war die Kirche ums Jahr Tausend von den Kapetingern wieder aufgebaut worden, als Paris endgültig zur Hauptstadt geworden war. Der aus Quadern gefügte Turm aus dem Jahre 1063 ist eines der ältesten Pariser Steindenkmäler. Er war einer von drei Türmen der Abteikirche, deren beide anderen im 19. Jahrhundert wegen Einsturzgefahr niedergelegt wurden. Die Abtei, zur Zeit Ludwigs XIV. noch vor den Mauern beim *Grand* und *Petit Pré-aux-Clercs* (der großen und kleinen Pfaffenwiese), dem beliebten Duellplatz für die d'Artagnans gelegen, war, als die Revolution zur Säkularisierung schritt, vom Häusermeer schon eingeschlossen. In den furchtbaren Septembertagen 1792 wurde sie Schauplatz des Blutrauschs fanatisierter Kleinbürger. Auf der heutigen Place Saint-Germain vor dem Kirchenportal häuften sich die Leichen, ehe sie in die Katakomben gebracht wurden.

Blutige Erinnerung knüpft sich auch an die andere Kirche gleichen Namens, Saint-Germain-l'Auxerrois, deren Glocke 1572 das Zeichen zum Massaker der Bartholomäusnacht gab. Das spätgotische Gotteshaus mit dem Portikus im «style flam-

Die Gesamtansicht der Abtei Saint-Germain-des-Prés zeigt ihren Zustand zur Zeit, als die Nationalversammlung sie säkularisierte. Den Namen trägt die Kirche seit 754, seitdem der heilige Germain im Ostteil des Gotteshauses beigesetzt worden war. Die Abtei gehörte zu den reichsten von Paris und unterstand dem Papst direkt. Ihre Domäne reichte bis in die Gegend von Saint-Cloud. Die gelehrte Bruderschaft ihrer Mönche konnte lange Zeit als geistiges Zentrum gelten. Unter anderen gehörte zu ihr Michel Félibien, der eine Geschichte der Stadt Paris schrieb (1719). Die Bibliothek umfaßte 50000 Bände und 7000 Manuskripte. Der Turm der Westfassade (Bild links) ist der heute noch stehende. Die Statuen im Eingang wurden während der Revolution zerstört. Die beiden Ost-Türme wurden 1822 wegen Baufälligkeit abgerissen. 1799 waren in der Kirche zwei Gräber unbekannter Toter entdeckt worden; das Skelett des einen Grabes trug eine Mitra, das des anderen war in ein Leichentuch aus Seide und Goldstoff gehüllt. Die nebenstehende Zeichnung rekonstruiert die Kleidung eines Abtes aus dem 14. Jahrhundert.

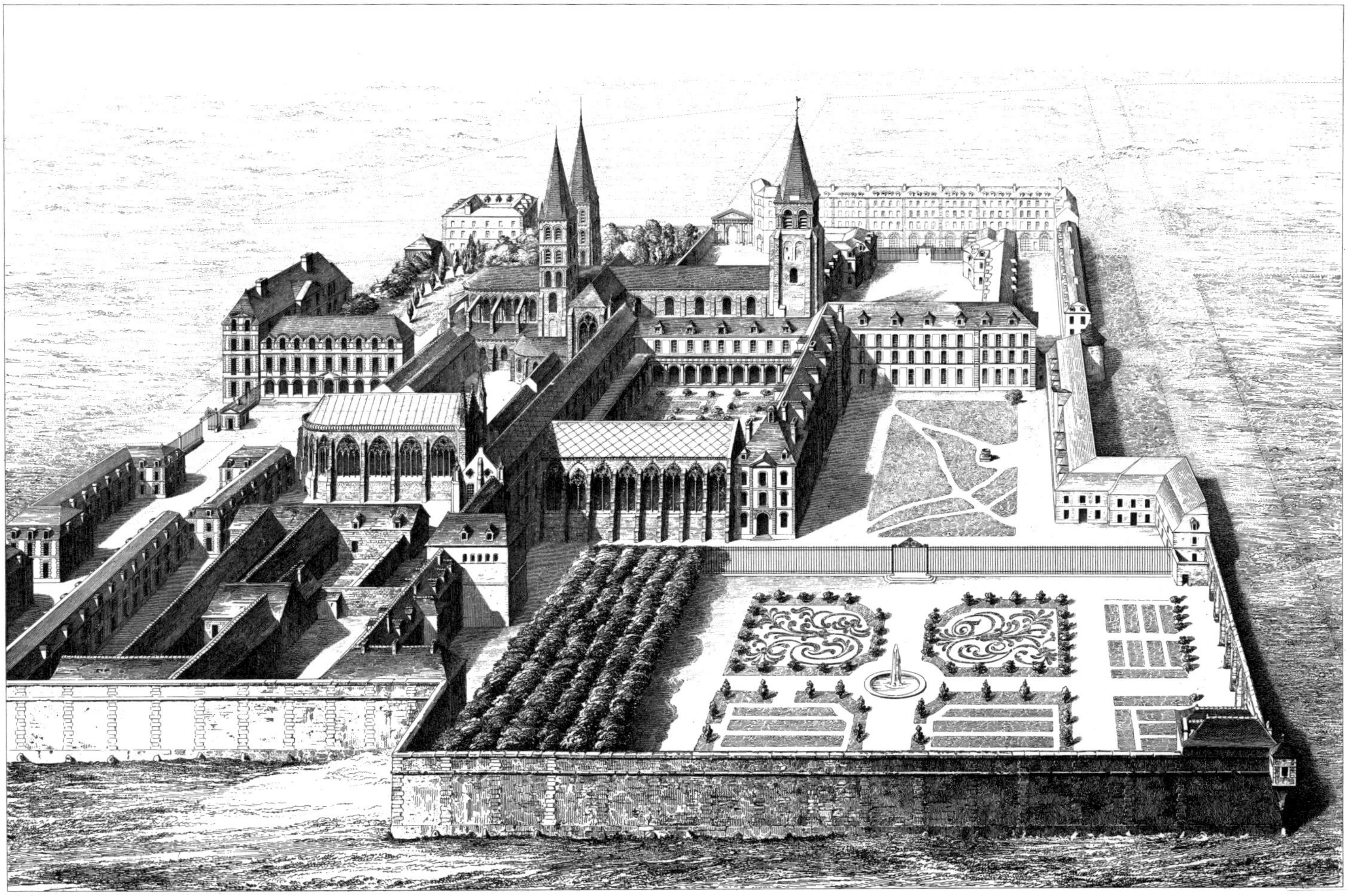

boyant» (dem flammenden Stil) war Parochialkirche des französischen Königshofes, dritte Kirche am selben Platz, mit Spuren der Baustile aus fünf Jahrhunderten, und lange Zeit berühmt wegen ihrer Klosterschule. Sie hat im 19. Jahrhundert eine spiegelbildliche Zwillingskopie in Neugotik erhalten, hinter deren Fassade sich die Bürgermeisterei des Arrondissements verbirgt.

Ein Beispiel, wie sich aus einer mittelalterlichen Abtei ein ganzes Stadtviertel entwickelt hat, gibt auch das Viertel Saint-Martin, dessen Keimzelle die Probstei der Könige *(prieuré royal)* mit der Kirche Saint-Martin-des-Champs war. Von Mauern umfriedet, lag auch sie vor den Toren. Ihre Chorkapelle war der erste Pariser Bau im Spitzbogenstil, dessen reichstes Beispiel die Sainte-Chapelle ist, dieses Kleinod der Baukunst, das um die Mitte des 13. Jahrhunderts von Pierre de Montereau als Reliquienschrein eigens für die Dornenkrone erbaut wurde, die Balduin, Sohn des lateinischen Kaisers von Byzanz, Ludwig dem Heiligen geschenkt hatte. Ludwig, seine Familie und der ganze Hofstaat zogen dem sakralen Geschenk entgegen, das freilich erst bei den Venetianern, die es als Faustpfand dem geldbedürftigen Kaiser hoch beliehen hatten, hatte ausgelöst werden müssen. In der Sainte-Chapelle ist das gotische Stilideal zur höchsten Vollendung gediehen: Auflösung der Mauern und die Glasphantasmagorie der Fenster. Die leuchtenden Glasmalereien wurden allerdings im 19. Jahrhundert restauriert, nachdem die «Erste Republik» aus den zwei übereinanderliegenden Geschossen ein Archivmagazin gemacht hatte, wobei offenbar die Fenster unter der Willkür Schaden genommen hatten.

Es ist unmöglich, alle Kirchen und Kapellen von Paris hier aufzuführen, die im mittelalterlichen Gassengewirr zwischen Hütten und Scheunen der Ackerbürger, dröhnenden Werkstätten der Huf- und Kupferschmiede, Garküchen und Schenken und reichen Gewölben der Kaufherren mystische Akzente setzten: Saint-Séverin, die einstige Universitätskirche, wo Villon beim Brausen der Orgel (wohl der ersten Orgel in Paris) von Zeit zu Zeit seine Sünden bereute und für das alte Weiblein, seine Mutter, betete. Saint-Pierre-de-Montmartre, Rest einer großen Benediktinerabtei; Ignatius von Loyola stiftete hier seinen Orden. Saint-Julien-le-Pauvre, durch Mönche vom Carmelberg erbaut, jetzt dem griechisch-katholisch-melchitischen Bekenntnis vorbehalten; Huysmans vergleicht sie jenen alten ländlichen Kapellen, die an eine verlassene Scheune und gleichzeitig an eine Burgruine erinnern. Saint-Eustache mit lichtdurchflutetem Schiff, das, in der Renaissance begonnen, ein Fortleben der Gotik bezeugt; der Pfarrer wollte dem toten Molière hier ein Grab verweigern, man mußte den König selbst bemühen. Saint-Jacques-de-la-Boucherie, einst im Metzgerviertel gelegen; nur noch der Turm ragt heute aus einem grünen Square in den Himmel; Pascal hat oben in der Turmkammer Versuche mit dem Barometer unternommen, heute beherbergt sie eine meteorologische Station. Wenn man Pascal nennt, muß man Port-Royal erwähnen, die Zisterzienserinnen-Abtei, wo Mère Angélique Arnauld seit ihrem elften Jahr Äbtissin war. Der Jansenismus hatte hier im Faubourg Saint-Jacques ein reges geistiges Zentrum, bis Ludwig XIV. unter dem Einfluß der Jesuiten es mit brutalen Mitteln auflöste. Ein Refugium, wohin sich Witwen und Damen von Stand, ohne das Gelübde zu leisten, zurückziehen konnten, war lange Zeit die Abbaye-aux-bois in der Rue de Sèvres, seit 1654 von Kanonikerinnen des heiligen Augustin geleitet. Unter der Restauration besuchte Chateaubriand hier Mme Recamier in ihrer mit Büchern angefüllten Klause.

Hundert andere Kirchen und Kapellen müßte man nennen,

Der Stich von Chamouin ist nach einer Daguerreotypie von Notre-Dame angefertigt. Wie das schlanke Dachreitertürmchen beweist, wurde die Photo-Inkunabel aufgenommen, nachdem Viollet-le-Duc die Kathedrale restauriert hatte, während die von ihm ergänzten Statuen der Könige noch nicht in ihren Nischen der Fassade stehen.

Saint-Etienne-du-Mont. Da die mittelalterliche Kirche sich als zu klein erwies, wurde am Ende des 15. Jahrhunderts ein erweiterter Neubau errichtet. Obwohl Saint-Etienne-du-Mont die für das Universitätsviertel wichtigste Kirche war, gingen die Arbeiten so langsam voran, daß der Bau erst unter der Regierung Ludwigs XIII. beendet wurde. Und so gehört er noch zur Spät-Gotik, während die Fassade bereits von der Renaissance inspiriert ist. Berühmt ist die Kirche auch wegen ihres Lettners. Sie besitzt einen Schrein aus vergoldetem Kupfer mit den Reliquien der Schutzpatronin von Paris, der heiligen Genoveva, soweit sie nicht während der Revolution zerstreut worden waren. Lange waren sie in einem anderen Schrein aufbewahrt worden. Marmorsäulen und vier Allegorien, angeblich von Germain Pilon, trugen das Reliquiar.

Die Zeichnung von Charles Meryon vermittelt einen Eindruck vom Mischstil der Kirche Saint-Etienne-du-Mont mit ihrer mittelalterlichen Fensterrose unter dem geschwungenen Giebel, der aus sehr viel späterer Zeit stammt.

Seite 80
Der Cimetière des Innocents (Friedhof zu den unschuldigen Kindlein) und sein Beinhaus zur Zeit Franz' I. Flämische Schule aus dem 16. Jahrhundert. Man sieht die im 14. Jahrhundert errichtete Arkadengalerie, die durch fromme Stiftungen finanziert worden war. Der Totentanz von 1424 auf der Mauer, von einem Vertrauten des Herzogs von Berry gemalt, war berühmt.

Seite 81
Der Cimetière des Innocents. Das Blatt nach einer Originalzeichnung von Bernier zeigt eine Privatkapelle für die Familien de Villeroy und d'Orgemont. Rechts sieht man die Rue aux Fers und links die Türen des Beinhauses längs der Rue de la Lingerie.

Das Bas-Relief aus dem 13. Jahrhundert stellt Christus in einem Schiff dar, das der heilige Julian steuert. Die dritte Figur ist schwer zu deuten. Das Bas-Relief stammt von der alten Fassade der Kirche Saint-Julien-le-Pauvre, die im Kreuzungspunkt der beiden großen römischen Straßen stand. 1170 begonnen und 1240 beendet, bildet sie einen Übergang von der romanischen zur gotischen Architektur. Dasselbe gilt für den Chor der Kirche Saint-Martin-des-Champs, die ursprünglich zur königlichen Priorei gleichen Namens gehörte. Das Gotteshaus ist das erste Pariser Bauwerk, an dem sich gleichzeitig Rund- und Spitzbogen finden, hier gezeichnet von Matthäus Merian.

Saint-Louis des Invalides

Chapelle de la Sorbonne

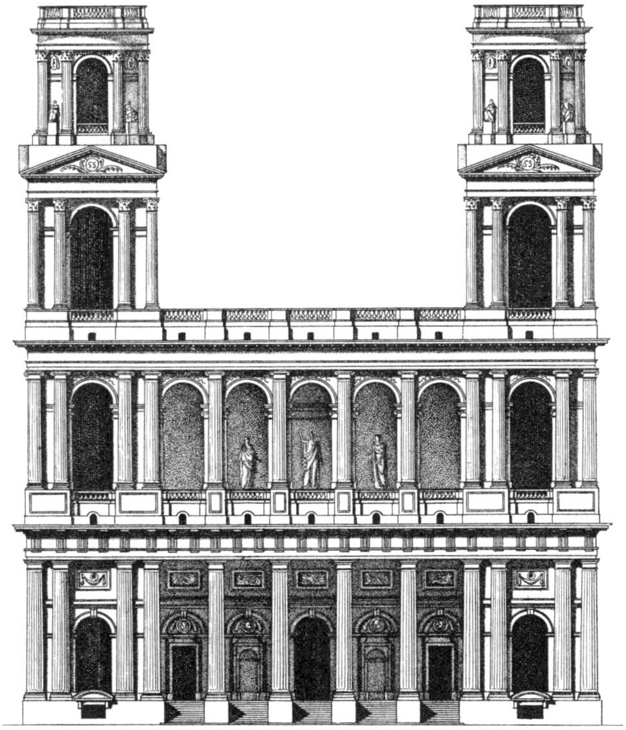

Saint-Sulpice

Saint-Eustache

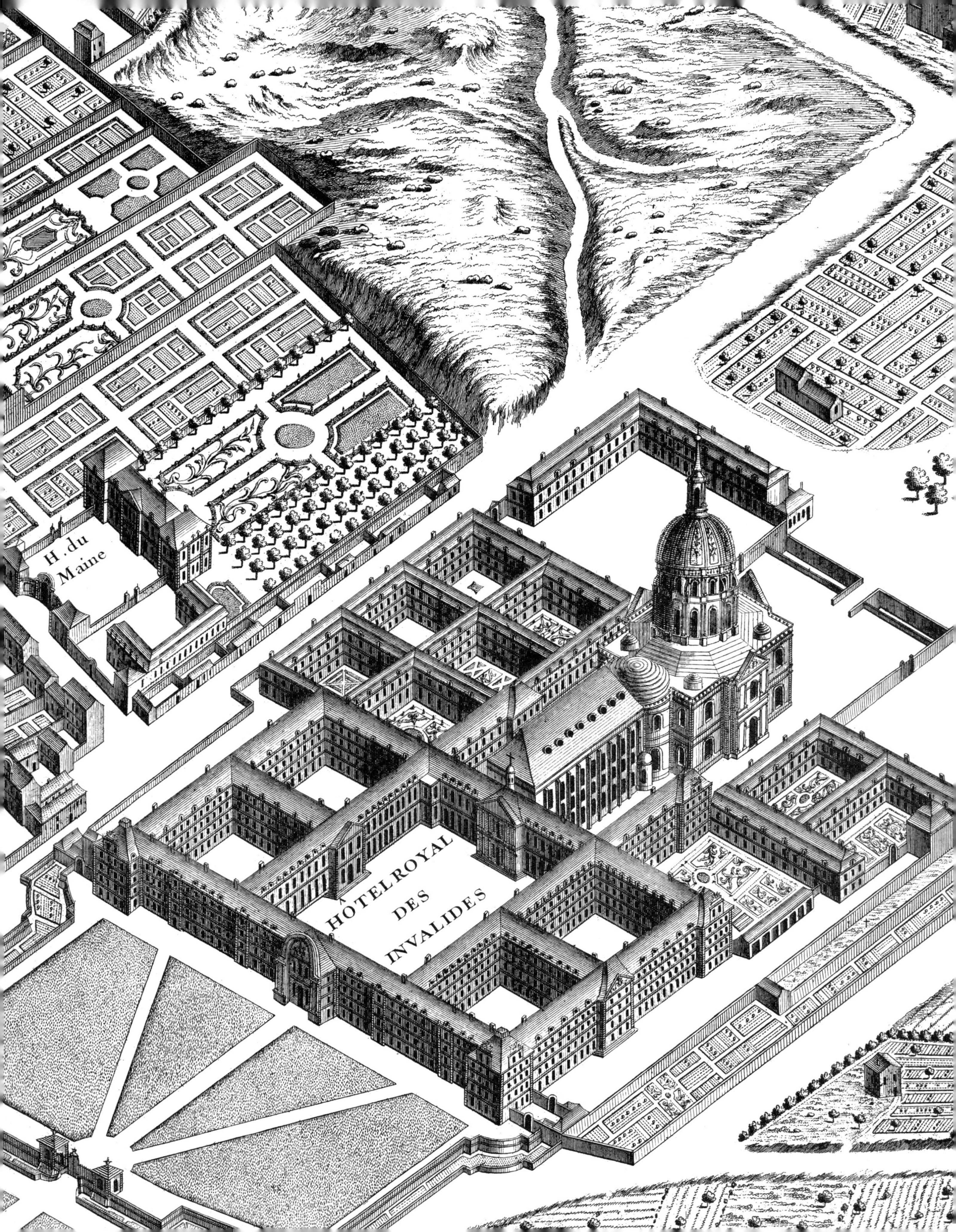
H. du
Maine
HÔTEL ROYAL
DES
INVALIDES

Seite 83
Die von Hardouin-Mansart erbaute Kirche Saint-Louis-des-Invalides, auch du Dôme genannt, war ursprünglich den Offizieren, Verwaltungsbeamten und Invaliden vorbehalten. – Die Kapelle der Sorbonne, in schwerfälligerem Stil ebenfalls aus dem 17. Jahrhundert, ein Werk von Lemercier, der auch das anschließende Kollegium gebaut hat. – Die Kirche Saint-Sulpice wurde seit dem 12. Jahrhundert mehrfach neu erbaut. Der heutige Bau, 1733 vollendet, ist nach den Plänen von Servandoni errichtet. – Die Hauptfassade von Saint-Eustache ist insofern merkwürdig, als sie in keinerlei Beziehung zum übrigen Bau steht. Moreau, Architekt Ludwigs XVI., änderte die Pläne von Hardouin-Mansart ab, konnte die Kirche jedoch nicht beenden – der rechte Turm fehlt – und ebensowenig den monumentalen Platz anlegen, der vor ihr liegen sollte.

Plan von Turgot. Ausschnitt des Hôtel Royal des Invalides. Die Esplanade wurde erst zu Beginn des 18. Jahrhunderts angelegt. Bereits Heinrich IV. hatte eine Anstalt für die Aufnahme verwundeter Soldaten gegründet, aber sie verkümmerte, bis Ludwig XIV. den Plan aufgriff. Als Standort wählte man die Ebene von Grenelle, und der erste Stein wurde 1671 gelegt. Das Hôtel des Invalides, nach den Plänen von Libéral Bruant, bedeckt ein riesiges Viereck von 450 mal 390 Meter. Jules Hardouin-Mansart beendete den Bau der Kirche und der Kuppel.

viele verschwunden, wie die der *Filles-de-Saint-Thomas-d'Aquin*, die dem profanen Tempelbau der Börse Platz gemacht hat. Nicht zuletzt Notre-Dame, einst «Zeugin königlicher Hochzeiten, Schauplatz der Te Deum für erfochtene Siege, Schiff großer Begräbnisfeiern, doch auch Ort der Fröhlichkeit, für Bankette und profane und heilige Schauspiele, die Mysterien. Der Pariser schlief hier, wenn er kein Dach überm Kopf hatte und fand ein unverletzliches Asyl, wenn er zu Recht oder Unrecht verfolgt ward» *(Histoire de Paris et des Parisiens)*. Der Aufenthalt der Asylsuchenden konnte sich über Jahre hinziehen; wenn sie Reue zeigten, richtete man ihnen eine Schlafstätte in der Kirche ein. Meist erreichte der Bischof beim König einen Gnadenbrief. Der Bauplatz für Notre-Dame, an der Stelle einer abgerissenen Merowingerkirche, war 1163 von Papst Alexander III. gesegnet worden. Die Fundamente grub man 30 Fuß tief, und kaum 20 Jahre später wurde der Hochaltar geweiht, wenn auch die Bauzeit der gesamten Kathedrale sich, wie bei allen großen Kultbauten des Mittelalters, über Jahrhunderte hinzog und Opfer von vielen Generationen Gläubiger forderte. Die 13 Tonnen schwere Glocke Jacqueline wurde 1688 neu geschmolzen, mit dem Geschmeide frommer Pariserinnen in der Bronze. Sie erhebt ihre Stimme nur bei besonderen Gelegenheiten und an hohen Festen; mächtig jubilierte ihr erzener Klang 1944 bei der Befreiung von Paris. Die Geschicke von Notre-Dame waren immer lebendig mit dem Schicksal der Stadt und mit der Geschichte Frankreichs verbunden.

Unmittelbarer noch mit dem Weltgeschehen waren die Paläste der Herrscher verknüpft! Das erste, burgähnliche Schloß der Könige lag auf der Ile de la Cité. Die Rundtürme am Quai de l'Horloge und das Steinlabyrinth der Conciergerie mit der riesigen Küche gehörten zum Neubau, den Philipp der Schöne auf Grundmauern des ersten Kapetingerschlosses errichtete, das seinerseits auf Fundamenten der römischen Kaiserbauten stand. Die Conciergerie heißt so, weil sie dem königlichen Hausökonomen zur Wohnung diente. Wer sie heute durchschreitet, denkt vor allem an die Tage der Jakobinerherrschaft, in denen die düsteren Kammern und Gewölbe Vorzimmer zur Guillotine waren. Marie-Antoinette hat hier die letzten Demütigungen durchlitten; und die Steine haben Dantons sonores Organ rufen hören: «Das Urteil über uns wird die Nachwelt sprechen!» Diese hat ihm am Boulevard Saint-Germain ein Bronzedenkmal errichtet.

König Karl V. hegte gegen den düsteren Cité-Palast Abneigung. Darum ließ er an der Rue Saint-Antoine das Hôtel Saint-

Plan für das Hauptportal des Louvre, von Jacques Du Cerceau. Es handelt sich um einen Plan für den Eingang zum neuen Hof gegenüber von Saint-Germain-l'Auxerrois. Der Plan für die Ost-Fassade, die in Rotundenform gedacht war, stammt aus dem Jahre 1664 und wurde von Lorenzo Bernini entworfen, aber nie ausgeführt.

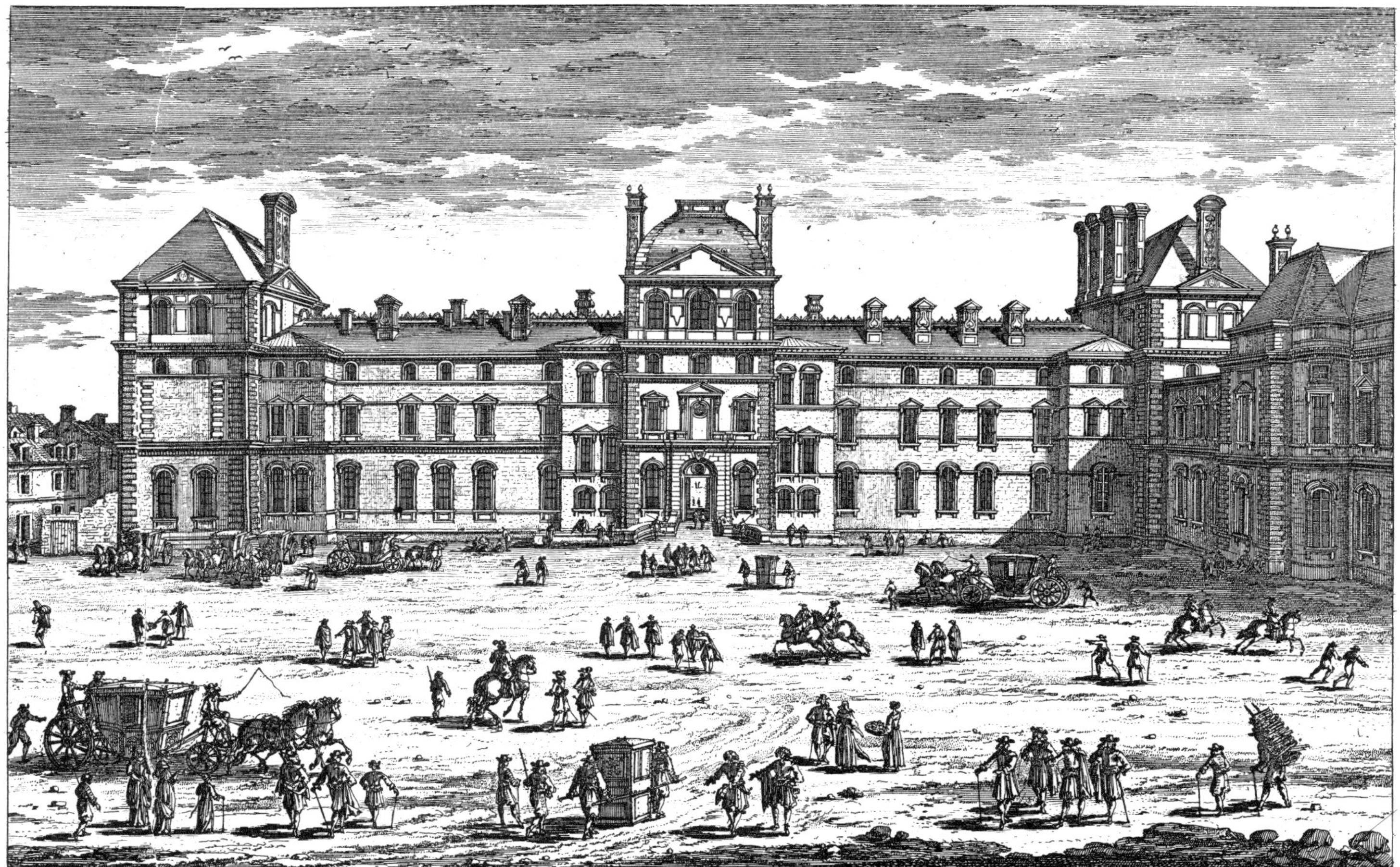

Der Stich von Perelle stellt die Fassade des Louvre zur Rue Frementeau dar, das heißt die Fassade an der Place du Carrousel.

Paul erbauen, mit starken Mauern und dicken Türmen. Zur ausgedehnten Anlage gehörten Gärten voller Reben und Obstbäume, duftend von Lavendel und Rosmarin. Die Hühnerhöfe waren mit vielen Taubenschlägen bestückt, so daß man an den Palastfenstern Gitter anbringen mußte, damit die Tauben nicht die Säle beschmutzten. Löwen und Wildschweine konnte man in Käfigen bestaunen. Damals, um 1375, begann der Adel seine Stadtpaläste mit Ecktürmen und Toreinfahrten zu versehen.

Bis 1559 wohnten die französischen Könige im Hôtel des Tournelles, seit nach dem Abzug der englischen Besatzung im Hundertjährigen Krieg Karl VII. dort Wohnung genommen hatte. Auf dem Turnierplatz dieses Schlosses drang bei einem Lanzenstechen dem König Heinrich II. die Speerspitze des Gegners ins Auge, so daß er zehn Tage später seiner Verwundung erlag.

Der Louvre war ursprünglich ein reines Befestigungswerk, ein starker Turm mit tiefen Gräben am Westrand der Stadt. Der Name stammt vermutlich vom normannischen Wort *leovar* (Feldlager), weil die Wikinger bei einer ihrer Belagerungen von Paris hier kampiert hatten. Der Turm diente als königliches

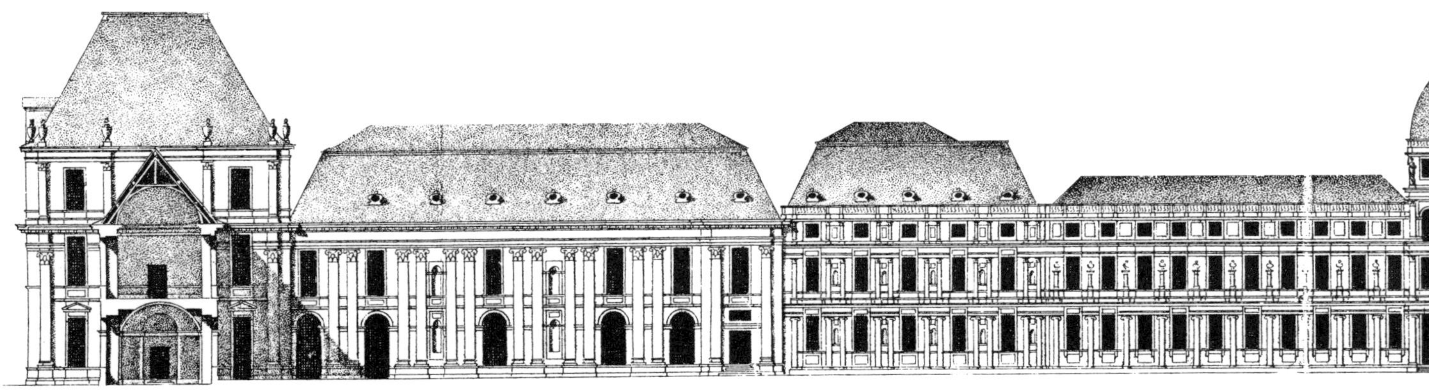

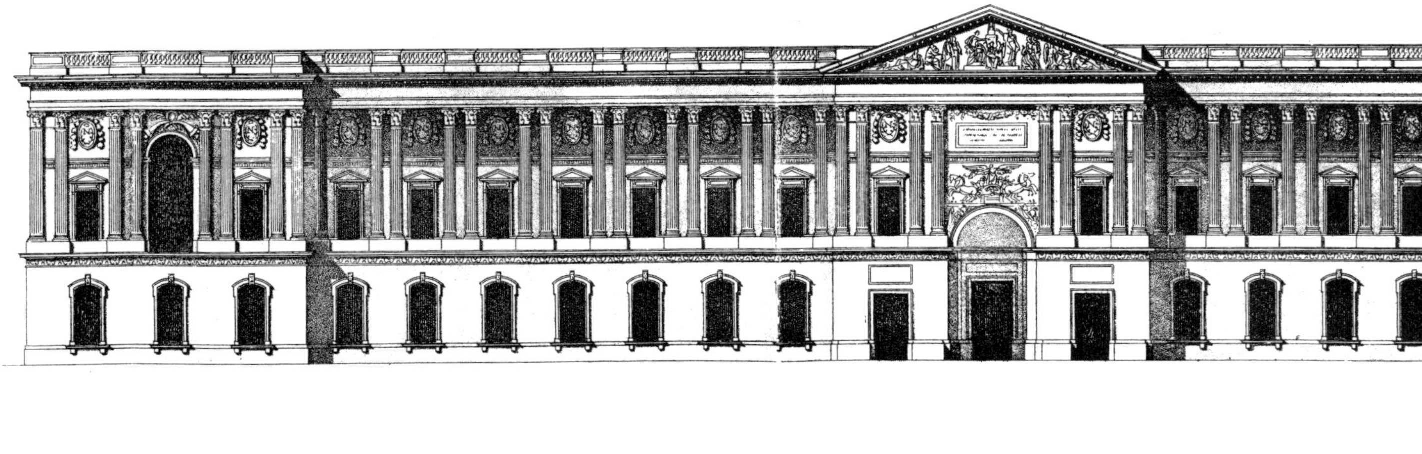

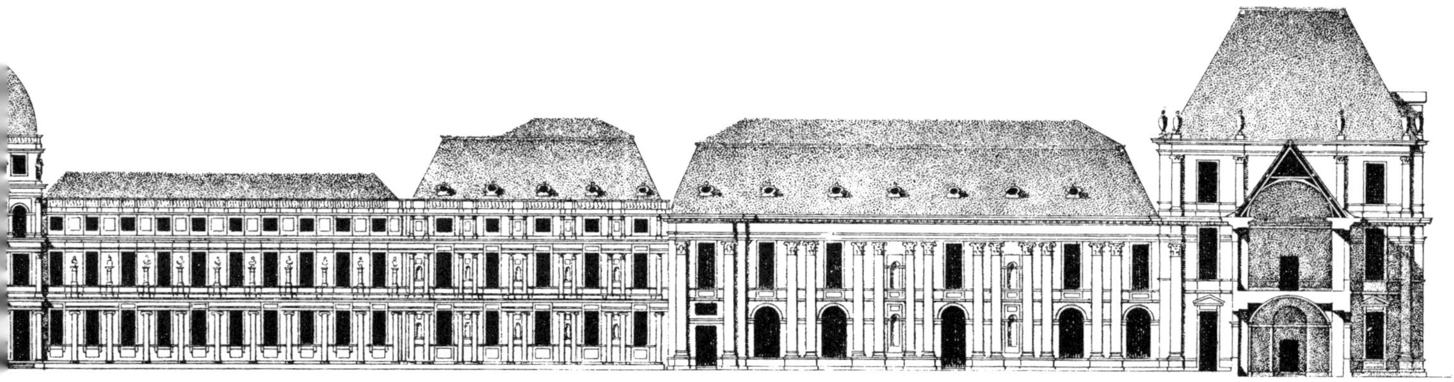

Ein Teil der Stadtmauer, die Philipp-August vor seinem Aufbruch zum Kreuzzug erbauen ließ, endete an der Seine mit einem dicken, runden Turm, der Tour du Coin (Eckturm), die auf einem ehemaligen Exerzierplatz stand. Um den Wehrturm des Louvre herum – dessen Spur man noch auf dem Pflaster der Cour Carrée sehen kann – entstand ein ganzes System von Wehrbauten, die sich ineinander verschachtelten und häufig abgewandelt sich ausbreiteten. Schließlich bildeten sie den größten Palast der Welt, so daß der Louvre alle Stile kennt. Schon unter der Regierung König Karls V. war er, mit seinen verglasten Fenstern, mit seinen ausgemalten, mit Wandteppichen geschmückten Sälen, luxuriös ausgestattet. Seine Erker waren reich verziert, und er besaß eine prachtvolle Bibliothek, die der Herzog von Bedford im hundertjährigen Krieg an sich nahm. In der Renaissance verschönerten Pierre Lescot und Jean Goujon den Louvre noch: Der ganze Südflügel und der Pavillon du Roi geben davon Zeugnis. Die Tuilerien, auf Wunsch der Katharina von Medici erbaut, sind während der Commune verschwunden. Ludwig XIV. vollendete die Verbesserungen am Nordflügel des Louvre, die Heinrich IV. bereits vorgesehen hatte; er ließ auch die Reste des mittelalterlichen Schlosses abtragen, mit Ausnahme einer Ecke in der Cour Carrée. Er ließ die Colonnade von Perrault und den Pavillon von Marsan bauen. Das erste Kaiserreich fügte nur den Flügel hinzu, der sich an der Rue de Rivoli hinzieht, und den Triumphbogen auf der Place du Carrousel; auch die Colonnade wurde fertiggestellt. Napoleon III. beschloß, den Louvre in fünf Jahren zu vollenden, und betraute Visconti und dann Lefuel mit der Ausführung – die nicht immer ganz glückte. Sie entwarfen den Pavillon des Etats, die Galerie und die großen Seitenpavillons. Nach 1871 widmete man sich der Wiederherstellung der Bibliotheksbauten und des Pavillon de Marsan und restaurierte den Pavillon de Flore. Die Bilder zeigen das Palais der Tuilerien von der Hofseite, die Ost-Fassade des Louvre-Hofes, die Colonnade von Perrault und einen Aufriß des Triumphbogens auf der Place du Carrousel.

Seiten 90–91
Im 18. Jahrhundert war der Louvre noch von allerlei parasitären Bauten verstellt, wie sich auch auf dem Plan erkennen läßt, den der Minister Turgot anfertigen ließ.

Rue Bailleul
Rue des Poulies
VIEUX LOUVRE
du Louvre
Saint Honoré
R. du Louvre
Oratoire
R. du Coq
R. du Champ Fleuri
PLACE DU LOUVRE
R. du Pelican
S.T HONORE
R. de Beauvais
R. du Chantre
Rue Fromenteau
R. Jean S.t Denis
R. S.t Thomas du Louvre
H. de Longueville
PLACE DU PALAIS ROIAL
Châteaudeau
Bons Enfans
Palais Roial
Rue
QUINZE VINGTS
Rue S.t Nicaise
R. de la Boucherie
R. S.t Louis
R. de l'Echelle
Rue de Richelieu
Traversine
R. de Langlade
R. des Frondeurs
R. du Clos Georgeau
R. de l'Evêque
Honoré
R. du Hasard
S.te Anne
R. des Orties
d'Argenteuil
Ecuries
S. ROCH

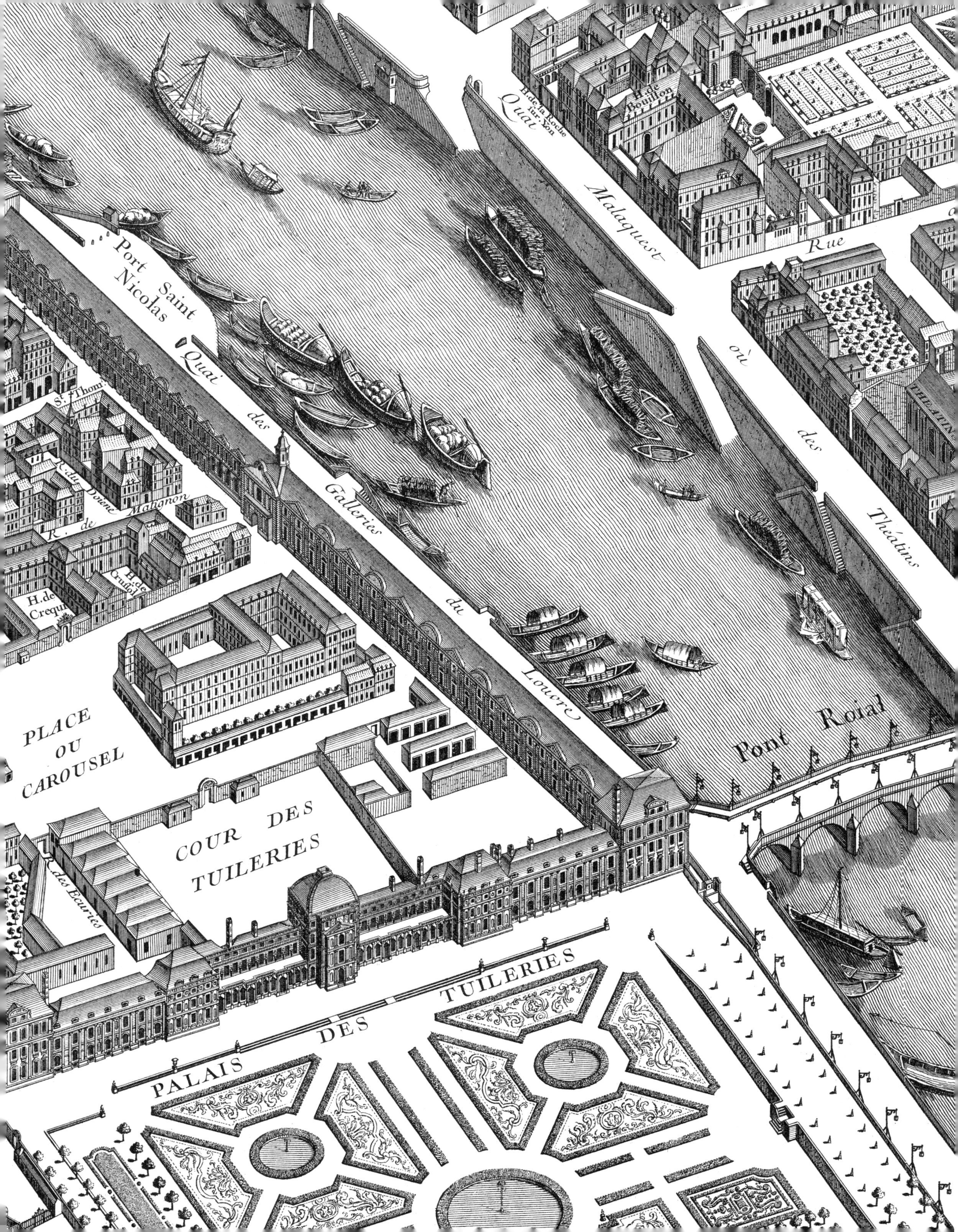
Port Saint Nicolas
Quai des Galleries du Louvre
Quai Malaquest
Rue
où
des
Théatins
H. de Bouillon
H. de la Roche sur Yon
S. Thom.
R. du Doiené
Matignon
H. de Crequi
PLACE OU CAROUSEL
COUR DES TUILERIES
R. des Ecuries
Pont Roial
PALAIS DES TUILERIES

1485 ließ Jacques d'Amboise, Abt von Cluny, das Gebäude errichten, das die Pariser Residenz der Äbte von Cluny werden sollte. Auf dem kleinen Grundstück, das der Orden hundert Jahre zuvor erworben hatte, entstand so das Hôtel de Cluny als prächtiges Zeugnis spätgotischer Profanarchitektur. Es besteht aus dem Wohntrakt mit dem Treppenturm und zwei angewinkelten Flügeln von ungleicher Länge. Die Hauptfassade (auf dem Bild) zeigt reichen Ornamentschmuck. Rechts ist der Treppenturm zu sehen. Muscheln und Pilgerstäbe erinnern an den heiligen Jakobus (Saint Jacques), den Schutzpatron des Bauherrn.

Hôtel Davaux

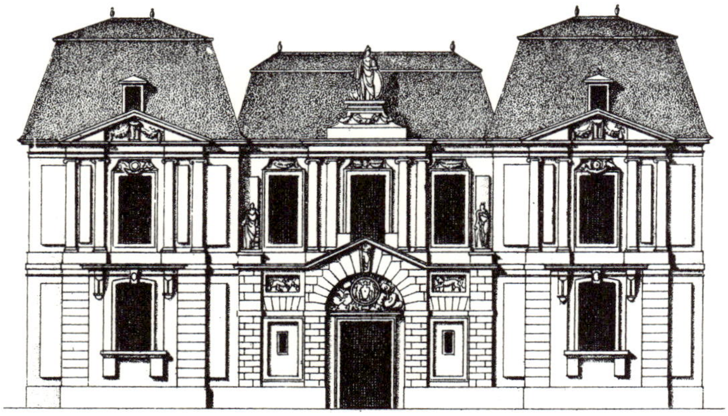

Hôtel Carnavalet

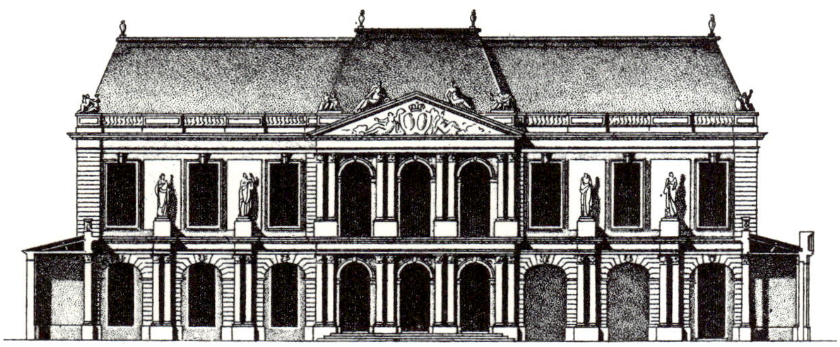

Hôtel Soubise

Aufriß des Hôtel Davaux, Gartenseite. Aufriß des Hôtel Carnavalet, Rue de la Culture Sainte-Catherine. Fassade des Hôtel Soubise. Gleich zu Beginn des 17. Jahrhunderts kommt durch den Bau der Place Royale (Place des Vosges) das Marais in Mode, das bis dahin ziemlich karg bebaut war, vom Temple und ein paar Palais abgesehen. In knapp fünfzig Jahren wuchsen unter Leitung der berühmtesten Architekten Paläste empor, deren Pracht sich mit wenigem sonst im damaligen Europa vergleichen ließ: Hôtel de Beauvais, Hôtel des Ambassadeurs de Hollande, Hôtel de Marle u.a. Manche sind heute zu besichtigen. Das Hôtel Carnavalet beherbergt die Sammlungen des Musée de l'histoire de Paris.

Erker des Hôtel Barbette. In der Rue des Francs-Bourgeois ist noch ein polygoner Erker zu sehen, als einziges Überbleibsel des Hôtel Barbette, das auch Hôtel de la Reine hieß, weil hier Isabeau de Bavière eine Zeitlang residierte. Nach ihrem Auszug wurde der Bau nacheinander an eine Reihe neuer Besitzer weiter veräußert, unter anderen an Diane de Poitiers, die Favoritin Franz' I.

Archiv und das Verlies, das mit seinen gedrungenen, skulpturengeschmückten Pfeilern noch vorhanden ist, als Gefängnis. Allmählich entwickelte sich der Louvre vom Wehrbau zum Schloß. 1528 begann Pierre Lescot zusammen mit Jean Goujon mit dem Bau des Flügels längs der Seine. Schiefer löste die Ziegel und Bleiplatten als Dachbedeckung ab. Maria von Medici und Anna von Österreich zogen den Louvre den anderen Residenzen vor, und Annas Gatte, Ludwig XIII., vervierfachte die Grundfläche des Schlosses. Ludwig XIV. ließ nach Entwürfen von Claude Perrault, einem Arzt, die kolossalische Ostfassade mit ihrem noblen Rhythmus der Zwillingssäulen dem quadratischen Innenhof vorsetzen, den freilich erst Napoleon beenden ließ und der wie ein Festsaal unter freiem Himmel wirkt.

Als Baugrund für eine Residenz der Königinmutter, die sich im feuchten Hôtel royal des Tournelles nicht wohl fühlte, hatte Franz I. die westlich vom Louvre liegenden Ziegeleien, dazu 42 Morgen Ackerland und ein kleines Palais seines Finanzsekretärs Neuville de Villeroy erworben. Während die Mauern des Hôtel des Tournelles der Spitzhacke zum Opfer fielen, entstand hier ein geräumiges Schloß, die Tuilerien, deren Name an die ehemaligen Ziegeleien erinnert. Traum aller französischen Herrscher wurde es seitdem, beide Baukörper durch Galerien zu verbinden. Ludwig XIV. ließ Lescots Flügel am Seine-Ufer fortsetzen, ohne daß das Vorhaben zum Abschluß kam, denn 1678 verließ der König mit dem Hofstaat Louvre und Tuilerien. Im Louvre nistete sich ein streitsüchtiger Klüngel von Kunsthandwerkern, Malschülern und deren Lehrern ein, mit ihren rauchenden Öfen und trocknenden Lumpen eine eher unerwünschte Mieterschaft, der erst Napoleon das Wohnrecht in den stolzen Räumen entzog.

Als die Pariser am 5. Oktober 1789 die königliche Familie, «den Bäcker, die Bäckerin und den Bäckerjungen», aus Versailles nach Paris holten, wies man Ihnen die Tuilerien als Residenz an, die, 1792 erstürmt, das Ende des französischen Königtums sahen. Napoleon nahm die Bauplanungen am Louvre wieder auf. Auch ihm blieb nicht Zeit, sie zu vollenden. Noch 1848 war die Place du Carrousel eine wüste Fläche zwischen den Louvre-Flügeln, mit einem Bauzaun im Norden, mit Baracken von Trödlern, die alte Stiche, rostige Panzer, ausgestopfte Krokodile verkauften. Bei Nacht eilte der verspätete Fußgänger ängstlich über den unbeleuchteten Platz, der wegen der Nähe übelbeleumdeter Spelunken nicht der sicherste war. Balzac schrieb: «Wahrscheinlich hat man es für nötig gehalten, mitten in Paris die enge Verbindung von Elend und Glanz zu symbolisieren, die für die Königin der Hauptstädte charakteristisch ist» *(La Cousine Bette)*. Erst 1852 nahm man die Arbeit am Louvre wieder auf. Zwischen den Flügeln wurde ein Garten angelegt. Fünf Jahre später konnte Napoleon III. die Neubauten einweihen. Er und die Kaiserin residierten in den Tuilerien, wo die großen Hofbälle stattfanden, von denen die Prinzessin Metternich sagte: «Sie boten natürlich einen sehr schönen Anblick, an Langweile aber übertrafen sie, zum mindesten in meinen Augen, alles, was man sich vorstellen kann.» Bei der Niederwerfung der *Commune* im schrecklichen Mai 1871 ging das Schloß in Flammen auf; die erinnerungsträchtige Ruine wurde niedergerissen, doch der Name blieb den Parkanlagen mit ihrer steinernen Statuenvielfalt erhalten.

Andere Paläste kannten andere Wechselfälle. Der Luxembourg war nacheinander Wohnpalais, Revolutionsgefängnis, Regierungssitz und ist heute Tagungsort des Senats. Das Palais-Royal, für Kardinal Richelieu erbaut, beherbergte den unmündigen Ludwig XIV. und seine Mutter während der Wirren der Fronde. Den Orléans geschenkt, sah es die abendlichen Privatvergnügen des allzu sehr als Libertiner verleumdeten Regenten. Dessen Enkel, der spätere Philippe Egalité, wußte im Geist gewandelter Weltauffassung durch Anbau und Vermietung von Ladengalerien Profit daraus zu ziehen, und bald wurde es zu einem Vergnügungsort mit Kaffeehäusern, Spielhöllen, Luxusläden und zu einem Liebesmarkt. Doch auch die große Revolution nahm in seinem Garten die entschiedene Wendung, als Camille Desmoulins von einem Tisch herab das Volk zum Protest gegen Neckers Entlassung aufrief. Die Revolution konfiszierte viele Palais. Im Palais Bourbon der Prinzen von Condé zog 1795 der Rat der Fünfhundert ein. Mit kurzer Unterbrechung dient es seit damals als Haus der Legislative. Die Säulenfassade zur Seine hin, im Kaiserreich als Gegenüber zur Made-

Das Palais du Sénat, von der Seite der Rue de Tournon. Das Palais du Luxembourg wurde auf Befehl der Maria von Medici von Salomon de Brosse erbaut; sie zog 1625 ein, nachdem es von Rubens ausgemalt worden war. Nacheinander bewohnten es verschiedene Orléans-Prinzen. Während der Revolution diente das Palais sogar als Gefängnis. Nach verschiedenen anderen Zweckbestimmungen gab es Napoleon III. schließlich dem Senat zum Sitz.

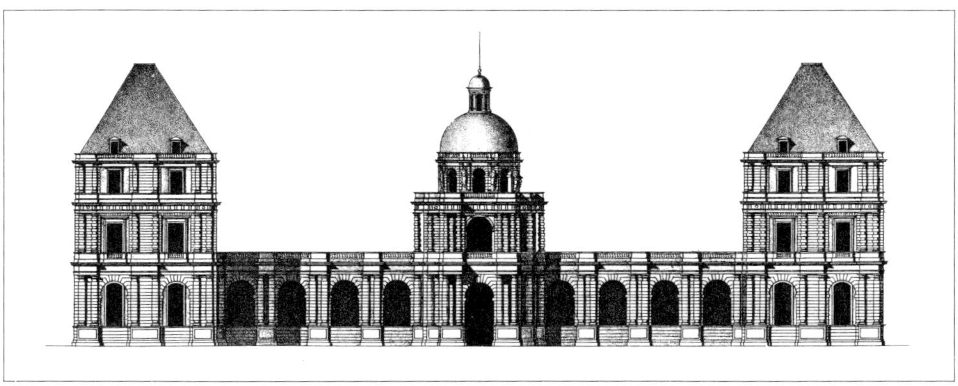

leine, Napoleons erst spät vollendetem «Tempel des Ruhms», konzipiert, ist dem Bau vorgeklebt. Doch über Fluß und Place de la Concorde herüber bildet sie ein unerläßliches Element des städtebaulichen Wunders, der weitläufigen und harmonischen Stadtlandschaft zwischen Tuilerien und Champs-Elysées, Pont de la Concorde und Rue Royale.
Längst baute der Adel seine Stadtpalais in der zum Begriff gewordenen Faubourg Saint-Germain. Zweihundert entstanden im Jahrhundert vor der Revolution; fünfzig davon haben die Zeiten und die Stadtplaner überdauert. Ein Graf von Evreux zog einen stillen Fleck auf dem rechten Ufer vor, als er sich 1718 einen neuen Wohnsitz bauen ließ: Im Faubourg Saint-Honoré entstand so das heutige Palais de l'Elysée, das die Republik ihrem Staatsoberhaupt zur Verfügung stellt.
Während zwei Jahrtausenden haben Tempel und Abteien, Kirchen und Paläste der Stadt ihr Gesicht gegeben. Das bürgerliche Zeitalter begann die Repräsentation auf andere Bauten zu verlagern, und während der zweiten Hälfte des zwanzigsten Jahrhunderts schossen die Turmgiganten aus Glas und Beton in Maßstäben hervor, die sie aus der Bindung ins Stadtbild lösen. Noch in ihrer Massierung, wie im Viertel der Défense, stehen sie einsam nebeneinander, den Wolken eher benachbart als dem Treiben und Wimmeln der immer rastloser werdenden Stadt zu ihren Füßen.

Das Irrationale in Paris

Man hat die Tatzen der Sphinx entdeckt; die Sphinx mogelte.
Jean Cocteau, Le musée secret

Der Vogel, der sein unter Trümmern gefangenes Weibchen fütterte, hat der Rue de la Colombe ihren Namen gegeben; doch auch die Untreue erhält ihren Platz in der Legende, mit dem Puits-d'Amour (dem Liebesbrunnen), in den die verlassene Aliette sich stürzte. Je vitaler, je gegliederter ein Organismus ist, desto reicher wuchern seine Mythen. Auch auf Paris trifft die Regel zu, wenn auch die mythischen Elemente, die sie beweisen, in ihrer Hermetik mitunter anarchisch erscheinen. Wie jede Großstadt hat Paris seine Schwärmer, Scharlatane und Gespenster. Doch seine okkulte Geschichte, die zur politischen und kommunalen parallel verläuft, stellt sich nicht so sehr wie eine fortschreitende Entwicklung dar als vielmehr wie eine Anhäufung ineinander verflochtener Fakten. Ihr Knäuel ist nie entwirrt worden, läßt sich wohl auch nicht entwirren, weil Geheimhaltung und mangelnder Zusammenhang der esoterischen Initiationen, die Angst vor Verfolgung und namentlich auch das Unwägbare der Phänomene es im Grunde unmöglich machen, an eine objektive Darstellung zu denken. Das Wunderbare hat zwar seine Sänger und seine Richter, aber viel seltener seine Chronisten gefunden.

Weder mystisch noch fromm, ist Paris doch eine magische Stadt, freilich weniger eine Stadt der Magie als eine Stadt der Magien, der hohen und niederen, der weißen und schwarzen Magien, eine Stadt tiefsinnig ausgeklügelter Symbole, aber auch des rohen Aberglaubens: Es beherbergt hochfliegende Mystagogen ebenso wie auch Kartenschlägerinnen, die ihre Künste in den Spelunken der Rue Mouffetard ausüben. Magien der Dachkammern und der Keller eher als Mysterien der Tempel, denn diese waren immer vor allem Ausdruck einer historischen, einer politischen Entscheidung: Die römischen Götter halten mit dem

Mithras-Stein. Stich von Civeton, nach dem Original in einem der Antiken-Säle des Louvre. Der Mithras-Kult verbreitete sich von Persien aus über Kleinasien, Griechenland und Rom bis nach Germanien und den britischen Inseln.

Sieger Einzug; die Kathedralen sind auch Schutzwälle gegen das Vordringen des Islams im hohen Mittelalter oder gegen die Emanzipation im Zeitalter der Aufklärung. Hier konsolidiert die politisierte Religion den Staatsbau, es sei denn, daß sie heimlich zur alten Quelle der vergessenen Riten, eben zur Magie, hinabsteigt.

Ethnischer Austausch, ethnische Verschmelzungen fanden in einer von so vielen Fremden besuchten Stadt in hohem Ausmaß statt, so daß sich die Vielzahl der Beiträge jeder Erfassung entzieht: Paris nimmt und gibt. Wollte man eine exakte Klassifizierung versuchen, so verlöre man sich in merkwürdigen Labyrinthen, man bedenke nur, daß Parallelen der Folklore sich in einem bretonischen Märchen und einer malaiischen Legende aufzeigen lassen. Paris freilich stellt durch Vision und spezifische Interpretierung von neuem die Einheit her.

Die Götter einer Religion werden zu den Teufeln der nachfolgenden und, wie gemeinhin bekannt, ist mehr als ein Heiliger nicht orthodox. Wenn auch der Katholizismus eine der Hauptquellen der Pariser Magien und Legenden bildet, wenn auch die Begriffe von Schuld, Sühne und Lohn die lokalen Mythen prägen, so sind doch die heidnischen Quellen nichtsdestoweniger noch lebendig, und ihre turbulente Strömung brodelt unter der Oberfläche.

Die falschen Zauberkünste der Voisin. Volkstümlicher Stich. Vom Tribunal der *chambre ardente* zum Tod verurteilt, wurde die berühmte Giftmischerin auf zahllosen Kolportagebildern dargestellt und sogar zur Heldin eines Theaterstücks.

Paris – Stadt der Isis. «Hager, hoch, schwarz vor Alter, nackt, außer ein wenig Linnenartigem um die Glieder gewickelt, stand sie an der Mauer der Nordseite, an dem Fleck, wo das Kreuz der Kirche ist», schrieb Gilles Corrozet in *La Fleur des Antiquitez de Paris*. So also sah die in Saint-Germain-des-Prés entdeckte Isis-Statue aus, die dort stand, bis sie 1514 der Abbé Guillaume Briçonnet zertrümmern ließ. Auch nach dem Verlust des Bildnisses blieb die Erinnerung daran. Trotz der fragwürdigen Spie-

lereien, die den Namen der Göttin und den der Stadt etymologisch miteinander verknüpfen wollen, trifft es doch zu, daß sie hier tatsächlich verehrt wurde. Ein anonymer Mönch von Saint-Germain-des-Prés bestätigt gegen Ende des 13. Jahrhunderts, daß unter den Römern Isis ihren Tempel in Lucotetia hatte; leider verlegt der fromme Mann aber das Viertel nach Montmartre. Das Vorhandensein eines Isis-Heiligtums an der Stelle, wo Saint-Vincent-Sainte-Croix gestanden hatte und wo sich Saint-Germain-des-Prés erhebt, scheint damals übrigens von niemandem bezweifelt worden zu sein. Unter dem Vorwand, «das Antlitz sei durch Alter entstellt», versuchte man, die aufgefundene Statue als Christusbild auszugeben, das die Jahrhunderte hätten verwittern lassen. Nach anderen Autoren wurde sie lange Zeit als «schwarze Madonna» verehrt. 1905 wurde beim Bau einer Métro-Station unter den ehemaligen Gräben der Bastille eine mit Sicherheit identifizierte Osiris-Statuette gefunden, woraus sich ebenfalls zwingend das Vorkommen des Isis-Kultes ergibt. Wie viele Bildnisse der Göttin als Verkörperung des weiblichen, feuchten Mondprinzips mögen noch im Boden der Stadt liegen, die ihr wahrscheinlich einst geweiht gewesen war?

Jede mythische Entwicklung folgt dem Wechselspiel des Kampfes zwischen den positiven und negativen Kräften; die Schatten bedrängen das Licht, aber der Engel bezwingt den Dämon. So bändigt auch der heilige Marcellus, neunter Bischof von Paris um die Mitte des 5. Jahrhunderts, wie so manche Gestalt der *Legenda Aurea* den Drachen, der die Stadt terrorisiert. Marcellus verläßt in allem Pomp die Cité und zieht gegen das Unge-

Prozession büßender Flagellanten. Stich von Couché. An den Feiertagen der Karwoche veranstalteten manche Bruderschaften in Paris Straßenumzüge, die gewisse orgiastische Riten des Altertums fortleben ließen.

Prozession des Narren-Papstes. Bis ins 16. Jahrhundert hinein fand alljährlich in Notre-Dame das Narrenfest statt, das zu burlesken und skandalösen Szenen Anlaß gab, die gewiß stürmischer waren, als dieses Bild aus der Zeit der Romantik es darstellt.

heuer aus, das es sich auf dem Grab einer reuelos gestorbenen Sünderin bequem gemacht hat. Beim Anblick des Wundertäters scheint es um Gnade zu bitten; es senkt das Haupt und wedelt. Der Heilige schlägt ihm das Kreuz auf den Kopf und schlingt ihm eine Stola um den Hals; so führt er den Drachen drei Meilen weit von Paris fort und befiehlt ihm, nie wieder zurückzukommen. Auch hier wiederholt sich das Muster: der oder die Heilige führt den Lindwurm, eine alte Gottheit früherer pflanzlicher Riten, mit der Stola oder auch nur mit dem Gürtel davon, nachdem das Untier sich dem Vertreter eines neuen sittlichen Modells unterworfen hat. Dank dem sänftigenden Mittel der Folklore vollzieht sich der Übergang von einer geistigen Konzeption zu einer anderen auf gleichsam natürliche Weise.
Dennoch fehlt es nicht, vor allem bis zum 18. Jahrhundert, an Zuckungen des Dämonischen, denn Luzifer hat Paris niemals verlassen wollen. Es ist sein liebstes Gebiet, und er ist hier überall gegenwärtig: in den Kapitellen der Kirchen und am Giebel der Häuser, in den Nischen der Krypten und auf den Aushängeschildern, die im Winde knirschen, im Stein der Was-

serspeier und auf den Bildern der Missale. Er ist der große neolithische Gott, der Bock, Pan, der, den das ganze mittelalterliche Europa heimlich verehrt, denn das Phänomen beschränkt sich ja nicht auf Paris, das freilich Zentrum bleibt. Als Träger und Hüter alten Glaubensgutes treffen sich Gaukler, Zigeuner und «Ägyptier» vor den Toren der Jahrmarktsstadt, die Paris ist. Tagsüber tanzt man auf dem Seil, doch nachts schlachtet man die schwarze Henne. «Anno 1427 begannen diese Taugenichtse und Beutelschneider nach Paris und nach La Chapelle zu kommen, der jetzigen Vorstadt Saint-Denis. Unter allerlei Gaukelkünsten, die ihre häßlichen und schwarzen Weiber vollführten, gaben sie sich auch damit ab, den Parisern und Pariserinnen und den Leuten aus den umliegenden Orten aus der Hand zu lesen und jedem erstbesten ‹wahrzusagen›, wie sie es nannten: Es bewirkte, daß fast jedermann sie für Hexenvolk hielt», schrieb Sauval. «Nachdem der Bischof ihnen in seiner Gegenwart durch einen Kanzelredner namens *der kleine Jakobin* eine Predigt hatte halten lassen, exkommunizierte er sie samt allen Leuten, die ihnen die Hände gezeigt und ihren Worten Glauben geschenkt hatten, und er befahl allen Zigeunern, La Chapelle und seinen Sprengel zu verlassen.» Eigentlich stellten diese «Ägyptier» eine psychische Notwendigkeit in einer Gesellschaft dar, die wie die mittelalterliche sich nur kraft der Dämonisierung jeden Fremdkörpers hielt: Die Verheißung des Paradieses würde vielen sehr fade vorgekommen sein, wäre nicht den Nonkonformisten, Gottlosen und Ungehorsamen der Höllenschlund sicher gewesen.

Oft entspringt eine Legende auch einer Neurose und nimmt einen offensichtlich ideologischen Charakter an. Dann ist es etwa der *«Dieu bouilli»,* der gekochte Gott, woraus man sogar ein Mysterium machen kann, das unter dem Mantel der Erbauung dem doppelten Zweck einer antisemitischen Propaganda und der Ermunterung zu frommen Gaben dient. Ob es sich um den *«Dieu bouilli»* oder um die Himmelsjungfrau der Rue aux Ours handelt, die unter den Schlägen eines Schweizers blutige Tränen zu vergießen beginnt, immer ist das Wunder mit einer Profanierung verbunden, gemäß dem geschmeidigen System, mit dem die offizielle Religion ihre Macht sichert. Dieses System kennt übrigens durchaus auch Konzessionen, und die Kirchenfeste überlagern heidnische Feste wie auf einem Palimpsest; der niedere Klerus übernimmt selbst alsbald verbotene Bräuche. In Gestalt der Narrenfeste oder *festa stultorum* halten klerikalisierte Saturnalien ihren Einzug in die Kirchen. Trotz der Proteste der Kurie verbreitet sich der Brauch bis ins

Oben: Der Friedhof von Saint-Médard; unten: Das Treiben der von Krämpfen Befallenen. Die Verfolgungen der Anhänger der Jansenisten-Bewegung durch die Regierung Ludwigs XIV. trugen dazu bei, eine Strömung von Kollektiv-Hysterie ins Leben zu rufen, die sich auf dem Grab des Diakons Pâris im Friedhof von Saint-Médard manifestierte. Die Konvulsionärinnen verlangten, daß man sie zu Märtyrern mache. Das Treiben uferte epidemieartig aus, bis es plötzlich aufhörte.

16. Jahrhundert, und in Notre-Dame beehrte der König selbst durch sein Erscheinen diese ungeheuerliche Veranstaltung. Nach einer Prozession schwärmerischer Büßer und meist nackter Flagellanten wählten maskierte, besudelte Priester, Diakone und Subdiakone, als Weiber und Zuhälter verkleidet, einen Bischof, der dann eine parodistische Messe lesen mußte. Die heiligen Texte wurden *cum farsia* zitiert, die Choräle ersetzte man durch weltliche Lieder und obszöne Tänze, Blutwurst und Suppe stellten Brot und Wein des Meßopfers dar. Statt Weih-

Marie-Anne Couronneaus Heimkehr nach ihrer Heilung auf dem Grab des Diakons Pâris.

Porträt des Diakons François de Pâris († 1727). Er führte ein mildtätiges und heiligenmäßiges Leben. Doch nach seinem Tod wurde sein Grab nicht nur Schauplatz der Exzesse, denen sich die Konvulsionärinnen hingaben, sondern auch ein Ort, an dem sich höchst anrüchige Wunder vollzogen, von denen die Kunde mit großem Tamtam verbreitet wurde, zum Beispiel die Heilung der Marie-Anne Couronneau.

rauch wurde Mist und altes Schuhleder verbrannt. Das Datum des Festes steht nicht fest, manche Chronisten legen es auf die Beschneidung Christi, andere auf den Tag von Lichtmeß; es dauerte voller Liederlichkeit vier Tage, an denen die Kleriker die Tavernen und Bordelle mit dem Lärm ihrer Gelage und ihrer Streitigkeiten füllten.

Weniger bekannt ist die seltsame Zeremonie eines Massenexorzismus, die Dulaure beschreibt und die sich in der Nacht zum Karfreitag in der Sainte-Chapelle begab: «Alle vom Teufel Besessenen stellten sich alljährlich dort regelmäßig zu diesem Zeitpunkt ein, um befreit zu werden von der Beherrschung durch den bösen Geist; sie vollführten daselbst tausend Konvulsionen, stießen Schreie und gräßliches Geheul aus. Alsbald erschien der große Kantor des Groß-Kapitels, mit dem Holz des wahren Kreuzes bewehrt. Bei seinem Erscheinen kehrte alles zur Ordnung zurück, und auf die Konvulsionen, die Wutanfälle folgte vollkommenes Schweigen.» Skeptiker äußerten einige Zweifel an der Echtheit der Besessenen und verwiesen sie in dasselbe Gebiet wie den «Greifenfuß», der nur der eines Elches war, und das ausgestopfte Krokodil, mit dem das Gewölbe des Heiligtums geschmückt war.

Im Mittelalter war Paris einer der Hauptorte der Alchimie, und noch heute behaupten sogar manche Adepten der Esoterik mit Victor Hugo, Notre-Dame sei «der umfassendste Inbegriff der hermetischen Wissenschaft». Ausrichtung, Steinmetzarbeit, Farben und geometrische Proportionen werden regelrecht einer Initiations-Interpretierung unterzogen. Wie dem auch sei, die Überlieferung will wissen, daß es Nicolas Flamel, Bürger von Paris, gelungen sei, das *magnum opus* zu vollbringen. In der Rue de Montmorency (Nr. 51) sieht man noch das sogenannte «Haus mit dem großen Giebel», das er 1407 erbauen und mit merkwürdigen Ornamenten schmücken ließ. Nicolas Flamel hat selbst zwar nie darin gewohnt, doch benützte er es zur kostenlosen Beherbergung armer Leute, von denen er als Entgelt nur verlangte, daß sie regelmäßig ein Paternoster und ein Ave-Maria für die Verstorbenen sprachen.

Das Schloß Vauvert dagegen ist verschwunden und hat den Gärten der Avenue de l'Observatoire Platz gemacht. Robert der Fromme hatte es in einem kleinen, bewaldeten Tal – *valle viridi* – errichten lassen; es gab dort auch unterirdische Steinbrüche und ein paar römische Ruinen. Der Standort war nicht glücklich gewählt, denn «... ein böser Geist, gemeinhin der Teufel von Vauvert geheißen, hauste alldort, als welcher mit des Allmächtigen Verlaub all jene plagte und drangsalierte, die des Weges kamen» (Dom Du Breul). Dieser «Weg», den man bald als «la Porte d'Enfer» (Höllenpforte) bezeichnete, ist schließlich die Avenue Denfert-Rochereau geworden. Die Teufeleien aber dauerten bis zum Jahr 1259 an, als Ludwig der Heilige das alte Schloß Vauvert und die umliegenden Wiesen den Kartäusern zum Geschenk machte. Von Stund an unterließen es die Teufel – Vagabunden, Diebsgesindel und Schmuggler –, Vorüberkommende zu belästigen, und man hörte nichts mehr vom

... diable Vauvert
Qui gâte tout et qui tout perd,

(der alles schändet und alles verdirbt) und den die Pariser abgekürzt den *«diable vert»* nannten, was doch «der grüne Teufel» heißt.

Und da von Farben die Rede ist: Das Rote Männchen der Tuilerien, dessen Erscheinen jeweils unheilvolle Ereignisse voraussagte, soll zum ersten Mal von Katharina von Medici gesehen worden sein. Es war das Gespenst eines Abdeckers aus der Nachbarschaft, der umgebracht worden war, weil er irgendwelche Geheimnisse der königlichen Hexe erspäht hatte. Auch zwei Tage vor der Fronde zeigte es sich im Gesträuch auf den Blumenbeeten von «Mademoiselle». Am Vorabend des 10. August 1792 hörte Madame Campan, die Marie-Antoinette vorlas, im benachbarten Kabinett etwas rascheln. Beim Schein des Leuchters, den sie ergriffen hatte, sahen die Königin und sie deutlich das Rote Männchen; sie machten sich an seine Verfolgung, aber es verschwand in einer Funkengarbe in Richtung des alten Louvre. Napoleon sah das Rote Männchen am Vorabend von Waterloo, Ludwig XVIII. am Abend vor seinem Tod. Schließlich erblickte man es beim Brand der Tuilerien im Mai 1871 an einem der Fenster, röter als je vermutlich. Seitdem scheint es niemand mehr gesehen zu haben.

LE BACQUET DE Mr. MESMER,
ou Représentation fidelle des Opérations du Magnétisme Animal.

Die Bütte des Dr. Mesmer. Stich von 1784. Die Experimente mit dem tierischen Magnetismus, die in erstaunlichem Umfang in Mode kamen, fanden im Hôtel Moufle an der Place Louis-le-Grand statt. Die Beleuchtung, die Musik und sogar die Kleidung Mesmers leisteten durch die Atmosphäre, die sie schufen, den Wunderheilungen Vorschub.

Wenn heute das Arsenal erwähnt wird, denkt man in erster Linie an Charles Nodier und seinen Salon. Doch zweimal hat das Arsenal auch als Gerichtssaal gedient: bei dem Prozeß gegen Fouquet und bei der berühmten *affaire des poisons* (der Giftmord-Affäre) 1680 bis 1683, als der König die Einsetzung der *«chambre ardente»* angeordnet hatte, die gegen die zahlreichen Beschuldigten verhandeln sollte. Unter ihnen ist sicherlich die Voisin die scheußlichste und die am meisten pittoreske Figur. La Fontaine hat sie in dreien seiner Fabeln geschildert, und wie eine ihrer Mägde aussagte, defilierte «die ganze Erde» bei ihr, um sich mehr oder weniger handfesten Rat zu holen. Allen Ansinnen wird sie gerecht: Horoskope, Abtreibungen, Behexungen, Liebesgebräu, Aphrodisiaka, Schönheitsmittel, auch Sukzessionspülverchen und sogar schwarze Messen gehören zu ihrem Angebot. Kein Wunder, daß sie Jahr um Jahr mindestens 15 000 Pfund verdient. Zu den Mitgliedern der Bande, die sie organisiert, gehören auch Handlanger und Strohmänner: Vanens, «der Bindestrich zwischen den Alchimisten und der Hexengilde», der schreckliche Abbé Guibourg, ein abtrünniger Priester, Lesage, eine Art Magier, auf dessen Schliche sie selbst zuweilen hereinfällt, Guillaume, der Henker von Paris, der die Brinvilliers hingerichtet hat. Sie hat ihre Zubringer, ihre Sendboten, ihre Lieferanten. In gleicher Weise wie die großen Giftmörderinnen der römischen Spätzeit und der italienischen Renaissance ist auch die Voisin ein Produkt der Metropole, die Kehrseite der strahlenden Medaille. Ihre Kundschaft und ihre Rezepte sind beide für das Paris des *«Grand Siècle* charakteristisch. Doch die *affaire des poisons* verdankt ihre Berühmtheit nicht nur dem Rang der in sie Verwickelten wie der Montespan, Racine, der Gräfin von Soissons; was sie vielmehr exemplarisch sein läßt, ist das Toxikologische im allgemeinen Rahmen des wissenschaftlichen Fortschritts. Wenngleich die alten tierischen und pflanzlichen Gifte von ihrem Prestige damals noch nichts verloren haben, gewöhnt man sich doch daran, sie mit den neu entdeckten Mineralgiften zu kombinieren, und Arsenik mit seiner weit gefächerten Verwendungsmöglichkeit ist für die Giftmörder des 17. Jahrhunderts ein wahres Benefizium.

Wie fast alle kleinen Friedhöfe der Pfarrkirchen in Paris wurde auch der bei Saint-Médard in einen Square umgewandelt, und nichts unterscheidet ihn auf den ersten Blick von den anderen. Der Ort war jedoch Schauplatz eines riesigen Skandals. In der ersten Hälfte des 18. Jahrhunderts erreicht die Bitterkeit und der Groll der Jansenisten, die durch eine von ihren molinistischen Gegnern beeinflußte Regierung schikaniert werden, ihren

Links: Ein physikalisches Kabinett im 18. Jahrhundert. Rechts: Drei Damen konsultieren den Kabbalisten Cagliostro über die königliche Lotterie zu Paris. Er zeigt ihnen fünf Nummern, die er seiner Säule entnommen hat. Für die Epoche ist nicht nur die enzyklopädische Aufklärung charakteristisch, sondern auch die Wiederbelebung okkulter Praktiken. Erwähnt sei, daß die königliche Lotterie eine Schöpfung Casanovas gewesen ist.

Gipfel. Wie in allen stark emotionsbedingten Situationen genügt eine Kleinigkeit, um die kollektive Hysterie ausbrechen zu lassen. Fromme Leute haben sich zum Gebet auf dem Grab des Diakons Pâris, eines im Mai 1727 verstorbenen gottseligen Jansenisten, versammelt, und einige von ihnen werden von Konvulsionen befallen, in denen man ein Zeichen des Himmels zu erblicken bereit ist. Weniger als zwei Jahre später sind es 800 Leute, die sich schreiend auf dem Boden des Friedhofs Saint-Médard wälzen. Die widrigen Szenen und spektakulären «Wunder» locken Neugierige an, die herkommen, wie man ins Theater geht. «Nicht nur waren mehr Menschen da als jemals, und es geschahen ein paar Wunder, die ausgerufen wurden, sondern es gab am vergangenen Samstag auch ein Gegen-Wunder, das für die Jansenisten ein Triumph, für die Molinisten aber niederschmetternd und für alle Leute von Geist sogar mißlich ist», kommentiert Barbier in seinem Tagebuch. Bei diesem Wahnsinn bilden sich Sekten, und das Delirium nimmt alsbald masochistischen Charakter an: Die *convulsionnaires* beiderlei Geschlechts rufen nach dem Märtyrertum; alle wünschen von den sogenannten *secouristes,* den «hilfreichen» jungen, strammen Kerlen, die dazu zur Verfügung stehen, gemartert, geschlagen, getreten und ausgepeitscht zu werden. Die von Ekstase Befallenen vereinigen sich zu Bruder- und Schwesternschaften mit Statuten, besonderem Kostüm, eigentümlichem Wortschatz; sie lassen sich würgen, verschlucken Nägel oder glühende Kohlen und verlangen manchmal ans Kreuz geschlagen zu werden. Sie finden sogar Mäzene. «Dieser Tumult um Monsieur Pâris erregt das Mißfallen der Hofpartei», setzt Barbier hinzu, und im Januar 1732 wird der Friedhof von Saint-Médard auf königliche Anordnung hin geschlossen. «Am selben Tag, an dem das geschah, hat die Jansenistenpartei in einem versiegelten Paket an das gesamte Parlament die Informationen geschickt, die mehrere Wunder des M. Pâris meldeten, und zwar aus der Zeit des Herrn Kardinals von Noailles; das Ganze gedruckt. Ich weiß nicht, wie sie es machen, um all das trotz den Nachforschungen der Polizei drucken zu lassen; unbedingt muß es irgendeine Macht geben, die das heimlich unterstützt.» Unbeschadet des Verbotes, sich öffentlich zu produzieren, geben die *convulsionnaires* weiterhin nichtsdestoweniger ihr verwirrendes Schauspiel in Privathäusern. Die masochistische Ausschweifung kennt nun keine Grenzen mehr, bis mit dem Verbot der Gesellschaft Jesu die Interventionen von Regierungsseite nachlassen; da hören auch die Konvulsionen und Wundertaten auf. Die auf dem Grab des Diakons Pâris entfesselte Hysterie hat mehr als fünfunddreißig Jahre gedauert. Ganz ähnliche Exzesse mußte man übrigens feststellen, als 1867 der Zouave Jacob seine Talente als Heilpraktiker ausübte.

Der Ruf, ein esoterisches Zentrum zu sein, den Paris für sich beanspruchen kann, impliziert einerseits die spirituelle Forschung und andererseits die Scharlatanerie. Das Sektenwesen blüht namentlich seit dem 18. Jahrhundert. Beeinflußt von den Idealen der Freimaurer, verzweigt sich die Mystik in mannigfache Richtungen, von denen einige sich magischen Praktiken hingeben, wie die Adepten Cagliostros, während Mesmers magnetische Phänomene von dem ganzen Apparat umrahmt werden, der den Illuministen eigen ist. Die Letzteren dürfen übrigens nicht mit dem in Deutschland wirkenden Illuminatenorden zusammengeworfen werden, dessen Ziele ja rational und anti-rosenkreuzlerisch waren.

Als die Revolution die unorthodoxe Metaphysik von allem be-

In den letzten Jahren des zweiten Kaiserreichs nahm ein gewisser Jacob, der Zouave in der kaiserlichen Garde, in einem Hof der Rue de la Roquette allein durch seinen Blick Wunderheilungen vor.

freit, was ihre Anhänger jahrhundertelang bedrohte, und als auf der anderen Seite eine sehr lebhafte antagonistische Bewegung gegen den Rationalismus der Enzyklopädisten zum Ausbruch kommt, beginnen der Okkultismus und alle seine Spielarten und Ableitungen in einer bis dahin unbekannten Weise zu wuchern. Unter dem Directoire zersplittern sie sich in vielfältige Individualisierungen. Es wird geradezu Mode, antirational zu sein, und der Erfolg einer Mademoiselle Lenormand ist in dieser Hinsicht exemplarisch. Sie gab sich als eine Kusine der Charlotte Corday aus und brüstete sich, die Revolution schon 1787 vorhergesagt zu haben. Es begünstigte sie sehr, daß sie unter der Schreckensherrschaft im Gefängnis la Petite-Force eingekerkert gewesen war; dort hatte sie die Bekanntschaft der leichtgläubigen Joséphine de Beauharnais gemacht. Mit ihrer Wahrsagerei übte sie auf die schöne Kreolin großen Einfluß aus, bis die kaiserliche Polizei ihr einen Riegel vorschob und die Kartenschlägerin bei den Madelonnettes einsperrte. Diesmal stieß sie auf keine künftige Kaiserin, der sich eine erstaunliche Karriere weissagen ließ. Die Restauration setzte Mademoiselle Lenormand in Freiheit. Nach einem Intermezzo in Belgien, wo sie der Gaunerei angeklagt, dann aber nur zu 15 frs Strafe verurteilt wurde, «wegen Ausübung des Wahrsagegewerbes», kehrte sie nach Paris zurück und starb im Haus Nr. 5 der Rue de Tournon im Alter von einundsiebzig Jahren, womit sie ihre eigene Vorhersage, sie werde hundertvierundzwanzig Jahre alt werden, widerlegte.

Es gibt in Paris noch heute kaum eine Straße, die nicht ihre Kartenschlägerin oder ihr Medium hat; auf den Annoncen-Seiten kleiner, mehr oder weniger anrüchiger Broschüren und Zeitschriften wimmelt es von Offerten, in denen allen, die die Zukunft wissen möchten oder das Vertrauen in die ärztliche Kunst verloren haben, entsprechende Dienste angepriesen werden. Astrologen, Heilpraktiker, Magier und Gurus verhökern ihre Rezepte für Glück und geheimes Wissen, und manche von ihnen erkaufen sich die Duldung durch die Polizei nur dadurch, daß sie sich als Spitzel betätigen.

Und Satan? Die Teufel? Die alten Gottheiten? Die Kräfte, die der Abbé Boullan mit dem Beistand von J.K. Huysmans gegen den Marquis de Guaïta entfesselte? – Man braucht nur Augen und Ohren zu öffnen, um festzustellen, daß mit ihnen noch immer ein Kultus getrieben wird. Im Jahre 1925 zählte man in Paris zehntausend Anhänger des Satanskultes. Wieviele mögen es heute sein? In der Stadt der kartesianischen Vernünftigkeit gilt es als nicht empfehlenswert, unter einer Leiter durchzu-

Der Stryge. Radierung von Charles Meryon. – Im Hintergrund sieht man die Tour Saint-Jacques. Die Steinfigur im Vordergrund ist einer der Wasserspeier der Türme von Notre-Dame.

schlüpfen, und man darf es nicht unterlassen, Holz zu berühren. Auch das moderne Paris – man könnte wetten – wird nicht verhindern, daß in den Gassen des Sainte-Geneviève-Hügels das weiße Gespensterpferd galoppiert oder daß in den unterirdischen Korridoren der Steinbrüche von Montsouris das Phantom umgeht.

Das Blut von Paris

Wenn über Paris der Aufruhr brüllt,
Wird selbst der Teufel blaß...
Charles Meryon, L'Hôtellerie de la mort

«Qu'un sang impur arrose nos sillons!» (Auf daß unreines Blut unsere Ackerfurchen dünge!), fordert das zornige Revolutionslied, das zum ersten Mal im blutigen Jahr 1792 von den Hauswänden in Paris widerhallte und das die französische Nation sich zur Hymne erkor. In den Boden von Paris ist vielleicht mehr Blut eingesickert als in den irgendeiner anderen europäischen Stadt, nicht zuletzt, weil Paris mehr begehrt und umkämpft worden ist als sonst ein Ort, Rom ausgenommen. Nicht nur eine Messe, sondern Hekatomben Geopferter war die Herrschaft über Paris so manchem Aspiranten wert. Umkämpft wurde es von Armeen und umkämpft von Parteien. Immer wieder kam es innerhalb seiner Mauern zu mörderischen Fehden zwischen Franzosen und Franzosen. Kaum ein Jahrhundert, in dem nicht Aufruhr oder Bürgerkrieg den Boden der Stadt mit rotem Lebenssaft tränkte. Zwar ist das Volk von Paris skeptisch, spöttisch, genußfreudig und, wie der Spaß am Angeln, die Zeisigkäfige und die Familienpicknicks beweisen, dem Idyll nicht abgeneigt, alles Eigenschaften, die einer blind-passionierten Parteinahme und einem kampflüsternen Temperament zu widersprechen scheinen. Dennoch ist es unter dem Anhauch großer Ideen selbst rachsüchtiger Exzesse fähig, die einen Restif de la Bretonne während der Septembermetzeleien der Revolution zu der Beschwörung hinrissen: «O meine Mitbürger, welches Scheusal gab euch seinen finsteren Geist ein?»
Im 14. Jahrhundert, einer der düstersten Perioden der französischen Geschichte, kochte die Geduld der Pariser allein dreimal über: 1313 kam es zu einer ersten Revolte. 1358 fand der Aufruhr einen Führer in Etienne Marcel, einem reichen Tuchhändler, der sich zum Herrn von Paris machte. Als er sich jedoch mit der Jacquerie, dem Bauernaufstand rundum im Land, verbün-

dete und den navarresischen Truppen die Stadttore öffnen wollte, machten die Pariser ihn nieder; seine Parteigänger wurden hingerichtet; deren Frauen und Kinder mußten vor der Wut der Bevölkerung geschützt werden. Aber 1382 kam es zu neuen Meutereien, in deren Folge Paris seine Privilegien verlor.

Gewiß kannten viele Städte im ausgehenden Mittelalter Aufstände gegen das Stadtregiment. In Paris wurden die kommunalen Standeskämpfe des 14. und 15. Jahrhunderts jedoch durch dynastische Intrigen vergiftet. Der Mord an dem schönen Ludwig von Orléans entfesselte die verhängnisvollen Kämpfe der Bourguignons und Armagnacs, die Paris in ein grausames Schaukelspiel warfen. Die Burgunder bewaffneten im April 1413 die Metzger von Paris unter Caboche als Leibmiliz. Eine Hetzjagd auf die Armagnacs und ihren Anhang setzte ein. Zwar erhielt Paris die verlorenen Privilegien zurück; doch die *Cabochiens* errichteten eine blutrünstige Schreckensherrschaft, die schließlich die Reaktion hervorrief: Paris ging zu den Armagnacs über, die triumphierend wieder einzogen. Jeder gürtete sich mit ihrem Abzeichen, der Schärpe; eilig verschwanden die weißen Hauben der *Cabochiens*. Die Rache der neuen Herren war nicht weniger grausam als das Regiment der Metzger. Über dreihundert Gegner wurden enthauptet, und der Connetable Bernhard von Armagnac erpreßte riesige Summen. Doch in der Nacht vom 28. Mai 1418 öffneten Bürger heimlich den Burgundern das Tor. Die gesamte Bevölkerung erhob sich. Die Armagnacs wurden aus den Häusern gezerrt und hingeschlachtet; die Gassen füllten sich mit Leichen, die der strömende Regen im Schlamm versinken ließ. Am 12. Juni drang das Volk in die Gefängnisse ein und tötete wahllos die Insassen, darunter burgundisch Gesinnte, die wegen Schulden oder aus anderem Anlaß im Kerker saßen. «Und soviel mordeten sie, sowohl Männer wie Frauen, von Mitternacht bis zum nächsten Mittag, daß sich die Zahl auf eintausendfünfhundertachtzehn belief», berichtet das «Tagebuch eines Pariser Bürgers». Angeführt vom Henker Capeluche, zog die Menge vor den Palast des Herzogs von Burgund. Johann schüttelte Hände, bereute dann, auch die des Henkers geschüttelt zu haben, und ließ ihn verhaften und enthaupten. Capeluche mußte seinem eigenen, unerfahrenen Knecht zeigen, wie er dabei vorzugehen habe.

Die Parteizwistigkeiten zogen die Engländer ins Land, mit denen sich die Bourguignons verbündeten. Das englische Heer besetzte Paris und hielt es fünfzehn Jahre lang. Kriegselend lastete zudem auf ganz Frankreich. Im September 1429 erschien

Der anonyme Holzschnitt aus den «Chroniques de France» schildert den Einzug Karls VIII. in Paris nach der Rückkehr vom italienischen Feldzug und der Eroberung Neapels. Während die Darstellung noch ganz dem gotischen Stil zugehört, verrät die Umrahmung den Einfluß der italienischen Renaissance.

A honneur et louenge de noſtre
ſeigneur ieſucriſt et de toute
la court celeſtielle de paradis
Et a lonneur ⁊ reuerence de
vous mon treſredoubte ⁊ treſſouuerain ſei
gneur Charles .viii. de ce nom treſcreſtien
roy de france Je voſtre treſhumble et treſ-
obeiſſant ſeruiteur apres voſtre comman-
dement ay fait les grandes cronicques de
frãce contenans ces preſens trois volumes

Ermordung Heinrichs III. und Massakrierung des Attentäters, des Dominikaners Jacques Clément, durch die königliche Garde. Sein Leichnam wird geschleift, gevierteilt und seine Glieder werden verbrannt. Der Mönch hatte den Tod des Herzogs von Guise rächen wollen, des Führers der katholischen Partei, den der König hatte umbringen lassen.

Jeanne d'Arc mit dem Heer Karls VII. vor der Porte Saint-Honoré; der Angriff wurde abgeschlagen, die Jungfrau verwundet. Ihre Erhöhung zur Nationalheldin im 19. Jahrhundert umkleidet ihre rührende Gestalt zweifellos mit patriotischen Gefühlen, die in ihrer Zeit nur bedingt lebendig waren. Der Kampf mit allen seinen schrecklichen Folgen war eher ein Zwist zweier Königshäuser. Jeanne gehörte der Partei der Armagnacs an, die mit den Burgundern und deren Verbündeten, den Engländern, in dynastischer Fehde lagen, und so focht sie wohl mehr für das Haupt ihrer Partei, Karl VII., als für den König des französischen Volkes.

Pest und Hunger hatten die Bevölkerung von Paris dezimiert. Zwischen den Steinen wuchs Gras, und im Herbst 1438 schweiften Wolfsrudel durch die Gassen, rissen Kinder und Frauen; auch im Jahr darauf kamen durch sie achtzehn Menschen auf der Straße um. Erbarmungslos waren auch die Bräuche der Zeit: Kriegsgefangene, für die man kein Lösegeld erwartete, wurden an Händen und Füßen gefesselt in die Seine geworfen.

Im übrigen gibt es so manches Beispiel, daß das Volk – und keineswegs nur in Paris! – durchaus nicht immer auf seiten der Emanzipatoren steht. Als Franz I. sechs arme Tröpfe an den Wippgalgen hängen und verbrennen ließ, weil sie an der Transsubstantiation gezweifelt hatten, stieß das Volk Verwünschungen nicht gegen die Henker, sondern gegen die Opfer aus; Erbarmen kannte es auch nicht für Etienne Dolet, der am 8. August 1546 auf der Place Maubert (wo heute sein Denkmal steht) verbrannt wurde, weil er eine nicht genehmigte Plato-Übersetzung veröffentlicht hatte; ebensowenig zeigte es Mitleid mit Anne Du Bourg, der im Parlament ein mutiges Wort gegen Königswillkür gewagt hatte, weswegen das Todesurteil gegen ihn erging. Wie sehr die fanatisierte Volksstimmung sich gegen Verteidiger der Menschlichkeit richtete, mußte ein Kaufmann aus Rouen, Robert Dehors, erfahren; er kam zufällig hinzu, als die Menge die Hinrichtung eines Buchhändlers und Druckers mit Schimpf und Spott umjohlte. Er kannte den Grund der Verurteilung nicht, aber er wandte sich an die Lärmenden: «Genügt es euch nicht, meine Freunde, daß er stirbt? Wollt ihr ihn mehr quälen noch, als das Gericht ihm bestimmt hat?» Die Menge wurde tätlich gegen ihn. Er wurde verhaftet und vier Tage später selbst wegen «blasphemischer Äußerungen» an den Galgen gehängt. Daß Rabelais seine satirischen Sticheleien und respektlosen Deftigkeiten ungeschoren ans Licht bringen konnte, verdankte er allein der Gunst Franz' I., der, wie man oben sieht, nicht jedem den Nonkonformismus ungestraft durchgehen ließ.

Das Jahrhundert war eine Zeit des Glaubensfanatismus, dessen furchtbarster Auswuchs in Frankreich die Bartholomäusnacht war. Am Abend des 24. August 1572 wurden die Haustüren, hinter denen Protestanten wohnten, mit Kreide bezeichnet, und bewaffnete Männer versammelten sich in der Stille. Um Mitternacht dröhnte die Sturmglocke; das Massaker begann. Die meisten Protestanten lagen wehrlos im ersten Schlaf; einige verteidigten sich, andere versuchten über die Dächer zu fliehen, von wo sie mit Musketen herabgeschossen wurden. Wieder färbte sich der Schlamm der Gassen rot, und die Seine führte Hunderte von Leichen und Ertrinkenden mit sich. Die genaue Zahl der Opfer ist nicht bekannt, man schätzt sie auf über zweitausend.

Beim Aufstand der katholischen Liga 1588 wuchsen in Paris zum ersten Mal Barrikaden empor; Heinrich III. mußte fliehen. Er ließ den Führer der Liga, den Herzog von Guise, der sich schon auf dem Thron glaubte, ermorden. «Ich bin wieder König, nachdem ich den König von Paris töten ließ», sagte er zu seiner Mutter. Aber er sah Paris nicht wieder: Ein eifernder Dominikaner erdolchte ihn im Feldlager des Hugenottenheeres während der Belagerung der Stadt durch Heinrich von Navarra. Als Heinrich IV. wurde der Navarrese nach seinem Übertritt zur katholischen Religion einer der volkstümlichsten Herrscher, nicht ohne einen vorausgegangenen verheerenden Kampf um Paris. Das Edikt von Nantes schien endlich, da es den Protestanten Duldung gewährte, die Religionskriege in Frankreich zu beenden; doch unter Ludwig XIV. kam es durch den Einfluß der Maintenon von neuem zu Hugenottenverfolgungen, nachdem Kardinal Richelieu bereits die Andersgläubigen politisch entmachtet hatte.

Der als «Fronde» bekannte Bürgerkrieg im 17. Jahrhundert hatte nicht religiöse, sondern standespolitische und auch fiskalische Gründe. Wiederum sah Paris am 26. August 1648 Barrikaden, als die Pariser Partei ergriffen für den rebellierenden Hochadel und gegen die Regentin, namentlich gegen ihren Ratgeber Mazarin, den gehaßten Italiener. Bei den Kämpfen im Faubourg Saint-Antoine tat sich bekanntlich *«la Grande Mademoiselle»*, die Tochter Gastons von Orléans, durch Mut, Geistesgegenwart und eine berühmte Kanonade hervor.

In der gleichen Vorstadt brachen die ersten Revolten der großen Revolution aus. Im April 1789 ging das Gerücht, ein reicher Tapetenfabrikant namens Réveillon in der Rue de Montreuil wolle die Arbeitslöhne seiner Manufaktur senken. Eine empörte Menge steckte die Fabrik in Brand und verwüstete Wohnung und Garten Réveillons. Die Truppe griff ein, es gab mehrere hundert Tote und Verwundete, und der Zwischenfall erhitzte die Volksstimmung am Vorabend des Zusammentritts der Generalstände. Manche Historiker aber meinen, der Aufruhr sei vom Hof angezettelt worden, um einen Vorwand zu

Die Bartholomäusnacht. Gemälde von François Dubois. In der Nacht vom 23. zum 24. August 1572 wurden in Paris 2000, dann in der Provinz 10000–20000 Hugenotten ermordet. Die Hochzeit des protestantischen Heinrich von Navarra mit der katholischen Schwester des Königs Karl IX. sollte der Annäherung der Konfessionen dienen; statt dessen wurde sie durch die Intrigen der Königinmutter Katharina von Medici zur Bluthochzeit.

haben, Paris mit Truppen zu umzingeln. Die leicht erregbare Bevölkerung des Faubourg war auch bei der Erstürmung der Bastille und 1792 beim Sturm auf die Tuilerien vornan. Santerre, der Bierbrauer und bramarbasierende Bürgergeneral, kam aus ihren Reihen. An allen populären Aktionen der Revolution war sie leidenschaftlich beteiligt. Eine Zeitlang stand die Guil-

Prozession der Ligue. Stich von Couché. – Der Gegensatz des Protestantismus zum Katholizismus war weit mehr zu einem politischen als einem religiösen Konflikt geworden. 1576 schlossen sich die Katholiken zur Ligue zusammen, um ihrer Sache größere Stoßkraft zu geben; sie standen in Opposition nicht nur zur Hugenottenpartei, sondern auch zum katholischen König.

lotine auch auf der Place *«ci-devant Saint-Antoine»,* ehe sie an die «Barrière du Trône renversé» verlegt wurde.
Die revolutionäre Aufregung erreichte in Paris den Siedepunkt, als nach dem mörderischen Sturm auf die Tuilerien und dem Sturz des Königtums im August 1792 die alliierten Armeen Longwy eroberten und Verdun einschlossen. Das Manifest des Herzogs von Braunschweig, der Paris dem Erdboden gleichzumachen versprach, ließ in der Bevölkerung Wut, Haß und Furcht aufflammen. Am Abend des 2. September läutete die Sturmglocke wieder. Fanatisierte Rotten drangen in die Pariser Gefängnisse ein; ähnlich wie 1418 mordeten sie die Gefangenen mit Beilen, Säbeln und Piken; noch die Leichen verstümmelten sie in blinder Erbitterung. Das scheußliche Gemetzel ging bei Fackellicht gleichzeitig in der Abbaye Saint-Germain, bei den Karmelitern, in la Force, im Châtelet, in Bicêtre vor sich. Opfer waren teils Aristokraten, teils eidverweigernde Priester, teils auch festgesetzte Dirnen oder sonstige unpolitische Häftlinge. Manchmal fand eine Art höchst summarischer Verhandlung statt, meist wurde unkontrolliert drauflosgemordet. In den zwei

Auf dem Stich von Née (oben), auf dem man Behörden und Gouverneur von Paris 1763 das Denkmal Ludwigs XV. einweihen sieht, scheint der Thron noch fest gegründet. Auf dem Stich von Otto nach einer Zeichnung von Vény beginnt es in Paris zu gären: Frühjahr 1789, erster Aufruhr im Faubourg Saint-Antoine. – Die Titelseite des Vieux Cordelier datiert aus der Zeit der Schreckensherrschaft. Camille Desmoulin und Danton mahnen mit dem Blatt vergeblich zur Mäßigung. Sie mußten selbst das Schafott besteigen.

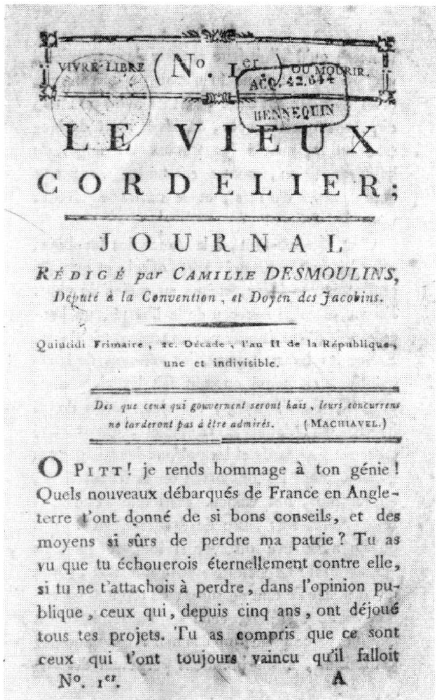

VIVRE LIBRE (N°. 1er.) OU MOURIR.

ACQ. 42.644
HENNEQUIN

LE VIEUX CORDELIER;

JOURNAL

RÉDIGÉ par CAMILLE DESMOULINS,
Député à la Convention, et Doyen des Jacobins.

Quintidi Frimaire, 2e. Décade, l'an II de la République, une et indivisible.

Dès que ceux qui gouvernent seront haïs, leurs concurrens ne tarderont pas à être admirés. (MACHIAVEL.)

O PITT! je rends hommage à ton génie! Quels nouveaux débarqués de France en Angleterre t'ont donné de si bons conseils, et des moyens si sûrs de perdre ma patrie? Tu as vu que tu échouerois éternellement contre elle, si tu ne t'attachois à perdre, dans l'opinion publique, ceux qui, depuis cinq ans, ont déjoué tous tes projets. Tu as compris que ce sont ceux qui t'ont toujours vaincu qu'il falloit

N°. 1er. A

Nächten und Tagen des 2. und 3. September starben 1395 Menschen, aber ähnliche Massaker ereigneten sich auch in der Provinz. Wer die Drahtzieher waren, ist verborgen geblieben. Manche Historiker geben Marat die Schuld, der mit seinen wilden Schmähartikeln die Gemüter aufgepeitscht hatte. G. Lenôtre meint: «Unrecht wäre, die Pariser Bevölkerung anzuklagen: 150 Schlächter höchstens genügten, darunter mehrere Metzger; die anderen waren erstaunlicherweise kleine Ladenbesitzer mit geruhsamen Berufen, Obsthändler, Schneider, Hutmacher, Schuster, Uhrmacher, Goldschmiede, Friseure, Kurzwarenhändler ... Das waren die, die eine Woche lang Paris terrorisierten.» Auch die Revolutionstribunale wurden schließlich selbst zu Scheingerichten, die nur noch vorgefaßte Bluturteile fällten. Doch als der weiße Terror das Jakobinertum ablöste, stand die Guillotine noch lange nicht still. Der Korse aber vergoß das Hundertfache an Blut, freilich heroisch bei den Schlachtengewittern, weit über Europa verteilt. Auf den Stufen von St-Roch hatte er bereits sein Gesellenstück geleistet.
Ein revolutionäres Kuriosum ist es, daß man aus Gedärm und trockenem Blut der Königsmumien, die aus ihren Grüften gezerrt worden waren, in Mörsern ein Pulver herstellte, aus dem

Von Historikern wird der Sturm auf die Bastille vom 14. Juli 1789 (hier ein Stich von J.P. Laminit) als Beginn der großen Revolution gesehen; es war eigentlich ein sekundäres Ereignis, dem man nur deswegen besondere Bedeutung beilegt, weil die Bastille als Symbol der autokratischen Willkür galt. Wohl darum hat die Französische Republik (von der ersten bis zur fünften) den Tag des Sturzes der Zwingburg zum Nationalfeiertag gewählt. Immerhin überzeugte der Aufruhr den König von der Ernsthaftigkeit der Bewegung. Am 17. Juli begab er sich ins Stadthaus, um die Kokarde zu empfangen. Dem Schein nach hatte er sich mit der Revolution abgefunden.

Die Erstürmung der Tuilerien, Gemälde von J. Bertaux. – Der 10. August 1792 war das Ende des tausendjährigen französischen Königtums. Ausgelöst wurde der Sturm auf das Schloß durch den Widerstand, den Ludwig XVI. der Nationalversammlung entgegenstellte, aber auch wegen deren Weigerung, seine Absetzung zu dekretieren; vor allem aber durch das Manifest des Herzogs von Braunschweig, Oberbefehlshabers der gegen Frankreich kämpfenden Alliierten, worin er Paris dem Erdboden gleichzumachen drohte. Der in den Schutz der Nationalversammlung geflüchtete König schickte den Verteidigern der Tuilerien, der Schweizergarde, den Befehl, das Feuer einzustellen. Sie wurden fast alle vom stürmenden Volk massakriert.

Revol. de Paris. Massacre des prisonniers de l'Abbaye St germain. N°165. P. 422.

Douze commissaires nommés par le peuple sont installés au guichet de la prison, et jugent les détenus d'après le registre d'écrou et un interrogatoire préalable ; après quoi ceux qui étoient reconnus criminels, étoient sur le Champ mis à mort par le peuple.

In den ersten Septembertagen 1792 wüteten fanatisierte Revolutionäre in den Pariser Gefängnissen, indem sie die Insassen erschlugen, erstachen und zerfetzten. Opfer waren Aristokraten und Priester, Verbrecher und Dirnen. – Das untere Bild zeigt die Sitzung eines Revolutionsausschusses 1793.

Die Napoleons-Säule. Epinaldruck. – ▷ Auf dem populären Flugblatt wird die ganze Napoleons-Legende in sechs Kartuschen erzählt: Brücke von Arcole, Ägypten, Austerlitz, Code Napoleon, Ehrung der Invaliden, Auf Sankt Helena.

PASSAGE DU PONT D'ARCOLE.
Grenadiers, leur crie-t-il ne suivrez-vous pas votre Général ?
NAPOLÉON EN EGYPTE.
Il dit : Du haut de ces Pyramides, 40 siècles nous contemplent !
VEILLE D'AUSTERLITZ.
Il s'endort après avoir travaillé une partie de la nuit.
CODE NAPOLÉON.
CODE CIVIL.
Il dicte lui-même ce Code immortel.
HONNEUR AU COURAGE MALHEUREUX.
NAPOLÉON A SAINTE-HÉLÈNE.
GEORGIN

ATTAQUE DE L'HÔTEL DE VILLE (le 28 Juillet 1830)

Juli-Revolution 1830. Aufständische beschießen vom linken Ufer aus das Stadthaus. Rechts daneben der Bürgerkönig nach einem Stich von Hervieu. Ganz rechts oben: Revolution von 1848: Hinter der Barrikade (Zeichnung von Gavarni). Links unten: Die Vorstädte erheben sich im Juni gegen die bürgerliche Revolutionsregierung. Hier die Kämpfe am Canal Saint-Martin (aus: L'Illustration). Rechts unten: Napoleon III. nach dem Staatsstreich vom 2.12.1851, umgeben vom Senat und den Staatsräten. (Neuruppiner Bilderbogen) Die Zusammenstellung gibt einen knappen Überblick über die aufgeregte Entwicklung in der ersten Hälfte des 19. Jahrhunderts, die von der Restauration bis zum zweiten Kaiserreich führt.

AU MOULIN DE LA GALETTE
RESTAURANT
BAL
RUE DES
BROUILLARDS

Zur Verteidigung von Paris im Jahre 1870 werden Schiffsgeschütze auf die Buttes Montmartre geschafft. Die Zeichnung erschien, wie auch die folgende, in «The Illustrated London News». Sie war mit Ballonpost aus der belagerten Stadt nach England geflogen worden.
Am 19. September 1870 wird Paris von deutschen Truppen eingeschlossen. Preußische Kanonen bedrohen die Stadt. Am 5. Januar 1871 krepieren Granaten im Quartier-Latin und im Friedhof Montparnasse. Es gibt Tote und Verwundete unter der Zivilbevölkerung. Am 23. Januar wird der Waffenstillstand geschlossen.

Der Aufstand der Pariser Arbeiterschaft vom 18.3.1871 setzte den gewählten Gemeinderat (Commune) als revolutionäre Regierung ein. Das anarchistische Programm strebte die Schaffung souveräner Gemeinden in Frankreich an. An der Aufstandsbewegung nahmen auch Literaten und Künstler teil. Der Maler Courbet veranlaßte die Zertrümmerung der Napoleonssäule auf der Place Vendôme. Auf dem Photo liegt der gestürzte Bronze-Cäsar im Staub. Unter den ihn Umstehenden ist der achte von rechts vermutlich Courbet.

Soldaten der Nationalgarde beim Zerstören der Napoleonssäule. Während der wütenden Kämpfe gegen die von Viertel zu Viertel vorrükkenden Regierungstruppen zündeten die Aufständischen aus Erbitterung, aber zum Teil auch aus militärischen Gründen, viele offizielle Gebäude an. Unten: Die Erschießung einer bei der Brandlegung ertappten Frau durch die Truppe. Über 20000 Gefangene wurden nach dem Ende der Kämpfe füsiliert.

Seite 137
Das brennende Paris.

Le Palais des Tuileries

La colonne Vendôme

Le Palais de Justice

Le Conseil d'Etat

Le Palais-Royal

▽ L'Hôtel de Ville

eine sehr schöne Malerfarbe gewonnen wurde. Auf Bildern von Martin Drolling, dem Maler aus Straßburg, z.B. findet sich dieses *«Mummie»* genannte Rot, das in seinem Fall aus Gräbern der Kapelle von Val-de-Grâce stammen soll.
Auch die Revolution von 1830 nahm in den Vorstädten ihren Anfang. Im Gewirr enger Gassen, aus denen Paris noch bestand, ließen sich aus dicken Pflastersteinen leicht Barrikaden errichten. *Les Trois Glorieuses,* die drei ruhmreichen Tage, der 27., 28. und 29. Juli 1830, gelten als relativ unblutig (immerhin schätzt man die Zahl der Toten doch auf zweihundert). Gegen kaum einen Fürsten sind so viele Attentatsversuche unternommen worden wie gegen den behäbigen König des *juste-milieu,* das bei diesem Umsturz Sieger war; allein sieben Mordanschläge gegen Louis-Philippe ereigneten sich in den beiden Jahren 1834 und 1835, aber schon 1831 war es zu einem Aufruhr gekommen, der verlustreich niedergeschlagen wurde, zu einem weiteren kam es 1834, dessen tragischen Ausgang Daumier mit seiner Zeichnung «Rue Transnonnain» pathetisch in der Erinnerung wachhält.
Der zunehmend bewußt werdende Gegensatz Bourgeoisie – Proletariat beginnt nun seine Spannungen in die Reihen der Revolutionäre zu tragen, und der Versuch des Proletariats, nach dem Sieg der bürgerlichen Revolution von 1848 seinen Forderungen im Juni Nachdruck zu verleihen, wird in einem Blutbad erstickt. Aber auch der Staatsstreich des dritten Napoleon gelingt nicht ohne Blutvergießen, und obwohl der neue Kaiser nur mit Beteuerungen seiner Friedensliebe seinen Thron befestigen kann, bringen die kommenden Jahre das Grauen des Schlachtfeldes von Solferino und der Seuchenlazarette vor Sebastopol; und wieder bluten junge Rekruten aus Belleville und Montrouge für bonapartistische Politik, die schließlich zum Debakel von 1870 führt. Wieder ist Paris von fremden Heeren eingeschlossen, und die Kanonade von den Basteien herüber rollt über die Dächer. Vier Monate dauert die Belagerung, und die Dritte Republik erhält ihre Bluttaufe bei den Ausfällen, deren Scheitern zum Waffenstillstand führt. Präsident Thiers, der drei Regimen unentbehrlich gewesen zu sein schien, und seine konservative Regierung stoßen bei der Bevölkerung auf sich verhärtenden Widerstand. Am 26. März 1871 bricht der Aufstand los und bringt die *Commune de Paris,* die von der landläufigen Geschichtsschreibung arg verleumdete; der Vorwurf, den man berechtigterweise am ehesten erheben könnte, ist der, daß sie auf dem Glauben an die Möglichkeit einer Fortsetzung des nationalen Widerstandes und auf sozial-revolutionären Zielen

Erster Weltkrieg: Abfahrt der Truppen von einem Pariser Vorortbahnhof. Im August 1914 trugen die Soldaten bei allen Kriegführenden noch den «bunten Rock».

gründete, die zum mindesten im agrar-konservativen Frankreich utopisch waren. Bei der brutalen Niederwerfung durch die Truppen Thiers' regierte bare Entsetzlichkeit; der Geist erbitterten Klassenkampfes gab einerseits den Communarden die Brandfackeln in die Hände, mit denen sie 200 Gebäude, freilich teils aus strategischen Gründen der Verteidigung, niederbrannten, und andererseits schürte er bei den nur mühsam vordringenden Regierungstruppen eine entmenschte Mordgier, der weit über 30000 Männer, Frauen und Kinder zum Opfer fielen. Die Blutwoche vom Mai 1871 sah in Paris mehr Tote als sechs Jahre der großen französischen Revolution auf dem ganzen Territorium. In die Belle Epoque hinein knallen, gleichsam als schwaches Rache-Echo, die Bomben von Neurotikern der Revolte. Fest steht, daß der Anarchismus mit mehr Anspruch als Marx die Tage der *Commune* für sich reklamiert.

Europa taumelt in den Wahnsinn des Ersten Weltkriegs. Paris erlebt die ersten Luftangriffe. Zeppeline überfliegen die nächtliche Stadt; größer ist der Schaden, den deutsche Flugzeuge am

31. Januar 1918 verursachen; sie werfen 91 Bomben; 51 Zivilisten müssen ihr Leben lassen, 204 sind verwundet. Es folgen die Granaten des Kruppschen Schwerstgeschützes, das aus 120 Kilometer Entfernung schießt und vom März bis Ende August 1918 ein viertel Tausend Pariser dahinrafft, darunter die Toten vom Karfreitag, als die Kirche Saint-Gervais während des Gottesdienstes getroffen wird.

Auch in Hitlers Weltkrieg fallen wieder Fliegerbomben auf Pariser Boden, deutsche zuerst, nach der Besetzung alliierte und auf das befreite Paris noch einmal deutsche. Doch trotz der zu beklagenden Toten bleibt Paris im ganzen unversehrt. Aber die Salven der deutschen Erschießungskommandos knattern in Vincennes, in Issy-les-Moulineaux, vor allem auf dem Mont Valérien. Und der Abtransport der Pariser jüdischen Glaubens in die Todeslager läßt nicht auf sich warten. Die Zwangsaushebung der Jugend zum Frondienst für die Besatzungsmacht verschafft der Résistance massenhaften Zulauf. Straßennamen und Gedenktafeln erinnern heute an so manchen beim Widerstand Gefallenen. Aber auch die *«Épuration»* von 1944 fordert viele nicht nur schuldige Opfer.

Die Nachkriegszeit bringt neue Probleme. Der Algerienkrieg spaltet von neuem die Meinungen. Werden die Fallschirmjäger putschen? Nein, aber die Bomben der O.A.S. zerreißen auch in Paris Menschen. Es kommen Tage wie der 8. Februar 1962, an denen in Paris ein Bürgerkriegsklima zu herrschen scheint: An diesem Tag schießt die Polizei in eine Gruppe von Anti-O.A.S.-Demonstranten.

Ebenso brutal geht sie nach den tollen Tagen und Nächten des Mai 1968 gegen die studentischen Manifestanten vor. Dennoch scheint es eine Zeitlang so, als sprenge die Studentenbewegung die Strukturen der Herrschaft. Aber die eilig angesetzten Wahlen bringen General de Gaulle wiederum eine große Stimmenmehrheit. Noch einmal war das Blut von Paris in Wallung geraten, noch einmal pulste die Fieberstimmung der Revolutionstage in den Straßen von Paris. In der Atmosphäre lag etwas vom Irrealen aller revolutionären Illusion, berauschend und zu Aktionen hinreißend. War es nur Satyrspiel nach der langen Geschichte Blut nicht schonender Erregungen? Eine Schrift am Pont-Neuf lautete: «Haltet euere Wünsche für Wirklichkeiten!» Nichts anderes haben alle Revolutionen getan.

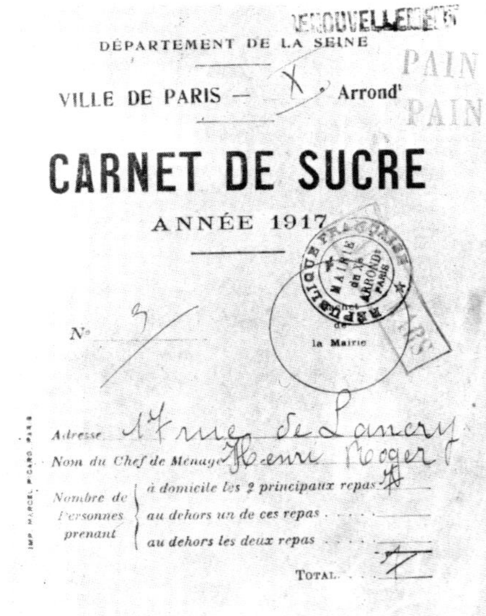
DÉPARTEMENT DE LA SEINE
VILLE DE PARIS — X Arrond^t
CARNET DE SUCRE
ANNÉE 1917
N° 3
Adresse
Nom du Chef de Ménage
Nombre de Personnes prenant: à domicile les 2 principaux repas; au dehors un de ces repas; au dehors les deux repas
TOTAL

Zuckerkarte. In Frankreich wurde, ebenso wie in Deutschland, während des Ersten Weltkriegs unter anderem Zucker rationiert. In Paris konnte man aber ohne Beschränkung Honig kaufen als angenehmen «Ersatz», ein Wort, das damals in die französische Sprache eindrang.

Paris der Schatten

Dicht bei der Liebe liegt die Raserei; dicht bei der Tapferkeit die Blutgier; dicht bei der Ruhmsucht der Mord; dicht bei der Empfindsamkeit die Träne; dicht bei der Weltklugheit alle Erkrankung der Enthaltsamkeit.
de Sade, La Nouvelle Justine

Epitaphe dudit Villon
Freres humains qui apres nous viues
Nayez les cueurs contre nous endurcis
Car se pitie de nous pouurez auez
Dieu en aura plustost de vous mercis
Vous nous voiez cy atachez cinq six
Quant de la char que trop auons nourrie
Elle est pieca deuouree et pourrie
et nous les os deuenons cendres et pouldre
De nostre mal personne ne sen rie
Mais pries dieu que tous nous vueil
le absouldre
g iii.

Der Holzschnitt ist eine Illustration zu der berühmten Ballade François Villons von den Gehängten in der Erstausgabe des «Großen Testamentes». Die Justiz war im 15. Jahrhundert ziemlich summarisch; um gehängt zu werden, mußte man nicht notwendigerweise schuldig sein.

Im ganzen Mittelalter, als sich auf den Landstraßen ein wahres Völkergeröll dahinbewegte, sickerten Teile dieses sozialen Treibsandes durch die Stadttore ein. Kriege, namentlich der Hundertjährige, in dem auch das Wort Bandit aufkam, sorgten für die ewige Erneuerung der durch Seuchen, Erschöpfung, Unfälle und Justiz notwendig sich dezimierenden Elendsarmee des Verbrechens. Um 1400 bildet sich eine eigene Sprache der Gegenwelt heraus, *jobelin,* woraus der Argot entsteht, bereichert durch Entlehnungen aus dem *rom,* der Zigeunersprache.
Eine schlimme Plage waren die Kriegsgurgeln der sogenannten «Großen Kompagnien». Henri Sauval schrieb: «1439 war es sehr gefährlich in dieser Stadt, Vermögen und eine schöne Frau zu haben. Wenn die Kriegsleute, *écorcheurs* genannt, einen Reichen erwischen konnten, erpreßten sie ihn auf der Stelle; wollte oder konnte er nicht zahlen, schlossen sie ihn in eine große Truhe ein und warfen die Frauen auf den Truhendeckel mit dem Ruf: ‹Hundsfott, dir zum Trotz wird dein Weib hieselbst vergewaltigt!› Dann ließen sie ihn in der Truhe umkommen, falls man nicht das verlangte Lösegeld zahlte.»
Vaganten, fahrende Schüler, assimilierten sich auf der großen Wanderung von Universität zu Universität dem streunenden Gauner- und Bettlervolk. Wenn sie im lateinischen Viertel eintrafen, waren ihr Schnappsack speckig und abgewetzt, ihr Gesicht ebenso sonnenverbrannt wie das der Marodeure, ihre Kleider von Staub und Schweiß gebleicht. Goliarden hießen sie nach einem Bischof Golias, der freche Gedichte gemacht und böse Streiche verübt haben soll. So arg trieben sie es, daß man ihnen 1450 die studentischen Privilegien entzog. *«Pire ne trouverez que escouliers»,* ging der Spruch (Schlimmere als Studiosi werdet ihr nicht finden).

Zu den Coquillards, den Jakobsbrüdern (so genannt nach der Pilgermuschel von Santiago de Compostela, mit der sie den Hut schmückten), einer durchorganisierten Brüderschaft des Verbrechens, gehörte mancher Scholar, der berühmteste unter ihnen François Villon, wohl der einzige, der den Seelennöten des armen Schächers aus Erfahrung erschütternden Ausdruck zu geben wußte. Mit den Spießgesellen zechte er in der Schenke zum Pinienapfel (in der heutigen Rue de la Cité) und heckte mit ihnen Raubpläne aus, wie den zum Einbruch ins Collège de Navarre, wo sie eines Nachts die Kasse stahlen. Nach einem Totschlag wurde er an Schädel, Bart und Brauen kahl geschoren, «wie eine Rübe, die man schält». Beschwörend warnte er die Kumpanen vor dem Galgen von Montfaucon.

Dieser berühmteste aller Galgen wurde damals durch ein steinernes Galgengerüst ersetzt, auf einem Hügel tausend Schritt vor der nordöstlichen Stadtmauer. Es war ein Bau auf hohem Steinsockel mit einer Treppe von 50 Stufen im Innern; der eigentliche Galgen, zweistöckig aus Mauerwerk, ähnlich drei Fensterfronten eines unvollendeten Hauses, konnte 30 Gehängte gleichzeitig aufnehmen. Statt Stricke wurden Ketten benutzt. Die Toten blieben hängen, bis Verwesung sie herabfallen ließ. Gräßlicher Gestank wehte bis in die benachbarten Stadtviertel, wo sich trotzdem eine Reihe von Tavernen angesiedelt hatten. Obwohl andere Anekdoten über Villons Tod umgehen, ist es wahrscheinlich, daß der geniale Dichter und Tunichtgut nach halsbrecherischen Abenteuern in der Provinz im Bett seiner Kammer bei seinem Adoptivvater im Kloster Saint-Benoît zu Paris an einer Krankheit verschieden ist, von den *ribauldes,* den Dirnen des Viertels, beweint.

Zu jeder Zeit hat das Verbrechen Zuflucht und Stützpunkt in den Bordellen gefunden. Auch die Coquillards, deren Organisation sich über ganz Frankreich erstreckte (in Dijon gehörte ein halbes Hundert Kleriker aus dem Chor der Hofkapelle zu ihnen), hatten ihre üppig bedachten Frauenhäuser. Villons dicke Margot war eine Dame aus dem Hurenhaus.

Doch der Stadt Paris haben vor allem die Bordelle des 18. Jahrhunderts den Ruf eines Liebesmarktes par excellence eingetragen, obwohl ihr London oder Rom an Gelegenheiten zum Konsum käuflicher Wollust gewiß nicht nachstanden. Die Historiographen der Pariser Häuser haben aber die größere Leserschaft gefunden und das Renommée von Paris als Stadt der leichten Liebe mitbegründet. Das Bordell der Duvergier, das de Sade im Roman *Juliette* schildert, ist nach dem Modell des oft beschriebenen der Madame Paris, dem Hôtel du Roule, entworfen, das

In der Serie von Radierungen mit dem Titel «Die Bettler» zeigt Jacques Callot das Elend der Ärmsten.

auch Casanova gerühmt hat. Noch bekannter aber war wohl das Haus der Mme Gourdan in der Rue des Deux Portes, wo die Du Barry Pensionärin war, ehe sie zur Königsmätresse aufstieg. Jedenfalls zählten zu den Gästen Männer aus dem höchsten Adel wie Graf Artois, Herzog von Richelieu und Graf Charolais, der für seine sadistischen Exzesse bekannt war. Michelet erzählt von ihm, er habe eine Mme de Saint-S. wie ein Hühnchen gebraten, so daß sie sich erst viele Jahre später davon erholte; mit der Flinte habe er zudem nach Dachdeckern und

Im 18. Jahrhundert hatte die Reglementierung der Prostitution vor allem den Sinn einer Strafe. In systematischen Razzien zusammengetrieben, wie hier auf dem Bild von Etienne Jeaurat, wurden die Mädchen in die Kolonien verschickt, die Frankreich damals in Amerika besaß.

Oben: Gruet de la Tournelle mit der Kette der Sträflinge. Gruet, berittener Vollzugsbeamter beim Châtelet, Vorsteher bei der Eintreibung der munizipalen Kopfsteuer von Paris, machte sich der Unterschlagung schuldig. Im Dezember 1716 verurteilt, mußte er öffentlich Abbitte tun, ehe er an den Pranger gestellt wurde, darauf wurde er auf Lebenszeit auf die königlichen Galeeren geschickt. Man sieht hier, wie ihm die Sträflinge als einem der ihren den Willkommensgruß bieten.

Unten: Gruet am Pranger bei den Hallen, wo er drei Tage lang hintereinander an Markttagen ausgestellt wurde, vom Publikum bespöttelt und beschimpft.

Seite 145 oben: Die Verhaftung des Straßenräubers Cartouche. Die Soldaten nahmen ihn mitten in der Nacht im Zimmer einer Schenke der Courtille fest, wie auf diesem populären Druck aus dem 18. Jahrhundert zu sehen ist. ▷

Unten: Im 18. Jahrhundert wurde auch jeder zuchtlose Soldat einem Verfahren unterworfen, «das in sehr kurzer Zeit beendet ist, und der Nachrichter pflegt ein begnadigter Dieb zu sein.»

Passanten geschossen. Der gleiche Sport wird auch einem Abbé Bauffremont nachgesagt. Graf Charolais soll, wie einst Gilles de Rais, durch gekaufte Kreaturen Kinder haben einfangen lassen, um gegen eine Hautkrankheit in ihrem Blut ein Medizinbad zu nehmen. Man darf aber nicht übersehen, daß im Paris der Kaffeehäuser und redseligen Salons, der Barbierläden und Gesindestuben Klatsch aufs üppigste wucherte. Bei den Verschwundenen mochte es sich vielleicht um jene jungen Leute und Bettler handeln, die bei Razzien aufgegriffen wurden, um als Kolonisten nach Amerika verfrachtet zu werden, wo Mangel an Arbeitskräften herrschte – eine rigorose Methode absolutistischer Abhilfe, die unter der Bevölkerung einen Aufruhr erregte. Klatsch hatte sich auch des Falls bemächtigt, der den Marquis de Sade für viele Jahre hinter Kerkermauern brachte; wahrscheinlich waren Familienintrigen der eigentliche Grund. Mancher unliebsam gewordene Gatte oder Sohn ist durch eine über Beziehungen erwirkte *lettre de cachet,* dieses Werkzeug der Willkür, in den Gewölben der Bastille oder im Turm von Vincennes verschwunden.

Erbitterung gegen die sittliche Korruption führte einem Restif de la Bretonne die Feder; in seinen *Nuits de Paris* namentlich hat er düstere Bilder aus der Zeit der sich anbahnenden und der hereinbrechenden Revolution aufgezeichnet, Gegenstück zum *Tableau de Paris* seines Freundes Sébastien Mercier, der mit seiner Helldunkelmalerei aller Schichten, aller Winkel, aller Bräuche der großen Stadt ebenfalls die Moral zu bessern beabsichtigte. Restif de la Bretonne, den Paul Valéry weit über Jean-Jacques Rousseau stellte, hat lange vor Balzac zusammen mit Mercier die Großstadt für die Literatur entdeckt und alle Schrecken jener Zeit des Umbruchs und einer sterbenden Gesellschaft zu beschwören versucht.

Nicht zu den geringsten dieser Schrecken gnadenloser Zeiten gehörte die Justiz. Bis Mitte des 17. Jahrhunderts war in Paris der *lieutenant civil* des Prévôt mit Justiz und Polizei beauftragt. Als die Unsicherheit anwuchs, wurde 1667 das Amt des *lieutenant général de police* geschaffen. Zum eigentlichen Organisator der Pariser Polizei wurde Voyer d'Argenson, bis 1718 im Amt, vom Volk *le damné* genannt, weil er, wie der Herzog von Richelieu sagte, das Gesicht und die Formen dazu hatte. Doch erst seinem Nachfolger gelang es, den populärsten aller französischen Räuber, den furchtbaren Cartouche, zu fangen. Der lasterhafte, grausame und zärtliche Cartouche mit dem Kindergesicht

Der Galgen von Montfaucon wurde, ebenso wie sein Annex in Montigny, im 15. Jahrhundert in Mauerwerk erneuert. 1627 kam er außer Gebrauch, wurde aber 1760 wieder aufgebaut. Die Revolution brachte sein endgültiges Verschwinden, da die Guillotine sich als brauchbarer erwies.

Der Neuruppiner Bilderbogen stellt die Hinrichtung von Giuseppe Fieschi und seiner Komplizen 1836 dar, ein Jahr nach dem Attentat auf Louis-Philippe. Die Salve ihrer Höllenmaschine, die sie in einem Fenster des Boulevard du Temple installiert hatten, verletzte den König nur leicht, tötete aber 19 Personen.

hatte mit wahrem Manager-Genie ein riesiges Reich des Verbrechens geschaffen. Zu seiner Bande gehörten neben Halsabschneidern und Taschendieben Chirurgen, Waffenschmiede, Soldaten, Krämer und verschuldete Adlige, ein Heer von mehr als 3000 Mann. Leute beim Zoll meldeten ihm nach Paris, wenn in Bordeaux oder Le Havre ein Schiff mit wertvoller Ladung einlief, der aufzulauern sich lohnte. Stellenvermittlerinnen schleusten seine Getreuen in Häuser des Adels und der Finanz ein. Im Marais wurden damals die Fenster im Erdgeschoß mit den schön geschmiedeten Gittern gesichert. Als Cartouche auf dem Grève-Platz hingerichtet wurde, staunte das Volk, wie gassenjungenhaft bleich und mager sein Körper war, als der Henker ihn auf dem Rad entblößte. Unter den furchtbaren Qualen kam kein Schrei über seine Lippen, nur Keuchen, das erst

um fünf Uhr morgens verstummte, als die Fackeln beim Schafott längst herabgebrannt waren. Nach seinem Tod ließ die Unsicherheit in Paris nach, obwohl neue Banden auftraten. Nivet und seine Gesellen waren berüchtigt; auch er büßte 1729 auf dem Rad. Die Komplizen des sechzehnjährigen Raffia, ausschließlich Jugendliche, hatten sich auf Beraubung der Goldschmiede spezialisiert, deren mit Kerzen beleuchtete Schaukästen sie leerten. Andere berühmte Hinrichtungen, jedesmal mit großem Zulauf fast als Volksfeste gefeiert, waren die des Giftmörders Desrues 1777 und die der Gattenmörderin Lescombat 1733, die am Galgen endete.
Die alten Galgen vor der Stadt sind im 18. Jahrhundert verschwunden und haben Wohnvierteln Platz gemacht. Das Henkergerüst wurde auf öffentlichen Plätzen, meist vor dem Stadthaus, wo auch der Pranger stand, von Fall zu Fall errichtet. Die gräßlichste Hinrichtung war die des unseligen Damiens, der ein Messer gegen Ludwig XV. erhoben hatte und der auf der Place de Grève gevierteilt wurde, nachdem er gemartert und seine Hand verbrannt worden war, so daß, wie der Herzog von Richelieu in seinen Memoiren erzählt, die Luft von entsetzlichem Gestank verpestet wurde. Restif de la Bretonne sah noch lange nach dem angeblichen Tod, den der Henker verkündete, wie der verstümmelte Rumpf sich hin- und herdrehte und wie der Unterkiefer sich bewegte, als spräche er. Auch Casanova hat jenen schrecklichen 28. März 1757 am Grève-Platz miterlebt

Der Stich von Lavoignat nach einer Zeichnung von Daubigny zeigt die Atmosphäre der Viertel des Sub-Proletariats im 19. Jahrhundert mit ihrer Unsicherheit; diese Quartiere bestanden bis zur Stadtsanierung Haussmanns.

Rechts: Mit diesem Blatt feiert Gustave Doré das Gedächtnis des Dichters Gérard de Nerval, der am 25. Januar 1855 in der Rue de la Vieille-Lanterne, damals einer der finstersten Gassen von Paris, erhängt gefunden wurde. Genau an dieser Stelle befindet sich heute der Vorhang des Théâtre Sarah-Bernhardt. Das Geheimnis, das über de Nervals Tod liegt, ist nie gelüftet worden.

G. N.

Die Morgue im Jahre 1854, von Charles Meryon. Diese Einrichtung, die oft ihren Platz wechselte und 1830 beim Pont Saint-Michel erbaut wurde, bestand bis 1864, dem Jahr, in dem Haussmann sie auf der Spitze der Cité-Insel errichtete. Durchschnittlich 360 Leichen wurden pro Jahr eingeliefert, und jeder konnte eintreten, um sie zu betrachten. Heute ist die Morgue durch das Institut Médico-Légal ersetzt.

und geschildert, auf welche Weise sich die Damen bei dem grauenvollen Schauspiel verlustierten.
Andere Justizgreuel entsprangen auch noch im Jahrhundert der Vernunft religiösem Fanatismus, wie die Hinrichtung des Chevalier de la Barre. «Der junge Mann voller Geist und von großer Hoffnung war überführt worden, gottlose Lieder gesungen und vor einer Prozession von Kapuzinern den Hut nicht gelüftet zu haben», berichtet Voltaire. Verbrannt wurden 1750 auch zwei Päderasten, obgleich Päderastie bis in die höchsten Gesellschaftskreise ihre Adepten hatte.
Lange vor Fouché gab es in Paris ein ausgedehntes Spitzelwesen. Unter Ludwig XV. soll es mehr als 30000 Zuträger gegeben haben, deren Rapporte dem König zur Befriedigung der Neugier dienten. Lenoir, Polizeigewaltiger von 1776 bis 1785, pflegte noch schmunzelnd zu sagen: «Wo ihr zu dritt seid, bin ich unter euch.» Der Spitzel ist eine sehr alte Pariser Figur; er rekrutiert sich nicht ausschließlich aus dem Pöbel. Sogar der unerschöpfliche *Guide Richard* notiert noch: «Die Pariser Polizei

ist strenger und wachsamer als jede andere, daher sollte der Fremde im Café, in Restaurants, auf der Promenade, im Theater, an allen öffentlichen Orten die kleinste Rüge am Vorgehen der Regierung und dem Charakter der Personen in hohen Stellungen vermeiden. Mehr als sonst irgendwo haben in Paris die Wände Ohren.»

Im 18. Jahrhundert wurde die Meinungsüberwachung um so strikter, je stärker Unzufriedenheit um sich griff. Doch beim Verbot «gefährlicher» Bücher herrschte andererseits große Willkür. Günstlingswirtschaft trug in alle Gebiete Unsicherheit und Furcht. Arg stand es um die Ziviljustiz. Prozesse waren langwierig und ruinös. Beaumarchais' Schrift gegen den Richter Goëzman, worin er die Bestechlichkeit der Justiz mit Witz anprangerte, tat dem Ansehen der Gerichte mehr Abbruch als alle Grausamkeit des Strafvollzugs, zu dessen barbarischer Blutrünstigkeit die gepuderte Eleganz des Henkers in weißer Seide einen zynischen Kontrast darstellte.

Die sich zersetzende Feudalgesellschaft zeitigte Maßlosigkeit im Laster; vor der schönen Melancholie eines Watteau und dem

Ballokal bei der Barrière du Maine. Lange Zeit war die Gegend bei den Barrièren und den Befestigungen das bevorzugte Gebiet des Gesindels, das dort weniger streng als im Stadtinnern überwacht wurde.

Rosendekor der Anakreontiker hebt sich schattenhaft ein schwarzes Rokoko ab. Der Tugendkult des Bürgertums, bewußte Waffe im Kampf gegen den Adel, führte freilich zur blutigen Tugenddespotie der Jakobiner. Das 19. Jahrhundert wird neben großartigen Leistungen andere Schattenseiten bringen, in Paris, dem Tiegel des Fortschritts, vielleicht besonders dunkle. Wenn der Bürger jedoch von den *classes dangereuses* sprach, meinte er nicht die Schattenwelt des Verbrechens, sondern die Arbeiterklasse, deren Elend unerträglich zugenommen hatte; er vergaß, daß Not immer Nährboden des Verbrechens ist, das «oft nur ein Stammeln der Revolte ist, die sich nicht zu artikulieren versteht» (Hobsbawm). Das Fin de siècle wußte der Unterwelt den Reiz des Gruselns abzugewinnen. Die Bezeichnung «Apache» für Bandenmitglieder kommt um die Wende zum 20. Jahrhundert auf und ist charakteristisch für die romantische Betrachtung wenig romantischer Phänomene.

Hospitäler und Gefängnisse

Ein Haufen Bettler versammelt sich morgens an der Klosterpforte; sie sind in Lumpen. Der Mönch öffnet; er läßt sie nicht ein, doch er gießt ein wenig Suppe in jeden Napf, und die Unseligen streiten sich darum, wer eine etwas größere Portion Suppe erhält.
Sébastien Mercier, Tableau de Paris

Bis zur Mitte des 20. Jahrhunderts arbeitet die abendländische Ethik noch immer mit dem Begriff der Erbsünde und mit den sich aus ihr ergebenden Konsequenzen, die offenbar Siechtum, Armut und Missetat sind. Und selbstverständlich auch Wahnsinn. Die manichäische Vorstellung von einer Welt, die in der Bildhaftigkeit des Jüngsten Gerichtes radikal die Spreu vom Weizen trennt, stuft Irresein auf den Rang eines Charakterdefektes ein. Der Narr, dessen Kappe an die Hörner des Teufels erinnerte, stand auch für Irrtum, Eitelkeit, Verblendung und Verhärtung, für Mangel an «Weisheit» im Sinn einer Kardinaltugend. Der Narr mußte die Verantwortung für seinen Mangel an Vernunft tragen, und die Schande der Sündhaftigkeit traf ihn. Selbst noch, als die menschlichen Beziehungen infolge der Renaissance und dann der enzyklopädischen Bewegung verweltlicht worden waren, blieben Irrenhaus, Hospital und Gefängnis noch lange Zeit ein einziger Komplex. Viele von denen, die ihr Leben der Krankenpflege, der Gefangenenüberwachung oder der Armenbetreuung widmeten, fühlten, daß dieser Zustand ein Relikt der Vergangenheit war. Doch die Vergangenheit ist tyrannisch. Im übrigen sind Mitleid, Neugier, Überlegenheitsgefühl und Verantwortung außerordentlich fließende seelische Gegebenheiten und aus dem Unterbewußtsein herauf oft genug getrübt. Andererseits war auch so mancher, der sich aus dem einen oder anderen Grund mit Werken der Wohltätigkeit oder mit dem Strafvollzug befaßte, durchaus fähig, die eigene Frustration auf die Unglücklichen zu projizieren, die ihm anvertraut waren; die Geschichte lehrt uns, daß die Nonne ebenso oft Foltergehilfin wie trostreicher Engel war. Es gab tagtäglichen Heroismus, aber auch unbekannt gebliebene Infamien. Oft war ein System auf Privatinitiative aufgebaut, die

Die Radierung von Dunker zeigt die Einsargung eines verstorbenen Insassen. Jedes Gefängnis hatte stets einen schlichten Sarg bereit, dem die Gefangenen den suggestiven Namen «Pastetenkruste» gaben.

zwar aus Barmherzigkeit floß, deren Praktizierung jedoch wertlose oder fürchterliche Früchte trug. Dem könnte man natürlich entgegenhalten, daß die Hölle des Waisenhauses oder des Hospizes immer noch besser gewesen sei als die Gosse.

Auf Grund ihrer sozialen und wirtschaftlichen Struktur gab es in der Großstadt Paris immer eine Entsprechung für den Satz von Eugène Sue: *«Il y a une riche misère à Paris»* (In Paris gibt es ein üppiges Elend), Elend, aber auch unerbittliche Wohltätigkeit, wenn das Wort auch erst ziemlich spät auftaucht. Die Legende, die dem heiligen Landry, dem achten Bischof von Paris, die Gründung des ältesten Hospitals zuschreibt, ist wahrscheinlich irrig. Erst vom 9. Jahrhundert an findet man gegenüber von Notre-Dame ein paar Baulichkeiten und Unterkünfte für Kranke, Aussätzige und Pilger, eben jenes Hôtel-Dieu-Saint-Christophe, das in den Urkunden von 1157 erwähnt wird und auf Veranlassung von Maurice de Sully erneuert wurde; er verordnete, daß jeder Kanoniker sein Bett der Anstalt zu stiften habe. Wenn zweihundert Jahre später Philipp August auch das

Auf dem Holzschnitt aus dem 16. Jahrhundert blickt man in einen Saal des Hôtel-Dieu. Links im Hintergrund empfängt eine Sterbende die Sterbesakramente, während im Vordergrund zwei Nonnen Tote in ihre Leichentücher einnähen. Der König ist als Wohltäter porträtiert, rechts sieht man das königliche Wappen.

A.D.

INTÉRIEUR DE L'HOTEL-DIEU, DE PARIS.
(Orphelins, malades, mourants, ensevelissement des morts, le roi agenouillé.)

Auf dem Stich von Gustave Doré lassen sich arme Leute im Hôtel-Dieu ambulant untersuchen und behandeln.

gesamte frische Stroh, das ursprünglich für den königlichen Marstall bestimmt war, dem Hôtel-Dieu zukommen ließ, so verhinderte es doch nicht, daß auf jedem elenden Bett «der Kranke, der Sterbende und der Tote» beieinander lagen. Dabei waren es nicht bloß drei pro Lager, sondern in Zeiten von Epidemien sechs oder acht auf einer Fläche von vier Fuß Breite, so daß ein Viertel der Aufgenommenen der Sterblichkeit zum Opfer fiel. Das riesige Hospital, das sich über eine Brücke bis zum jenseitigen Ufer, dem heutigen Quai de Montebello, und zur Rue de la Bûcherie erstreckte, in der zu jener Zeit die medizinische Fakultät ihren Sitz hatte, war sicherlich keineswegs eine Ausnahme, sondern typisch. Jahrhundertelang diente es den anderen Pariser Hospitälern zum Vorbild; die Zustände, die hier herrschten, übertrugen sich auf die übrigen. Meist mündeten die Säle im Osten in eine Kapelle, die so angelegt war, daß die Kranken an der Messe teilnehmen konnten. In der Regel standen mittelalterliche Hospitäler an einem Fluß, damit Küchenabfälle und Fäkalien vom Wasser mitgenommen wurden; darum ragten die Sammellatrinen des Hôtel-Dieu über den Seine-Lauf vor; doch die Kranken benützten lieber Harngläser, die *coyecques* hießen. Wenn die Disziplin äußerst streng war, so war die Verpflegung in ihrer Merkwürdigkeit noch weniger elastisch. Um elf und um achtzehn Uhr wurden die Mahlzeiten ausgeteilt: Unveränderlich bestanden sie für jeden Kranken aus einem Stück Brot, etwa 300 g Fleisch und einer Flasche Wein.

Die Irren der Salpêtrière. Bis zum Ende des 18. Jahrhunderts mußte man warten, bis auf Veranlassung von Dr. Pinel den Irren die Ketten abgenommen wurden, die sie bis dahin tragen mußten.

Das Hôpital Saint-Louis um 1650. Nach der Pest von 1562 hatte Heinrich IV. die Verwaltung des Hôtel-Dieu beauftragt, ein Hospital außerhalb von Paris bauen zu lassen, zu welchem Behuf er fünfzehn Jahre lang die Eingänge aus der Salzsteuer bestimmte.

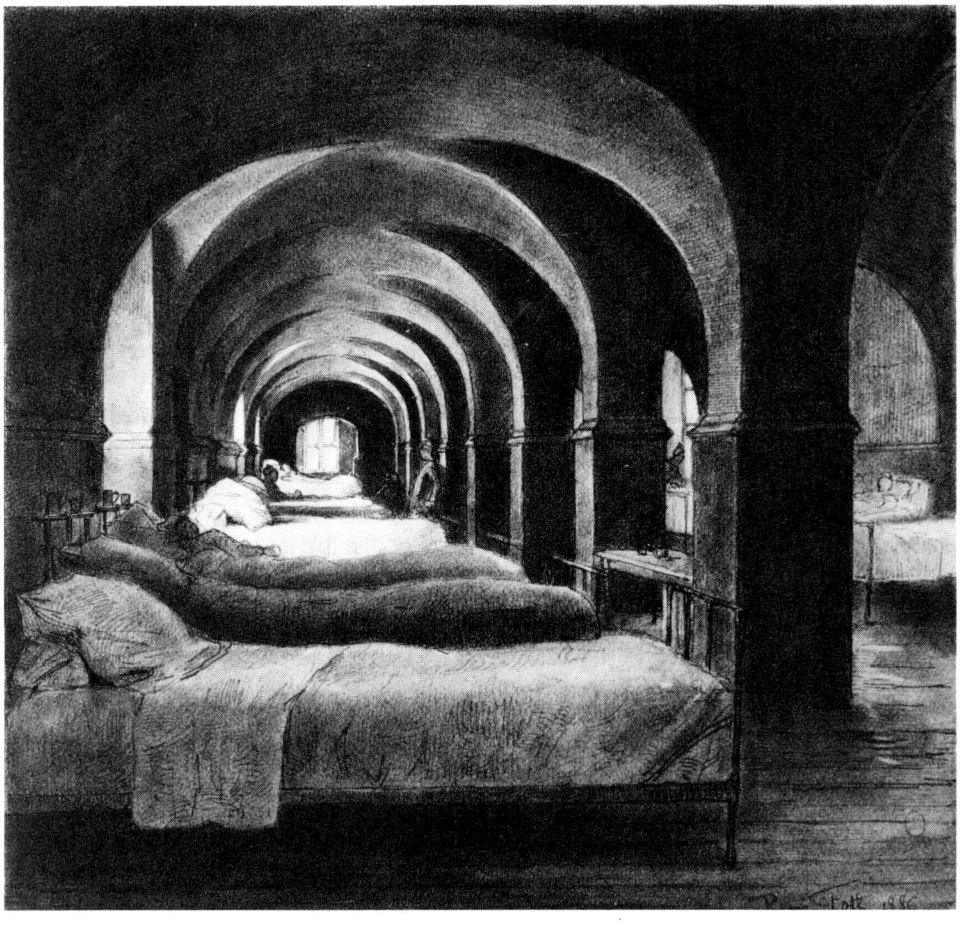

Oben: Das Hôpital de la Salpêtrière. Mit dem Bau war Le Vau beauftragt worden, der sich jedoch mehr für die Arbeit am Louvre und in Versailles interessierte. Fast ein Jahrhundert dauerte es, bis die Umbauten von Viel die Unterbringung der Kranken ein wenig verbesserten.
Unten: Saal des Hôpital Saint-Louis, im Jahre 1886. Von der Revolution in Hospice du Nord umbenannt, nahm das Hospital im 19. Jahrhundert seinen ursprünglichen Namen wieder an und wurde zu einer Klinik für Haut- und Geschlechtskrankheiten sowie für ansteckende Krankheiten überhaupt.

Vor der Revolution gab es in Paris ungefähr vierzig Hospitäler für Männer, Frauen, Soldaten, Waisen und sogar für die von Geschlechtskrankheiten befallenen Kinder, die zusammen mit ihrer Mutter in einem für sie in Vaugirard vom Polizeipräfekten *(lieutenant de police général)* Pierre Lenoir gegründeten Hospiz gepflegt wurden. Wenn die venerischen Krankheiten sich im 18. Jahrhundert auf unglaubliche Weise vermehrt hatten, so trugen die Unvorsichtigen nicht allein die Schuld; als z.B. Dr. Guillebert de Préval ein wirksames Mittel gegen die Syphilis entdeckt hatte, wurde er aus der Fakultät ausgestoßen, mit der Begründung, «er stimuliere die natürliche Lockung des Lasters noch durch die Aussicht auf Straflosigkeit».

Eines der brennendsten Probleme war das der ausgesetzten Kinder. Selbst Bestrebungen wie die vom heiligen Vincent de Paul wurden damit nicht fertig. Das Haus im Faubourg Saint-Antoine erwies sich als nicht ausreichend, und so baute man auf dem Vorplatz von Notre-Dame ein zweites Hospiz für Findelkinder. Alle eingelieferten Säuglinge wurden ohne Formalitäten und ohne Nachforschen aufgenommen, obwohl ihre Zahl fünf- bis sechstausend jährlich erreichte.

In seiner Studie über die französische Finanzverwaltung gibt Necker an, daß die Provinz Jahr für Jahr mehr als zweitausend Kinder «wie eine Ware» nach Paris schickte. Er bewirkte das Verbot dieser Transporte, die übrigens unter unmenschlichen Bedingungen vor sich gingen. «Seine Majestät hat festgestellt»,

Les Enfants-Trouvés (Findelkinder). Ein Kind wird in den Schalter gelegt. Das Kind wird herausgenommen. Der Drehschalter garantierte der Person, die das Kind brachte, von drinnen nicht gesehen zu werden und unerkannt zu bleiben.

Findelkinder waren einem harten Regime unterworfen und hatten ein freudloses Leben zu erwarten; natürlich trugen sie auch eine besondere Tracht.

heißt es in dem Beschluß, «daß die Zahl der ausgesetzten Kinder täglich zunimmt und daß die meisten aus legitimen Verbindungen stammen.» Im Kaiserreich wurden die Findelkinder mit sechs Jahren bei Bauern untergebracht, und mit zwölf Jahren stellte man sie dem Marineministerium zur Verfügung; alle für den Matrosenberuf nicht tauglichen kamen zu Handwerkern in die Lehre. Sofern die Unglücklichen noch Eltern hatten, mußten diese eine Abgabe von fünf Francs bezahlen, so oft sie Nachricht von ihren Sprößlingen erhalten wollten.
Die karitativen Anstalten – gleichzeitig Strafvollzugsanstalten wie Saint-Lazare, Bicêtre oder die Salpêtrière – waren eigentliche Abladeplätze, wohin Paris alles abschob, was seinem Funktionieren abträglich oder aber dafür überflüssig war, einschließlich «die lasterhaften jungen Leute und die liederlichen Dichter». Saint-Lazare, während des Hundertjährigen Krieges ursprünglich als Leprosenhaus gegründet, war gleichzeitig Hospiz, Seminar, eine Art Heim, um sich von der Welt zurückzuziehen, und Kloster, wo es sogar einen Gebäudetrakt gab, der sich *«le logis du roi»* nannte und in dem die Leiche des Herrschers aufgebahrt wurde, ehe man sie in großem Pomp in die Abtei Saint-Denis brachte. Außerdem gab es eine *renfermerie,* eine Zuchtanstalt. Die Familien konnten hier junge Leute oder Kinder, über die sie klagen zu müssen glaubten, wegen Zügellosigkeit, Verschwendungssucht, des Wunsches nach einer unstandesgemäßen Heirat oder einfach auch wegen Ungehorsams einsperren lassen. In Einzelzellen eingeschlossen, sahen die Häftlinge einander nie, selbst nicht in der Kapelle, wo jeder von ihnen in einem vergitterten Käfig saß, der ihm nur den Blick auf den Altar erlaubte. Jeder neue Ankömmling wurde sofort mit Gerten gepeitscht, und selbst Beaumarchais konnte sich dieser Behandlung nicht entziehen, als er im März 1785, wegen eines ein wenig zu kecken Artikels gegen die Lästerer seiner «Hochzeit des Figaro», in Saint-Lazare verweilen mußte. Am 13. Juli 1789 wurde die ganze Anstalt geplündert und danach überhaupt zum Gefängnis umfunktioniert, einschließlich der ehemaligen Klostergebäude. Nach der Schreckensherrschaft wurde Saint-Lazare bis zum Jahre 1896 Erziehungsanstalt für junge Mädchen und andererseits bis 1935 Gefängnis für verurteilte, angeklagte oder einfach nur venerisch verseuchte Frauen.
Auch die Salpêtrière war eines der schrecklichen Gefängnis-Hospitäler. Sie war ein riesiger Komplex, fast eine Stadt in der Stadt, und erstreckte sich über einen großen Teil des Gobelins-Viertels. Aus dem Anfang des 17. Jahrhunderts stammend, umfaßte sie ein allgemeines Krankenhaus, in das man die unaufhör-

Der Stich aus dem 17. Jahrhundert zeigt die Südfassade des Gefängnisses der Abbaye, eines Baus von Gamard. Während der Revolution war hier einer der Plätze der Septembermorde.

lich anwachsende Zahl der Bresthaften, der Bettler und der Bedürftigen lenkte. 1786 schrieb der Professor der Pathologie und Chirurgie Jacques-René Tenon in seinen Memoiren: «... dieses Hospital ist gleichzeitig ein Frauenhaus und ein Zuchthaus; aufgenommen werden schwangere Frauen und Mädchen, Ammen mit ihren Säuglingen, männliche Kinder von sieben oder acht Monaten bis zu vier und fünf Jahren, junge Mädchen jeden Alters, alte Frauen und verheiratete alte Männer; Tobsüchtige, Schwachsinnige, Epileptiker, Paralytiker, Blinde, Krüppel, Grindige, Unheilbare jeder Art, Kinder mit Skrofeln usw.... Inmitten dieses Krankenhauses gibt es ein Frauenzuchthaus, das

Oben: Der Stich von Fontaine nach einer Zeichnung von Civeton romantisiert und dramatisiert noch den Donjon du Temple. Er enthielt ein Erdgeschoß und drei Stockwerke, jedes mit einem großen Mittelraum und drei kleinen Kammern in den drei Ecktürmen, deren vierter die Treppe aufnahm. ▷
Unten: Le Grand Châtelet. Stich von Merian. Beim heutigen Pont au Change gelegen, stammten die Grundmauern schon aus dem 9. Jahrhundert; die Hauptfassade war der Rue Saint-Denis zugewandt.

vier verschiedene Gefängnisse umfaßt: das allgemeine für die liederlichsten Weiber; die Erziehungsanstalt für solche, von denen man annimmt, daß sie sich nicht soweit vergessen haben; das Gefängnis für die auf Befehl des Königs verhafteten Personen und das eigentliche große Zuchthaus für die von der Justiz bestraften Frauen.» In der Salpêtrière wie auch in Bicêtre, das ihr übrigens sehr bald angeschlossen wurde, war die Abteilung für die Irren immerhin von der restlichen Anstalt abgesondert.
Die merkwürdigsten psychiatrischen Kliniken waren zweifellos jene «Sanatorien», wo Adlige und andere «Verdächtige» während der Schreckensherrschaft das Ende der Bedrohung abwarteten; man brauchte nur teuer genug zu bezahlen. So etwa im Talaru-Gefängnis, wo hoch gespielt, Liebesintrigen geknüpft und Menuett getanzt wurde, während der Ober-Wärter, ein ge-

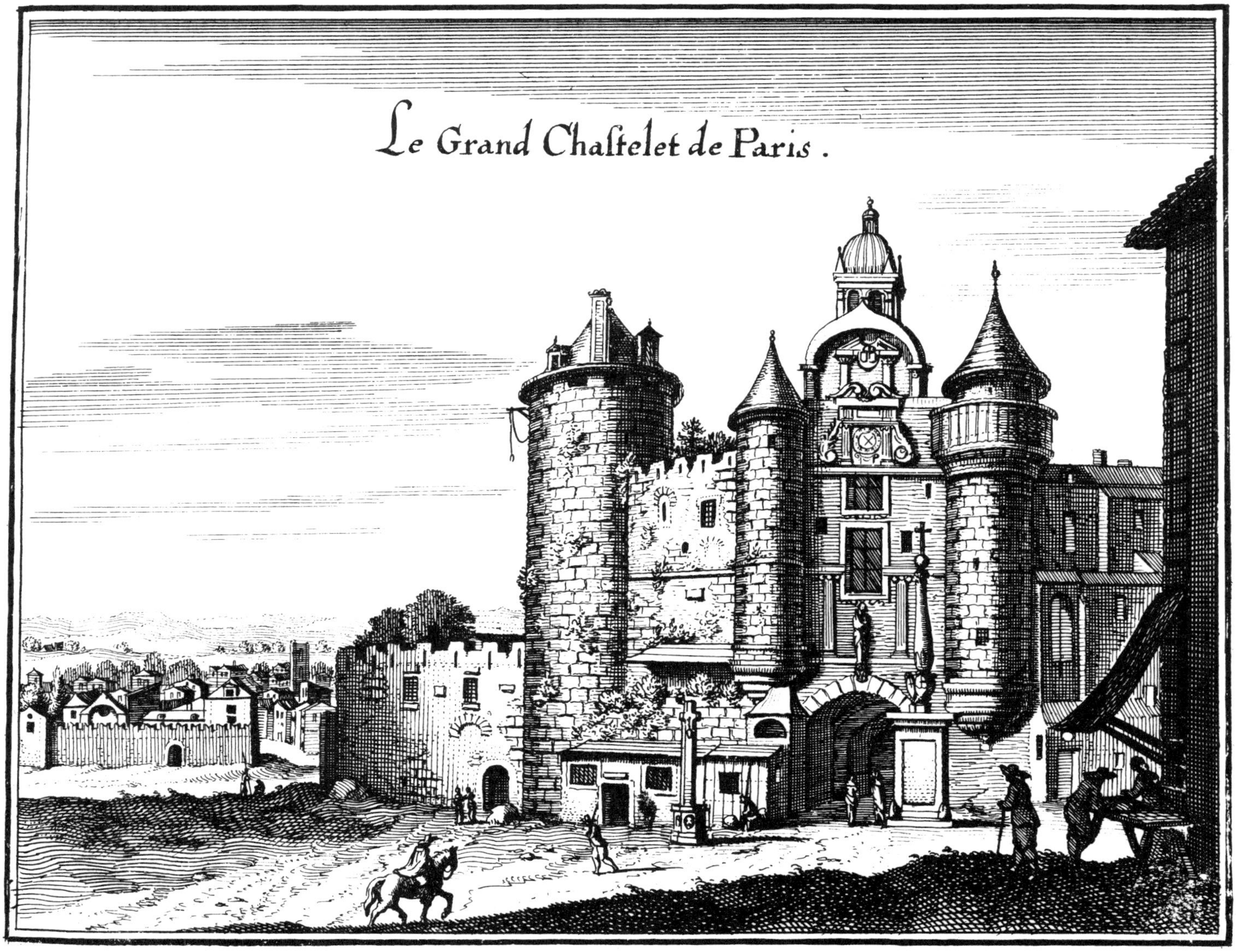

wisser Schmidt, seine Rundgänge in Begleitung eines großen, mit rosa Schleifen geschmückten Schafes machte. Schon unter dem *Ancien Régime* hatte Einkerkerung nicht unbedingt als Strafmaßnahme gegolten, und mit ein wenig Glück konnte man die Bastille oder Saint-Lazare vermeiden, wenn man sich unter Vorspiegelung einer geistigen Störung in eines der meist in den Gartenvorstädten liegenden Sanatorien zurückzog. Dasjenige des Dr. Belhomme in Charonne war während der Revolution hoch geschätzt. Oft ist behauptet worden, ohne daß es zu beweisen wäre, Dr. Belhomme habe an den öffentlichen Ankläger Fouquier-Tinville eine Abgabe von der Pension jedes Insassen entrichtet. Die Pension betrug 1200 livres monatlich, 1200 livres für das Recht auf Leben. Alles übrige wurde zusätzlich berechnet: Zahlen oder sterben, hieß die Alternative, wie die Herzogin de Choiseul erfahren mußte, die, als sie den geforderten Preis nicht mehr aufbringen konnte, nach der Conciergerie gebracht und nach wenigen Tagen enthauptet wurde.

Während die Conciergerie mit der Geschichte der Revolution unzertrennbar verknüpft ist und nur wenige Paris-Besucher sie zu besichtigen versäumen, findet man la Grande Force und la Petite Force ebenso wie die Bastille und den Temple nur noch in alten Texten und in der Ikonographie. Den Namen verdanken sie übrigens nicht ihrer Funktion, sondern dem Herzog de la Force, dem das Gelände, auf dem sie standen, gehört hatte.

An der Stelle von la Petite Force verläuft heute die Rue Mahler; von dem düsteren Bau zeugt in einem Hof der Rue de Sévigné nur noch ein Stück Mauer, das Gefangene am 1. September 1791 zu durchbrechen versucht hatten. Das ursprünglich für Frauen bestimmte Gefängnis war von la Grande Force völlig getrennt; nur einen Rundgang und einen Abzugskanal hatten sie gemeinsam, durch den es Häftlingen mehr als einmal gelang, Verbindung miteinander aufzunehmen. Schon 1830 war der Abbruch beider Gefängnisse geplant, es kam aber erst 1840 dazu. Die Insassen wurden nach der Haftanstalt Mazas verlegt, die seitdem ihrerseits nach Fresnes dezentralisiert wurde. Während der Besatzungszeit war Fresnes auch deutsches Militärgefängnis.

Die hohe Silhouette des Temple überragte mit dem großen Mittelturm bis 1810 das ganze umliegende Viertel. Die riesige Pariser Kommanderie der Templer, die auf das 12. Jahrhundert zurückging, war von einer zinnengekrönten Mauer mit Rundtürmen umgeben und bildete ein Viereck, dessen Fläche heute von den Rues du Temple, de Bretagne, de Picardie und Béranger begrenzt wird. Der erst im 13. Jahrhundert errichtete große

Werkstatt der im Schuldgefängnis von Clichy festgehaltenen Schneider im Jahre 1848. Das Schuldgefängnis wurde 1867 mit der Abschaffung der Schuldhaft geschlossen.

Turm und der an seiner Nordseite angebaute kleinere trugen auf ihren schiefergedeckten, spitzen Dächern Wetterfahnen. Nachdem Philipp der Schöne den Templerorden vernichtet hatte, bewohnten ein paar die Ruhe liebende Adlige das Anwesen; Schuldner entzogen sich hier dem Zugriff ihrer Gläubiger, da der Ort Immunität garantierte, und freie Handwerker konnten hier jenseits aller Zunftzwänge leben. Diese ruhigen Bewohner waren außerdem dem Fiskus nicht unterworfen, sie kannten weder Abgaben noch Salzsteuer, noch andere Taxen. Der große und der kleine Turm beherbergten die Archive und den Archivar des Malteser-Ordens, dessen Großmeister nach und nach immer mehr verweltlichte, so daß die Groß-Priorei im 18. Jahrhundert zu einem beliebten Versammlungsort von Literaten, Philosophen und Freigeistern wurde. Man zechte tüchtig, sang lose Lieder und erzählte galante Histörchen. In seinen jungen Jahren war Voltaire ein Stammgast dieser fröhlichen Runde beim Prior de Vendôme, von dem der Herzog von Saint-Simon in seinen Memoiren behauptete, «seit vierzig Jahren sei er nur trunken ins Bett gegangen, habe unentwegt öffentlich Mätressen ausgehalten und ständig Reden voller Irreligiosität und Gottlosigkeit im Munde geführt».

Als am 10. August 1792 der Pariser Gemeinderat die Sorge für die königliche Familie übernahm, bis der Konvent über ihr weiteres Schicksal Beschluß gefaßt haben würde, hat man den kleinen Turm des Temple für den geeignetsten Ort zu ihrer Unterbringung erachtet, die sich allerdings schon nach zwei Tagen als Einkerkerung erwies. Die Geschichte ist allgemein bekannt. Dagegen wird man die ganze Wahrheit über den Tod Ludwigs XVII. wahrscheinlich niemals erfahren. Unter den zahlreichen Lesarten ist die einer Kindesunterschiebung die verbreitetste und wohl auch glaubwürdigste. Da der kleine Ludwig XVII. – nicht am offiziell angegebenen Datum, dem 8. Juni 1795, sondern Anfang Januar 1794 – frühzeitig verstarb, hätte Robespierre eine Geisel verloren, durch die er auf die auswärtigen Royalisten Druck ausüben konnte. Man habe daher den jungen König heimlich am Fuß des Turms begraben, wo man tatsächlich später ein Kinderskelett entdeckt hat. An seiner Stelle habe man einen jungen Taubstummen eingeschlossen, der übrigens bedeutend älter gewesen sein muß als Ludwig XVII., wie seine Gebeine auf dem Friedhof Sainte-Marguerite bezeugen.
Der Turm des Temple wurde unter dem Directoire Staatsgefängnis. Doch die symbolische Bedeutung, die man den Steinen beilegte, beunruhigte Napoleon so sehr, daß er die Versteigerung und den Abbruch des Bauwerks befahl. Dann wurden auch die Umzäunungsmauern abgerissen, während die Groß-Priorei alsbald nacheinander Kultusministerium, Benediktinerkloster und Kaserne für die Garde Nationale wurde, ehe man sie 1853 abtrug.
Bei Erwähnung der Garde Nationale muß auch das *Hôtel des Haricots* genannt werden, Spitzname für das für Drückeberger und Widerspenstige bestimmte Gefängnis im ehemaligen Hôtel Bazincourt, dort, wo heute die Gare d'Austerlitz liegt. Der Aufenthalt dauerte hier übrigens meist nur ein paar Stunden, allenfalls ein paar Tage, «in dieser Hölle, deren Pförtner Daumier sein könnte», wie Edmond de Goncourt sagte; in seinen unerschöpflichen Tagebüchern hat er einen wahren Katalog der Zeichnungen und Gedichte aufgestellt, mit denen Männer wie Gavarni, Bertall, Devéria und Musset die Wände jener Zelle bekritzelt hatten, die den Berühmtheiten reserviert war. «Vom ersten Stock der Haftanstalt aus hört man nicht nur die Geräusche, die von der Seine heraufkommen, sondern man genießt außerdem eine prachtvolle Aussicht», bemerkt Labédollière nebenbei.
Ein anderes berühmtes Gefängnis war im 19. Jahrhundert das

Der Neuling und der Rückfällige illustrieren auf tragische Weise eine Laufbahn, aus der es kaum ein Entrinnen gibt und die im Bagno endet.

Im 19. Jahrhundert verließen alljährlich im April die «Ketten» der Sträflinge Bicêtre, wie auf dem Bild von Cloquemin zu sehen, und strebten den drei großen Bagnes Brest, Rochefort oder Toulon zu. Die Männer, zwei zu zwei aneinandergekettet, gingen zu Fuß, von reitenden Gendarmen begleitet.

von Clichy für zahlungsunfähige Schuldner, eine schauderhafte Einrichtung, die den Ruin der Pechvögel erst recht vollendete. Unter Louis-Philippe bewohnten das Schuldgefängnis durchschnittlich vierhundert Personen aus allen sozialen Klassen. Schmalhans war Küchenmeister, denn der die Einkerkerung betreibende Gläubiger hatte jeden Monat 30 frs für den Unterhalt des Schuldhäftlings zu zahlen. Das Verfahren war eher absurd als unmenschlich; die Häftlinge konnten zahlreiche Besucher empfangen – sofern ihr Ruin sie nicht in die Vergessenheit verstoßen hatte. Rotwein war erlaubt, aber aus unerfindlichen Gründen war Weißwein untersagt. An der Moral unter Louis-Philippe scheint alles bizarr, abwechselnd fließend und starr; und die Ethik der damaligen Philanthropen verblüfft heute durch ihre unbewußte Grausamkeit. Es gab zu jener Zeit zum Beispiel «Wohltätigkeitsbüros» unter Leitung der Geistlichkeit und der städtischen Verwaltung von jedem Arrondissement; der Innenminister ernannte Honoratioren zu «Wohltätigkeitskommissaren», die zusammen mit «Damen der Gesellschaft» arme Leute betreuten und außerdem, wie der *Guide Richard* angibt, «allen Personen, die es verdienten, Aufnahme in den Hospizen und Hospitälern verschafften». Die Fürsorge richtete sich also weniger nach Krankheit und Notdurft als vielmehr nach moralischen Kriterien: Wer Anspruch auf sie haben wollte, war gehalten, sich eines tugendsamen Lebenswandels zu befleißigen.

Trotz des medizinischen und hygienischen Fortschritts traten in Paris im 19. Jahrhundert noch Cholera-Epidemien auf, und der *Conseiller des Dames* von 1849 verfehlt nicht, zwischen Ratschlägen für den Ankauf von Silberbestecken und dem Rezept für eingemachte Ente therapeutische Hinweise zu geben: «Man lasse keine Abfälle herumliegen, reinige sorgfältig den Ausguß und die Leitungen. Man verteile in allen Räumen Chlor und streue als Desinfektionsmittel Kampfer in die Kleider. Man trage Socken aus dicker Wolle und ein wenig rauhe Flanellgürtel.» Dann folgen Vorschriften, die russischen Ärzten entlehnt sind, Mixturen, Balsam und Salben. Der Artikel ist signiert «Die Hausfrau», typisches Pseudonym für den Zeitgenossen einer Epoche, die in den Vorschriften einer archaischen Tradition befangen und doch auch offen für einen experimentellen Humanismus ist. Philanthropisch zu sein, ist große Mode, und mit penetrant gutem Willen werden unaufhörlich Emanzipationsparolen vorgebracht. Die Jugendkriminalität versucht man mit Mitteln einzudämmen, deren Naivität in nichts dem Allheilmittel gegen die Cholera nachsteht. 1831 erbaut man also das Gefängnis la Petite-Roquette auf dem Gelände der Barmherzigen Schwestern, nach den Plänen von Hippolyte Lebas. Zunächst war es im Rahmen einer Reform des Strafvollzugs vorgesehen; doch ein Versuch, die Gefangenen mit einer gemeinschaftlichen Arbeit zu beschäftigen, scheiterte, und so kehrte man mangels eines besseren wieder zum System der Zellen zurück. Immerhin war zwischen verjährter Barmherzigkeit und oft unwirksamer Wohltätigkeit eine Bresche geschlagen; ein Weg zu humaneren Formen tat sich auf, wenn auch das Paris des Fin de siècle noch nicht soweit war. Ursprünglich als Ersatz für die ehemalige Anstalt von Bicêtre gedacht, die nun nur noch für die Aufnahme von Irren reserviert war, wurde la Roquette auch das Gefängnis für die zum Tode Verurteilten. Von 1851 bis 1899 fanden die Hinrichtungen vor der Gefängnisfassade statt, dann vor der von la Santé. Seit 1935 war das Gefängnis la Roquette allein für Frauen bestimmt, ehe es abgerissen wurde, um billigen Wohnungsbauten Platz zu machen.

Stich nach den Zeichnungen, die Gérard-Seguin im Gefängnis der Garde-Nationale, dem berühmten Hôtel des Haricots, gemacht hat. Von Allegorien umgeben zeigt das Bild in der Mitte die Zelle Nr. 14, die sogenannte «Künstler-Zelle».

Die Pariserin

Und hinter den Kulissen steht kupplerisch Paris.
Jean Lorrain, Monsieur de Phocas

Merveilleuse auf einem Stich von 1796. Das Directoire, eine Zeit voll Luxus und Elend, Hoffnung und Unsicherheit, brachte eine Emanzipation in den Sitten der Frauen, der die napoleonische Gesetzgebung alsbald ein Ende machen sollte.

Die Pariserin muß nicht in Paris geboren sein. Sie wird Pariserin durch Adoption und durch Osmose: Sie adoptiert die Stadt, die Stadt adoptiert sie, Pariser Luft macht sie zur Pariserin. Kann man aber von ihr als einem spezifischen Frauentyp sprechen? – Die Mimi der *Bohème,* die Präziösen Molières, die Nana Zolas, die Herzogin von Guermantes, die Conciergen Paul de Kocks, die Nadja André Bretons, sie alle sind Porträts von Pariserinnen. Die rothaarige Wirtin, die ihr kleines Restaurant auf der Ile Saint-Louis bewundernswert regiert, Coco Chanel, die der Mode eine neue Richtung gab, die Verkäuferin beim Bäcker der Rue de Buci, die ihrem Studenten heimlich ein Stück Kuchen zuschiebt, Madame de P., die in einer Toilette von Worth keine der feierlichen Messen in der Madeleine versäumt und auf ihre Kosten einen jungen Priester ausbilden läßt, sie alle Pariserinnen. Gemeinsamkeiten? – Jede scheint wesentlich weibliche Züge aus der weiten typologischen Skala vielleicht um ein paar Grade verstärkt aufzuweisen.
Denn Paris ist – wie oftmals festgestellt wurde – selbst eine weibliche Stadt. Seit jeher, seit der heiligen Genoveva und seit der kapriziösen Königin Isabeau, haben Frauen – einmal versteckter, einmal offensichtlicher – in Paris schicksalsbestimmende Rollen gespielt. Der Einfluß der Pariserin auf die Sitten der Zeiten ging weit über die Mauern der Stadt, über die Grenzen des Landes hinaus, und es gab Epochen, in denen ganz Europa sich ihren Launen unterwarf. Nicht von ungefähr blieb Paris viele Jahrhunderte lang das unbestrittene Modezentrum der Welt.
Stendhal warf in seiner Begeisterung für die hitzigen Frauen Italiens der Pariserin Herzenskühle und kalte Koketterie vor. Dabei mußte er doch von den zahllosen liebenden Gattinnen

Heinrich IV. hatte Maria von Medici im Jahre 1600 geheiratet nach seiner Scheidung von Marguerite von Valois; seine zweite Frau wurde daher getrennt gekrönt, wie hier auf dem Stich von L. Gaultier nach Le Clerc zu sehen ist.

gehört haben, die unter dem Konsulat und dem Kaiserreich ihrem Jung-Angetrauten ins Feldlager nach Ägypten und nach Rußland folgten; nicht Wüstensand, nicht das Eis der Beresina vermochten ihre Anhänglichkeit zu besiegen. Selbst todesverachtender Hingabe ist die Pariserin fähig: Die grazile Lucile Desmoulins wählte das Schafott, auf dem ihr Camille verblutet war. Gewiß gibt es aber auch die Pariserin, *bourgeoise par excellence,* die ihr Haushaltskonto und ihr Leben nach den genauesten Regeln der Ökonomie und der Vernünftigkeit zu führen weiß, adrett, ein wenig egoistisch und noch in Stürmen der Geschichte unverzagt.

Doch das eigentlich Pariserische der Pariserin ist zweifellos die Eleganz. Auch die Midinette mit schmaler Börse weiß durch einen Schal und eine Bluse sich jenes Etwas zu geben, das aus dem Banalen das Besondere macht: Anmut und Schick. Und die großen Eleganten, eine Joséphine de Beauharnais, eine Castiglione, haben zwar durch Sorglosigkeit und Verschwendungssucht, doch nie durch Fehler des Geschmacks gesündigt. Selbst wo die Mode aus ihrem ewigen Bedürfnis nach Spiel und Wechsel zur Übertreibung neigte und den Karikaturisten Stoff zu boshafter Geißelung bot, hat die Pariserin auch Abnormitäten wie die zu Hochgebirgen aufgetürmten Frisuren des welkenden Rokoko oder den voluminösen Werghöcker des *cul-de-Paris* mit Grazie zu tragen verstanden, weil Eleganz selbst Ungereimtes bezwingt und in Zauber schlägt.

Am 5. Oktober 1789 plündern die Marktweiber aus den Hallen, unter die sich als Weiber verkleidete Männer mischen, das Hôtel de Ville. Dann zieht der Schwarm, Brote als Banner tragend, nach Versailles, um die königliche Familie nach Paris zu holen.

Eleganz beschränkt sich nicht auf das weibliche Arsenal der Haltung und Kleidung. Paris ist der Geburtsort des Salons, und der Salon war die Schule der eleganten Konversation, der eleganten Formen. Als die Sprache in Gefahr war zu verrohen, als die Umgangssitten sich dem Stallton und den Biwaksmanieren anzugleichen drohten, ging vom Salon der Marquise de Rambouillet in ihrem Hôtel in der ehemaligen Rue Saint-Thomas-du-Louvre die siegreiche Gegenströmung aus. Eleganz der Sprache und des Benehmens wurde wieder mondänes Gesetz. Was schadete es da, daß sie bei Nacheiferern und Nachahmerinnen zu gestelztem, affektiertem Getue entarteten, zu einer verschnörkelten, barocken Künstlichkeit, die sich schließlich abschliff zum Zierlichen und Gezuckerten der *«petits-maîtres»* und weltlichen Abbés, diesen Schoßkindern der Salons. Die formverfeinernde Wirkung wurde jedenfalls noch bis in die deutschen Duodezhöfe spürbar.
Erwähnt man Pariserinnen des Rokoko, muß man auch der gefeierten Bühnensterne gedenken. La Guimard, Tänzerin und

Geliebte des Prinzen von Soubise, gab wöchentlich drei Soupers, eines für den Adel, eines für die Literatur, eines für die Lebewelt, bei dem es am zwanglosesten zuging. Sie war für ihre Mildtätigkeit bekannt. Doch wohl nicht darum sanierte, als sie sich ruiniert hatte, der Bischof von Orléans, Monseigneur de Jarente, ihre Finanzen. La Duthé, von Vanloo porträtiert, war die Geliebte des Herzogs von Chartres, und die Clairon schrieb beherzigenswerte «Ratschläge an eine junge Freundin» und verkaufte schließlich ihren Schmuck, um den verarmten Grafen von Valbelle, den sie seit neunzehn Jahren liebte, auszuhalten.

Die Statistinnen und Mädchen vom Chor ihrerseits mußten sich nach Gönnern umsehen, da sie keine Gage erhielten. Sie erfüllten die Pavillons in den verschwiegenen Parks ihrer reichen Liebhaber mit Gezwitscher und Trällern, bis sie einen armen Flickschuster heirateten, dem sie die Stube kehrten und das tägliche Brühfleisch kochten, wenn sie nicht vorher vor die Hunde gegangen waren.

Alsbald wechselt der Dekor, Gewitter brechen herein, und die Pariserin nimmt an den Leidenschaften für oder gegen die Revolution mit allem Einsatz teil. Aber noch hat auch die Revolution ihre Salons. Die intrigante Mme Roland, Manon Phlipon, um die sich die Gironde schart, die abenteuernde Emilie de Sainte-Amaranthe, die mehr am Glückspiel als am politischen Hazardieren interessiert ist, halten Cercle, bis das Fallbeil auch ihre zarten Hälse zerteilt.

Nach der Tugenddiktatur und dem Grauen der Hekatomben bricht Taumel über Paris herein. Gelächter und Not, Tanz und Hunger teilen sich in die Gedanken der Pariserin. Sie steht beim Bäcker an um Brot und eilt in die lampenflirrenden Ballokale. Eine Clique lebenstoller, in die eigene Schönheit wild verliebter Frauen, die *Merveilleuses,* führen den wirbelnden Reigen an, an den Zehen goldene Ringe, um die Rattenbisse zu verbergen, deren Narben sie noch aus den Kerkern der Schreckenszeit tragen. Mme Tallien, Joséphine de Beauharnais, später die schöne Juliette Récamier und Mme Laura Regnault de St-Jean-d'Angely paaren natürliche Eleganz mit zielbewußter Kühnheit, Selbstsicherheit mit einem gewissen schmachtenden Schmelz, das Fehlen der mindesten Prüderie mit damenhafter Gebärde.

Juliette Récamier, wahrscheinlich die natürliche Tochter ihres alten Gatten, der sie nur geheiratet hatte, um ihr sein großes Vermögen vermachen zu können, war so in ihre eigene Gestalt verliebt, daß sie später, als sie an ihrem Körper Zeichen des beginnenden Verfalls bemerkte, die Statue, die der Bildhauer

La grisette

Les lorettes vieillies

La femme sans nom

◁ Die drei Stiche von Gavarni behandeln im Querschnitt drei Etappen der Galanterie. Oben die Grisette, «anständig», aber leichtsinnig. In der Mitte die Lorette, ein «ausgehaltenes» Mädchen, das von einer ehemaligen Lorette angebettelt wird. Unten «la femme sans nom», die Namenlose, die bereits zu den «Verlorenen» zählt.

Rechts: Modebild von 1865 nach Jules David. Unten: Der schwarze Atlashut, den die Elegante von 1788 auf dem kolorierten Stich trägt, ist fast überladen.

Seite 172
Kolorierte Serie von François Courboin: Links oben: Der «Lion» fährt ins Bois, 1840. Die «Lionne», die Mondäne aus der Zeit der Romantik, von Musset angebetet, ist ohne den «Lion» undenkbar, in dem sie sich spiegelt. – Oben rechts: Eine Loge der «Italiens», 1852. Brennpunkt der Mondanitäten, stellt die Theaterloge eine Miniaturwiederholung der Bühne dar; man mietet sie, um gesehen zu werden. – Links unten: Die Gärten des Bal Mabille, 1858. Der Prunk des zweiten Kaiserreichs findet – allerdings abgeschwächt – sein Echo in den öffentlichen Ballokalen. Mabille ist damals eines der am meisten besuchten. – Rechts unten: Vor einer Barrikade. Der Passierschein der Commune, 1871. Der Krieg, die Schrecken der Belagerung, die politischen Spannungen bleiben nicht ohne Einfluß auf das Äußere der Pariserin.

Seite 173
Place de la Concorde. Auf diesem Ölbild in zarten Farben hat Jean Béraud mit äußerst sparsamen Mitteln den Charakter der Pariser Bürgerin im Fin de siècle anschaulich wiedergegeben.

MANTEAUX

Jean Béraud

Chinard von ihr gemacht hatte, an der Büste verstümmeln ließ, um nicht an die einst vollendete Form ihrer Brüste erinnert zu werden.

Das Empire macht Schluß mit Nacktheit und Sittenfreiheit. Napoleon ist (außer bei sich selber) für strenge Moral. Das Hörnergeschmetter der Garden läßt die Fiedeln der Tanzböden verstummen. Pomp muß die Grazie ersetzen. Ein Übermaß von Schmuck an Leibern und Möbeln soll dem Hof des neuen Cäsars protzenden Glanz verleihen. Doch Frauen wie Laure Junot, Herzogin von Abrantès, brachten in das allzu Bombastische noch immer einen Zug heiterer Anmut. Napoleon war ihr sehr zugetan, obwohl er im allgemeinen kluge Frauen nicht liebte; er warf ihr nur ihre «böse Zunge» vor. In Malmaison pflegte er am frühen Morgen durchs Fenster in ihr Schlafzimmer zu springen, um mit ihr zu plaudern und ihr die Füße durch die Bettdecke hindurch zu kitzeln. Anders war die Herzogin von Dantzig, «Madame Sans-Gêne», die Frau des Marschalls Lefebvre, eine einstige Wäscherin, die sich vom neuen höfischen Zeremoniell nicht einschüchtern ließ und ihr Mundwerk laufen ließ, wie sie es, mit hochgeschürzten Röcken auf den Planken des Waschhauses, gewohnt gewesen war. Einschüch-

La Goulue, Tänzerin im Moulin-Rouge. Photographie von Nadar. Die wilden, lasziven Tänze der Goulue brachten ihr den unglaublichen Erfolg ein. Toulouse-Lautrec nahm sie oft zum Modell, diese «Venus der Gosse», und malte sogar ihre Jahrmarktsbude aus, wo sie in den Bidonvilles von Saint-Ouen ihre späten Jahre verbrachte.

Rechts: Sarah Bernhardt um 1866. Photographie von Nadar. Um diese Zeit war die große Tragödin etwa 22 Jahre alt.

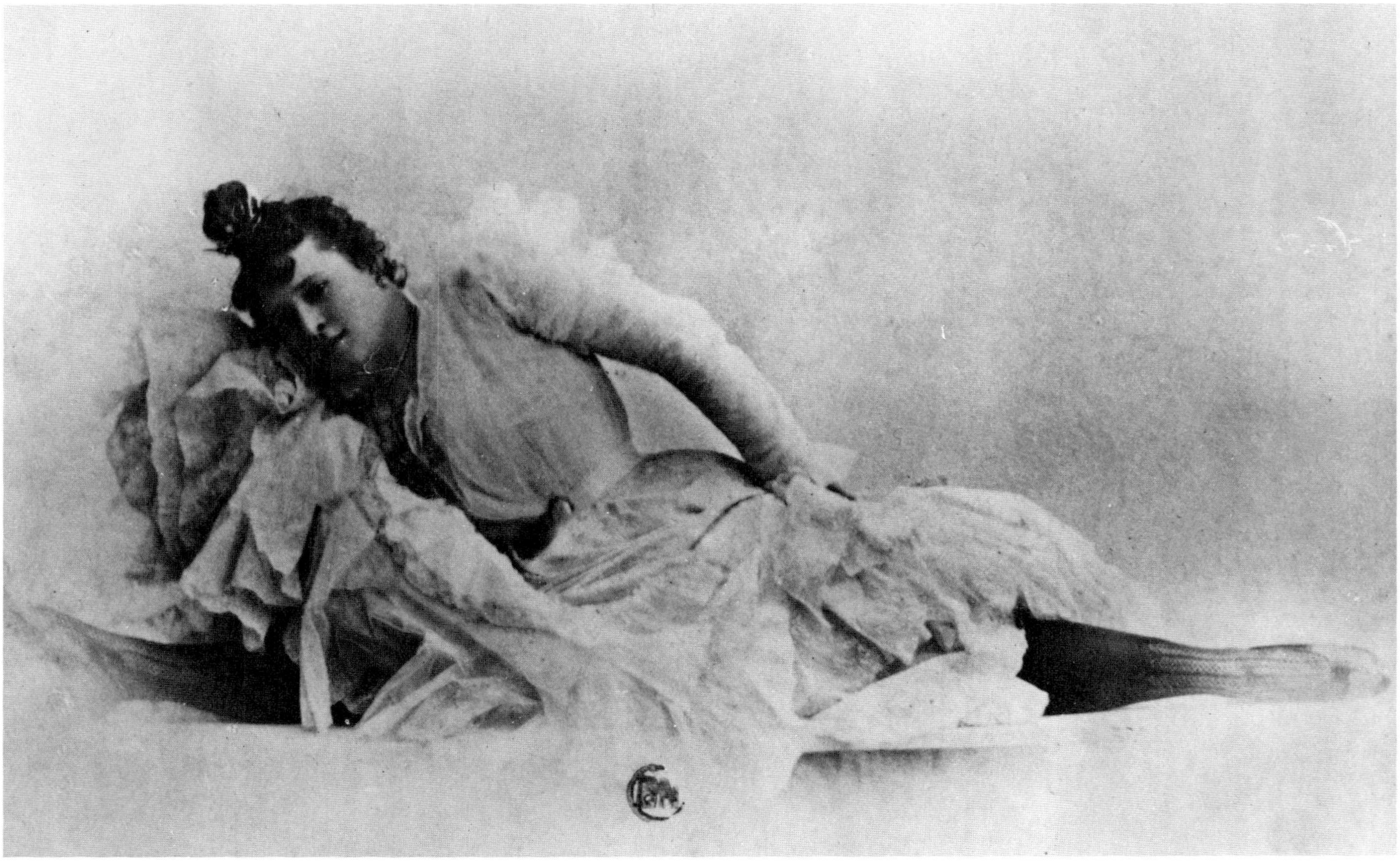

tern durch befohlene Moral ließ sich auch Pauline Bonaparte, Fürstin Borghese, nicht; hemmungslos lebte sie ihren Lüsten und Launen, verschwenderisch für sich selbst, knauserig für die, die von ihr abhängig waren.
Nach dem aufdringlichen Reichtum, dem Gold hinklotzenden Dekorum des Empire folgt eine Zeit bewußter Stille in den Farben und im Tonfall. Das Leben wurde wieder zivil. Bürgerliche Einfachheit machte Schule. In den Salons – und deren gab es nun wieder so berühmte wie den, dessen Mittelpunkt die Tochter Charles Nodiers, «Notre-Dame de l'Arsenal», war – galt Diskretion alles, obwohl Romantik mit Schwärmerei und düsteren Exzessen auch im Lampenkreis die Schattenspiele trieb. Schlichtheit bedeutet nicht Monotonie. Von 1815 bis 1830 zählte man in Paris allein an Hutformen mehr als zehntausend: Mützen, Hauben, Baretts, Turbane, Kapotthüte, Schuten, und aus hunderterlei Material: Florentiner Stroh, Seidenplüsch, Musselin, Brüßler Spitzen, verziert mit Bändern, Schleifen, Blumen, Federn und Agraffen. Mme de Girardin meinte, Frauen ohne Vermögen seien die einzigen, die sich auftakelten; die anderen seien meist mehr als sparsam.
Sparsam und trotzdem schmuck ist auch Mimi Pinson, die kein Vermögen hat; Alfred de Musset hat sie gefeiert, die kleine Grisette:

«Elle n'a qu'une robe au monde,
landerirette! et qu'un bonnet.»

«Ich bitte dich, wenn du von den Grisetten übel sprichst, so nimm die kleine Pinson aus. Sie hat uns beim Essen eine Geschichte erzählt, sie hat ihr Kleid für vier Franken versetzt, sie hat sich einen Schal aus einem Vorhang gemacht; und wer sagt, was er weiß, gibt, was er hat, und tut, was er kann, ist zu mehr nicht verpflichtet.» Die Grisette sitzt tagsüber fleißig beim Weißzeugnähen oder Sticken, um ihr Brot zu verdienen; doch der Abend gehört der Fröhlichkeit und dem Liebsten. Ein Punsch, ein Tanz, ein Tête-à-tête, mehr braucht sie nicht.
Die Lorette dagegen ist um vieles frivoler. Den Namen hat 1841 Nestor Roqueplan, Journalist, Dandy und Operndirektor, lanciert, weil die meisten dieser Mädchen im Neubauviertel bei Notre-Dame-de-Lorette wohnten. Da seriösere Leute in die baufeuchten Wohnungen nicht einziehen wollten, gaben die Bauspekulanten die Räume bei mäßig herabgesetzter Miete zum «Trocken-Wohnen» an junge, etwas leichtfertige Mieterinnen, die sich freilich dabei massenweise die Schwindsucht holten. Doch die Lorette denkt nicht an morgen. Wenn es Abend wird,

1894 ist das Fahrrad noch keineswegs so demokratisch verbreitet, wie es dieses Plakat der Firma Decauville wahrhaben will. Es ist vor allem der Sport der *jeunesse dorée*.

kommt sie zum Boulevard, wo die Cafés im Gaslicht flimmern. Alle haben die Hoffnung, einen märchenhaft reichen Ausländer kennen zu lernen. Doch nach der Statistik starben an Krankheit 17 von 100, an Selbstmord fünf oder sechs; nur drei erwarben Vermögen, vier fanden einen Ehemann, fünf endeten im Irrsinn. Und die anderen?
Um 1852 kam die Bezeichnung *«biches»* für die immer neuen Scharen leichtlebiger Geschöpfe auf, die den Ruf der Stadt als Zentrum des vergnüglichen Lebens festigten. Wenigen von ihnen gelang es, aus der Galanterie eine ans Fabelhafte grenzende Karriere zu machen. Bei der kosmopolitisch gemischten Gesellschaft und den neu entstandenen Vermögen war das Zweite

Kaiserreich ein Dorado der großen Kokotten. Die teuersten unter ihnen hatten ihr Palais und manche dazu ein Schloß auf dem Land. Der berühmtesten eine war Cora Pearl, gebürtige Engländerin, die das Tizianrot in Mode brachte, indem sie sich das Haar mit einer Mischung aus gemahlenem Backstein und Ammoniak färbte. Vermögen wurden für Frauen wie sie vergeudet. Manche von ihnen verstanden es, sich in die Respektabilität hinüberzuretten. Die Païva heiratete den Grafen Henckel von Donnersmarck, einen der reichsten preußischen Junker. Die *«dame aux violettes»*, Marie-Anne Detourbay, wurde auf ihre alten Tage etwas wie die *grande dame de la République*, obwohl in ihrem Salon vor allem die antirepublikanische Rechte verkehrte. Mit ihrem Geld wurde die *Action Française* gegründet. Den großen Kokotten standen an Eleganz und Leichtlebigkeit die «Löwinnen» des Zweiten Kaiserreiches nicht nach. Die Kaiserin selbst, Eugénie de Montijo, kokett, vergnügungssüchtig,

Von alters her war die Katze das beliebteste Haustier der Pariserin. Keine Concierge ohne Katze!

Auch der Hund hat seine Liebhaberinnen. Text zu der Zeichnung: «Was für'n Pech ... Frau Salanthoud hat am selben Tag ihren Mann und ihren Hund verloren ...» – «Arme Frau! Einen so hübschen Pudel!»

Die Modistin gehört zur Kategorie der Midinetten, so genannt, weil sie sich mit einer *dinette à midi,* einem Imbiß zu Mittag, begnügen. Zu mehr reichte freilich der Lohn nicht. Plakat von 1900. – Das Plakat daneben wirbt 40 Jahre früher für ein Kaufhaus am Anfang der Rue de Rivoli beim Hôtel de Ville, da wo sie noch nicht das Flair des Mondänen hat.

die liederliche Herzogin von Persigny, Frau eines Glücksritters, die blendend schöne Gräfin von Castiglione, Agentin Cavours, waren in ihren gebauschten, raschelnden Kleidern wie von einer schwülen, duftsüßen Atmosphäre umgeben. «Ihre Macht war dank ihrer Koketterie unermeßlich», hat man von ihnen gesagt. Das Frauenideal der Zeit war die voll erblühte, reife und wissende Frau, und das Puppenhafte der Mode stand in reizvollem Gegensatz dazu.

Auch die Belle Epoque mit ihrem Überfluß und ihren grausamen Vorurteilen, ihren absurden Kleidermoden und ihrem Kastengeist, ihrer sorglosen Freude am Genuß und ihren sozialen Gebresten hatte ihre Hauptstadt in Paris und als heimliche Regentin die Pariserin. Maxim's wird das Sehnsuchtsziel des Schuhfabrikanten aus Pirna, des Gerichtsreferendars aus Blois, des Seifenhändlers aus Pavia. Warum? Weil er dort die «Pariserin» zu finden hofft.

Es gibt die Pariserin jeden Alters, und um die Mitte des vorigen Jahrhunderts hat Léon Gozlan gemeint: «Jeder Staatsmann, jeder Philosoph, jeder Künstler, jeder Dichter, kurzum jeder

Die Automobilistin gehört anfangs des 20. Jahrhunderts noch zu den emanzipierten Frauen. Noch nimmt die Mode nicht Rücksicht auf die sportliche Betätigung. Der Strohhut ist in Gefahr davonzufliegen.

Mann, der nicht ein paar Jahre in der Intimität alter Pariserinnen verbracht hat, hat seine weltliche Erziehung verfehlt. Sein Lebtag wird er diesen Mangel, man könnte sagen dieses Unglück, spüren. Das Geheimnis ihrer ungeheuren Überlegenheit erklärt sich daraus, daß sie, wenn sie alt werden, die weibliche Delikatesse bewahren und den gesunden Verstand des Mannes erwerben. Wie der Wein, von dem Homer spricht, werden sie zu Honig dank der Jahre» (Le Diable à Paris).

Enrichissez-vous!

Nein, wahrhaftig, man tut nicht genug für die reichen Leute!
Casimir Bonjour, L'Epreuve Electorale

«Paris ist der Ort, dessen stimulierende Atmosphäre alle Energien, alle Talente, alle Fieber fördert» (Jacques Wilhelm), und so muß es wohl schon seit neunhundert Jahren gewesen sein. Da das Bürgertum sich als die dynamischste aller Klassen in der europäischen Geschichte erwiesen hat, was auch Karl Marx ihm bescheinigt, finden wir in Paris, früher als irgendwo sonst, schon bald nach dem Jahr eintausend einen Kaufmannsstand, der sich das Luxusbedürfnis des Adels profitabel zu machen versteht. Viele Ministerialen wechseln zum Handel über, und wenn sich der reisende Händler seine Ware an den Produktionsstätten in Florenz, Toledo oder gar übers Meer aus Portugal holt, um sie auf den Burgen und Adelssitzen dem Käufer zu liefern, so setzen sich im elften Jahrhundert manche dieser Kolporteure in Paris fest und bilden zusammen mit einem spezialisierten Handwerkertum eine Bürgerschaft, für die, auch wenn sie noch viele Ackerbürger zählt, Reichtum nicht mehr im Landbesitz besteht.

Der Geldverleiher, Vorläufer des Bankiers, noch mit dem Odium des Unmoralischen, weil er oft argen Wucher trieb.

Mit der Wirtschaftsrevolution der Renaissance blüht im 16. Jahrhundert der eigentliche Kapitalismus auf, dem auch der rationale, kalkulatorische Zeitgeist entgegenkommt, obwohl 1515 das Lateran-Konzil und die theologische Fakultät der Sorbonne das Verbot, Zinsen zu nehmen, erneuern. Und daß der Atlantik mit der Erschließung der westindischen Territorien die Handelsrouten des Mittelmeeres ablöst, muß auch für den Umschlagplatz Paris günstigste Auswirkung haben.

Mit dem immer geldbedürftigen absoluten Herrscher, der ihn gegen die kirchlichen Eingriffe zu schützen weiß, schließt der Kapitalismus ein nützliches Bündnis. Für die französischen Könige übernehmen freilich die Bankiers von Lyon, die Sauli, Albizzi, Salviati aus Florenz, die Rolle, die die Fugger bei dem

Barrière de l'école militaire. Lithographie von J. Villain nach einer Zeichnung von Bacler d'Albe. An den Barrièren wurde ein Octroi auf Lebensmittel erhoben. Früher einmal war er eine Haupteinnahmequelle der Gemeinden. Längst aber flossen zwei Drittel in die Königliche Kasse. Die Revolution brannte die Barrièren nieder. Das Octroi bestand weiter. Erst 1943 wurde es abgeschafft.

deutschen Kaiser spielen; aber sie haben in Paris ihre Kommissionäre und ihre Vertreter bei Hof. Das Nürnberger Haus Kléberger mit seiner Pariser Filiale tritt als Mittler auf zwischen Franz I. und der Finanz in Nürnberg.
Ein deutlicher Wachstumsschub der Bevölkerungszahlen schafft mehr Konsumenten und mehr Arbeitskraft. Im Bürgertum bildet sich eine hierarchische Staffelung heraus, an deren Spitze die Großkaufleute von Bank und Handel stehen; sie versuchen sich dem Adel anzugleichen, entfalten Pracht und haben am Luxus teil. Eine Stufe darunter befinden sich die Meister aus den reichen Zünften: Tuchhändler, Metzger, Gewürzkrämer-Apotheker u.a., die ehemals die erste Bürgerklasse gebildet haben. Dank dem Wachstum der Stadt können sie sich noch eines großen Wohlstands erfreuen. Karger geht es bei den Meistern der geringeren Zünfte zu, den Schuhmachern, Badern und anderen kleinen Handwerkern, sowie den Ladeninhabern. Schließlich gibt es noch die große Menge der Besitzlosen, der Gesellen und Arbeiter. Schon mit dem ausgehenden Mittelalter zeichnen sich die ersten innerstädtischen Klassenkämpfe ab.
Mit dem Höhepunkt des Absolutismus im 17. Jahrhundert gewinnt auch die Klasse der staatlichen Financiers ganz neue Bedeutung; sie pachten die Einziehung der Steuern, die Verwaltung der Monopole und verdienen am Ämterkauf. Bis zum Eingang der Steuern strecken sie dem Monarchen gegen hohe Zinsen die Summe für seine Kriege und seine Bauten vor. Neben

Seite 183: Als unter der Regence das Spekulationsfieber von Paris Besitz ergriff, rief es Karikaturisten und Moralisten auf den Plan. – Unten: Der Lebenslauf eines Lakaien, der sich durch das Studium der Arithmetik zum Spekulanten ausbildet. Oben: Der berühmte Bucklige Bombario, der vor Laws Banklokal seinen Höcker als Schreibpult darbot, weil Bucklige angeblich Glück bringen. Er soll in wenigen Tagen 150000 Livres verdient haben.

ihnen beginnt der Ämteradel der Parlamentsräte und Gerichtspräsidenten eine soziale Rolle zu spielen. Der Merkantilismus, der ins ständische Feudalsystem breite Breschen schlägt, kommt den frühen Industrien zugute, das heißt den Fabrikanten, unter die sich jetzt auch Adlige zu mischen beginnen, während Bürgerliche Adelsbriefe erwerben, sich in ihrer Lebensweise aber vom alten Schwertadel weiterhin unterscheiden, übrigens auch den Dünkel der «alten Familien» zu spüren bekommen. Die dritte Generation, die der Enkel, findet schon Eingang ins Offizierskorps. Und immer häufiger beruft die Krone Bürgerliche als Minister; auch im königlichen Rat nehmen Männer der *roture* mehr und mehr Sitze ein.

Die Zünfte verknöchern; sie dienen nur noch dazu, Konkur-

renz fernzuhalten, in erster Linie aber auch dazu, die Gesellen zu unterdrücken, ihnen den Aufstieg zum Meister fast unmöglich zu machen, ihre Löhne zu senken und ein Maximum an Arbeit herauszuwirtschaften; der Arbeitstag hat für den Lohnempfänger bis zu 16 Stunden. Die Feiertage werden eingeschränkt, und streng wird das Privatleben der Gesellen überwacht: Verbot des Konkubinats, Verbot, Kneipen zu besuchen, Verbot von Versammlungen und Zusammenschlüssen. Doch es bilden sich heimliche Syndikate: *Enfants de Salomon, Enfants de Maître-Jacques, Enfants de Maître-Soubise,* mit Beitragskassen und sogar Waffenbesitz. Es kommt zu verbotenen Streiks und zu Ausschreitungen, die grausam geahndet werden. 1637 gibt es in Paris 45 000 Arbeiter und Lehrlinge. Da auf dem Land häufig Hungersnot herrscht, strömen außerdem Landflüchtige als Bettler und Vagabunden in die Stadt.
Zahlungen erfolgen in bar, und an Zahltagen sieht man noch im 18. Jahrhundert die Leute in allen Richtungen mit Geldsäcken

In der Rue Quincampoix drängten sich die Leute, die durch die Lawschen Aktien reich werden wollten; dort war sein Banklokal. In der gleichen Straße lag auch das Cabaret de l'Epée de Bois (zum hölzernen Schwert), Treffpunkt seit 1658 der Tanzmeister und Violinisten. Durch die Nähe der Lawschen Bank wurde es oft zum Schauplatz von Orgien der reichgewordenen Spekulanten.

Eine Banknote von Law, dessen Unternehmen 1718 den Namen Banque Royale erhielt.

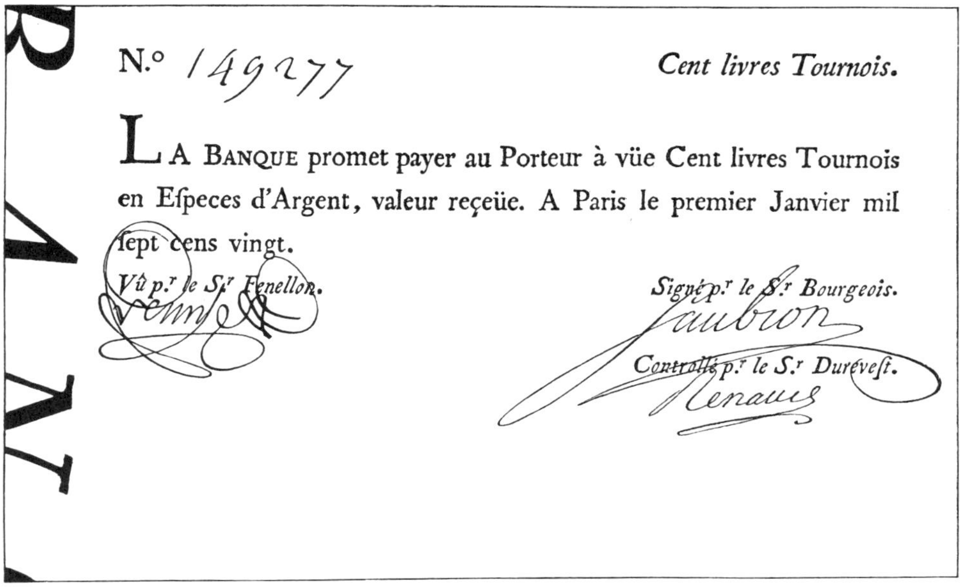

beladen nach Hause hasten. Doch überall vervollkommnen sich die Banktechniken, mehr und mehr greift das Kreditwesen Platz, in Frankreich freilich retardiert, denn noch immer verbietet die katholische Staatsreligion durchs kanonische und zivile Recht den Zinsgewinn, so daß die in den meisten Ländern längst eingeführten Finanztechniken vor Laws riesigen Spekulationsoperationen in Paris kaum bekannt sind.

Der Schotte John Law erhielt 1716 vom Regenten die Konzession für eine Privatbank, die Banknoten ausgeben durfte, hinter denen der Staatskredit stand, um den Geldumlauf zu erhöhen und den allgemeinen Wohlstand zu steigern. Law gründete außerdem 1717 die *Compagnie d'Occident,* die 1719 in *Compagnie des Indes* umbenannt wird. Mit den eingebrachten Geldern soll die Kolonie Louisiana erschlossen werden. Ein bis dahin unbekanntes Spekulationsfieber ergreift Paris. Jeder eilt nach der Rue Quincampoix, wo Law seine Bankbüros hat, um am Millionensegen teilzunehmen. Marquisen und Wasserträger, Ladenbesitzer und Lakaien, Theaterprinzessinnen und Schulmeister, alle Welt entdeckt ein Talent zum Amateurfinancier. Eine drängelnde Menge staut sich Tag für Tag vor Laws Banklokal. 1718 erhält es den Namen *Banque Royale.* Die Aktie der *Compagnie des Indes* steigt von 500 livres auf 18000 livres. Im Nu werden ungeheure Vermögen gewonnen; immer hektischer wird der Taumel. 40 Prozent Zins ist zugesagt, wohlgemerkt vom Nominalwert. Bei der übersteigerten Hausse bedeutet er also wenig mehr als 1 Prozent des Kurswertes, und gewiefte Spekulanten beginnen zu verkaufen. Ihr Beispiel macht Schule. Plötzlich will jeder sich seiner Aktien entäußern. Die Vertrauenskrise greift auch auf die Lawschen Banknoten über. Der Bankrott ist da; er

Groß war das Elend entlassener Soldaten. Oft gingen sie unter die Räuber oder bettelten «mit dem Schwert».

wird zum Staatsbankrott, und auch Tausende von großen und kleinen Spekulanten sind ruiniert. Law flüchtet ins Ausland. Doch der Schock hat auf lange Zeit hinaus das Pariser Publikum mißtrauisch gegen Kreditgeschäfte und Papiergeld gemacht.

Immerhin wird 1724 die Börse eröffnet, doch Termingeschäfte werden erst 1780 erlaubt. Seit 1750, vor allem seit 1780 nimmt die Gründung von Aktiengesellschaften zu. 1785 wird der König Hauptaktionär der königlichen Gießereien. Oberkampf führt die erste Baumwollmanufaktur ein. Heimarbeit überwiegt weitgehend noch die Fabrikarbeit, und die industrielle Revolution mit dem Maschinenwesen greift in größerem Maßstab erst im Empire auf Frankreich über.
Auch das Rokoko kennt gewissenlose Ausbeutung. In der königlichen Druckerei etwa behält der Direktor die Hälfte des den Arbeitern von der Regierung ausgesetzten Lohnes ein, und seine Tochter, die Marquise de Lambert, erhält neben der Aussteuer von 400000 frs eine Mitgift von anderthalb Millionen. Rétif de la Bretonne, der erste schreibende Proletarier, gibt ein

Seite 186
Das Münzwesen, seit jeher alleiniges Recht des Königs, beziehungsweise des Staates, war nicht selten auch Opfer behördlicher Manipulationen. Die ersten Valois bekamen geradezu den Spottnamen «Falschmünzer-Könige». Bis in die ersten Regierungsjahre Ludwigs XIV. wurden die Münzen noch einzeln geschlagen. Das Bild, Münzprägung im 18. Jahrhundert, stammt aus der Enzyklopädie von Diderot und d'Alembert.
Unten: Bouquinisten, Radierung von B.A. Dunker. Die Buchhändler mit antiquarischen Büchern, Bouquinisten, sofern sie im Freien einen Stand aufschlagen, haben schon immer zum Pariser Stadtbild gehört. Und der Bücherliebhaber fand von je ein besonderes Vergnügen darin, in den staubigen Beständen zu stöbern. Die Zeiten, in denen er unter viel Ramsch auf einen unvermuteten Schatz stoßen konnte, sind freilich vorüber.

Rechts: Verteilung von königlichem Brot im Louvre. Am Ende der Regierungszeit Ludwigs XIV. war das Elend unter dem Volk so groß, daß die kirchlichen Wohlfahrtsstellen zur Linderung der Not nicht ausreichten. 1704 und wieder 1709 herrschte echte Hungersnot, und die königlichen Behörden sahen sich gezwungen, kostenlos Brot zu verteilen.

Distribution du Pain du Roy au Louvre

realistisches Bild von den Lebensumständen der ärmeren Schichten. Bei ihm finden sich auch schon soziale Ideen, Renten für die Alten, Gratisgesundheitsdienst, kostenloser Schulunterricht und andere Forderungen, die erst in den kommenden Jahrhunderten teilweise erfüllt werden sollten.
Neben dem schwer arbeitenden Volk gibt es aber auch ein intellektuelles Proletariat, hungernde Schreiberlinge, stellenlose Juristen, überzählige Magister – Nährboden revolutionärer Ideen – und eine nicht geringe Zahl von Tellerschleckern, parasitären Existenzen, die dank amüsanter Unterhaltungsgabe oder nur aus unverschämter Zudringlichkeit Eingang in die Häuser der

Reichen finden, um die Füße unter einen wohlgedeckten Tisch zu strecken. Im *Neveu de Rameau* hat Diderot ein lebendiges Porträt von ihnen gezeichnet.
Sie gehen unter, als die Revolution die wirtschaftliche Vernichtung des Feudalismus vollendet. Weitgehend findet eine Umschichtung des Reichtums statt. Und die Jahre II und III der Republik bringen nicht nur die «Tugend» zur diktatorischen Herrschaft, sondern auch eine neue soziale Gesetzgebung, neben dem *Grand Livre de la dette publique* (dem Großen Buch der öffentlichen Schulden) auch ein *Livre de la bienfaisance nationale* (Buch der nationalen Wohltätigkeit), und Saint-Just, der eifervolle Schreckensmann, verkündet: «Das Glück ist ein neuer Gedanke in Europa!»
Wie immer und überall klaffen Idee und Wirklichkeit weit auseinander. Und Napoleon wird nach der im eigenen Sumpf von Blut und Schiebung erstickten Revolution in seltener Einsicht am Ende seiner Herrschaft sagen können: «Vielleicht wäre es besser gewesen, wenn weder Rousseau noch ich existiert hätten; die Welt wäre glücklicher geworden.» In der neuen Schicht unermeßlich reicher Leute spielen neben den mit kriegerischem Raubgut gemästeten Marschällen und Napoleoniden wiederum Bankiers die ersten Geigen. Ouvrard hat schon das Directoire finanziert, das Frankreich und die Hauptstadt nach dem Sturz der Jakobinerdiktatur in chaotischem Zustand übernahm, ohne die galoppierende Inflation anhalten zu können. Es hat Tage gegeben, an denen die Währung sich *stündlich* um hundert Punkte entwertete, während ein einziger Gedanke die Gesellschaft beherrschte: Geld zu verdienen, das nur dazu dienen sollte, sich zu amüsieren. Daß es daneben das krasseste Elend gab, das Paris seit Hunderten von Jahren sah – das hungernde Volk und den an den Bettelstab geratenen einstigen Wohlstand, in nackter Not heimlich vegetierende *Ci-devant* und alle, die wie Rétif ihre Ersparnisse eingebüßt hatten –, wird vom Glitzern der Lampen in den Vergnügungsstätten überstrahlt. Ouvrards Riesenvermögen war die Frucht von Spekulationen, und er vermehrte es noch unter dem Kaiser, bis er 1810 wegen heimlicher Verhandlungen mit England verhaftet wurde, drei Jahre im Gefängnis saß und unter der Restauration neuerlich prosperierte. Er starb 1846 in London.
1810 kommt auch James Rothschild nach Paris. Es bildet sich eine Finanz-Oligarchie, ohne die keine Regierung mehr auskommt. Es ist eine Zeit fabelhafter Karrieren. Jacques Laffitte, Sohn eines Zimmermanns, hat als Buchhalter begonnen, ist nicht nur Bankier, sondern auch Minister geworden, und schon

Buchverleger im heutigen Sinn gab es im 18. Jahrhundert noch nicht. Es war der Drucker, der oft auch eine Buchhandlung betrieb und sich mit dem Verlegen literarischer Werke befaßte. Auf dem Bild sehen wir einen Autor sein Manuskript dem Buchhändler anbieten. Wegen der Zensur, die für jedes Druckwerk das Privilegium erteilen mußte, ließen viele Schriftsteller ihre Werke im Ausland, meist in Amsterdam drukken. Häufig finden sich in Büchern des 18. Jahrhunderts auch phantasievolle Namen für den Druckort angegeben: Peking, Ninive unter anderem.

Die Börse steht an der Stelle, wo das Kloster der Filles-Saint-Thomas gestanden hatte, das während der Revolution aufgelöst worden war. Der Börsenbau wurde 1808 begonnen, ging jedoch nur langsam vorwärts, da die Gelder knapp wurden. Erst 1827 wurde er beendet.

1832 nennt man eine Straße nach ihm. Alexandre Aguado, ehemals spanischer Offizier, dann Weinhändler, Schirmfabrikant, Hersteller von Eau-de-Cologne, ist schon 1820 einer der reichsten Bankiers von Paris. Von 1808 bis 1826 wird dem Mammon ein griechischer Tempel erbaut: die Börse. Zuckerraffinerien, Spinnereien, Asphaltwerke ziehen Kapitalien an, aber auch Luftgeschäfte: Guano-Bergwerke in den Tropen, erschöpfte Silberminen auf Korsika, Phantasiefabriken. Nach der algerischen Eroberung spekuliert man mit Kolonialprodukten und bringt den Besitz hoher türkischer Beamter für wenig Geld an sich.

Paris zählt noch immer nicht mehr als 909000 Einwohner, die erste Million wird erst 1846 überschritten. Immer mehr kommen Mietshäuser auf, denn man entdeckt, daß sich von Hausbesitz leben läßt. Louis-Philippe preist das *juste-milieu*, das wohlhabende Bürgertum, Stütze seines Regimes. Wahlberechtigt sind nur Leute mit einem gewissen Einkommen. Der Minister Guizot gibt die stürmisch befolgte Parole aus: *Enrichissez-vous!* Der Bürger läßt es sich nicht zweimal sagen. Aber das Schuldgefängnis wird der Schrecken des Kaufmanns. Die Mehrzahl der Firmen sind Familienunternehmen. Neue Figuren im Wirtschaftsleben tauchen auf: der Handlungsreisende, dem Balzac in der Gestalt des illusteren Gaudissart ein Denkmal setzt; der Grossist, der sich zwischen Produzenten und Einzelhändler schaltet; der Unternehmer, der fast immer *selfmade-man* ist. Der Handel mit Bedarfsartikeln konzentriert sich erstmals in den Kaufhäusern. Parissot eröffnet die *Belle Jardinière* (Wäsche und Linnen) und gewinnt in kurzer Zeit 3 Millionen. *Les Trois Quartiers* entstehen am Boulevard. 1852 gründet Boucicaut die *Maison du Bon Marché,* wo er bei knapper Kalkulation zu Festpreisen verkauft, eine unerhörte Neuerung. 1855 wagt ein ehemaliger Angestellter des Lädchens *Au pauvre Diable* im neu entstandenen Viertel Rue de Rivoli des Kaufhaus *Le Louvre* zu errichten und wird einer der reichsten Pariser. Potin erfindet die Filialgeschäfte. 1860 öffnet der *Bazar de l'Hôtel de Ville,* wo es jegliche Art Haushaltsartikel gibt, und 1865 *Le Printemps.* Ein ehemaliger Straßenhändler namens Cognacq gründet 1869 *La Samaritaine;* sein schönes Privatpalais ist heute eines der intimsten Museen von Paris. Zola wird mit *Au Bonheur des Dames* das Epos der großen modischen Bazare schreiben.

Da Paris die reichen Touristen aus ganz Europa und Übersee anzieht, laden neue komfortable Grand-Hôtels mit Wintergärten, Balkonzimmern und glanzvollen Speisesälen zum Verweilen ein. Für die Weltausstellung von 1855 öffnet das *Hotel du Louvre* seine Pforten. 1867 ist das *Grand Hôtel* am Boulevard mit 750 Zimmern das größte Hotel des ganzen Kontinents. Kurz vor dem Ende des Jahrhunderts eröffnet ein Schweizer Hotelier an de Place Vendôme *Le Ritz,* Inbegriff der Belle Epoque, wo sie gedämpft, «exklusiv» und «fashionable» ist.

Gradmesser für die Respektabilität ist die Höhe des Bankkontos in der Hierarchie vom Großbankier bis zum Krämer. Doch auch der Herr Bürovorsteher und der dritte Rayonchef wollen mithalten können. So entsteht neben dem Luxus für sie das Talmi, das ihn vortäuscht: Baumwollhemden mit Batisthemdbrust, Doublé, Krimmer statt Pelz, Zelluloid statt Elfenbein. Es gibt jetzt den «billigen Luxus». Beim rapiden Ansteigen der Bevölkerungsflut wächst aber der Bedarf an allen Produkten; die industrielle Massenproduktion kann auf leichten Absatz rechnen, obwohl sie auf vielen Gebieten um sich greift. Es kommt nur darauf an, billig zu produzieren. Und darum sinkt der Reallohn bis zur Mitte des Jahrhunderts auf die Hälfte; am elendsten ist die Lage für die Beschäftigten in der Textilindustrie. Das Sweatingsystem ist die Regel bei der Konfektion und Wäschefabrikation. Zwar hat schon Claude Graf von Saint-Simon «die Ausbeutung des Menschen durch den Menschen» gegeißelt und damit eine Formel gefunden, die nur allzu treffend Zustände auf weiten Gebieten der Produktion bezeichnet. Aber noch 1900 erhält eine Näherin nur etwa 1,25 francs pro Tag,

In den «Mystères de Paris» erfindet Eugène Sue die Gestalt von Pique-Vinaigre, der als Falschmünzer in La Force eingesperrt wird, Beispiel einer gescheiterten Existenz.

und die Verkäuferin muß für 150 frs pro Monat von 8 Uhr morgens bis 10 Uhr abends hinter der Theke stehen. In Paris arbeiten 125 000 Frauen und Mädchen – Schneiderinnen, Näherinnen, Korsettmacherinnen, Blumenbinderinnen, Wäscherinnen, Zigarrenmacherinnen – täglich zehn Stunden lang für 2,25 frs.

Paris ist glanzvoll und mörderisch, mitreißend und zermürbend, reich an Ideen und erbarmungslos. Schon 1840 hat Eugène Sue die sozialen Krankheiten seiner Epoche geschildert, die sich für prosperierend und harmonisch hielt und ausgeben konnte, weil sie Verbrechen, Hunger und Prostitution geflissentlich übersah. Man hat *Les Mystères de Paris* ein *bulletin de santé* der Stadt genannt. Wieviel mehr trifft die Bezeichnung auf das große Romanwerk Emile Zolas zu, in dessen Facetten Paris sich hundertfach spiegelt.

Das 20. Jahrhundert brachte dem Pariser Becken auch die Schwerindustrie, die wegen der fehlenden Kohle sich nur zögernd niederließ. Paris hat sich einen «roten Gürtel» umgelegt, weit ausufernde Arbeitervorstädte. Im Nordwest-Banlieu hat sich eine chemische Industrie angesiedelt, aus Wäschereien und Gerbereien hervorgegangen. Die erste Maschinenfabrik war schon vor hundert Jahren in Grenelle entstanden als Gründung eines Kesselschmieds namens Cail. Längst spiegeln sich flußabwärts die Schlote und Werkhallen der großen Produktionsstätten von Renault und Citroën in der Seine, die nach dem Zweiten Weltkrieg nationalisiert worden sind. Bei Ivry schicken E-Werke ihren weißen Rauch in den Himmel der Ile-de-France. Aus Paris ist auch eine Industriestadt geworden. Doch seit mindestens drei Dezennien bemüht man sich, Industrien von der Bannmeile fortzulocken, um der Haupstadt Luft zu verschaffen, buchstäblich auch Atemluft.

Das Paris der kleinen Leute

Bei der Porte Saint-Eustache nahmen die Bäcker und Schankwirte die Fensterläden ab; die roten Geschäfte mit ihren flackernden Gasflammen durchlöcherten die Dunkelheiten der grauen Häuser.
Emile Zola, Le Ventre de Paris

Bis zum Krieg von 1914 wandelte sich die Lebensweise der kleinen Leute, der Kleinbürger und sogar Kleinstbürger, nur sehr langsam im Lauf der Jahrhunderte, und es mußten erst die technischen Errungenschaften in ihr Leben Eingang finden, um eine Nivellierung hervorzubringen, die mit den sozialen Veränderungen zusammenfällt. Das Kleinbürgertum stellte in Paris von jeher eine riesige Klasse dar, deren vielfältige Merkmale sich gegenseitig ergänzen oder in einem äußerst verwickelten Muster sich ausschließen. Zum Beispiel kann der Kleinbürger durchaus auch zum Proletariat gehören, genauso gut kann er aber auch einen selbständigen Beruf ausüben oder sich sogar als Kapitalist betätigen. Seine Klasse verschwimmt mit anderen Klassen, und so kann er Apotheker, Buchhalter, Spengler, Instrumentenmacher, subalterner Beamter, Handlungsgehilfe, Gendarm, Flickschuster, Krämer, Vergolder, Gipsgießer oder Concierge sein. Vielleicht ist er noch aktiv tätig oder bereits pensioniert. Während die Ober- oder Unterklassen, also etwa die Hocharistokratie oder die Hefe sich leichter beschreiben lassen, weil sie sich durch Sprache, Gewohnheiten, Vorurteile hervorheben, die jeweils für ihre Gruppe charakteristisch sind, ist das Bürgertum, ob als Lohnempfänger oder freiberuflich, in sich viel stärker differenziert, zudem geht es bei fließenden Grenzen in die gemeinhin «das Volk» genannte Menge über. Auch seine Interaktion vollzieht sich quantitativ und qualitativ in praktisch unbeschränkten Möglichkeiten. Daher sind Auf- und Abstieg bei dieser Schicht in der Rangordnung sozialer Abstufungen, vor allem natürlich seit der Revolution, durchaus geläufig. Ferner wirkt sich der Zustrom von Emigranten merklich auf die Zusammensetzung der Pariser Bevölkerung aus: In der Türkei braucht nur eine Verfolgungswelle einzusetzen, und schon bevölkert sich Belleville mit Armeniern; eine schlechte Kartoffelernte in der Bretagne treibt landflüchtige Bauern in das Viertel bei der Gare Montparnasse. Dennoch sind alle nach und nach dazu berufen, Pariser zu werden. Doch jede ethnische Gruppe zeigt eine Vorliebe für eine bestimmte Stadtgegend. Andererseits haben von jeher bestimmte Berufe, unabhängig von den durch Haussmanns Stadtplanungen bewirkten Verlagerungen der Wohngebiete, sich in solchen Vierteln angesiedelt, die für ihr Handwerk die besten Voraussetzungen boten. Einzelhändler oder Dienstleistungsgewerbe dagegen haben sich selbstverständlich nach sehr viel elastischeren Gesichtspunkten über die Stadt verteilt.

Es zeigt sich also, wie ungemein schwierig jede analytische Untersuchung der demographischen Gegebenheiten innerhalb von Paris ist. Immerhin läßt sich sagen, daß die Welt der kleinen Leute doch ein Gesicht hat. Diese Welt der Ladenbesitzer, der Handwerker, der Facharbeiter, der subalternen Beamten tritt uns in den Werken der Naturalisten, den Büchern eines Maupassant und eines Zola entgegen mit all ihren Freuden und Leiden, ihren Lastern und ihren Tragödien; Welt voller Neugier und Schäbigkeit, aber auch voller Hilfsbereitschaft und Mut. Es ist die Welt, die die in Jahrhunderten verwohnten Häuser bevölkert, mit winzigen, aufgeteilten, von Jahrmarktsnippsachen überquellenden Wohnungen. Die Welt sonntäglicher Spaziergänge und des Rinderbratens mit Karotten. Dieses dem Volk benachbarte Bürgertum, das sich mit ihm ununterscheidbar vermischt, hatte seine hohe Zeit zwischen den Jahren des Directoires und denen, die unmittelbar dem zweiten Weltkrieg vorausgingen. Damals fühlte es sich in den alten, übervölkerten Labyrinthen von Ménilmontant und von der Montagne Sainte-Geneviève zuhause. Es pflegt mit allen Fasern an einem winzigen Bezirk des Viertels zu hängen, an einer Straße, einer Kreuzung, dem Schauplatz seines Alltags. Der Hausschneider, der sich als Sonntagsmaler betätigt, die alte Gemüsehökerin, der pensionierte Telegraphist sind an den gleichen Tagesablauf, die gleichen Geräusche gewöhnt, an alles, was die Monotonie als Sicherheit bietet. Man kennt sich untereinander. Man hat dieselbe Volksschule besucht. Man macht sich voneinander eine Vorstellung, wenn auch nicht immer die richtige. Man ißt die gleichen Nahrungsmittel, die auf dem selben Markt eingekauft sind. Man lauscht denselben Schlagern beim Klang der Drehorgel oder der Ziehharmonika, in den Höfen, wo Wäsche zum Trocknen hängt und wo Akrobaten sich produzieren kommen. Man liebt Knoblauchwurst und die Neuigkeiten. Die

Die Einrichtung der öffentlichen Schreiber war für die in der Mehrzahl analphabetischen kleinen Leute von größtem Nutzen, wenn es Eingaben zu machen oder Liebesbriefe zu schreiben galt. Hier einer von ihnen beim Cimetière des Innocents. Bei der Winterskälte muß der Ärmste sich erst in die Hände hauchen, um sie zu wärmen, ehe er das Feuer für den erbetenen Liebesbrief findet.

PÂTISSIER
TRAITEU
DAME. PARIS

Blick auf Notre-Dame. Lavierte Zeichnung. Französische Schule des 19. Jahrhunderts. Rechts: Rue Pirouette, Radierung von Meryon. Die auf Notre-Dame zuführende Rue Neuve war zum Heranführen des Materials beim Bau der Kathedrale eröffnet worden und verschwand, als das Parvis Notre-Dame angelegt wurde. Die Rue Pirouette, zum größten Teil beim Bau der Markthallen abgerissen, soll ihren Namen für den Ausdruck «eine Pirouette drehen» hergegeben haben: der Pranger mit seinem sich drehenden Rad stand in ihrer Nähe.

Namenlosigkeit in den Großstädten, die kalte Dürftigkeit der HLM (Sozialwohnungen) kennt das Volk von Paris damals noch nicht.

Heute bewirken die Sanierungen *in extremis* der alten, so lange vernachlässigten Behausungen, wie z.B. im Marais, beträchtliche soziale Verschiebungen. Das Groß-Bürgertum entdeckt den Charme der mit modernem Komfort aufgewerteten alten Häuser, und man erlebt ein Durcheinanderwohnen verschiedener Schichten in einem und demselben Viertel. Andererseits fallen die volkreichen Bezirke dem Wüten der Bulldozer zum Opfer, um dem Halb- oder gar Viertelluxus von Appartement-Häusern Platz zu machen, und die ehemaligen Bewohner sehen sich einfach nach Satellitenstädten verfrachtet, die ihrer Lebens-

HAL

Das Haus von Mimi Pinson, 18 Rue du Mont-Cenis. Das Haus der Heldin Alfred de Mussets verschwand bei der Modernisierung von 1925, doch an der Fassade des neuen Gebäudes erinnert ein Basrelief noch an Mimi Pinson, den Prototyp der Pariser Arbeiterin. Photographie N.D. Roger-Viollet.

◁ Die Mühlen von Montmartre, Photographie von H. Bayard, um 1839. Da auf den Höhen der Butte Montmartre die Winde ungehindert blasen, war sie ein bevorzugter Platz für Windmühlen, die sich hier zahlreich erhoben. Oft trugen sie poetische Namen und wurden das Ziel für Sonntagsausflüge. Die Mühlenesel, die in der Woche Mehlsäcke tragen mußten, wurden sonntags an Ausflügler vermietet.

Oben: Inneres eines Cafés um 1900, Photographie von Harlingue-Viollet. Ebenso wie das eigentliche Kaffeehaus sofort Treffpunkt der Schöngeister wurde, hat das einfache Bistrot, die Kneipe, die Destille, den einfachen Leuten immer als Ort der Begegnung gedient. Manchmal auch als allzu teuer bezahltes Paradies, wie jenes, das Zola in L'Assommoir schildert.

Seite 199: Die Terrasse eines Cafés im Winter. «Café 20 centimes mit einem Gläschen», ein Ofen, Scheiben, die gegen die Kälte schützen und dabei den Blick auf die Straße erlauben, das ist der bescheidene Komfort, den das Bistrot seinen Gästen bietet.

Seite 200: La Rue des Ursins, Photographie von Atget. Diese Straße auf der Ile de la Cité hat sich seit Atgets Aufnahme nicht verändert, nur das Pissoir ist verschwunden. Die Perspektive der alten Häuser mit ihren schiefen Treppen ist noch dieselbe.

Seite 201 oben: Trödlerladen, Photographie von Atget. Trödel oder Kopien, da das 19. Jahrhundert bereits eine Vorliebe für Antiquitäten entdeckt hat? – Unten: Hof in der Rue Broca, dito. Diese Querstraße zum Boulevard Port-Royal besteht großenteils noch aus baufälligen Häusergruppen. So scheint es schon gewesen zu sein, als Atget, beladen mit einem schweren Holzstativ und einer riesigen Kamera, der wir dieses und die folgenden Bilder verdanken, das Paris des Fin de siècle durchstreifte, um die Agonie einer Welt auf die Platte zu bannen. Er kommentiert nicht, weiß aber das Leben des Alltags, der Leute, der Dinge zu zeigen.

BOCK
CAFÉ
20c
AVEC PETIT VERRE

RBONS·
AUTEUIL
PARIS & LUCERNE
VISITEZ
LES NOUVELLES GALERIES
A LA
MÉNAGÈRE
NOUVEAUTÉS
Ameublements Ménage

DALBRET
BOIS SCULPTÉ
TAPISSERIES

Escalier
11

Oben links: Laden eines Weinhändlers mit dem Firmenschild «Au Port-Salut»; davor hat sich eine Austernverkäuferin installiert. Das Haus stand in der Rue des Fossés-Saint-Jacques. – Oben rechts: Cabaret Rue Amelot, «Au Réveil-Matin». Das auf einer schwarzen Tafel angepriesene Menu lädt die in der Nachbarschaft Beschäftigten zu einem morgendlichen Imbiß bei bescheidenen Preisen ein. – Links: Das Lebensmittelgeschäft, das den Namen eines ehemaligen Bistrot beibehalten hatte, «A l'Enfant-Jésus», verkaufte Schweizer Käse, Roquefort und Rattengift unterschiedslos; es lag in einem Eckhaus in der Rue des Bourdonnais, I. Arrondissement.

Seite 203
Eingang zur Cour du Dragon, 50 Rue de Rennes. Wie der geniale Nadar für die Nachwelt das wirkliche Gesicht seiner Zeitgenossen festzuhalten verstand, so hat Atget das Bild der nun längst dem Bulldozer zum Opfer gefallenen Gebäude vor dem gänzlichen Vergessen bewahrt. Die Cour du Dragon, obwohl seit 1920 unter Denkmalschutz, wurde demoliert, um einem Betonklotz Platz zu machen, während man sie nur von Anbauten und Beiwerk hätte ausräumen sollen, die sie verstellt hatten.

CHABLIS
50
SPECIALITES
GAZ

weise völlig entgegen sind. Sie fordern, wieder am alten Platz untergebracht zu werden, doch wie sollte man das bewerkstelligen?
Auf diese Weise verschwindet das Paris der kleinen Leute, und schon findet man sein wahres Gesicht nur noch in den Archiven auf alten Photographien, in alten Dokumenten und zwischen Buchdeckeln. Welches Gesicht aber wird das Paris haben, das die Nachfolge antritt?

Diese Photographie von Branger aus dem Februar 1917 zeigt die Pariser beim Schlangestehen um Kohlenscheine vor der großen Oper.

Der Boulevard

Schwarm ohne Namen! Chaos! Blicke, Schritte, Laute.
Nie sahst du, die da gehen, nie waren sie Vertraute.
All die Lebendigen! – Städte ihr, dumpf voll Gebraus
Wie die Wälder Amerikas oder ein Bienenhaus.
Victor Hugo, Les feuilles d'automne

Epochen finden zuweilen ihre topographische Verkörperung; es gibt Örtlichkeiten, die zum Symbol eines Zeitgeistes werden. Die hohe Zeit des Bürgertums hat sich einen eigentlichen Ausdruck im Boulevard geschaffen, Schauplatz, wo es sich selbst genoß. Kein Wunder, daß der Boulevard sich gerade in Paris zu dem entwickelt hat, was man die Inkarnation der bürgerlichen Epoche nennen kann, da doch Frankreich es war, das in der großen Revolution dem Bürger alle Möglichkeiten erkämpft hat, so daß er ihm sein Gedeihen und große Teile seiner Kultur verdankt.

Sagt man *le boulevard,* meint man damit immer nur einen relativ kleinen Ausschnitt aus der bogenförmigen Strecke von mehr als vier Kilometer Länge, auf der sich die großen Boulevards durch das Zentrum von Paris über die heutige Place de l'Opéra, an der Porte Saint-Denis und Porte Saint-Martin vorüber, über die Place de la République und bis zur Place de la Bastille dahinziehen. Im ganzen hat Paris ja 108 Boulevards, und *le boulevard* selbst trägt alle paar hundert Schritte einen andern Namen, von der Rue du Faubourg Montmartre bis zur Großen Oper schon drei: Boulevard Montmartre, Boulevard des Italiens, Boulevard des Capucines.

Dieser weniger als ein Kilometer lange Ausschnitt aus dem belebten Straßenzug war während beinahe eines Jahrhunderts ein eigentliches Herzstück von Frankreich, ein Phänomen französischen Lebens, anerkanntermaßen Schaufenster und Schaubühne für Eleganz und Esprit. Er war fast institutionell.

Darüber hinaus wurde er zum Brennpunkt einer ganzen Epoche; er war Ausdruck eines bestimmten geistigen Habitus von sehr französischem Zuschnitt, Schule und Arena einer besonderen Lebensart, einer optimistisch-witzigen, sehr skepti-

Der Stich von Martinet aus dem 18. Jahrhundert zeigt eine Straßenszene auf dem Boulevard de Vaugirard, der seinen Namen nach dem nahe gelegenen ehemaligen Ort Vaugirard trägt.

schen Art zu denken und zu fühlen. Von der breiten Allee des Boulevard und seinen asphaltierten Trottoirs mit den Caféhaus-Terrassen unter gestreiften Markisen und den gußeisernen Blumenkiosken und Zeitungsständen ging ein galvanischer Strom durch Europa. Hier wurden Reputationen geschaffen und ruiniert, Erbschaften vertan und Chancen gewonnen, Leben verspielt und Ideen geboren.
Zuvor lag er lange in einem Dornröschenschlaf. 1676 ließ Ludwig XIV. die Befestigungen niederlegen. (Der Name leitet sich vom deutschen Wort Bollwerk her.) Nur die beiden Tore, die als Triumphbogen zu seinem Ruhm errichtet worden waren, blieben stehen. Ein Jahrhundert lang blieb der neue Straßenzug ein eher ländlich wirkender Ort; auf der Südseite lagen schattige Parks mit versteckten Häusern des Adels, auf der Nordseite erstreckten sich Felder und Gärtnereien. Erst kurz vor der Revolution wird es Mode, sich unter den vier Reihen Bäumen zu ergehen, Frau und Tochter hier auszuführen, so daß auch ein paar Cafés und Limonadebuden sich ansiedeln. Die Bebauung mit niedrigen Häusern nimmt während des Kaiserreichs zu. Unter der Restauration der Bourbonen erhält die Chaussee ein Kopfsteinpflaster, 1830 auch Trottoirs, die Stämme der alten Bäume werden durch Prellsteine gegen die Räder der Kaleschen und der schweren dreispännigen Wagen der neuen Pariser Omnibuslinie geschützt.
Als im Palais-Royal unter Louis-Philippe die Spielhöllen schlie-

Die Porte Saint-Denis, hier auf einem Stich aus der Zeit vor der Revolution, war zu Ehren Ludwigs XIV. auf Kosten der Stadt Paris von François Blondel erbaut worden. Den plastischen Schmuck, entworfen von Girardon, führten die Brüder Anguier aus. Das Triumphtor war dazu bestimmt, daß Souveräne ihren feierlichen Einzug durch seinen Bogen hielten, letztmals Victoria von England.

ßen müssen und es an Anziehungskraft verliert, tritt der Boulevard das Erbe an. Auf dem Boulevard trifft sich jetzt die elegante Welt. Im Sommer mustern die Dandies auf Strohstühlen durch ihre Lorgnetten das Treiben, während ihre winzigen Grooms die Pferde am Zügel halten. Noch bestimmen sie und ihre aristokratischen Allüren das Bild des Boulevard; sie liefern sozusagen den Entwurf für die *vie de plaisir*. Täglich trifft man sich im Café de Paris oder bei Tortoni, der für seine Eisbomben, Sirups und *punchs romains* berühmt ist. Unter den Gästen sieht man Dumas Père, Balzac, Arago, Fürst Metternich, Musset, Mérimée, George Sand und die Rachel mit dem ein wenig suspekten Dr. Véron. Freilich drängen sich in den kleinen Salons bei Tortoni mehr und mehr auch die Börsianer um das kalte Büffet, Bankiers, Wechselagenten, Makler und Spekulanten, von den Stammkunden mit Naserümpfen begrüßt.

Doch im Jahre 1848 hat der Boulevard trotz der schönen Häuser, die ihn jetzt säumen, noch immer einige Mühe, wirklich eine Straße *à la mode* zu werden, außer dem kurzen Stück Trot-

La Madeleine. Während des Empire war daran gedacht worden, in dem 1764 begonnenen, noch unfertigen Bau nach seiner Fertigstellung die Börse unterzubringen. Doch Napoleon entschied, ihn dem Ruhm der Grande Armée zu weihen. Doch erst 1842 war die Madeleine, nun wieder als Kirche, vollendet. Immerhin trägt ihr Giebel kein Kreuz.

toir von der Rue Drouot (damals Rue Grange) bis zur Chaussée d'Antin. Am anderen Ende, an dem ruhigeren Boulevard de la Madeleine, unfern der Stelle, wo Stendhal auf offener Straße vom Schlag getroffen wurde, wohnt eine Frau, bei der «man» aus- und eingeht: Alphonsine Plessis, die Dumas fils unter dem Namen der Kameliendame weltberühmt gemacht hat. Nicht weit davon steht übrigens auch das einstige Hôtel de la Colonnade – heute eine Bank –, wo Bonaparte vermutlich Joséphine zum ersten Mal getroffen hat. Hier bricht 1848 die Revolution

Die Champs-Elysées. Nach den Verwüstungen, die die Pferde und Truppen der Engländer und Russen bei ihrem Abzug hinterlassen hatten, begannen 1817 die eigentlichen Verschönerungen der Champs-Elysées. Bereits 1828 erhielten sie Gasbeleuchtung.

aus, als am 23. Februar ein Linienbataillon mörderisch in die flanierende Menge schießt, die von der politischen Erregung auf die Straße gelockt worden ist. In der Regel aber ist dieser Abschnitt des Boulevard noch bis über die Mitte des 19. Jahrhunderts hinaus wenig belebt. Kurz, man könnte Schritt für Schritt historischen Reminiszenzen nachgehen.

Seinen ersten Höhepunkt erlebt der Boulevard unter dem Zweiten Kaiserreich. Er wird das Zentrum der großen Finanzinstitute, der Luxusgeschäfte und der eleganten Cafés, dazu ein Mittelpunkt der *vie de plaisir,* des vergnüglichen Lebens. Damals erwirbt der Boulevard sein Renommee, während Paris kosmopolitisch wird. Der Lebensstandard des gehobenen Bürgertums ist sehr viel höher als heute.

Im Salon 16 des Café Anglais treffen sich allabendlich die Lebemänner der «besseren Gesellschaft». Um Mitternacht soupiert

Auf dem Ausschnitt aus einem Panorama des Boulevard Montmartre (Lithographie von Arnoud) sieht man die nach Norden blickenden Fassaden der Südseite. Der Hotelbau in der Mitte stand bis 1835 auf dem Gelände der ehemaligen Gärten des Palais der Montmorency-Luxembourg.

Barrikade an der Ecke des Boulevard Bonne-Nouvelle und der Rue Mazagran (Neuruppiner Bilderbogen). Im Juni 1848 kam es zu heftigen Straßenschlachten zwischen den Aufständischen und den Truppen der provisorischen Regierung, die die Revolte im Blut erstickte.

man mit den großen Demi-Mondänen, von denen man vor allem verlangt, daß sie hübsch und elegant sind und daß sie so wenig wie möglich den Mund auftun. Nach dem Souper beginnt man eine Partie Baccarat, die sich bis zum Morgengrauen hinzieht.

Napoleon III., selbst gewissermaßen ein Emporkömmling, sucht, genau wie einst sein Onkel, Napoleon I., die Träger möglichst klingender Namen an sich zu ziehen. Aber das vergnügliche Leben übt auch auf Junker aus allen Teilen Europas seine Anziehungskraft aus. In den westlichen Ländern hat der Adel zwar die feudale Grundlage größtenteils verloren, doch überall war die Aristokratie im Begriff, sich dem reichen Industriebürgertum anzuschließen. In «der Welt, in der man sich langweilt», wie ein Komödientitel aus jener Zeit lautet, der Welt also, in der man, um der Langeweile zu entfliehen, sich amüsieren muß, geben jedenfalls die Adligen unter den großen Kapitalisten den Ton an, allen voran der neugebackene Adel der Günstlinge und die Prinzen aus bonapartistischem Geblüt. Dem Kaiser kommt es auf ein paar Millionen nicht an, wenn es Gnadenbeweise zu verteilen gilt. Graf Walewski, der Sohn des ersten Napoleon, erhält eine riesige Domäne, die jährlich 100000 livres einbringt, und als er bei seinem Tod alles bis auf den letzten Sou durchgebracht hat, tröstet der Kaiser die Witwe mit einer Pension von jährlich 20 Millionen frs. Ein so großes Vermögen durchzubringen, war nicht ungewöhnlich. Der Herzog von Gramont-Caderousse mit dem Einkommen von 200000 livres jährlich starb mit 32 Jahren völlig ruiniert; seine einzige Hinterlassenschaft

waren ein paar Fastnachtskostüme. Von allen genußsüchtigen Kavalieren der Boulevard-Lebewelt war er freilich der unermüdlichste, sozusagen ihr Haupt gewesen. Man hielt das Dasein für einen Walzer, wie Offenbach ihn der Epoche aufspielte.
Das harmloseste Vergnügen des echten Boulevardiers aber ist das Flanieren, und solange die Pferde das einzige Fortbewegungsmittel sind, bleibt der Boulevard par excellence ein Ort des gemächlichen Bummelns. Natürlich ist er auch ein Ort des Klatsches. «Originalität ist noch nicht ein Skandal, auch noch kein Affront für die Volksmassen. Die Edelsteine des Herzogs von Braunschweig, die Equipagen der Hortense Schneider, die Verrücktheiten von Gramont-Caderousse amüsieren die Leute bloß, ohne sie zu schockieren. Wenn die Fürstin Metternich einen neuen Wagen bestellt oder Madame de Castiglione ein neues Kleid, wenn der Fürst d'Orange beim Spiel verliert oder ein Duell bei Tortoni ausbricht, dann diskutiert der ganze Boulevard darüber. Er ist das Terrain der Begegnung für die drei oder vier Welten, die Tout-Paris bilden» (Jacques Wilhelm).
Im Jahre 1866 spricht alle Welt erschrocken vom Besuch, den

Ansicht eines Durchbruchs beim Bau des Boulevard Sébastopol. Die durchgreifende Stadtsanierung Haussmanns, unter anderem auch strategisch motiviert, findet unter den Zeitgenossen bittere Kritiker. Die Brüder Goncourt meinen, sie ließe an ein «amerikanisches Babylon der Zukunft» denken.

Bismarck dem französischen Kaiser in Bayonne abgestattet hat; es heißt, er habe einen brenzligen Geruch hinterlassen. Sein Besuch deute auf Krieg hin. Soll man sich deshalb Sorgen machen? Im Café de Madrid am Boulevard sitzen allerdings junge Leute zusammen, politisch interessierte Schriftsteller und Journalisten von der Opposition, darunter Gambetta, der künftige Staatsmann, und Raoul Rigaud, Medizinstudent und begeisterter Bewunderer Blanquis; während der Tage der *Commune* wird er der allmächtige Mann auf der Polizeipräfektur sein und bei den Barrikadenkämpfen gegen die Truppe wie der Schriftsteller Vermorel und mancher andere sein Leben lassen. Diese Oppositionellen werden auch nach dem Sturz des Kaiserreiches, nachdem sie alle zu mehr oder weniger einflußreichen Stellungen gelangt sind, fortfahren, sich in ihrem Café am Boulevard zu versammeln. Während der dramatischen Tage der Belagerung macht der Boulevard einen kriegerischen Eindruck, Meldegänger kommen und gehen. Doch auch in den schwersten Zeiten scheint das Leben in den Cafés seinen Hauch von Sorglosigkeit nicht ganz eingebüßt zu haben, selbst nicht während der *Commune,* was der Beschwerdebrief eines «guten Patrioten» entrüstet denunziert.

Links: Der Incroyable, der Stutzer unter dem Directoire, der sich hier die Stiefel putzen läßt, ist eine Reminiszenz in L'Illustration des Jahrgangs 1848. Auf dem Boulevard traf sich nach dem Terreur die *jeunesse dorée* der Gegenrevolution. – Unten: Bei Tortoni, der berühmten Eiskonditorei am Boulevard, muß man sich täglich einmal sehen lassen, wenn man «dazugehören» will. Im zweiten Kaiserreich wird der Stutzer zum «Lion». Nun bekommt der Boulevard erst sein eigentliches Renommee, er ist ein «salon en plein air», und zum Boulevard-Leben gehört auch die Sensation. Was kann sensationeller sein als ein Komet! Zwei Handzeichnungen von François Courboin. – Rechts: Der Kaiser selbst (Photo von Nadar) schreibt in den Mußestunden an einer Biographie von Julius Cäsar, meist aber führt er, Lebemann und Hasardeur, mit leicht suspektem Charme den Wirbel des vergnüglichen Lebens an.

Mehr als sonstwo sind in Paris die Restaurants und Cafés die Stufen der Geschichte, ihre Hintertreppe natürlich, wie ein geistreicher Mann einmal gesagt hat. 1888 gibt der Putschgeneral Boulanger im Café Riche den Führern seiner extrem-reaktionären Partei ein opulentes Dîner. Doch der Putsch findet nicht statt. Andere schwere Krisen hat die Dritte Republik zu bestehen. Der Skandal um den Panamakanal erschüttert das Ver-

Die Große Oper, Stich aus den siebziger Jahren des 19. Jahrhunderts. – Beim Wettbewerb um den Bauauftrag für die große Oper hatte Charles Garnier für Entwurf und Ablieferung des Projektes nur die Frist eines Monats, die den Teilnehmern eingeräumt war. Der Bau dauerte dann freilich dreizehn Jahre, verzögert durch den Sturz des zweiten Kaiserreiches. Besonderen Wert ist bei der Ausführung auf die Repräsentationsräume, Treppenhaus und Foyer, gelegt, die an Prunk ihresgleichen suchen.

trauen ins Parlament und wirft seine Wellen auch am Boulevard. Die Dreyfus-Affäre reißt Abgründe auf; politische Leidenschaften und erbitterte Diskussionen um die Marmortischchen entzünden sich an diesem bewußten Justizmord. Allianz mit dem russischen Zaren, bedrohliches Wettrüsten. Den Journalisten, die auf den Caféhaus-Terrassen am Boulevard bei einem Glas Absinth ihren Leitartikel entwerfen, geht der Stoff nicht aus. Und über allem flimmert der Optimismus der Belle Epoque.

Am Boulevard wird die Große Oper eingeweiht und verleiht ihm ein neues Gesicht. «Das Herz der Großstadt scheint hier in der Weiträumigkeit der Straßenkreuzung zu schlagen, als ob das Blut ferner Stadtviertel durch die triumphalen Avenuen herbeigeströmt sei. Der Boulevard überquert den Platz mit dem Gießbach seines Verkehrs, wo der Zustrom aus den Nachbarstraßen in ständigen Wirbeln aufprallt, die aus diesem Ort die gefährlichste Schlucht der Welt machen. Die Pferde scheuen inmitten des Brausens der Menschenwogen, das so laut und unaufhörlich ist wie die Stimme des Sturms auf dem Ozean. Da steht die isolierte Masse der Oper, allmählich von der Dämmerung verschluckt, enorm und geheimnisvoll wie ein Symbol. Und alle Fenster an den Fassaden werden hell, eine Fröhlichkeit entsteht aus diesem Lampenglanz. Ein Bedürfnis nach allgemeiner Entspannung, nach freier Wunschbefriedigung wächst mit den steigenden Schatten, während in Abständen die elektrischen Kugellampen aufglänzen wie Monde der hellen Nächte von Paris» (Emile Zola).

Kurz vor der Jahrhundertwende logiert sich auch der hochberühmte Jockey Club, der schon seit den Tagen Lord Seymours für die Hautevolee der Boulevardiers das zweite Zuhause ist, am Boulevard des Capucines, Ecke Rue Scribe, ein. Mancher Snob grämt sich, nicht Mitglied werden zu können, wie jener Bankier, der dem Club sein Palais an den Champs-Elysées stiften wollte, unter der Bedingung, aufgenommen zu werden; seine Kandidatur wurde abgelehnt, und das Palais beherbergt heute die Redaktion des *Figaro*.

Aber der Boulevard demokratisierte sich mit dem neuen Jahrhundert. Das Café Le Napolitain, *Le Napo* genannt, kommt in Mode, Stelldichein der Intelligentia. Am späten Nachmittag versammelt sich hier alles, was in der Welt der Literatur und der Presse zählt. Doch schon wenige Jahre später schreibt Henri Boutet: «Man plaudert jetzt dort nicht mehr; der Sensationsartikel im Morgenblatt findet kein einziges Echo. Eine Welt der Geschäfte hat die Kundschaft der geistreichen Leute und die

distinguierten Bummler ersetzt. Und doch ist es noch immer der gleiche Boulevard! Der Boulevard wird nicht sterben!» Staunenswert ist noch immer die heitere Sorglosigkeit der Epoche, obwohl die Katastrophen sich schon vorbereiten.
Doch es gibt trotzdem kein ästhetisches, geistiges, politisches oder soziales Problem, das nicht in Paris aufgeworfen wird. Aber nicht mehr so unbedingt hat der Boulevard daran teil, denn die Wege, die das bürgerliche Leben und der Geist in Kunst und Wissenschaft einschlagen, haben sich getrennt. Die meisten Probleme finden nicht am Boulevard ihre Lösung, sondern in Mansarden des Quartier Latin, in Laboratorien am Stadtrand und in Künstlerateliers am Montmartre, der noch kein Rummelplatz der Fremdenindustrie ist.
In der Kunst zieht der Bürger am Boulevard das leichte Genre vor, und selbst die Weltgeschichte ist ihm ein Vorwand für Operettenmelodien. Auf dem Boulevard-Theater, das geradezu zu einem Begriff geworden ist, gibt es nur ein einziges zentrales Thema, den mondänen Ehebruch. Dennoch hat sogar ein François Mauriac sich nicht gescheut, es mit der Welt Prousts in

Unten links: Théâtre des Variétés. Das Theater, das noch heute den selben Namen trägt, wurde am 24. Juni 1807 mit der Aufführung eines Vaudevilles eingeweiht. Seine größten Erfolge hatte es aber in den fünfziger und sechziger Jahren des vorigen Jahrhunderts mit dem Repertoire Jacques Offenbachs. In der Belle Epoque war es die Bühne par excellence des sogenannten Boulevard-Theaters, dieses besonderen Genres des Konversationsstückes. – Unten rechts: Café Cardinal, bei welchem die Rue Richelieu beginnt.
Rechts oben: Das berühmte Tortoni, 1798 gegründet, bevorzugter Treffpunkt der Dandies und der Boulevardiers. 1894 schloß es seine Pforten. Kolorierte Lithographie von E. Guérard. – Unten: Abend am Boulevard, ehe der Vorhang in den Theatern aufgeht. Man steht Schlange an der Kasse.

LA CLOSERIE
DES GENETS
ANDREW.BEST.LELOIR

Parallele zu setzen. «Diese Welt – machen wir uns nichts vor – ist dieselbe wie die von *Du côté de chez Swann*. Was uns heute so vulgär vorkommt, war es nicht 1905; die Helden dieses Theaters ermangeln nicht einer gewissen Grazie.»

Die Zeit der großen Kokotten ist vorüber. *Les grandes horizontales,* wie sie um 1900 heißen, haben jetzt alle das Alibi, Solotänzerin oder Schauspielerin zu sein. Das kleine Liebesgewerbe aber floriert am Boulevard weiter.

Die Belle Epoque geht im Blutsumpf von Verdun und in den Giftgasschwaden von Ypern unter; ihre allzu beschwingte Melodie verstummt vor dem Anruf des Schicksals.

Doch wer in den zwanziger Jahren unseres Jahrhunderts noch den Boulevard gesehen hat, konnte an warmen Sommerabenden etwas von seinem einstigen Glanz ahnen, wenn das tanzende Mosaik der Lichtreklamen das Laub der Bäume in eine Art Operndekor verwandelte. Eine Hohe Schule für Lebensart und Weltverliebtheit, das war der Boulevard für viele Generationen.

Triumphbogen an der Place de l'Etoile. Der Hügel am Ende der Champs-Elysées wurde 1768 bis 1774 künstlich um 5 m abgeflacht, um die Steigung der Straße zu verringern. Den Namen l'Etoile trug er schon damals wegen der sich auf ihm kreuzenden Alleen. Heute gehen zwölf Avenuen von ihm aus.

Passagen

Die Flanerie hätte sich zu ihrer Bedeutung schwerlich ohne die Passagen entwickeln können.
Walter Benjamin, Charles Baudelaire, ein Lyriker im Zeitalter des Hochkapitalismus

«Eine neuere Erfindung des industriellen Luxus» nennt der *Guide illustré* von 1852 die Passagen. Sie entstanden zur Ausnützung und Kommerzialisierung des Bodens. Aus lichtlosen Hinterhöfen machten sie ein rentenbringendes Wunderreich mit ihrer Palmenhausarchitektur aus Glas und goldbronziertem Gußeisen, mit den Milchglaskandelabern, die von hüftstarken Göttinnen und nackten Epheben emporgehalten werden, und mit den halbhellen Galerien, Zufluchtsort der Verliebten, wenn keine Schritte mehr am hohen Hallendach die Echos wecken. Sie sind Vorläufer der Fußgängerzonen, Mittelding zwischen Straße und Interieur.
In unserem Jahrhundert pflegen sie nicht selten besondere Läden von etwas diskretem Charakter zu beherbergen, schon lange vor dem Florieren der Sexshops: kleine Drogerien, in deren Auslagen auf ein reiches Sortiment in allerlei Gummiartikeln zu intimsten Zwecken hingewiesen wird, Spezialbuchhandlungen für verschämte Liebhaber erotischer Literatur und «künstlerischer» Aktphotos, Korsettgeschäfte, staubige kleine Theater, trübe Cafés für eine Kundschaft, die aus besonderem Grund unter sich bleiben will. Es herrscht ein Geruch nach warmem Metall, verjährtem Patschuli, Abgestandenheit und heimlicher Frivolität. Es lebt noch neunzehntes Jahrhundert in ihnen. Und bei kaltem, feuchtem Wetter suchten schon immer, wie auch der ehemalige Sûreté-Chef G. Macé in seinen Memoiren zu berichten weiß, die Dirnen Unterschlupf in den Passagen, wo sie sich freilich mit den uniformierten Wächtern herumschlagen müssen; das glasüberdachte Dämmerreich dröhnt dann von Geschrei und dem Hall flüchtender Weiberstiefel.
Die Passagen sind ein echtes Vermächtnis der Glanzzeiten des Boulevard. Viele entstanden in den Jahren 1822 bis 1829; so die

Oben links: Passage Jouffroy am Boulevard Montmartre. – Rechts: Passage de l'Opéra am Boulevard des Italiens. – Passagen sind häufig «Privatstraßen». Die Passage Jouffroy trägt den Namen des Unternehmers, der sie 1844–1855 gebaut hat. – Links: Die kolorierte Lithographie stellt eine ambulante Kaffeeverkäuferin dar, wie man sie noch im 19. Jahrhundert in den Straßen von Paris antreffen konnte.

Passage Vivienne mit ihrem farbigen Mosaikboden oder die noch monumentalere Galerie Colbert, einst Inbegriff der Modernität und Eleganz. So auch die Galerie Vero-Dodat, nach ihren Gründern, zwei Fleischermeistern, benannt; als eine der ersten erstrahlte sie, vielbewundert und lukrativ, im neuen Gaslicht. Die längste Passage in Paris ist die Passage Choiseul, an der Offenbachs *Bouffes-Parisiens* lagen sowie das *Théâtre de magie et des enfants,* wo ein Ensemble abgerichteter Kinder unter der Fuchtel eines M. Comte das Programm für ein Sensationspublikum bestritt. Die älteste dieser Glasbauten war die Passage du Caire, die schon 1799 an der Rue Saint-Denis erbaut wurde. Auch die Panoramen pflegten sich mit Vorliebe in den Passagen einzurichten, lange bevor dort, wo heute das Hôtel Scribe steht, in einem Souterrain die ersten kinematographischen Bilder der Brüder Lumière vorgeführt wurden. Jene Passage, die in die Rue Feydau mündet, trägt noch den Namen *Passage des Panoramas.* Ein Patent für das illusionistische Spiel aus Beleuchtung und Kartonkulissen, das mit Uhrwerkticken hinter den mit rotem Samt eingerahmten Bullaugen am Beschauer vorüberzieht, war schon 1787 in England angemeldet worden. Der Amerikaner Fulton, der Erfinder des Dampfschiffs, wollte die englische Neuerung in Frankreich einführen, mußte aber aus Geldmangel die Konzession an einen Mr. Thayer verkaufen, der am Boulevard das Palais Montmorency erwarb, parzellierte und eine Passage erbaute, die zwei Rundtürme mit zwei Panoramen flankierten; das eine zeigte die «Ansicht von Paris vom Tuileriendach aus», das andere «den Abzug der Engländer aus Toulon». In einem dritten konnte man bald die mörderische Seeschlacht von Navarino vom Trockenen aus bewundern.

Die Spaziergänger drängten sich in den Passagen. Alexandre Dumas erwarb in einer von ihnen bei der Papierhandlung Susse, über die er des Lobes voll ist, für 600 frs einen Delacroix, den er später für 15 000 frs an einen reichen Türken verkaufte; Susse war übrigens der Verleger Gavarnis. Von Zola gibt es eine Schilderung der Passage des Panoramas: «Der Abend war milde; ein Regenschauer hatte eine Menge Leute in die Passage getrieben. Es war ein Gedränge, ein langsames, mühsames, drangvolles Geschiebe zwischen den Läden. Unter den von Reflexen flirrenden Glasscheiben lag blendendes Licht, eine flutende Helligkeit von weißen Glaskugeln, roten Laternen, blauen Transparenten, Reihen von Gasflammen, Leuchtuhren und riesigen Fächern aus Stichflämmchen, die offen brannten. Und die Buntheit der Auslagen, das Gold der Juweliere, die Kristallgläser der Konditoreien, die hellen Seidenstoffe der Modegeschäfte glitzerten hinter den klaren Schaufensterscheiben im grellen Schein der Reflektoren, während zwischen dem Wirrwarr der Reklamen ein enormer purpurner Handschuh von weitem wie eine blutige Hand aussah, wie abgeschnitten und von einer gelben Manschette gehalten. Die feuchte warme Luft rief in dem engen Gang einen durchglühten Dunst hervor. Auf den von den tropfenden Regenschirmen naß gewordenen Fliesen dröhnten unaufhörlich die Schritte, ohne daß Stimmen zu hören waren.» Und die düstere Galerie des Variétés, die in die Passage des Panoramas mündet, beschreibt er: «Ein zweideutiger Winkel mit finsteren Lädchen, einem Schuhmacher ohne Kundschaft, staubigen Möbelgeschäften, einem verräucherten Lesekabinett, das dahindöste und dessen Lampen unter kapuzenförmigen Schirmen in grünlichem Licht schimmerten.» Doch sah man in diesem nächtlichen Schlund «gut angezogene, geduldige Herren herumlungern, zwischen dem Durcheinander, wie es an einem Bühneneingang zu herrschen pflegt, zwischen der Besäufnis der Maschinisten und dem Lumpenpack der Statisterie». Ein Gaslicht in einer Milchglaskugel erhellte mit bleichem Licht die Pforte, aus der endlich der Schwarm der erwarteten Choristinnen mit Gezwitscher und Gelächter quellen würde.

Reicher als dieser Winkel war die Passage de l'Opéra, die in zwei Galerien und einem Vestibül zur alten Oper der Rue Le Peletier führte. 1880 mietete Blanqui hier ein Büro für die Redaktion seiner Zeitung *Ni Dieu ni Maître;* doch der Hausbesitzer ließ ihn exmittieren, da ihm die Richtung nicht paßte, und Anhänger des alten Revolutionärs kamen in Scharen, um unter dem Glasdach zu demonstrieren. Später entdeckten die Surrealisten den dämmrigen Zauber der Passage de l'Opéra. André Breton besuchte gern das hier gelegene *Théâtre Moderne,* «den Saal mit den großen, blinden Spiegeln, deren unterer Teil mit grauen, durch gelbes Schilf gleitenden Schwänen dekoriert war, den Saal, wo während der Vorstellung Ratten huschten». Aragon sah im submarinen Grottenlicht hinter einer Schaufensterscheibe eine leibhaftige Sirene sich zwischen den Auslagen winden. Bei Bauarbeiten zur Verlängerung des Boulevard Haussmann verschwand 1924 die Passage de l'Opéra.

Doch diese gläsernen «Maulwurfsgänge», wie Aragon sie einmal nennt, von deren Vielzahl siebzehn bis heute überlebt haben, waren gar nicht die ersten Passagen in Paris. Die mittelalterliche Stadt war – im Grunde bis zu Haussmanns Tranchier- und Belüftungswerk – ein einziges Labyrinth von Durchgängen, Sackgassen, Schlupfwinkeln, Gassenkorridoren; allerdings

Der Stich aus der Zeit Louis-Philippes zeigt einen Korbhändler; er verkauft «ein Originalerzeugnis der Pariser Zivilisation» und ist einer der zahllosen Kleinverdiener, die die Straßen der Hauptstadt bevölkern und die keine andere Luft atmen wollen als die von Paris.

nicht unter Glas, sondern unter freiem Himmel. Nicht wenige der schattigen und feuchten Abkürzungen von Gasse zu Gasse existieren auch heute noch. Zum Beispiel hat die Passage Saint-Paul noch die Prellsteine, hinter die der Fußgänger flüchtete, wenn eine Kavalkade vorübergaloppierte; bis auf die verschwundene Mittelrinne zeigt sie noch ganz die Physiognomie des einstigen Paris. Die winklige Passage, die von der Rue Domat zur Rue Galande führt – wie aus Spott Passage de la Longue-Allée geheißen –, ist jetzt im Innern durch ein Gittertor geschlossen; um den Namen zu verstehen, muß man wissen, daß die Rue Galande einst ein Abschnitt der großen, schon von den Römern benützten Straße nach Süden war, nach Lyon und Rom. Von der Passage hat Huysmans eine Schilderung gegeben. «Der Durchgang ist bizarr; man folgt einem sich verengenden Gang, der sich zweimal zu Höfen erweitert, sich wieder verengt und so schmal wird, daß man, unter bewohnten Stockwerken durchschlüpfend, zwischen zwei Wänden fast erdrückt wird und man sich bücken muß, um nicht an die aus dem Plafond vorspringenden Balken zu stoßen. Man geht durch einen Spalt zwischen hohen Häusern, deren Dächer im düsteren Tag gegeneinander ragen. Eines der Häuser besitzt in einer Ausbuchtung noch die ländliche Fröhlichkeit eines alten Brunnens.»

Verschwunden ist die Passage du Charnier-des-Innocents bei der Rue Saint-Denis, einer der letzten alten, düsteren Durchgänge; schmutzig, eng und dunkel, war sie von Obsthändlern und öffentlichen Schreibern bevölkert. Durch sie kamen die Mörder, die Louis d'Orléans niedermachten. Ganz in der Nähe wurde übrigens auch Heinrich IV. ermordet. Von den ehemaligen Durchgängen von Gasse zu Gasse bleibt zuweilen noch eine verwitterte Tür zu einem Höfchen, wo in Pfützen Wäschelauge stagniert. Andere, wie die stille Impasse Guéménée, einstmals belebter Zugang zum Maison Royale des Tournelles, sind Treffpunkt der Hunde des Viertels. Durch sie pflegte Victor Hugo bei seinen heimlichen Besuchen einer schönen Bäckersfrau hindurchzuschleichen.

Mit der Passage, die der Bau des Boulevard Saint-Germain verstümmelt hat, der Cour du Commerce-Saint-André, verbinden sich Erinnerungen an die Große Revolution. Dr. Guillotin hat hier seinen humanitär gedachten Apparat zum ersten Mal an drei Hammeln ausprobiert. Marat installierte die Presse, auf der er seinen *Ami du peuple* druckte, in einem der Räume zu ebener Erde. Im selben Haus richtete später die Witwe eines der Führer der Gironde, die Witwe Brissot, nach dessen Hinrichtung mit

seiner Bibliothek ein Lesekabinett ein, hauptsächlich juristische Literatur; es stand unter ständiger Bewachung eines Gendarms, mit dem sie sich schließlich anfreundete. Das Kabinett existierte übrigens noch bis 1880, und Sainte-Beuve war ein eifriger Besucher. Er wohnte selbst in der Passage. Vor allem aber hatte Danton hier gewohnt, in dem inzwischen verschwundenen Teil, etwa dort, wo sich jetzt am Boulevard Saint-Germain sein Denkmal erhebt. Auch das berühmte Café Zoppi, alias Procope, hatte einen Ausgang zur Passage, in dem fast täglich die massige Figur Dantons erschien.
Privater, vornehmer, wenn man will, jedenfalls ruhiger und beinahe von provinziellem Charme sind die *cités,* abgeschlossene Wohnstraßen, wie die Cité Monthiers, die Jean Cocteau am Anfang der *Enfants Terribles* beschreibt. Häufig haben Künstler ihre Zuflucht in diesen Oasen der Beschaulichkeit gefunden, wie in der Cité Fleurie, die aus Überresten der Weltausstellung von 1878 gebaut worden war. Hier haben Gauguin und Modigliani gearbeitet. Neuerdings ist sie von der Bauspekulation bedroht, und vielleicht ist sie jetzt bereits den Baggern zum Opfer gefallen. Die Cité Falguière, eine andere Künstlerkolonie nahe der Métro-Station Pasteur, findet in Ursula von Kardorffs wehmütig stimmendem Buch *Adieu Paris* einen beredten Nachruf: «Hinter dem engen Flur entdecken wir plötzlich ein kleines Gartenparadies: die zwar bedrohte, aber noch immer bestehende Künstlerkolonie. Über Brücken und Treppen geht es hinunter, Bäume, Oleander, Blumen; dreistöckig übereinander stehen die Ateliers mit undurchsichtigen Glaswänden. Über einer Tür liest man in roter Farbe ‹Exposition d'Amour›, Akazien blühen, eine angenehme Unordnung herrscht, Vögel zwitschern, irgendwo übt einer auf dem Klavier.» Auch dieses Idyll wird Beute der Bau-Konquistadoren werden.

Unterirdisches Paris

... Wie kamst du hinab ins nächtliche Dunkel, da du doch lebst? Denn schwer wird's Lebenden, dies zu schauen.
Homer, Odyssee, XI. Gesang

Unter der dröhnenden, hektischen, lebensstrotzenden Stadt, *la ville-lumière,* liegt in ewigem Dunkel ein zweites, stummes, stagnierendes Paris, ein Netz von Gängen, Galerien, Krypten. Freilich ist die Métro, eigentlich noch der Oberwelt zugehörig und gleichsam wie ein Fremdkörper mit ihren hellerleuchteten Wagenketten und ihrer Eile, mit ihrer täglichen Völkerwanderung, in dieses stille Reich eingedrungen. Doch jenseits ihrer bunten Stationen und durchbrausten Tunnels dehnen sich meilen- und meilenweit Höhlen und Schächte, Gruben, Grotten und Stollen. Wie ein Schwamm durchlöchert ist der Untergrund unter den Bauten und Boulevards; im unendlichen Labyrinth hört man nur leises Sintern von Wasser, wisperndes Rauschen – und fernes Rollen aus einer anderen Welt, dann und wann vielleicht das unheimliche Kreischen kämpfender Ratten, ehe sie mit klatschendem Plumps in schwarzes Gewässer springen.
Am bekanntesten, weil seit 1874 dem Publikum zugänglich, ist der relativ kleine Abschnitt, der seit 1786 den Namen Katakomben trägt. Neunzig Stufen steigt man hinab und stößt alsbald auf die Inschrift: *«Arrête! C'est ici l'empire de la mort»* (Halt an! Hier ist das Reich des Todes). Durch die Pforte von Stein betritt man ein Beinhaus von elftausend Quadratmeter Fläche, wo sechstausend Raummeter Schädel und Knochen gehäuft liegen. Die Korridore sind, wie große Teile der unterirdischen Stadt, ehemalige Steinbrüche, *carrières,* aus denen jahrhundertelang die Pariser das Baumaterial für ihre Häuser und Mauern bezogen: Silex und Gips, Travertin, Mergelstein und Lehm.
Damit die Nekropole entstand, wirkten zwei Kalamitäten zusammen. Seit langem war es immer wieder zu Bodeneinstürzen gekommen, die ganze Häuser mit in die Tiefe rissen, namentlich auch in der Gegend der Porte d'Enfer (Denfert-Rochereau), wo

1774 ein riesiges Erdloch entstand, das sich 1775 durch weitere Einbrüche noch vergrößerte. Da der Gesteinsabbau völlig regellos und ohne Vorsichtsmaßnahmen betrieben worden war, gab es auch keine Aufzeichnungen von dem wilden Gängegewirr unter Tag, bis die Regierung am 4. Juli 1777 eine Kommission zur Erforschung der zum großen Teil in Vergessenheit geratenen Steinbrüche gründete. Auf der anderen Seite beklagten sich die Anwohner des Friedhofs *des Innocents,* dieses uralten Begräbnisplatzes, über den unerträglichen Geruch, der von den Leichenbergen der Massengräber dort ausging. Und so entschloß man sich 1780 zur Herrichtung des Beinhauses der Katakomben, indem man einen Teil der *carrières* ausmauerte und durch Trennwände gegen die übrigen abschloß; es handelte sich um ein Siebtel des ganzen Komplexes. Hierher brachte man die exhumierten Reste von vierzig Generationen Toter, und da diese Lösung sich bewährte, dehnte die Regierung die Operation auch auf fast alle anderen Friedhöfe im Stadtgebiet aus, die einer nach dem anderen ihre Toten an die Katakomben abgaben. Siebzig Jahre dauerten die nächtlich vorgenommenen Überführungen. Der Besucher legt heute Kilometer um Kilometer zwischen zwei sechs Fuß hohen Wänden von Totengebein zurück. Um die Mitte des 19. Jahrhunderts gab es in den dumpfen Korridoren achtmal mehr blanke Schädel als Paris

Dieser Stich aus L'Illustration stellt den Endkampf General Cavaignacs gegen die Aufständischen im Juni 1848 dar, die sich in den Carrières zu verteidigen suchten und niedergemacht wurden.

Auf der Lithographie von J. Villain nach einer Zeichnung von Bacler d'Albe sieht man die Treppe zu den Carrières, wo das *Blanc de Meudon* gewonnen wurde, ein kaolinhaltiger Lehm, der bei der Herstellung von Fayencen Verwendung findet; heute dienen diese Carrières der Champignonzucht.

Einwohner zählte, Schädel von Kutschern und Ministern, von Krämern und Gauklern, von Huren und Prüden, von Pfaffen und Büßern, anonym und unterschiedslos zu Stapeln, Ornamenten und architektonischen Dekors gehäuft. Aus Rinnsalen läuft ein unterirdischer Brunnen zusammen, und steinerne Sitze laden zum meditativen Verweilen ein, aber der Führer durchs Totenreich achtet darauf, daß keiner der Lebenden im Hades zurückbleibt.

Die Katakomben sind, wie gesagt, nur ein Bruchteil der unterirdischen Galerien, die insgesamt eine Länge von 300 km haben und deren Mäander sich unter fast allen Vierteln der Stadt hinziehen. Nicht nur Observatoire, Luxembourg, Odéon, Val-de-Grâce erheben sich über Hohlräumen. Auch unter dem Eiffelturm befindet sich ein Stollen, ehemals Verschwörerversteck, heute ein Weinmuseum. Die *carrières* von Montmartre dienten Cartouche und seiner Bande als Unterschlupf; hier stand die berühmte Klingelpuppe, an der er Taschendieben Unterricht gab, ehe sie sich auf dem Pont-Neuf an die Arbeit machten.

Die Katakomben, 1861 von Nadar photographiert. Leidenschaftlicher Luftschiffer, geschickter Karikaturist, war Nadar vor allem ein Pionier der Photographie. Das unterirdische Paris faszinierte ihn, und er war der erste, der davon Aufnahmen machte. Um des Effektes willen hat Nadar hier eine Wachsfigur ins Bild gestellt. – Oben: Diese Lithographie aus der Zeit der Romantik stellt eine Kapelle der Katakomben dar, in der die Gebeine aus dem Kloster der Blancs-Manteaux untergebracht sind. Diese Galerien waren nicht immer nur der Meditation geweiht, und da ihre Akustik bemerkenswert ist, wurde in der Nacht des 2. April 1897 für etwa hundert Gäste ein makabres Konzert gegeben.

Rosenkreuzer hielten hier ihre von Räucherwerk und Mystik umnebelten Zeremonien ab. Zu Anfang der Revolution verbarg sich Marat bis zu seiner ersten Verhaftung vierzehn Tage lang hier, weswegen der Berg eine Weile lang auch Montmarat hieß. Im Juni 1848 wurden Hunderte von Aufständischen zwischen den feuchten Wänden von den Truppen Cavaignacs massakriert. Ein anderes Gemetzel fand in der Blutwoche vom Mai 1871 in den *carrières* der Buttes-Chaumont statt: 800 Leichen gefallener oder füsilierter Föderierter wurden hier verschüttet, indem man die Stützpfeiler des Gewölbes sprengte. Auch im 20. Jahrhundert noch hatte das unterirdische Labyrinth seine Geschichte. Die als Cagoule bekannt gewordene, 1937 aufgedeckte Verschwörung gegen die französische Republik trieb darin mit Schießübungen und Drill einer Bürgerkriegsarmee ihr faschistoides Wesen; der Feldzugsplan mit unterirdischen Marschrouten zur Machtergreifung war bereits aufgestellt. Im

Zweiten Weltkrieg haben die deutschen Truppen Teile zu Luftschutzkellern ausgebaut. Vor der Befreiung richtete die Pariser Résistance am 18. 8. 1944 ihr Hauptquartier in den Katakomben zwischen den beinernen Zeugen ein, dort, wo hundert Jahre früher Nadar die ersten Photographien bei künstlichem Licht gemacht hatte. Und Ende der fünfziger Jahre bediente sich auch die O.A.S. des buchstäblichen Untergrundes.

Obwohl schon vom 18. Jahrhundert an überall in den ehemaligen Steinbrüchen Konsolidierungsarbeiten vorgenommen wurden, die ständig noch fortgesetzt werden, kam es immer wieder zu katastrophalen Bodeneinbrüchen; noch in den sechziger Jahren unseres Jahrhunderts forderte ein Erdeinsturz 22 Menschenleben. Niemand erhält jetzt Bauerlaubnis ohne Genehmigung der *Inspection des carrières,* Nachfolgebehörde jener einstigen Kommission. 1813 wurde jeder weitere Abbau unter Tag innerhalb der Stadt verboten; 1860 wurde das Verbot auch auf die Außenbezirke ausgedehnt. Seit undenklichen Zeiten war die Gipsproduktion eine der Hauptindustrien der Vororte gewesen. Jahrhundertelang hatte das rote Glühen der Brennöfen wärmesuchende Obdachlose angelockt. Der Export von Gips und Gipsgestein reichte bis nach Amerika, so daß die Steinbrüche von Belleville den Namen *carrières d'Amerique* erhalten hatten. Als die Ausbeute eingestellt wurde, dienten die alten Stollen der Champignonzucht. Der Legende nach soll ein desertierter Offizier der napoleonischen Armee sich in den *carrières* monatelang von den Pilzen ernährt haben. Ihre systematische Kultur kennt man jedenfalls schon seit 1812. Sie nahm solche Bedeutung an, daß das Produkt den Namen *champignon de Paris* erhielt.

Für ein anderes blühendes, aber illegales Gewerbe hatten die Gänge fern dem Tageslicht größte Bedeutung: Solange der Stadtzoll die Einfuhr nach Paris besteuerte, suchten Schmuggler ihren Weg unter der Erde. Wie die Mauer der *fermiers généraux* aus Finanzgründen die Stadt abgeschlossen hatte, wurden nun genau unter der oberirdischen Grenze auch die Schlupflöcher zugemauert. Darum gruben die Schmuggler ihre eigenen Stollen, manche nur 70 cm hoch, andere dagegen ausgemauert und bis zu 250 m lang, meist von einem innerstädtischen Keller bis zum Keller eines Vorstadthauses.

Das unterirdische Paris ist gänzlich Menschenwerk, und unter manchen Gebäuden reicht die Unterkellerung zwei oder drei Stockwerke tief hinab, wie im *Caveau des Trois-Mailletz* gegenüber Saint-Julien-le-Pauvre. Die unheimlichen Gewölbe stammen aus dem 6. und 12. Jahrhundert und gehörten einst zum

Die Kanalisation im Jahre 1860. Photographie von Nadar. Sie hat durchaus nicht überall die kolossalen Ausmaße, die ihnen damals die Zeichner auf ihren Illustrationen zu geben liebten. Auch da berichtigt die Photographie die Perspektiven.

Petit Châtelet; man sieht noch die nassen Nischen, wo Gefangene bei lebendigem Leib verfaulten. Heute hat man hier ein Museum für antike und mittelalterliche Folterwerkzeuge untergebracht. Auch in der Rue de l'Hirondelle gibt es solche untereinanderliegende Gewölbegrüfte, wo sich das Cabaret befand, das von Baudelaire und Jeanne Duval, seiner «schwarzen Venus», frequentiert wurde.

Die unterirdische Kanalisation der großen Stadt geht in ihren Anfängen ebenfalls bereits auf das 14. Jahrhundert zurück. Doch erst 1740 ließ der Finanzminister Turgot die *égouts de ceinture* anlegen. Der eigentliche Ausbau des riesigen Systems fand zwischen 1806 und 1858 statt. Es umfaßt heute 2000 km Kanalisationsstollen und 3200 km Wasserleitung. Noch bis Ende des 17. Jahrhunderts waren die offenen Abzugskanäle, die sich alle in die Seine ergossen, die Regel. In allen Straßen sikkerte ein Rinnsal, das von den aus den Fenstern geschütteten

Abwässern genährt wurde. Obligatorisch war nur, dem Ausgießen einen Warnruf vorauszuschicken. Auch dann noch, als viele Straßen gepflastert wurden, änderte sich der Zustand nur insofern, als das Rinnsal in gewissen Abständen durch ein Gitter in ein darunterliegendes Abflußrohr verschwand. Doch schon Ende des 18. Jahrhunderts gab es immerhin 26 km Kanalisation. Eine 1824 aufgestellte Bilanz kann mehr als 35 km melden, obwohl, abgesehen von der Bièvre, noch immer 2206 m Abzugsgräben unbedeckt verliefen. Der eigentliche Schöpfer des modernen Systems war der Ingenieur Eugène Belgrand. Danach fließt der große unterirdische Sammelkanal von Südosten nach Nordwesten unter der Seine hindurch und ergießt sich erst nach Unterquerung der Stadtviertel des ganzen rechten Ufers gegenüber von Asnières in den Strom, nachdem er die Wasser vieler sekundärer Sammelkanäle aufgenommen hat. Einer der Vorteile dieses Systems ist es, daß wegen des berechneten Gefälles das Risiko einer Überschwemmung der Stadt durch Rückfluß der Abwässer ausgeschaltet ist, zumal besondere Wasserspülungen für flottes Funktionieren sorgen. Durch Unterverzweigungen des Systems hat jede Straße in Paris ihren Abwasserkanal, dessen Tunnelkorridor durch ein blau-weißes Straßenschild gleich demjenigen im Tageslicht darüber gekennzeichnet ist; ebenso trägt der Abfluß der einzelnen Häuser die entsprechende Hausnummer, so daß das Straßennetz der Stadt sich gleichsam im Negativ unter dem Boden wiederholt.

Die Arbeit in diesem Labyrinth, das Tag und Nacht überwacht wird, ist nicht ohne Gefahr, weswegen niemals ein Einzelner, sondern immer nur Mannschaften hinabsteigen dürfen, die wegen möglicher Explosionen längst nicht mehr mit Acetylen-Lampen, sondern mit individuellen, starken elektrischen Leuchten ausgerüstet sind. Am gefährlichsten sind plötzliche Platzregen, bei denen der Wasserspiegel rasend schnell ansteigt und nicht selten in wenigen Minuten die Tunneldecke erreicht. 6 mm Niederschlag pro Stunde ergibt an manchen Stellen 400 t Wasser pro Sekunde. Darum bleibt stets ein Beobachter droben neben dem Einstieg, um die Kameraden unten bei aufziehenden Gewittern zu warnen.

Selbstverständlich ergießen sich die ungeheuren Mengen Abwässer nicht mehr mit all ihrem Schlamm und Kot ungereinigt in die Seine. In Clichy und Colombes stehen riesige Kläranlagen, die freilich schon unzureichend zu werden drohen. Die Schlammflut verdoppelt sich alle zwanzig Jahre, so daß ständig neue Wühlarbeiten unter der Stadt zur Erstellung neuer Tunnels nötig sind.

Das von schweren Dunstschwaden erfüllte Röhren- und Korridorsystem ist von Millionen von Ratten bevölkert; man schätzt sie auf fünf bis sechs Millionen. Auch sie sind für die in den Kanälen arbeitenden Menschen eine Gefahr, denn die Ratte greift gelegentlich an und springt von der Wand aus ins Gesicht, um zu beißen. Auch sie gräbt Höhlen, Gänge und Löcher im Untergrund, wenn auch die Zeiten vorbei sind, da gewisse Plätze in Belleville so von Ratten durchlöchert waren, daß der Boden unter den Füßen nachgab.

Die Wasserleitung hat man, in ihrer doppelten Ausführung für Trinkwasser und für Industriewasser, in das Kanalnetz verlegt. Entlang den Wänden der Tunnels laufen mannsdicke Rohre, die sich in kleinere und immer kleinere bis zu den Hausleitungen verzweigen. Täglich durchströmen sie 1 400 000 cbm Wasser. Auch die Telephonkabel, die Röhren der Rohrpost, Telexdrähte und Drähte für die Verkehrsampeln benützen das vorgegebene System von Monsieur Belgrand und seinen Nachfolgern. Für Gas und Elektrizität dagegen hat man aus Sicherheitsgründen je zwei getrennte Grabennetze gebaut. Verwirrend wird das Gekröse der Großstadt an den Kreuzungen, wo ein wahrer Knäuel von Rohren aller Kaliber wie das Spielzeug eines irren Riesen sich durcheinander schlängelt und verästelt.

Zum neuesten Paris der «Unterwelt» mag man die Tiefgaragen zählen, Betonhöhlen z. T. von gewaltigem Ausmaß, die der modernen Technik liebstes Kind im Schoß der Mutter Erde bergen, weil es droben in der Sonne sich längst selbst im Weg zu sein beginnt.

Verkehr und Verkehrsmittel

Dreimal bin ich zu verschiedenen Zeiten aufs Pflaster geschleudert worden und war in Gefahr, lebendig gerädert zu werden. Ich habe also wohl das Recht, den barbarischen Luxus der Wagen anzuprangern.
Louis Sébastien Mercier, Tableau de Paris

Pour marcher dans par
Tenez de tous côtez vi
Pour n'être pas heurte

Seit den merowingischen Ochsenkarren, die ihre Radspuren im Staub der Cité hinterließen, sind bis zu den breiten Straßenkreuzern, die in achtfachen Reihen über die Champs-Elysées rollen, in Paris Verkehrsmittel von größter Verschiedenartigkeit aufeinander gefolgt. Tausend und mehr Jahre lang besorgten Pferde, Esel, Maulesel und Ochsen den Transport von allem, was nicht den Wasserweg wählte, und schon die Straßen von Lutetia waren erfüllt vom Verkehr der römischen Tragbetten, der Reiter und der Gemüsekarren. Doch das Gesicht der Stadt prägten die Fußgänger, und erst das 18. Jahrhundert mußte kommen, um sie in eine eingeschüchterte Jagdbeute zu verwandeln, die ängstlich von Trottoir zu Trottoir springt, um nicht unter die Räder zu kommen, wie Mercier es beschreibt.
Während der Flußverkehr einen beträchtlichen Aufschwung nahm, gab es bei der Zirkulation in den Straßen des mittelalterlichen Paris wenig einschneidende Neuerungen. Mehr oder weniger schön, mit mehr oder weniger reichem Geschirr, bleibt das Pferd das Statussymbol seines Reiters. Die Straßen sind mit Stroh und Pferdemist bedeckt, die Höfe der Herbergen widerhallen von Gewieher.
Die italienischen Prinzessinnen der Renaissance führen eine Steigerung des Luxus ein, jeder Art von Luxus, und Katharina von Medici ist die erste in Frankreich, die in einer Karosse mit Lederportièren fährt; beim Einsteigen lassen sie sich zusammenfalten. Das Wundergefährt war freilich nur mit Vorhängen geschlossen, und erst Bassompierre führte unter Ludwig XIII. auf dem damals ganz neuen Cours-la-Reine die Neuerung einer kleinen, mit Scheiben verschlossenen Karosse vor. 1658 gibt es in ganz Paris kaum 320 Karossen, schwere Gefährte mit eisenbereiften Rädern, die die engen Straßen der Hauptstadt verstop-

L'Embarras de Paris (Pariser Verkehrsstockung). Stich von Nicolas Guérard. Das in der Ikonographie des 17. Jahrhunderts unzählige Male behandelte Thema scheint auf dieser Darstellung des Pont-Neuf kaum karikiert. Der dichte und anarchische Verkehr verursachte mancherlei Unfälle.

fen. Merkwürdige Fragen der Etikette und des Vorrangs stellen sich plötzlich, wenn sich zwei Wagen in der Enge begegnen; um nichts in der Welt würde eine Sängerin der Oper vor einem Erzbischof zurückhufen lassen, berichtet Mercier, «während die Kutscher vor dem Gerichtstalar, dem Prälaten und den Herzoginnen ihre skandalös unverschämten Worte wechseln». Außerdem versperren die Heuwagen, die Rollwagen, die Sandkarren und die ununterbrochene Flut von Fußgängern das dunkle Gassengewirr und verursachen die berüchtigten *embarras de Paris,* das Verkehrsdurcheinander. Die Peitschen knallen auf die Rükken der Pferde, die sich in die Sielen legen und ihre Fuhre freizubekommen versuchen. Manchmal gellt Geschrei auf, Blut spritzt. Bei einem Unfall ist der Kutscher nur für die kleineren Vorderräder verantwortlich; der Fußgänger, der von den großen Hinterrädern zermalmt wird, hat keinen Anspruch auf Schadenersatz, der übrigens nach Art der Verwundung und des Knochenbruchs in äußerst elastischer Form tarifiert ist. In diesem anarchischen Tumult ruft Blaise Pascal eine Omnibuslinie ins Leben, die zunächst «Karossen zu 5 sols» genannt wird; sie wird im März 1662 in Betrieb genommen. Die erste Linie führt von Saint-Antoine zum Luxembourg, doch im Jahr darauf werden bereits fünf oder sechs weitere eingerichtet. Der Erfolg verhindert nicht den Bankrott des Unternehmens, weil das Parlament bestimmt, daß «die Soldaten, Pagen, Lakaien und andere Leute in Livrée, ebenso Arbeiter und Tagelöhner besagte Karossen nicht besteigen sollen», wodurch die zahlenmäßig größte Klasse als Kundschaft ausfällt.

1760 erfand Monsieur de Chamousset die kleine Post, ausschließlich für die Hauptstadt und ihre Vorstädte bestimmt; sie sammelte in 200 über Paris verstreuten Briefkästen alle Briefe

Links: Auf diesem Stich, der zwei mit einem Karren zusammengestoßene Fiaker darstellt, zeigt Dunker – vielleicht unbeabsichtigt – den erbärmlichen Zustand der Zugpferde. Rechts: Der Stich zeigt, im Blick von der Terrasse Mr. Franklins in Passy aus, die Montgolfière, die der Marquis d'Arlandes aus den Gärten der Muette im Jahre 1874 aufsteigen ließ, «erste Flugreise in Gegenwart von Monseigneur dem Dauphin».

Ansicht des Arsenals, Stich von Perelle. Die Ansicht gibt auch einen Eindruck vom Port des Célestins und vom Quai Saint-Paul im 17. Jahrhundert. Hier wurden Eisen und Wein ausgeladen, und Coches d'Eau legten hier an.

ein, die dann an die Adressaten verteilt wurden. Es gab nicht weniger als acht Zustellungen täglich, fünf an Sonntagen.
Seit langem schon hatten die Pariser das Talent entwickelt, auf den Fußspitzen zu gehen und den Schlamm dadurch zu vermeiden, daß sie von einem Pflasterstein zum anderen sprangen, denn – so Paul Lacroix – «dieser Pariser Schlamm war für seine schwarze Farbe, seine ätzende Eigenschaft und seinen scharfen Geruch berüchtigt». Es war natürlich vorzuziehen, eine *«favorite»* in der Rue Croix-des-Petits-Champs zu mieten oder in der Rue du Temple eine *«vinaigrette»* anzuheuern, die ungefähr mit

der unwürdigen *riksha* verglichen werden kann. Die Messageries Royales dagegen, das Königliche Fuhrunternehmen, unterstanden der *ferme générale des postes,* und ihre fürchterlichen Knochenmühlen entsprachen sehr wenig dem Luxus der *fermiers généraux*. Nach ganz Frankreich ausstrahlend, hatten sie ihre Registrierungsbüros und ihre Abfahrtsstellen in verschiedenen zentralen Vierteln von Paris, je nach den befahrenen Regionen; der Preis pro Person und Postmeile war 1779 für alle Diligencen 16 sols.

Die *coches d'eau,* die Postschiffe, mußte man am Quai Saint-Paul oder am Quai de la Tournelle besteigen. Der Preis war je nach der Strecke und der Richtung mit der Strömung oder gegen sie verschieden; so war, ebenfalls 1779, der Tarif zwischen Paris und Melun flußaufwärts auf 2 livres 1 sol und flußabwärts auf 1 livre 17 sols festgesetzt. Für jedes Pfund schweres Gepäck, Möbel usw. mußte man 9 deniers entrichten.

Die Vorläufer der Taxis, die Fiaker, sind eine Pariser Erfindung. Ihr Schöpfer, Nicolas Sauvage, stammte aus Amiens, wo er beim Postmeister angestellt gewesen war. Er vermachte dem Fiaker nicht seinen wilden Namen, vielmehr nahm seine Erfindung den der Herberge du Grand-Saint-Fiacre, Rue Saint-Martin, an, wo sich in der Folge das Zentralbüro für die Droschken befand; 1637 hatten sie hier zum ersten Mal ihre Remise gefunden. Zweihundert Jahre später zählte man tausend von ihnen in der Hauptstadt. Der Preis wurde nach Strecke oder Zeit berechnet, doch es gab auch Mietwagen, die man pro Tag heuerte. Etwas komfortabler als die Fiaker und mit weniger dürren Gäulen, mußten sie aber ebenfalls durch eine Nummer gekennzeich-

Ein Coupé. Aquarell von Constantin Guys. Der Maler, ein Freund von Nadar, Baudelaire und den Goncourts, war der Bild-Chronist des zweiten Kaiserreiches. Er zeigte dessen Reize, Launen und Laster.

Neuer Omnibus für die Verteilung der Briefe in Paris, 1848. Die junge Republik, auf die Bequemlichkeit der Pariser bedacht, sorgte dafür, daß es im Sommer sechs, im Winter fünf Postzustellungen gab.

net sein und nach Einbruch der Dämmerung auf beiden Seiten brennende Laternen tragen, während am Kummet des Pferdes eine dicke Schelle baumelte.

Die Revolution entleerte Paris von seinen Karossen, Sänften und anderen Fortbewegungsmitteln des Adels, doch schon bald nach Thermidor tauchten wieder zahllose Fahrzeuge mit zum Teil bizarren Formen auf; wie durch Zauber erschienen Kaleschen, Whiskies und Kabrioletts, die in scharfem Trab vorbeirollten, hintenauf ein *à l'anglaise* kostümierter kleiner Jockey und befrachtet mit gestreiften Incroyables und halb nackten Merveilleuses, die nach einem Ausdruck der Zeit *«faisaient galoper leurs attraits»* (ihre Reize galoppieren ließen). Die Ära der großen Equipagen mit dem Gespann *en damier,* der Landauer, Breaks und Viktorias, in denen die Kokotten Constantin Guys' paradierten, kündigte sich mit dem beginnenden 19. Jahrhundert schon an. Die Privatkutsche erreichte damals ein bis anhin unbekanntes Raffinement im Bau und war ein Luxusgegenstand par excellence. Augenwischerei war unmöglich; englische Pferde mit edlen Formen und glänzendem Fell, ein von Astorg oder von Binder signierter Tilbury, Luxus des Geschirrs mit Kupfer- oder Silberbeschlägen, Luxus der Livreen mit wappengeschmückten Knöpfen gaben leicht nachprüfbare Auskunft über das Vermögen ihrer Besitzer.

Bürgerlich und umsichtig verstand die Gesellschaft unter Louis-Philippe die Verkehrsmittel einer Demokratisierung des *juste-milieu* zu unterziehen. Das Wort Omnibus ist bereits ein Programm; man vergißt jedoch, daß es sich aus dem Eigenna-

Seite 240
Der Stich stammt wie der vorhergehende aus L'Illustration: ein als Postamt eingerichteter Eisenbahnwagen.

men eines Herrn Omnès, seines Schöpfers, herleitet, der ein unternehmerischer und zudem mit einem gewissen Sinn für den Kalauer begabter Mann war, wenn er Pascal vielleicht auch ebensowenig kannte wie Pascal mit zwölf Jahren Euklid. Die verschiedenen Omnibuslinien wurden durch Buchstaben und die Wagenfarbe gekennzeichnet, Umsteigemöglichkeiten wurden geschaffen, Fahrplan und Geschwindigkeit geregelt. Man polsterte sogar die Bänke, was der Gipfel des Sybaritismus zu sein schien. Doch erst mit dem Zweiten Kaiserreich wurden die Wagen durch die Plattform und die *Impériale* vervollkommnet. Obwohl langsam und schwerfällig, war der Omnibus gefährlicher, als er aussah, und der Baedeker von 1878 versäumt nicht, gute Ratschläge zu erteilen. «Beim Ein- und Aussteigen halte man sich an den Eisenstangen fest, die am Eingang und an der Decke angebracht sind. Von der Impériale steige man rückwärts hinab, wobei man mit dem rechten Fuß beginnt. Es gehört eine gewisse Gewohnheit dazu, aus einem fahrenden Omnibus auszusteigen, ohne zu stürzen. Das Sicherste, setzt man den Fuß auf den Boden, ist: nicht sofort die Eisenstange loszulassen, sondern dem Fahrzeug einen Moment zu folgen, während man sich daran festhält.»

Andere Gesellschaften traten auf den Plan, die *Béarnaises, Citadines, Parisiennes, Hirondelles, Gazelles* und *Dames de Paris,* die alle an Bequemlichkeit und Annehmlichkeit mit der *Compagnie Générale des Omnibus* rivalisierten. Doch auf recht paradoxe Weise war eine der Hauptannehmlichkeiten die schwache Beleuchtung im Innern:

Ihr, die ihr Abenteuer sucht:
Um sie zu finden, nehmt in den Wagen Platz,
die in Paris man Omnibusse nennt ...

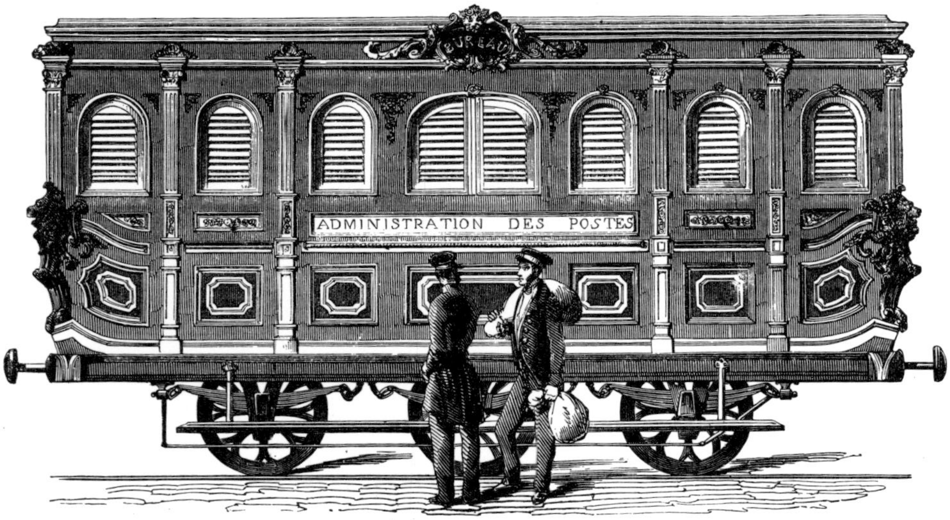

Seite 240–241: Ein hinsichtlich der Häufigkeit und der Umsteigemöglichkeiten höchst perfektioniertes Omnibusnetz mit einer Pferde-Straßenbahn verband die verschiedenen Pariser Bahnhöfe mit den hauptsäch-

lichen Punkten der Stadt. Das Photo wurde von N.D. Roger-Viollet vor der Gare de l'Est aufgenommen. Von 1878 an waren Damen auch auf der Impériale (dem Oberstock) zugelassen.

Und jede dieser Tugendfallen bestand aus 28 Sitzplätzen! Um 1870 gab es in Paris schon ein paar seltene Trambahnlinien, genannt *«chemins de fer américains»* (amerikanische Eisenbahn). Es waren riesige Omnibusse, die irgendwie an Waggons erinnerten und die von Pferden auf Schienen gezogen wurden.

Oben: Gare de l'Est. Die Bahnsteige der Züge nach Straßburg. – Mitte: Die Linie nach Sceaux. Die Schienenkurve vor Paris. – Unten: Bahnhofstunnel der Linie nach Le Havre.

Die Eisenbahn, die neue Errungenschaft, freilich nicht die einzige, wird von Alfred de Vigny sogar im Gedicht besungen. 1848 hatte man für eine Fahrt mit der Eisenbahn 25 Centimes pro Kilometer zu bezahlen, aber der Anschluß lag noch im argen. Häufig mußte man auf die Postkutsche oder den Coche d'Eau umsteigen.

Auf dem Neuruppiner Bilderbogen ist die große Eisenbahnkatastrophe dargestellt, die sich 1842 zwischen Paris und Versailles ereignete. Sie kostete mehr als 100 Menschen das Leben. Aus Ironie des Schicksals starb auch der große Entdecker und Seefahrer Dumont d'Urville auf diesem kurzen Ausflug. Er hatte die Welt umsegelt und war berühmt, weil er die Spuren vom Schiffbruch Lapérouses aufgefunden hatte, vor allem aber durch seine Forschungsreisen in der Antarktis.

Les Guichets du Louvre. Photographie von N.D. Roger-Viollet. Durch die Arkaden fließt auch heute noch der Verkehr zwischen den Quais und der Rue de Rivoli. Die alten, mit drei Pferden bespannten Stadtbusse waren bis 1888 im Verkehr, danach wurden kleinere eingesetzt, die von zwei Pferden gezogen wurden.

Seite 247
Oben: Entwurf einer Dampf-Tramway. Farblithographie von A. Cheneveau aus den Jahren 1876–1878. Erst zur Weltausstellung von 1889 fuhr die erste Dampf-Trambahn in Paris.
Unten: Autobus der Linie «Avenue de Clichy–Odéon», 1908. Die ersten städtischen Autobusse waren bereits drei Jahre früher mit der Linie «Bourse–Cours-la-Reine» in Dienst gestellt worden. Doch die letzten Pferde-Omnibusse verschwanden erst kurz vor dem Ersten Weltkrieg.

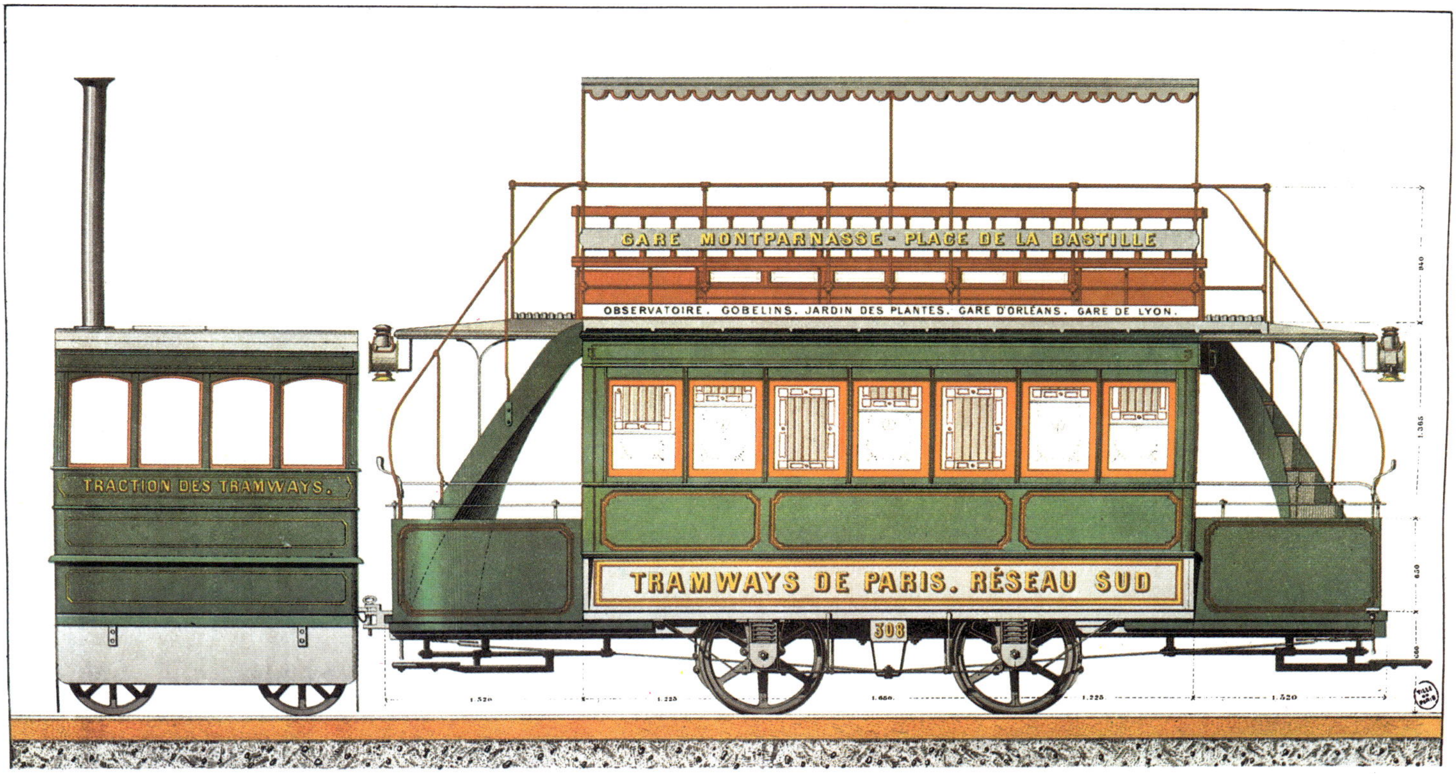
GARE MONTPARNASSE - PLACE DE LA BASTILLE
OBSERVATOIRE. GOBELINS. JARDIN DES PLANTES. GARE D'ORLÉANS. GARE DE LYON.
TRACTION DES TRAMWAYS.
TRAMWAYS DE PARIS. RÉSEAU SUD
308

AVENUE de CLICHY ODEON
H Notre-Dame de Lorette - Palais-Royal - St Sulpice
COMPAGNIE GENERALE DES OMNIBUS

Diese Pferdebahn und die Omnibusse hatten gleiche Fahrpreise und gemeinsame Umsteigemöglichkeiten, erstes Anzeichen des wirklichen Massenverkehrs, der sich natürlich auch auf die Fluß-Schiffahrt erstreckt: Aus den «Reisenden» per Diligence oder Postschiff werden in der Balzacschen Epoche «Verkehrsteilnehmer», wenn das Wort sich auch erst gut hundert Jahre später einstellt.
Der Bau der Bahnhöfe ist Symbol und sichtbarer Triumph der Industrialisierung, die den Diligencen den Garaus macht, aber auch ein Zeichen für die Erschließung neuer Horizonte. Die Herrschaft der Dampfmaschine spaltet jäh eine ganze Generation, die zwischen Begeisterung und Ablehnung zerstritten ist. Der Elan der Ingenieure, die ihre Auffassung vom Fortschritt aus der polytechnischen Methode und den Lehren der Saint-Simonisten beziehen, trifft auf die entgegengesetzten Interessen, auf die steigenden Eisenpreise, auf bedrohten Besitzstand, auf die Spekulation und auf den Konservatismus der Kammern. Doch Emile Pereire im *National,* Eugène Flachat im *Constitutionnel,* Charles Duveyrier im *Crédit* werden nicht müde, auf die Notwendigkeit öffentlicher Arbeiten hinzuweisen. Endlich siegt die Kühnheit über die Zaghaftigkeit der Regierung, und James de Rothschild wagt es, die Linie Paris–Saint-Germain zu bauen. Am 26. August 1837 besteigen zur Einweihung die Königin Marie-Amélie, die Prinzessinnen Adélaïde und Clémentine und die Herzöge von Aumale und von Montpensier den ersten Zug von der Gare Saint-Lazare nach le Pecq bei Saint-Germain-en-Laye. Daß auch der König sein Leben riskiere, hat der Staatsrat verhindert. Doch schon im gleichen Jahr taucht ein Regierungsprojekt zur Zentralisierung der Eisenbahnen auf: Alle Linien des französischen Schienennetzes müssen in Zukunft auf Paris konvergieren: Paris–Rouen, Paris–Calais, Paris–Nizza... 1853 gibt es bereits sechs Linien. Die Bahnhöfe sprießen aus dem Boden: Gare d'Orléans, Gare de l'Est, Gare du Nord, alle mehrmals vergrößert und umgebaut, sobald es nötig wurde. Vielleicht zum ersten Mal in der Wirtschaftsgeschichte der Welt zeichnet sich eine entschiedene Umkehrung der Konkurrenzverhältnisse ab, die zu dem System der Fusionierung führt. Die Bahnhöfe und die Trusts entstehen gleichzeitig. Nachdem die Deputiertenkammer 1838 der Compagnie Casimir Lecomte eine Konzession auf siebzig Jahre für die Eisenbahn Paris–Orléans zugebilligt hat, stimmt sie 1852 dem Dekret einer Fusion der Compagnies d'Orléans, du Centre, der Bahnen von Orléans nach Bordeaux und von Tours nach Nantes zu.
Mit dem Dezember 1852 kommt Paris in den Genuß einer Ring-

Blick von Saint-Michel zum Boulevard du Palais. Photographie von N.D. Roger-Viollet. In der großen Nord-Süd-Achse der Stadt folgen sich die Verkehrsmittel schon sehr dicht. Der Fialenturm links im Hintergrund ist der der Sainte-Chapelle.

bahn: *chemin de fer de ceinture,* die innerhalb der Befestigungsanlagen rund um die Stadt fährt. Zunächst auf den Gütertransport beschränkt, hatte die Linie ihren Ausgangs- und Endpunkt an der Gare Saint-Lazare; ihre Gesamtlänge betrug 37 km, doch da der Zug 29mal anhielt, dauerte die Fahrt im ganzen zwei Stunden. Es waren vermutlich keine sehr amüsanten Stunden, denn die meiste Zeit fuhr man zwischen Mauern oder durch Tunnels; jedoch der billige Fahrpreis kompensierte die Eintönigkeit der Strecke: Die Rundreise kostete in der 2. Klasse nur 85 centimes.

In dasselbe Jahr 1852 fällt übrigens auch das Experiment von Henry Giffard. Angeregt von einer Reihe merkwürdiger, aber unbrauchbarer Maschinen, konnte Giffard schließlich ein Dampfluftschiff von nur 159 kg konstruieren, das über 3 PS verfügte und dessen Propeller in der Minute 110 Umdrehungen erreichte. Nach seinem Start im Pariser Hippodrome gelangte das lenkbare Luftschiff in zwei Stunden bis in die Gegend von Trappes, 30 km von dem Punkt seines Aufstiegs entfernt. Die Landung ging glatt vonstatten; die höchste erreichte Höhe betrug 1800 m. Da Giffards folgende Experimente nicht den erhofften Erfolg erbrachten, versank der Pionier der Dampfluftschiffahrt schließlich in Wahnsinn und schoß sich eine Kugel durch den Kopf.

Giffard war der Erbe einer langen Reihe von Erfindern, die Paris zum Schauplatz ihres Aufstiegs gewählt hatten. Auf die aerostatischen Experimente der Brüder Montgolfier folgten die Ballonversuche des Physikers Jacques Charles und der Brüder Robert, die am 27. August 1783 auf dem Champ-de-Mars – ohne Gondel und unbemannt – den ersten Ballon von wirklich wissenschaftlicher Konzeption aufsteigen ließen. Im Jahr darauf startete der Marquis von Arlandes seinen Apparat, den das *Journal de Paris* folgendermaßen kommentierte: «Der Apparat ist der größte, den man in der Hauptstadt bisher sah: Auf seinen Bau wurden mehr als 3700 Ellen Leinwand verwendet... die

Oben
Rond-Point des Champs-Elysées. – Der Verkehr, schon immer schwierig und stockend in Paris, ist auch nach Haussmann nicht flüssiger geworden. Zumal seit das Automobil mit den Pferdefuhrwerken zu konkurrieren begann, nahm das Verkehrschaos mehr und mehr zu.

Aufmerksamkeit seiner Schöpfer richtete sich vor allem darauf, die Apparatur zu vereinfachen. Sie haben das Podium unterdrückt, auf das man sie sonst setzte, ebenso die äußeren Masten, die sie durch tragbare, an der Galerie befestigte Masten ersetzt haben, welche mit auf die Reise gehen ... Schließlich versehen die Reisenden sich mit einer Löschvorrichtung für den Kocher, mit einer gewissen Menge Wasser, mit ein paar Schwämmen und zwei sehr bequemen Ventilen.»

Es gab viele analoge Exprimente, und jedes wurde zu einem Volksfest für die Pariser, das in der Chronik und Ikonographie seinen Niederschlag fand.

Die Draisine mit Pedalen, 1855 von einem gewissen Michaux erfunden und inspiriert durch diejenige, die unter dem Directoire die Incroyables mit ihren Füßen in Bewegung gesetzt hatten, versinkt wieder in Vergessenheit, bis gegen Ende des Jahrhunderts der Fürst von Sagan eine verbesserte Version lanciert: das Bicyclette oder Fahrrad. Die mondäne, progressive «kleine

Verkehrsstockung in Paris vom Jahre 1910. Photographie Branger. In den Jahren vor dem Ersten Weltkrieg beginnt das Motorfahrzeug mehr und mehr die Straßen der Stadt zu beherrschen, wenn auch z.B. der Fiaker mit seinem müden Gaul trotz Autobus und Taxi seine Dienste weiterhin anbieten wird, sogar heute noch als Touristenattraktion.

Teilabschnitt der Métro, La rotonde de la Villette, kurz nach der Eröffnung. Photographie N.D. Roger-Viollet. An vielen Stellen kommt die Métro ans Tageslicht und eilt als Hochbahn, von Gußeisenpfeilern gestützt, über den Köpfen der Straßenpassanten dahin.

Königin» facht Polemiken an, und Sarah Bernhardt entrüstet sich im Namen der von jungen Frauen, die auf dem Zweirad in den Alleen des Bois «den Raum verschlingen», verletzten Moral.

Andere Hauptstädte haben vor Paris die unterirdische elektrische Bahn gekannt; doch schon 1855 wurde die Schaffung eines städtischen Schienennetzes ins Auge gefaßt, zunächst um die Hallen zu beliefern. Trotz endloser Streitereien zwischen der Stadt und dem Staat erhält der Ingenieur Fulgence Bienvenüe 1896 den Auftrag, «das Netz einer städtischen Bahn mit elektrischem Antrieb» vorzuplanen. Da die Stadt als Sieger hervorgeht, wird die «Métro» zu den städtischen Einrichtungen gehören. Unüberwindbar scheinen zuweilen die technischen Schwierigkeiten: Umleitung der Kanalisation, Unterquerung der Seine, unvorhergesehenes Felsgestein oder unterirdische Wasservorkommen. Dazu kommen juristische Schwierigkeiten: Kaufleute, durch die gigantischen Arbeiten in ihrem Handel beeinträchtigt, strengen Prozesse an; die Arbeiten behindern zudem den innerstädtischen Verkehr. Noch ehe die Métro in Betrieb genommen ist, wird sie bereits als gesundheitsschädigend verleumdet. Gleiches hatte man übrigens auch bei der

Plakat der Eisenbahnlinie Paris–Orléans für den Ausflugsverkehr nach den idyllischen Orten im Chevreuse-Tal. Man sieht den berühmten Baum in Robinson, auf dem man Kaffee trinken kann, beliebtes Sonntagsziel für Familien und junge Pärchen noch bis in die dreißiger Jahre unseres Jahrhunderts hinein. ▷

CHEMIN DE FER D'ORLÉANS
PARIS À SCEAUX & LIMOURS
TOUR DE CHEVREUSE
LIMOURS
ORSAY
ST REMY
CHEVREUSE
GIF
LONGJUMEAU
LOZÈRE
VERRIÈRES
MASSY
PALAISEAU
ANTONY
ROBINSON
SCEAUX
VAUX DE CERNAY
ARCUEIL — Les aqueducs — École Albert-le-Grand.
BOURG-LA-REINE — Lycée Lakanal (Commune de Sceaux).
SCEAUX-[redacted] — Son parc.
FONTENAY-AUX-ROSES — Fosses Bazin — Plateau de Châtillon — Bagneux — Collège Sainte-Barbe-des-Champs.
SCEAUX-ROBINSON — Robinson — Bois de Plessis Piquet — Vallée aux Loups — Châtenay — Aulnay.
BERNY — Route de Versailles — Malabry — Petit-Bicêtre — Fresnes — Rungis.
ANTONY — Ses jolis points de vue — Wissous.
MASSY — Verrières et ses bois — Chilly — Morangis.
PALAISEAU — Les Bords de l'Yvette — Champlan — Longjumeau.
ORSAY — Son frais paysage — Ses châteaux — La Gorge des Hucheries.
BURES — Village au bord de l'Yvette — Eglise du XIIIe siècle.
GIF — Son Ermitage et son château.
ST-REMY-LES-CHEVREUSE — Ses beaux vallons — Ruines de Chevreuse — Dampierre et son château — Les Vaux de Cernay.
BOULLAY-LES-TROUX — Ravins de Nervilliers — Splendides vues boisées recherchées par les peintres.
LIMOURS — Ses belles promenades — Forges-les-Bains — Ses Eaux minérales — Bonnelles et son château.
IMP. F. CHAMPENOIS.
66, BOULD. ST MICHEL _PARIS.

Eisenbahn orakelt. Und dieselben Kassandrarufe ertönten wieder beim Automobil: Man könne es nicht benützen, ohne wie zu einer Polarexpedition gekleidet zu sein. 1895 qualmen Dions Abschleppmaschinen mit Dampfkraft, vom selben Typ wie die, welche in 7 Stunden die Strecke Paris–Rouen zurückgelegt hat, durch die Pariser Straßen und schleppen mit einer Panne stehengebliebene Automobile ab. Die Métro wird schließlich für die Weltausstellung von 1900 eingeweiht. Ihr Schienennetz umfaßt 1909 schon 70 km. In großem Umfang bis 1914 fortgesetzt, dauern bedeutende Arbeiten zu ihrer Ausdehnung noch bis heute an. Sie brachten mitunter erstaunliche Funde der Pariser Archäologie zutage. Noch immer ist die Métro das schnellste und billigste Verkehrsmittel, wenn auch ständig Klagen über Langsamkeit und hohe Fahrpreise laut werden. Im Durchschnitt fährt sie 22 Stundenkilometer, während der Autobus kaum 10 schafft, denn die Straßenverstopfung bildet ein schweres Problem. Mehr als 350000 Wagen suchen täglich einen Parkplatz, so daß man daran denkt, den Kanal Saint-Martin zuzuschütten, um Platz für eine riesige Garage zu gewinnen.

Die Seine mit den Bateaux-mouches, aufgenommen vom Pont Royal. Photographie von N.D. Roger-Viollet. Das Billett auf den Bateaux-mouches kostete 10 centimes und berechtigte zur Fahrt von Charenton bis Suresnes oder auf einer Teilstrecke zwischen den 47 Stationen. Die Schiffe fuhren bis zum Jahr 1934.

Pariser Gärten

Der Garten war kein Garten mehr, er war ein kolossales Buschgehölz, d.h. etwas so Undurchdringliches wie ein Urwald, bevölkert wie eine Stadt, zitternd wie ein Nest, dunkel wie eine Kathedrale, duftend wie ein Blumenstrauß, einsam wie eine Gruft, lebendig wie eine Menschenmenge.
Victor Hugo, Les Misérables

Es scheint, als ob der Mensch niemals sein Eden vergessen konnte, dessen stille Herrlichkeiten er unaufhörlich wieder neu zu erschaffen versucht hat; jeder Garten zeugt von dem Streben, das verlorene Paradies wiederzufinden. Babylons grünende Terrassen, karge, lichtdurchflutete Gärten des alten Ägypten, Zitronenhaine, aus denen griechisches Denken aufstieg, immer bleibt der Garten ein Füllhorn, das leibliche Erfrischung und Belebung der geistigen Kräfte spendet. Doch das anregende Pflanzen-Universum kann auch zum Ausdrucksmittel werden, und das wiedergefundene Paradies ist weniger ein absolutes, statisches Eden als vielmehr die köstliche Stätte, wo der Mensch sein Ebenbild verwirklicht. Ebenso wie der von Homer im VII. Gesang der Odyssee geschilderte Garten zu Ehren der menschlichen Ingeniosität einen bäuerlichen Mikrokosmos darstellte, war der mittelalterliche Garten – übrigens auch die Architektur der Epoche – zu Ehren Gottes das Sinnbild eines himmlischen Jerusalems.

Während wir zahlreiche ikonographische Dokumente der Gärten jener Zeit kennen, besitzen wir leider keines von den Wundern des *Hostel Saint-Pol* mit seinen Volièren, seinen Beeten voll seltener Blumen und vor allem seinem aromatischen Gewürzgärtchen, denn gern verband man das Nützliche mit dem Angenehmen. So übernahmen auch zwei Jahrhunderte später die reichen Bürger von Paris für ihre Gärten die aus Italien stammende Mode der Orangerien; sie feierte einen unvergleichlichen Triumph, wenn auch die patriarchalische Heimproduktion sich seit dem Mittelalter schon verstädtert hatte, so daß es sich bei der Pomeranzenzucht eher um eine Liebhaberei handelte. Projektion wie jede Schöpfung, wurde der Pariser Garten – namentlich von dem Zeitpunkt an, als er aufhörte, das Nützliche mit dem Angenehmen zu verbinden – zum Bild einer neuen Grundordnung: Der Feudalstil modifizierte sich durch die Demokratisierung, die das Leben in der Hauptstadt mit sich brachte, denn im Frankreich des 17. Jahrhunderts herrschte das Geld, und lange vor der Revolution hatte der Adel das Spiel schon verloren. Dieser von den Prinzen zu Ehren gebrachte Stil wurde nach und nach von den Finanzmännern übernommen, dann von den Herren im Gerichtstalar, und das Gepränge des Luxembourg pflanzte sich schließlich fort auf den Hängen der Zechbrüder von Charonne, wenn auch auf die räumlichen Möglichkeiten reduziert. Doch ein paar Jahrhunderte später werden sich die fürstlichen Gärten durch einen Fortbestand revanchieren, der den anderen nicht vergönnt gewesen ist: Die Baumschule des Luxembourg überlebt die Exotarien der Parks des Faubourg Saint-Germain.

Die vergessenen, von Brombeerranken überwucherten Gärten, die grünenden Gevierte aufgehobener Klosterkreuzgänge waren noch im 19. und zum Teil sogar bis Mitte des zwanzigsten Jahrhunderts einer der versteckten Reize der Hauptstadt; zum Beispiel der zum *Hôtel de Montmorency* gehörende Park, der sich

1 la Porte de la Conference.
2 le Cour de la Reine.
3 Meudon.

Veüe du Jardin des Thuileries comme il est à present 1680

4 le fer à cheval.
5 le nouveau chemin de Versailles.

à Paris chez N. Langlois rue S. Jacques a la Victoire auec Priuil. du Roy. dessiné et graué par Perelle

«Ansicht des Gartens der Tuilerien, wie er sich gegenwärtig, 1680, darbietet». Stich von Perelle. 1664 hatte Colbert den Gartenarchitekten Le Nôtre beauftragt, einen Garten zu schaffen, der des von Le Vau errichteten und umgebauten Palastes würdig wäre. Der bisherige Garten war seinerseits nach Plänen von Vater und Großvater André Le Nôtres angelegt worden. Letzterer schuf eine ausgedehnte Esplanade à la française, die von Baumreihen flankiert und von einer durch Bassins unterbrochenen Mittelallee durchquert ist.

Leben und Treiben auf den Champs-Elysées. Der Stich aus dem zweiten Kaiserreich beweist, wie populär die Promenade damals war.

noch unter dem Empire von der Rue Montmartre bis zur Rue Vivienne erstreckte, oder alle die schattigen Gehege der Herrensitze und Lustschlößchen von Passy, einem Viertel, das von der Schreckensherrschaft verschont blieb, nicht jedoch von der Spekulation in der Epoche der Romantik.

Groß, tief und geheimnisvoll war der Garten,
Durch hohe Mauern den Blicken der Neugier verwehrt.

Heute haben viele Arrondissements von Paris, zum Beispiel das 9., 10., das 15. und das 20., kaum ein oder zwei Squares ... und Friedhöfe, während andere, wie das 2., keinen einzigen grünen Fleck aufweisen. Paris ist noch nie eine grüne Stadt gewesen, seit in der Renaissance intensive Bautätigkeit eingesetzt hatte, was die Begeisterung der Pariser für Pflanzen und Blumen erklärt. Im 18. Jahrhundert pflegten viele auf ihren Balkons Mini-Kulturen von Blumen oder sogar von Gemüse. Heute ziehen

einige dort Haschischpflanzen, denen die blasse Sonne der Ile-de-France vermutlich keine ausgeprägten Traumqualitäten verleiht.

Vor zweihundert Jahren drängelte man sich, um die Ranunkeln und Jonquillen des Botanikers Tripet zu bewundern, und schon seit 1616 erging man sich unter den Bäumen des Cours-la-Reine. Als Colbert das bis dahin dem Ackerbau dienende Gelände anpflanzen ließ, das die Promenade der Champs-Elysées werden sollte, gehörte es zum guten Ton, sich dort im Wagen zu zeigen. Doch sehr bald schon wurden die Leute von Welt dieses Vergnügens leid, denn der Ort war schlecht instand gehalten, und die ärmeren Schichten kamen in Scharen, um hier Laufspiele zu veranstalten, sobald die Sonne den schlammigen Boden genügend getrocknet hatte. In der Gegend des Faubourg Saint-Honoré wiesen die Gärten nur schmutzige, schmale Wege auf, weil der sumpfige Grund das Regenwasser nur schwer ablaufen ließ. Drei ärmliche Cafés, von denen eines den pompösen Namen *Café des Ambassadeurs* führte, standen im Dreieck inmitten einer Bodensenkung. Sonst gab es nichts außer einem engen

Das Flaschenkunststück. Der Stich von Auriol stellt einen der zahlreichen Akrobaten dar, die sich vor den Spaziergängern produzierten.

◁ Der Wintergarten, wie Daubigny ihn sah, als er «Die Geheimnisse von Paris» illustrierte. Exotik und Künstlichkeit bildeten den Hauptreiz dieser Anlagen.

Gesangsdarbietung vor dem Café Morel auf den Champs-Elysées. Das Carré Marigny war um 1830 ein viel besuchter Vergnügungsort. Jenseits davon begann bereits das freie Land, und es war wenig ratsam, sich nach Einbruch der Dunkelheit dort zu ergehen.

Durchgang zwischen Baracken und übel beleumdeten Kellern. Schon im 18. Jahrhundert herrscht hier das Treiben, das Eugène Sue knappe hundert Jahre später in den *Mystères de Paris* schildern wird. Ein Gesetz vom 27. November 1792 schlägt die Champs-Elysées zum Nationaldominium, und ein Dekret des Konvents befiehlt, im Mittelpunkt des Rond-Point ein Laub-Mausoleum zur Erinnerung an Lepeletier und Marat zu erhalten. Das Directoire ließ die große Avenue verbreitern, die Pferde von Marly auf Sockel stellen, die Baracken abreißen und die Gräben zuschütten; denn mit der *Chaumière* in der Allée des Veuves (Witwenallee), wo Madame Tallien ganz Paris zu Gast empfing, wurden die Champs-Elysées zu einem Treffpunkt der eleganten Welt. Das sind sie geblieben, trotz aller Heimsuchungen, von denen nicht die geringste die Invasion der Alliierten 1814 war, als Kosakenpferde die Rinde der Alleebäume benagten, die Preußen das Champ-de-Mars und die Engländer den Bois de Boulogne besetzt hatten.
Der Bois de Boulogne ist das letzte Überbleibsel des gallo-römischen Waldes von Rouvray, der dann zum königlichen Jagdrevier gehörte und sich bis ins heutige Paris hinein, bis in den Faubourg du Roule, erstreckte. Im 11. Jahrhundert hausten ein paar Holzfäller in der Seine-Schleife und bildeten die Siedlung

der Menus-lez-Saint-Cloud. Doch vor allem war der Wald ein Schlupfwinkel für Banditen, mindestens bis Franz I. das Schloß Madrid erbauen ließ, das Heinrich II. dann mit einer Mauer umgab, wobei er den Waldbestand bereits beträchtlich reduzierte. Heinrich III. plante, sechs sternförmige Alleen mit einem Rondell im Mittelpunkt anzulegen und mit Statuen und Grabmälern auszuschmücken: «In hundert Jahren wird es eine amüsante Promenade sein, denn dann wird es dort mindestens vierhundert Gräber geben.» Jedoch, es blieb beim bloßen Plan. Besucher wurden vor allem von der Abtei Longchamp angezogen. Während der Karwoche kam man hierher, um die Nonnen bei der Finstermette die Klagelieder singen zu hören. Da die Äbtissin dem Wunder noch nachhelfen wollte, mischte sie unter die Stimmen ihrer Klosterfrauen auch einige dem Chor der Oper entlehnte, was den Zustrom der Leute von Welt natürlich beträchtlich vermehrte. Man plauderte, lachte, tauschte Liebesbriefe und Leckerbissen aus, kurz: dieser Trauergottesdienst war so fröhlich und die Finstermette so strahlend, daß der Erzbischof – freilich vergeblich – die Abtei zu schließen versuchte. Dies gelang erst 1791 der Revolution.

Der Teich im Bois de Boulogne. Die Ansicht aus dem Jahre 1865 zeigt einen der beiden von Alphand angelegten Teiche; auf dem Erdriegel, der sie voneinander trennt, verläuft eine Chaussée, umspielt von Kaskaden.

In den Bois kam man auch, um die Pferderennen zu besuchen, dessen erstes schon am 15. Mai 1651 stattfand, also genau ein Jahrhundert vor den in der Ebene von Sablons veranstalteten. Das Rennen wurde ausgetragen auf dem «großen, geraden Weg nach Saint-Cloud, dann mit einer Schwenkung auf dem rechten Ufer innerhalb des Geheges (des Bois), auf der großen Straße, die zum Schloß ‹Madrid› zurückführt» (zit. bei Hillairet, Dictionnaire Hist. des rues de Paris). Der Bois de Boulogne besaß noch eine weitere Spezialität: So ziemlich unter allen Regimen trug man hier Duelle aus, und sogar Damen scheuten nicht davor zurück, ihre Streitigkeiten hier mit Säbel oder Pistole zu begleichen. Während der Revolution nahm der Bois großen Schaden, denn beim Mangel an Brennmaterial erlagen viele Pariser der Versuchung, Bäume zu fällen. Marie d'Agoult hat eine düstere Schilderung vom Bois zu Beginn des 19. Jahrhunderts hinterlassen; sie nennt ihn «eine erbärmliche Ödnis, die keine andere Abwechslung bietet als den Tümpel von Auteuil, in dessen stagnierendem Wasser zahllose, unerträgliche Frösche quaken». So unfreundlich der Bois auch sein mochte, der Umstand, daß er so abseits lag, reservierte ihn ausschließlich den Leuten, die einen Wagen besaßen; für den bescheidenen Bürger zu Fuß blieb er unerreichbar. Napoleon III. wollte, daß der Bois mit Hyde Park rivalisieren sollte, und trug die Ausgestaltung dem Gartenarchitekten Varé und dem Straßenbau-Ingenieur

Die Lithographie stellt den Garten des Citoyen Caron de Beaumarchais, nahe der Bastille, dar, mit dem Bacchus-Tempelchen. Der Park à l'italienne, der den Schöpfer des Figaro nicht weniger als 1663000 Francs gekostet hatte, mußte dem Canal St-Martin weichen.

Alphand auf. Sie sollten einen englischen Park mit Teichen und Kaskaden schaffen, Wege anlegen, Baumgruppen pflanzen und einen Rennplatz ins Leben rufen, der des Namens würdig wäre. Als die Arbeiten fertig waren, änderte auch Marie d'Agoult ihre Meinung: «Der Bois ist näher gerückt, offen nach allen Seiten mit angenehmen Zugängen.» Vom Zweiten Kaiserreich bis zu den «tollen Zwanzigern» bleibt der Bois die Promenade *à la mode,* es ist *fashionable,* sich dort zu zeigen, sofern man zur dünnen Schicht des *gratin* zählt. Heute begegnet man tagsüber gewöhnlichen Sonntagsspaziergängern, und nach dem Dunkelwerden liebäugeln die Autos miteinander durch Blinksignale.

Bagatelle und seine Gärten bilden einen Teil des Bois de Boulogne, an dessen Rand der Marschall d'Estrée 1720 ein winziges Schlößchen erbauen ließ. Obwohl es nur vier Räume enthielt, kostete sein Bau nicht weniger als 100000 livres, die der Marschall übrigens wenig martialisch durch Spekulationen mit Schokolade gewonnen hatte. Schloß und Park wurden 1775 dem achtzehnjährigen Grafen von Artois verkauft. Er beeilte sich, das Ganze niederreißen zu lassen, und wettete mit seiner Schwägerin Marie-Antoinette um 100000 livres, daß Bagatelle in 64 Tagen neu erbaut sein werde, «mit seinen Nebengebäu-

Das Gäßchen, das seit einem Jahrhundert Schloß und Garten der Tuilerien voneinander trennte, wurde von André Le Nôtre entfernt, indem er es durch eine Terrassenrampe ersetzte. Stich von E.I. Roberts nach einer Zeichnung von Batty, 1882 in London entworfen.

den, seinen Gärten, seinen Grotten, seinen Teichen und seinen Blumenbeeten». Der künftige Karl X. gewann die Wette, und die *Folie d'Artois,* wie man Bagatelle damals eine Zeitlang nannte, diente allerlei Ausschweifungen als Dekor. Nachdem es mehrfach den Besitzer gewechselt hatte, wurde Bagatelle 1910 von der Stadt Paris erworben, die dort zeitweilig Ausstellungen veranstaltet und in den 24 Hektaren des Parks Rosengärten und andere Blumenanlagen einrichtete.

Auch der Park des Ranelagh war ehemals eine *«folie»*. Vor den Gartenanlagen von la Muette gelegen, erfreute er sich im 18. Jahrhundert als Vergnügungsplatz großer Beliebtheit:

Dies Ranelagh mit dem englischen Namen
Sah einstmals den Hof und die Bürgerschaft,
Die in Schwärmen in seinen Garten kamen;
In Paris die Mode den Ruf erschafft.

Rasenflächen, Café, Restaurant, Orchester und Tanz, Marionetten- und Zaubertheater, Ringspiele und Pavillons, in der Tat fehlte hier nichts. Das 18. Jahrhundert war in Gärten vernarrt,

Oben
Palais du Sénat, Gartenseite. Stich von Chamouin nach einer Zeichnung von Rouargue. Die heutige Gestaltung des häufig abgeänderten Luxembourg-Gartens stammt von Chalgrin.

auch wenn sie nicht immer dem Ideal Jean-Jacques Rousseaus entsprachen; ihre Reize waren jedenfalls weniger starr als die der Parks *à la française,* die ihnen vorausgegangen waren. Letztere verlangten weite Perspektiven, bei denen nach der Forderung von Le Nôtre «nichts den Blick aufhielt», so daß sie in der Hauptstadt niemals zahlreich wurden, wenn auch der Luxembourg-Garten und vor allem die Gärten der Tuilerien mit ihren beschnittenen Buchsbäumen und den Blumenarabesken *à la française* konzipiert waren. Der Staat hat übrigens die Tuilerien an die Stadt Paris vermietet, doch manche der Statuen und Urnen gehören dem Louvre-Museum. Ähnlich ist die Situation bei den Pferden von Marly: Für die eine Gruppe ist der Staat zu-

Diese Aquatinta-Zeichnung aus der zweiten Hälfte des 19. Jahrhunderts gibt den Park der Buttes-Chaumont wieder. Das 27 Hektar große Gelände stellte der Anlage des Parks wegen der Höhlungen der Carrières Schwierigkeiten entgegen. Gewisse Zerklüftungen wurden beibehalten, doch aufgeschüttete Erde für die Bepflanzung sorgte für Ausgleich. Die künstlichen Bäche und Teiche des Parks werden vom Canal St-Martin gespeist.

ständig, für die andere aber die Stadt, so daß man seit Menschengedenken niemals ihre gleichzeitige Reinigung erlebt hat.

Louis-Philippe von Orléans, Herzog von Chartres und künftiger Philippe Egalité, hätte mit vollem Recht den Ausspruch des Fürsten von Ligne zitieren können, wonach «Gartenliebhaber auch Liebhaber der Menschheit sind», als er 1778 dem Schriftsteller Carmontelle, der sich gelegentlich als Gartenarchitekt betätigte, den Auftrag erteilte, ihm auf dem dürren und kahlen Gelände, das er bei Monceau (ehemals *Mont-chauf, Mont-chauve, Mons calvus,* Kahlenberg) erworben hatte, einen Park anzulegen. Carmontelle erdachte sich dafür eine ziemlich verblüffende «illusionistische Landschaft», die *Folie de Chartres,* wo sich alle Stile ein Stelldichein gaben: griechische Tempel, chinesische Pagoden, Tatarenzelte, künstliche Ruinen und Gräberattrappen, sogar eine *Naumachie,* ein ovales Becken, umgeben von einem korinthischen Peristyl; letzteres stammte höchstwahrscheinlich von dem Monument, das Katharina von Medici um das Grab Heinrichs II. in Saint-Denis hatte errichten lassen und das 1719 abgerissen worden war. Unter dem Zweiten Kaiserreich gestaltete Alphand den Park *à l'anglaise* um, respektierte jedoch die Überreste der ehemaligen *folie.*

Auch die Ausgestaltung des Bois de Vincennes wurde Alphand übertragen; er gehörte zum Wald gleichen Namens und war seit der Revolution Staatsdomäne. Die *Butte de Gravelle* wurde aufgeschüttet, ein Hippodrom eröffnet und der Daumesnil-See mit seinen Inseln Bercy und Reuilly geschaffen. Doch Vincennes konnte den mondänen Vorsprung, den der Bois de Boulogne

Der Stich stellt das Tatarenzelt des Park Monceau dar. Das 18. Jahrhundert liebte die exotischen Anspielungen. Nicht nur die großen Reisen der Entdecker, sondern auch literarische Werke wie die von Bernardin de Saint-Pierre stimulierten diese Neigung.

seit beinahe 200 Jahren hatte, niemals aufholen. Zudem erlitt es 1870 nacheinander Verstümmelungen durch französische und deutsche Truppen. Mit dem neuen Exerzierplatz dehnte die Dritte Republik die Militärzone des Bois de Vincennes auf Kosten der Grünanlagen aus. Die Kavalleriekaserne, die Turnhalle, eine Pulverfabrik und eine Artillerieschule haben die Landschaft nach und nach entstellt. Nach dem Ende des letzten Krieges wurde ein Plan zur Wiederaufforstung des Bois und zu seiner Rückführung in zivilen Gebrauch aufgestellt, doch die Verwirklichung stößt auf erhebliche Verwaltungsprobleme.
In Haussmanns Auftrag schuf Alphand auch den Park der *Buttes-Chaumont* auf einem zerklüfteten Gelände unfern der ehemaligen Gipsbrennereien. Die Anlage verrät durchaus den Charakter ihres Entstehungsjahres 1867, mit der 32 Meter tief hinabstürzenden Kaskade bei der Grotte – dem ehemaligen Eingang

Der Père-Lachaise-Friedhof auf dem ehemaligen Gelände der Jesuiten von Charonne wurde 1804 eingeweiht, offiziell hieß er «cimetière de l'Est». Zahllose Berühmtheiten liegen hier bestattet. Sein geläufiger Name geht auf den Beichtvater Ludwigs XIV. zurück, den Père de La Chaise, der im Kloster vom Mont-Louis lebte.
Rechts oben: Ansicht des Père-Lachaise-Friedhofs vom Grab des Abbé Delille aus, der Vergil und Milton übersetzt und auch selbst als Dichter einen Namen hatte. – Unten: Skelett aus Alabaster, 16. Jahrhundert, aus dem Cimetière des Innocents, irrtümlich Germain Pilon, dann François Gentil zugeschrieben.

zu den *carrières* –, mit einem künstlichen See und einem Vesta-Tempel, der Kopie des Tempels von Tivoli, die den Felsen krönt, wie eine Porzellanbraut den Hochzeitskuchen schmückt. Immerhin haben die *Buttes-Chaumont* die Surrealisten dichterisch inspiriert und sind in die Literatur eingegangen; ihre Brücke, schmächtig wie ein Steg in den Anden, hat Aragon begeistert: «Das wahre Mekka der Selbstmörder ist sie.» Das traf so sehr zu, daß die Verwaltung schließlich auf beiden Seiten der Brücke ein Gitter anbringen ließ, das ein Fortbleiben der Lebensmüden bewirkte, übrigens auch das der surrealistischen Dichter. Jeder Park, jeder Garten, jede Promenade in Paris besitzt im Grunde ein bestimmtes Publikum und sogar Stammgäste. Der Luxembourg, wo der junge Watteau seine Baumstudien zeichnete, ist das Reich der Studenten geworden; la Muette, mit den von Eseln gezogenen Wägelchen, hat noch immer das gleiche Genre ihres Kinderpublikums, dessen Großmütter die *«petites filles modèles»* (die musterhaften kleinen Mädchen) in englischen Spitzenkleidern gewesen sind. Alte Leute haben eine Vorliebe für das Palais-Royal, wo lauter Pekinesen und Möpse ausgeführt werden. Der Park Montsouris bleibt volksnah und der Jardin des Plantes akademisch.
Jean Hérouard, Leibarzt des Königs, überredete Ludwig XIII.

dazu, der Stadt Paris einen Garten wie den von Montpellier zu vermachen, worin «alle Arten Arzneikräuter» angebaut werden sollten, «zum Nutzen all jener, die ihrer bedürfen, desgleichen zu Lehr und Frommen der Studiosi an der medizinischen Universität». So wurde der Jardin des Plantes 1635 mit einem Bestand von 1800 Pflanzensorten eröffnet. Botanik, Chemie und später auch Anatomie wurden hier gelehrt. Im 18. Jahrhundert kam Bernardin de Saint-Pierre auf den Einfall, eine Menagerie anzugliedern, die zum Teil aus der von Versailles bestand, deren sich Ludwig XVI. entledigen wollte, außerdem aus Tieren, die bei Schaustellern aus Gründen der Hygiene konfisziert worden waren. Im Juni 1793 wurde ein naturgeschichtliches Nationalmuseum mit zwölf Lehrstühlen dem Jardin des Plantes angegliedert. Heute sind es 21 Lehrstühle, nicht zu reden von der prachtvollen Bibliothek und den Galerien für Zoologie, Botanik, Mineralogie, Geologie, vergleichende Anatomie, Paläontologie und Anthropologie. Der Garten selbst, mit seinem altmodisch pittoresken Charme, enthält mehr als 15 000 Arten von Arznei- und Zierpflanzen, z.B. eine sehr schöne Zeder und eine 1601 aus Amerika herübergebrachte Robinie; deren im selben Jahr eingeführter Zwilling steht im Square von Saint-Julien-le-Pauvre. Die beiden Robinien sind die ältesten Bäume in einer Stadt, in der Bäume leider meistens nicht alt werden.

In Paris gab es auch Weinberge, den Weinberg von Monceau, den von la Goutte d'Or, den von Chaillot, die alle ehemals zu Klöstern gehörten. Heute existiert nur noch der von Montmartre, der unter der Protektion der Stadt Paris steht.

Bis Anfang des Jahrhunderts war Paris von Gärten umgeben, zwar nicht von «einem Gürtel aus Blütenschaum», wie Jean Lorrain schreibt, sondern von einem aus grünen Tupfen zwischen Fabrikhöfen und Abbruchstellen, aus grasigen Feldwegen, schattigen Wirtshausgärten – alles vom Hunger des Bulldozers verschlungen. Aber werden wir bald inmitten von Paris eine weite Grünfläche erleben, wie es manche Städteplaner uns versprechen?

Märkte und Ausstellungen

Es scheint nicht, als ob viele Leute aus dem Ausstellungspalast besser herausgekommen sind, als sie hineingingen; man könnte sogar hinzufügen, daß der Zweck der Herren Aussteller eigentlich genau nicht erfüllt worden wäre, wenn alle Besucher weise genug gewesen wären, beim Hinausgehen zu sagen: «Wie viele Dinge, auf die ich verzichten kann!»
Ernest Renan, La poésie de l'exposition

Zwischen Saint-Ouen und Aubervilliers vor den Toren der Stadt, auf beiden Seiten der gepflasterten Straße, die nach Saint-Denis hinausführt, erstand alljährlich vom Barnabastag bis zu Johannis die buntgeschäftige Budenstadt des Jahrmarktes von Lendit. Das Volk strömte in hellen Haufen zusammen, und die Luft schwängerte sich mit dem sonnendurchglühten Staub. Man zählte über zwölfhundert Buden, und der Schaulust ward voll Genüge getan – Linnen und farbige Wämser, silberne Humpen und Wandteppiche, Gewürze und Spezereien, mit Zweigen geschmückte Schankbuden und lumpenbuntes Bettelpack der Gaukler und Springer. Vor allem war Lendit ein Markt für den Handel mit Pergament. Doch die Händler durften sich erst eindecken, wenn der Bedarf der königlichen Kanzlei und des Bischofs, der Professoren und Studenten gedeckt war. Vom siebten Jahrhundert an war der Jahrmarkt von Lendit Jahr für Jahr eine der großen europäischen Messen. Später verengte er sich zum bloßen Viehmarkt, der vom Gebrüll der Färsen und dem Wiehern Brabanter Stuten widerhallte. Heute ist er zum banalen sommerlichen Rummelplatz degeneriert, immerhin Reminiszenz an das von König Dagobert eingerichtete Volksfest des Handels, des Handwerks und der schweifenden Künste.

Die Galerien des Palais-Royal, nach Gravelot. Die hölzernen Galerien, die die steinernen Arkaden miteinander verbanden, galten schon im 18. Jahrhundert als provisorisch. Sie standen dennoch bis 1828.

Fast ebenso traditionsreich, wenn auch, da erst seit 957 bestehend, mehr als 300 Jahre jünger, war die Vorläuferin der Foire du Trône, auf der die Mönche des *Hospice du Petit-Saint-Antoine* Lebkuchenschweine verkauften, weil sie allein das Recht hatten, ihre Schweine frei laufen zu lassen. Der Markt fand bis 1660 im Klosterhof statt. Von da an wurde er dem Kloster gegenüber in der Rue Faubourg Saint-Antoine abgehalten. Erst seit 1844 zog er um auf die Place de la Nation, damals noch Place du Trône.

IEU
DU SIEUR
GAUDON
SALLE
DE
BILLIARD
IEU
DU.SIER
ICOLE

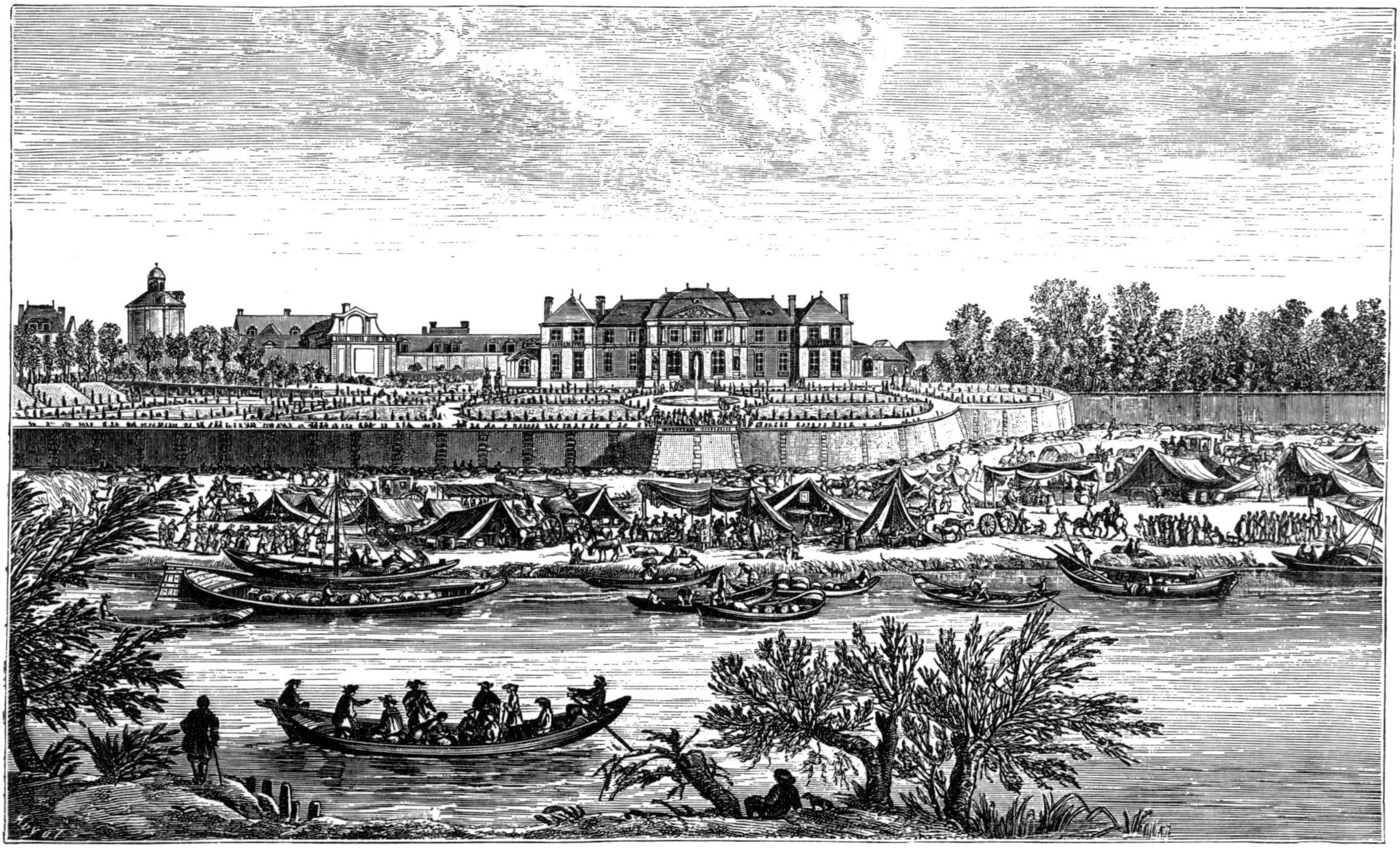

Der Jahrmarkt Saint-Ovide (oben links) stand auf der Place Louis-le-Grand (Place Vendôme). Er wurde im 17. Jahrhundert gegründet; die Verkaufsstände waren zunächst in Zelten untergebracht, bis 1764 Baracken dafür gebaut wurden. Nach der Place Louis XV (de la Concorde) verlegt, brannte die Budenstadt 1777 nieder. Der am Seine-Ufer in Saint-Ouen (unten links) jährlich abgehaltene Jahrmarkt. Stich von Israël Sylvestre. Der Jahrmarkt bestand bis zur Revolution.
Oben rechts: Der Geflügelmarkt und der Brotmarkt, am Quai des Grands-Augustins, um 1660. Er hieß gemeinhin Marché de la Vallée. Man verkaufte auch Butter und Eier en gros.
Rechts: Ansicht der neuen Dekorationen der Foire Saint-Germain. Durch eine furchtbare Feuersbrunst 1762 zerstört, wurde die Budenstadt zwar wieder aufgebaut, konnte aber mit der früheren an Schönheit nicht mehr konkurrieren.

H. Daumier

Der Markt. Gemälde von Honoré Daumier (links). Vieles, was jahrhundertelang als Luxusgegenstand gegolten hatte, war dank der industriellen Entwicklung alltäglicher Bedarfsartikel geworden. Langsam stieg der allgemeine Lebensstandard trotz Krisen und schwankender Lohnkurve in der zweiten Hälfte des 19. Jahrhunderts an. – Oben: Blick auf die neuen Hallen, 1835. Gemälde von Canella. Der eigentliche Neubau der Zentralhallen wurde zwar erst 1851 begonnen. – Rechts: Die Kuppel der Kornhalle. Der 1763 errichtete Bau wurde 1887 abgerissen; heute steht an der Stelle die Bourse du Commerce, die Handelsbörse.

Von Ostern an entfaltet er jährlich drei Wochen lang sein klingendes, gröhlendes, schmetterndes Treiben; heute ist er der bedeutendste Jahrmarkt von Paris, und noch immer ist der Lebkuchen unter dem bunten Angebot der Waren der Favorit.
Die Foire Saint-Germain, seit 1486, stand ursprünglich unter der Ägide der Abtei Saint-Germain-des-Prés. Am 16. März 1762 brach in der hölzernen Architektur der prachtvollen Budenstadt ein Feuer aus, das bei heftigem Nordwind zwei Tage wütete. Die Glut beschädigte sogar Teile der Kirche Saint-Sulpice. Doch die noble Jahrmarktsszenerie der Ladenstraßen mit hölzernen Pilastern und urnengekrönten Balustraden wurde wieder aufgebaut. Und wieder zogen die Zuckerbäcker und Limonadenverkäufer, die kleinen Ballokale, die Tabakstände, die Schokoladestuben und die mit Chinoiserien ausstaffierten Teepavillons die Kauf- und Schaulustigen an. Vor allem hatte die Jahrmarktsbühne größten Erfolg. Nicolet, Direktor einer Truppe von Komödianten, Akrobaten, Tänzern und einem «gelehrten Affen», setzte die Tradition der Italiener fort. Berühmte Autoren, Piron, Lesage und unter einem Decknamen sogar Voltaire, hielten es nicht unter ihrer Würde, «Paraden» für das

Inneres der Hallen, 1835. Schon seit fast einem halben Jahrhundert hatte die Entfernung der Lederhalle ein wenig Luft geschafft, und die Einrichtung eines Gemüsemarktes auf dem ehemaligen Charnier des Innocents hatte auch dazu beigetragen, die immer noch prekären Bedingungen zu verbessern.

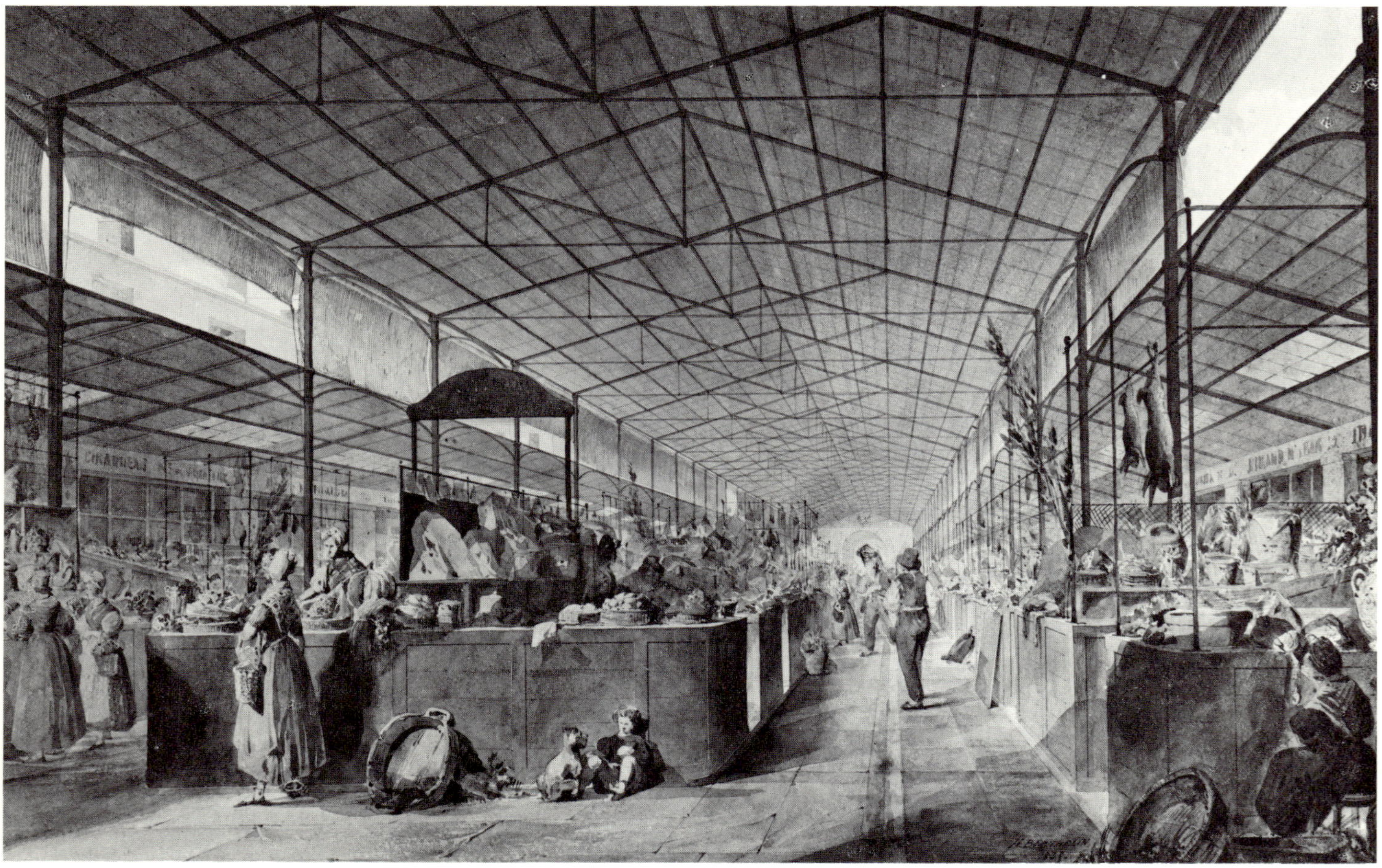

Jahrmarktsparade. Lange fiel den Bänkelsängern die Rolle zu, den Leuten, die nicht die Gazetten lasen, das Neueste kundzutun. Doch die Parade konnte auch dazu dienen, ein verlockendes Resümee vom Inhalt des Stückes zu geben, das über die Bretter gehen sollte.

Théâtre de la Foire zu schreiben, und auch Beaumarchais hat sich an der guten Laune der Possenreißer inspiriert.
Kleineren Umfangs zwar, war die Foire Saint-Ovide auf der Place Vendôme – berühmt wegen ihrer Kuchen und gleichfalls wegen ihrer Theatertruppe – eine Rivalin der Foire Saint-Germain. Harlekin lebte noch auf den Budenbrettern weiter, als er samt seinen derben Späßen von den höfischen Bühnen verbannt worden war.
Doch die Gewichtigkeit der aufkommenden Industrie des neuen Zeitalters der Kohle und des Eisens verlangte nach einem weiteren und ernsteren Ambiente. 1798 fand auf dem Champ-de-Mars eine erste Industrieausstellung mit ihren Produkten und neuen Wundern statt. Ihr folgten bis 1849 zehn weitere. Selbst der Louvre öffnete seine Pforten der jungen, stürmischen Welt der Fabriken; in seinem Hof fand unter Napoleons Protektion in Pomp und Pracht eine Ausstellung statt, um die «entfesselte Produktivkraft der Nation» darzustellen, ein wahres Fest der Industrie, glanzvoll wie alle Manifestationen des auf dem Gipfel angelangten Cäsars.
Dennoch wurde sie bei weitem von den Weltausstellungen der zweiten Jahrhunderthälfte übertroffen, deren erste 1851 in London auf die Initiative des Prinzgemahls Albert zurückging. Vier Jahre später schon folgte unter dem Zweiten Kaiserreich Paris. An der Weltausstellung von 1855 beteiligten sich 20000 Aussteller, und fünf Millionen Besucher strömten aus allen Teilen der Welt herbei. Daß sie mit dem Ausgang des Krimkriegs zusammenfiel, schien ein glückliches Omen, und ihre Bewunde-

Brunnen auf der Place de l'Ecole. Lithographie von J. Villain, nach einer Zeichnung von Bacler d'Albe. Der Platz bei Saint-Germain-l'Auxerrois hieß ursprünglich Place des Marchands und war ein Zentrum des Handels. Der Brunnen in seiner Mitte verschwand 1854.

rer schwärmten von einer «Apotheose der Industrie und Kunst, die eine neue Ära der Prosperität einleite». Man nannte sie «eine Hymne auf die Wissenschaft und den Fortschritt», und der Abenteurer auf dem Thron betonte, sie sei als friedlicher Wettbewerb der Nationen gedacht. Die Bauten, die gleichzeitig mit ihr entstanden, trugen freilich Namen, die an blutige Triumphe aus jüngster Vergangenheit erinnerten: Pont de l'Alma, Boulevard de Sébastopol, Avenue de Malakoff. Als Haupthalle für die Ausstellung wurde das *Palais de l'Industrie* aus Gußeisen und Glas errichtet; es stand bis 1900 und wurde, um für eine andere Weltausstellung Platz zu schaffen, demoliert. Es reichte übrigens schon 1855 nicht aus und mußte u.a. durch einen Annex, eine 1200 m lange Galerie längs des Cours-la-Reine, ergänzt werden. Renan freilich fragte skeptisch: «Blendender Augenschmaus und lehrreiche Studie für den Praktiker und Spezialisten, gibt sie doch wenig für das Denken her. Wo ist in all dem das Gefühl für die höheren Bestimmungen der Menschheit?» (Journal des Débats, 27. Nov. 1855). Falls zu den «höheren Be-

Das Bild einer Gesamtansicht der Weltausstellung von 1867 gibt einen Eindruck davon, wie die verglaste Rotunde gebaut war.

stimmungen» die Kunst gehört, so waren immerhin Werke von Ingres und von Delacroix ausgestellt.

Noch größeren internationalen Erfolg brachte die zweite Pariser Weltausstellung, diejenige von 1867. Als ihr Mittelpunkt war eine riesige Rotunde mit sieben Rundgalerien, jede für die Produkte einer bestimmten Aktivität, erbaut worden. Jedes Land erhielt einen dreieckigen Sektor, ein «Tortenstück», der Rotunde quer durch die sieben Galerien zugewiesen, so daß sich eine doppelte Ordnung nach Materie und nach Nationalität ergab. Der Kranz der Glasgalerien umschloß einen exotischen Garten. Dieses neue Kolosseum stand zwischen dem Pont d'Iéna und der Ecole Militaire und breitete die Erzeugnisse von 52000 Ausstellern aus. Diesmal defilierten 30 Millionen Besucher an ihnen vorbei. Es erschien speziell ein *Guide de Paris,* an dem Victor Hugo, Sainte-Beuve und andere zeitgenössische Koryphäen der Literatur mitgearbeitet hatten. Ein Hauptanziehungspunkt der Ausstellung war das *Palais de la Gastronomie* mit seinen Restaurants und Cafés aller Herren Länder; die Bedienung trug das jeweilige Nationalkostüm, und natürlich fand man die Spezialitäten der einzelnen Weltgegenden, russischen

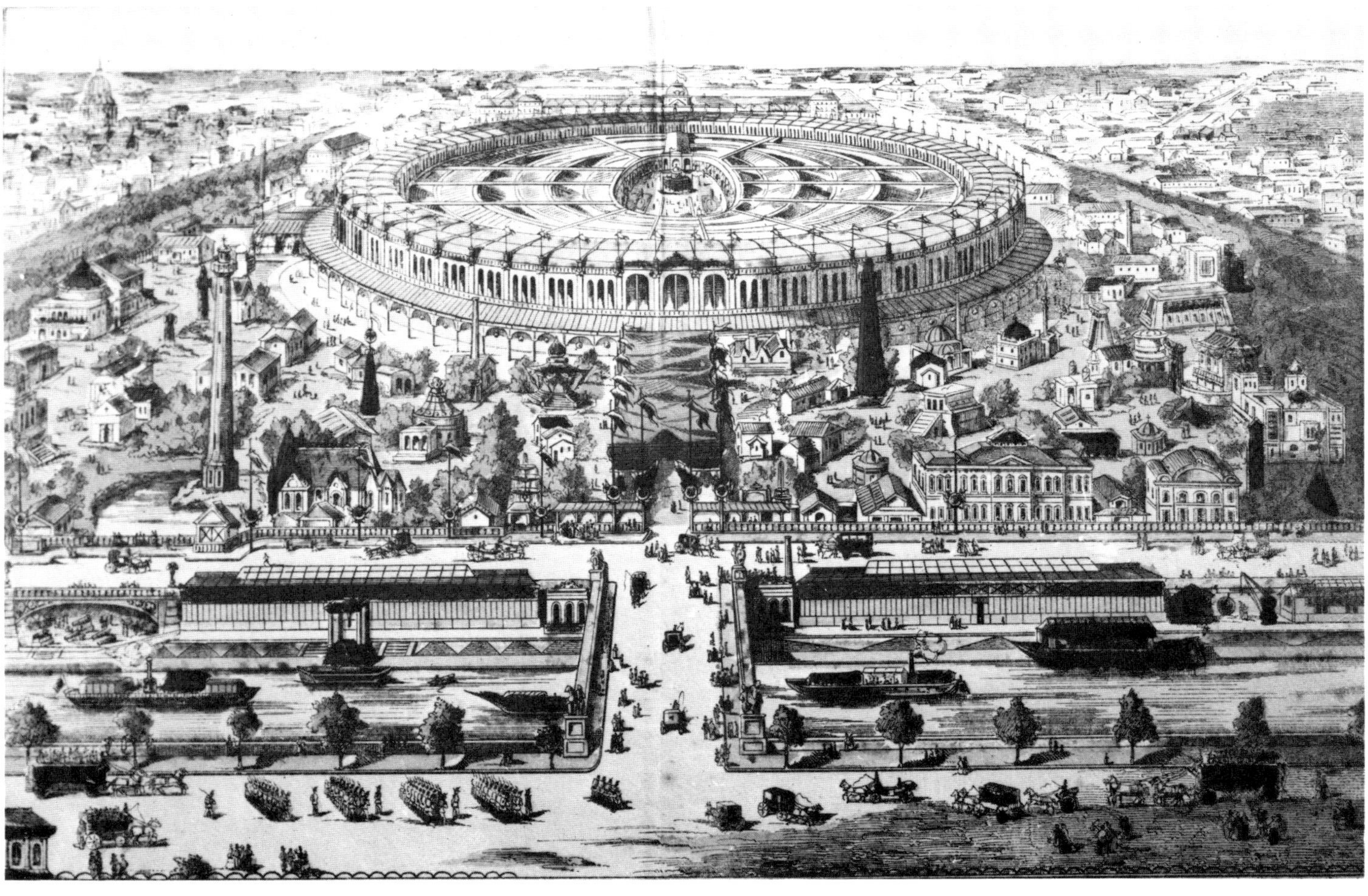

Kaviar und chinesische Haifischflossen, Chianti und Sake, Rheinwein und spanische Schokolade. Es gab einen künstlichen See, in den die *bateaux-mouches* von der Seine aus durch einen Tunnel hineinfuhren. Zu den Sensationen gehörten die Krupp-Kanonen, das Aluminium und die Bilder des Malers Millet. Zum ersten Mal wurde auch die neue medizinische Entdeckung, die Bakterien, öffentlich demonstriert.

Das Leben in der Hauptstadt profitiert gewaltig vom Zustrom der Gäste. Paris wird zum Vergnügungsviertel Europas. Die Brasserien breiten sich aus, und zwar, wie der Chef der Sicherheitspolizei, Macé, in seinen Memoiren meint, «in wahrhaft phantastischen Proportionen», darunter auch immer mehr Brasserien mit Damenbedienung, gegen deren Praktiken Macé ins Feld zieht. Es ist auch die Zeit, in der Offenbach mit seiner Musik die höchsten Triumphe feiert. Seine «Großherzogin von Gerolstein» im Théâtre des Variétés läßt sich keines der gekrönten Häupter entgehen, die in dem festlichen Jahr Paris besuchen, Zar und Sultan, Preußenkönig und Kaiser von Österreich, der Spanier und der Belgier; manch einer von den hohen Herren verschmäht zudem auch nicht die Gunstbeweise der Hauptdarstellerin, der gefeierten Hortense Schneider, die sich den Spitznamen *passage des princes* verdient.

Eine ganz andere Fee macht auf der Weltausstellung von 1878 Furore: *la fée électricité*. Das Ausstellungsgelände beim neu errichteten Trocadéro erstrahlt an beiden Ufern der Seine in nie erlebter Fülle des Lichtes. Zu Füßen des pseudo-spanisch-maurischen Baus mit den unharmonischen Minaretten und dem größten Theatersaal Europas (über 4000 Plätze) entsteht auf den Terrassen zum Fluß hinab und auf dem gegenseitigen Ufer eine bunte Pilzkolonie von Pavillons: Schweizer Haus und Pagodenturm, Burgfried und Mini-Kreml; über das ganze Marsfeld breitet sie sich aus. Das Telephon verblüfft, und der Phonograph läßt seine krächzende Stimme hören. Die Kunst und die offizielle Welt gehen jetzt getrennte Wege; so ist das Niveau der artistischen Leistung sowohl bei der Ausschmückung wie bei der Architektur ziemlich niedrig. Doch das Gesamtunternehmen beweist, daß Frankreich sieben Jahre nach dem *Débâcle* erstaunlich rasch seine Prosperität wiedergefunden hat.

Beim nächsten Mal, der Weltausstellung von 1889, gilt es, das hundertjährige Jubiläum der Großen Revolution zu feiern. Paris wartet mit dem neuen Weltwunder auf, dem Eiffelturm, einem Ingenieurwerk aus 15 000 Metallteilen und zweieinhalb Millionen Nieten. Schriftsteller, Maler, Bildhauer, Architekten, «leidenschaftliche Liebhaber der Schönheit» protestieren dage-

Teilansicht der Weltausstellung von 1878. Man sieht das Trocadéro, das von Bourdais und Davioud anläßlich dieser Weltausstellung auf dem Chaillot-Hügel erbaut worden war; der Name erinnerte an einen Sieg in Spanien. Das Trocadéro wurde 1936 abgerissen.

7 Dec. 1887 Nº 24

15 MAI 88 Nº 34

Die Photographien illustrieren die Konstruktion des Eiffelturms in ihren verschiedenen Phasen. Im Hintergrund sieht man die Silhouette des Trocadéro. Zwischen Januar 1887 und März 1889 für die Weltausstellung errichtet, war der Eiffelturm damals das höchste Gebäude der Welt. Doch da er noch keinen Aufzug hatte, mußten die offiziellen Persönlichkeiten ihn bei der Einweihung zu Fuß besteigen. Seine Basis steht auf einer Fläche von 130 qm; sein Gewicht, 9699490 kg, ist so verteilt, daß der Druck auf den Erdboden nur dem einer gewöhnlichen Mauer entspricht.

gen «im Namen des französischen Geschmacks», unter ihnen Maupassant und Gounod, auch Garnier, der Erbauer des Opernhauses. Sie wollen sich mit der «seelenlosen Technik» nicht abfinden. Trotzdem wird das Monument, das weit in die Zukunft hineinragt, zum Wahrzeichen der Stadt. Die Besucher bestaunen den stählernen Riesen in seiner luftigen Zierlichkeit; sie bestaunen auch die andere kühne Leistung der Ingenieure: eine 45 m hohe *Galerie des machines.*

Immer größere Flächen nehmen die Weltausstellungen in Anspruch. Die von 1900, mit dem prunkenden Grand und Petit Palais, die das alte Palais de l'Industrie ersetzt haben, verbindet die Esplanade des Invalides mit den Champs-Elysées in einem einzigen Rausch der Formen und Farben. Bronze-Pomp ist benachbart mit Gipsgebilden und strampelnde Superklassik mit den verschlungenen Linien der «Schule von Nancy». Das Riesenrad dreht sich in majestätischer Höhe, so wie die Hoffnung ins neue Jahrhundert die Herzen in fortschrittsgläubige Euphorien hebt. Das von Pontrémoli erbaute *Palais des femmes,* ein dreistöckiges Konditorkunstwerk aus Latten und Stuck, mit halbrunder Freitreppe und einem schmiedeeisernen Gittertor im Jugendstil, mit Schnörkelbalkons und durchbrochenem Giebel, zeugt immerhin für ein neues Bewußtsein der Frauen von der Rolle, die sie in der modernen Welt zu spielen haben werden. Das Aquarium mit seinen schillernden Fischen, die durch Schlingpflanzen schießen, wirkt fast wie von einem der neuen Stilkünstler entworfen, deren Formsinn auch die graziösen Plakate eines Mucha verraten.

Das erwähnte Gittertor des *Palais des femmes* hat übrigens den Abbruch der ephemeren Ausstellungsbauten überlebt und ziert noch heute *La Ruche,* die wohl bekannteste der Künstlerkolonien. Von den Bauten des Jahres 1900 erhalten ist auch das *Village Suisse,* das «Schweizer Dorf», in dem die Eidgenossenschaft ihre Produkte und Leistungen zur Schau gestellt hatte. An der Avenue de Suffren hat sich in den kleinen Holzhäusern ein Trödelmarkt eingerichtet, wo man Antiquitäten oder was sich dafür ausgibt findet. Freilich wird auch er neuerdings arg von Neubauten bedrängt.

Der Flohmarkt an der Porte de Clignancourt dagegen hat sich auf Grund der touristischen Suche nach dem Pittoresken aus einer Bidonville der Lumpensammler und der Gerümpeltrödler längst zu einem Freiluft-Bazar für Pseudo-Raritäten und drittklassige Antiquitäten entwickelt, unter denen sich die echte «Gelegenheit» nur äußerst selten findet. Zaghaft setzte diese Entwicklung in den zwanziger Jahren unseres Jahrhunderts

Palais des Mines et Métallurgie auf der Weltausstellung von 1900, Photographie von Larger. Das verblüffende Bauwerk, eines von Jules Verne erdachten Samarkands würdig, beherbergte die neue Herrscherin der Epoche: die Maschine.

ein. Es waren die Jahre, in denen die Goulue, einstiger Star des Moulin-Rouge und lebende Antiquität der Belle Epoque, als alte Frau in einem verrotteten Jahrmarktswagen ihre elenden letzten Jahre dort draußen verbrachte, zu Müll geworden wie der, den man rundum feilbot.

Es waren auch die Jahre, in denen Paris *les Arts décoratifs* in einer Märchenschau von bemalten Spiegeln, Leuchtfontänen, Blüten aus Vogelfedern, Galuchat, Intarsia-Paravents und Kristallkabinetten ausbreitete. 1925, Jahr des Charleston und eines Stils, der seinen Namen von dieser Ausstellung nahm: *style de l'art déco*. Poiret, der geniale Modeschöpfer, stattete drei Seine-Schiffe aus, die zwischen dem Pont des Invalides und dem Pont Alexandre III vor Anker lagen: «Amours», «Délices» und «Orgues», eines in Blau, eines in Rot, eines in Weiß. Sie sollten nach dem Willen ihres Schöpfers eine Synthese seiner kreativen Tätigkeiten bieten, aber sie wurden für ihn zu einer Enttäuschung und hatten wenig Erfolg, Zeichen für den Beginn seines tragischen Abstiegs.

Die *Exposition Coloniale* von 1931 wählte sich als Gelände den Bois de Vincennes. Ihr Organisator war der alte Kolonialkrieger Marschall Lyautey, der sich noch einmal in der Gloire des französischen Übersee-Empires sonnte, an dessen Bau er entscheidend mitgezimmert hatte. Nur zwei Jahrzehnte später hatte die Dekolonisierung schon eingesetzt, mit der die Fragwürdigkeit und der Zwiespalt allen Kolonisierens ans Licht kam. 1931 spürten Veranstalter und Publikum der riesigen Völkerschau noch nichts davon. Prunkstück der Ausstellung war die Rekonstruktion des Tempels von Angkor. Doch auch diese Ausstellung hat der Stadt Bleibendes hinterlassen: den Zoo von Vincennes und das *Musée de la France d'outre-mer*. In den Pavillons von Togo und von Kamerun bietet ein Museum der Holzindustrie interessanten Einblick in die Gewinnung und Verarbeitung einheimischer und exotischer Hölzer.

Andere großartige Museen, ein ganzer Komplex im und beim Palais de Chaillot, gehen auf die Weltausstellung von 1937 zurück. Der Bau des Palais de Chaillot selbst entstand an der Stelle des alten Trocadéro gleichsam als riesige, festliche Pforte zum Gelände der bisher letzten Pariser Weltausstellung, die wie ein Aufleuchten war, ehe sich immer dichteres Dunkel auf Europa senkte. Schon standen sich drohend die maßlos protzigen Pavillons der UdSSR und Hitler-Deutschlands gegenüber, als wollten sie bewußt provozieren. Der heitere Bau des Palais de Chaillot ist im Seine-Athen, wie man Paris genannt hat, der am meisten «athenische» – licht, groß und doch nach menschlichem Maß –, und von allen Pariser Bauten der ersten Jahrhunderthälfte ist er der am glücklichsten gelungene.

Das an der Place de l'Ecole gelegene Maison Moreaux, «Bindeglied zwischen den beiden Cities am rechten und linken Ufer», war für seine in Cognac eingelegten Früchte berühmt. Der Luxushandel, vor allem der mit Feinschmeckereien, galt im Ausland als spezifisch für Paris und stellte eine Quelle des Reichtums dar.

Der Pfefferkuchenmarkt auf dem Rond-Point der Barrière du Trône. Bei diesem Volksfest des Faubourg Saint-Antoine, ursprünglich eine Fête de barrière, machten sich Verkaufsbuden und Schausteller breit. Erst von 1862 an erhob die Stadt Paris eine Taxe als Platzmiete.

Im *Parc des Expositions* an der Porte de Versailles finden alljährlich die *Foire de Paris,* der Automobil-Salon und andere große Ausstellungen statt. Sie führen die alte Tradition weiter, nach der Paris seit jeher eine Stadt großer Märkte und Messen gewesen ist. Aber es ist auch eine Stadt der bunten, wimmelnden Wochenmärkte. Sehr pariserisch sind sie, wenn sie ihre lockenden Schätze – Obst der Ile-de-France, taufrisches Gemüse, Muscheln und Krebse von den Küsten – auf Ständen in den engen Straßen ausbreiten, wie in der Rue de Buci oder der Rue Lepic. Der gigantische tägliche Markt in den Hallen hat das Zentrum der Stadt geräumt und ist weit hinaus vor die Tore gezogen. Nicht mehr streben im Morgengrauen die schwerbeladenen Lastwagen von allen Barrieren her ins Innere, während noch früher die schweren Hufe der Pferde vor den *tombereaux,* den zweirädrigen Marktwagen, das Kommen des Tages angekündigt hatten.

Pariser Merkwürdigkeiten

Paris umschließt, vereint, verbraucht und verzehrt die meisten der glänzenden Pechvögel, deren Geschicke sie zu den wahnhaften Tätigkeiten *beriefen.*
Paul Valéry, Revue «Commerce»

Man könnte ein Lexikon der Pariser Merkwürdigkeiten herausgeben, eine unerschöpfliche Liste, auf der ebenso der Chevalier d'Eon figurierte wie Léon-la-Lune, der in den Spelunken Harmonika spielte, ebenso die geschnitzte Sirene in einem Wandschrank der Rue Hautefeuille wie die Treppe in einem Haus der Rue Radziwill, die den Hinaufgehenden und den Hinabsteigenden voreinander verbirgt. Die berühmteste phantastische Architektur blieb, wenn auch unvollendet, unbestritten der als Brunnen geplante Elefant der Bastille. Man hatte auf dem Platz bereits einen kolossalen Sockel gebaut, auf dem er aufgestellt werden sollte; gegossen sollte er aus der Bronze der den Spaniern abgenommenen Kanonen werden. Napoleon, der davon träumte, den Engländern Indien zu entreißen, brachte der 24 m hohen Figur ein symbolisches, aber sehr lebhaftes Interesse entgegen. In ihrem Innern sollte man auf einer Wendeltreppe hinaufsteigen können. Ein Gipsmodell in den geplanten Ausmaßen wurde auf dem Sockel aufgestellt. Doch der Sturz des Kaiserreiches überließ den provisorischen Elefanten den Unbilden der Witterung und zahllosen Rattenvölkern. Er trug «auf dem Rükken einen Turm, der wie ein Haus aussah, das einst irgendein Anstreicher grün gestrichen hatte, das aber jetzt von Himmel, Regen und Zeit schwarz bemalt wurde. Zu jeder Jahreszeit fügten ihm die aus seinen Flanken herausfallenden Gipsbrocken scheußliche Wunden zu... Er war ekelhaft, verachtet, abstoßend und wundervoll», schrieb Victor Hugo, der Gavroche darin Wohnung nehmen ließ. Schließlich wurde das Gipsmodell fortgeräumt, um der Juli-Säule Platz zu machen, die an die *Trois Glorieuses,* die «drei glorreichen Tage», erinnert.

Noch immer ist Paris reich an Wunderlichkeiten. Spaß macht es, in der Rue Notre-Dame-de-Nazareth ein fünfstöckiges, nur

«Haarkünstler». Stich von Dunker. Im 18. Jahrhundert rieb man eine sehr klebrige Pomade ins Haar, bevor man eine dichte Wolke von Blütenmehl darüber stäubte, eine Verschwendung, über die Moralisten sich empörten. Der «Haarkünstler», der hier als M.L. vorgestellt wird, ist vermutlich Monsieur Léonard, Friseur von Marie-Antoinette. Er hat interessante Memoiren hinterlassen.

La Fontaine de l'Eléphant. Gipsmodell von Jean-Antoine Alavoine auf der Place de la Bastille. 1847 wurde der Elefant trotz seines verwitterten Zustands für 3833 francs versteigert.

ein Meter breites Haus zu entdecken, dessen Stockwerke je ein Fenster aufweisen.

Weitere Kuriositäten sind die Aushängeschilder. Seit 1761 wurden sie auf den Fassaden befestigt, statt wie ehemals in die Straße hereinzuragen; und noch immer gibt es, wenn auch eindeutig aus dem 20. Jahrhundert stammend, einige von unfreiwilliger Drastik: «Die Dauerwelle des Löwen von Belfort» vor einem Friseursalon; «Die Zigarette des Père Lachaise», die den Raucher keineswegs warnen will, bei einem Tabakladen; oder die Bar «Le Gros-Caillou sportif». Wenn die Aushängeschilder früher bei der Mythologie oder der lokalen Chronik Anleihen machten, so ist dieser Ursprung der Namen nicht selten in Vergessenheit geraten. Wer weiß noch, daß die *Passage de la Reine de Hongrie* sich auf den Spitznamen einer Gemüsehökerin bezieht, die so heftige royalistische Gefühle äußerte, daß sie unter der Schreckensherrschaft geköpft wurde?

Man braucht nur ein natürliches Bedürfnis zu verspüren, um auf

Der Teufel, von Gavarni gezeichnet, von Brugnot gestochen, examiniert die an Kuriositäten und verkrachten Existenzen reiche Stadt.

unbehagliche und höchst kuriose Überraschungen zu stoßen. Nichts ist dabei, wenn ein Bleirohr sich spiralförmig zur Decke hinaufwindet, weil der Spengler offenbar die Existenz von Metallsägen ignorierte; und in der Ecke säulengeschmückter Höfe, hinter Fassaden, deren Giebel von Atlanten getragen werden, wird der unselige Reisende abgründige Gruben entdecken, deren Benutzung mit Lebensgefahr verbunden ist; oder man steigt drei Stufen zu einem Thronsitz hinauf, der leider ohne Wasserspülung ist; auch kann man in einen Wandschrank verwiesen werden, wo es hell nur wird, wenn man tastend einen Riegel vorschiebt; oder ein Verschlag ist nur durch die Küche des Restaurants zu erreichen, wenn nicht düstere Korridore gar

Der Weg nach Toulon, so lautet der Titel dieser Zeichnung von Gavarni; denn der Weg ins Bagno scheint einem Menschen unweigerlich vorgezeichnet, der die soziale Integration nicht gefunden oder dem man sie nicht ermöglicht hat.

in den Kamin des Salons münden. Der Fürst von Joinville leerte seinen Nachttopf jeden Morgen in die Regenrinne des Palais-Royal in dem Augenblick, in dem sich gegenüber ein Fenster öffnete und eine alte Dame in der Rue de Valois ihr Gefäß auf die gleiche Weise entleerte, denn sie war so pünktlich, daß sie den Passanten und auch dem Fürsten selbst sozusagen als sprechende Uhr diente. Bis 1820 gab es in Paris nur acht öffentliche und angeblich geruchlose Bedürfnisanstalten. «Ihre Sauberkeit ist derart, daß man sie in den meisten Privathäusern vergeblich suchen würde; daher werden sie viel benützt, gegen eine Gebühr von 15 centimes oder 3 sous, die man beim Verlassen entrichtet» (Guide Richard). Die Unternehmer, die beauftragt waren, nächtlicherweile die Senkgruben in den Häusern zu leeren, gingen dem Vollzug ihres Werkes leider zu Zeiten nach, die gänzlich in ihrem Belieben standen, ohne jemals weder den Hausbesitzer noch den Mieter zu konsultieren. In dunklem Anzug kamen sie also unerwartet zu später Stunde, und ihr Auftauchen während eines Hausballs verblüffte die Geister stets auf brutale Weise.

Die bewegte Geschichte, die bruchstückhafte Entwicklung und die bunt zusammengesetzte Kultur von Paris haben die Phantasie beflügelt und den Sinn für Anonymität gefördert, eine Form der Freiheit, die manchmal bis zur Anarchie gehen kann. Und wie alle Großstädte hat auch Paris sein Strandgut an Menschen, die Rastignacs, deren Ehrgeiz gründlich scheiterte, alle, die von der Strömung fortgerissen und irgendwo abgesetzt wurden.

La Cour des Miracles. Stich von Beyer nach einer Zeichnung von Jacques. Sogenannte Cours des Miracles gab es mehrere; sie hießen so, weil hier dem Buckligen der Höcker verschwand und der Lahme plötzlich umhersprang. Die Fauna des heimlichen Paris sammelte sich in diesen «wahren Schulen des Diebstahls und der Prostitution, in welche die Stadtwache nicht einzudringen wagte». Die bekannteste lag dort, wo jetzt das nördliche Trottoir der Rue Réaumur verläuft. Dieser letzte große Schlupfwinkel des Gesindels verschwand 1667.

Wie der Elefant der Bastille sind sie häufig abstoßend und grandios zugleich: nie verlegte Dichterlinge, verkrachte Spekulanten und verkommene Schönheiten, Opfer der Leidenschaften oder Gegenstand von Skandalen, die alle von Unterstützungen leben. Viele von ihnen versuchen verzweifelt, einen notdürftigen Rest von Würde zu bewahren, der aber oft nur Karikaturen aus ihnen macht.
Andererseits hat Paris auch höchst muntere, ja freche Originale erlebt, von denen Milord Arsouille (Milord Liederjan), wie man ihn nannte, eines der abschreckendsten war. Dieser angebliche Lord Seymour, der unter der Regierung Louis-Philippes für Dutzende von Skandalen sorgte und ein ausschweifendes Leben führte, fühlte sich während des Karnevals buchstäblich entfesselt. Von 1832 bis 1838 führte er jedes Jahr den Maskenzug an, der von der Courtille zur Oper herabkam; vor seiner Equipage ritten, Hörner blasend, Piköre her, und hinter ihm folgte der Mob in unmöglichen Kostümen. Als *rex triumphans* des lärmenden Gesindels bombardierte er seine Gefolgschaft mit Brathühnern, Pasteten, bespritzte sie mit Champagner oder streute heimtückisch glühende Goldstücke aus, die er in Öl hatte sieden lassen. Die Klatschspalten der Presse fanden in den Saturnalien von Milord Arsouille unerschöpflichen Stoff und erfüllten den wahren Lord Seymour mit bestürztem Entsetzen, denn er lebte brav bei seiner Mutter, hatte keine anderen Sorgen als die Verbesserung der Pferderassen und keine anderen Freunde als die Mitglieder des Jockey Clubs. Vergeblich schrieb er immer und

La descente de la Courtille, Zeichnung von Gustave Doré. La Courtille liegt auf den Hügeln von Belleville; sie war ein Viertel voller Gartenwirtschaften; zur Zeit des Karnevals ging es hoch her. Die Masken kamen in lärmendem Zug herab von der Courtille auf die großen Boulevards. Mit Milord Arsouille verschwand allmählich dieser Brauch.

La Cour du Dragon, Photographie von Atget. Dieser Hof gehörte teils zu den Baulichkeiten des Hôtel Taranne, teils lag er auf dem Gelände, das den Domherren vom Saint-Sépulcre gehörte. Der Name ging auf die Skulptur eines Drachen über dem Ausgang zur Rue Sainte-Marguerite (heute Rue Gozlin) zurück, Anspielung auf eine Legende der heiligen Marguerite. Nach mehreren berühmten Bewohnern zogen in die Cour du Dragon hauptsächlich Eisenhändler ein. 1830 holten sich bei der Revolution die Aufständischen hier Eisenstangen, Piken und andere improvisierte Bewaffnung.

Die Invaliden. Stich von Gustave Doré. Die Bewohner der Hauptstadt waren meist in der Provinz geboren und beendeten ihre Tage in Paris. Die alt gewordenen Veteranen der napoleonischen Feldzüge gerieten ins Abseits und lebten vergessen als eine Art Fossilien dahin.

immer wieder an die verschiedenen Redaktionen: «Noch niemals habe ich Karnevalswagen bestiegen oder einen Maskenball betreten. ... Was bleibt mir zu tun übrig, als abermals und wiederholt zu protestieren, zu wiederholen, daß ich ... usw.» Während Lord Seymour diese peinlichen Briefe schrieb, ließ Milord Arsouille seine sehr auffällige Kalesche lange vor der Wohnung Seiner Gnaden stationieren. Dieser Milord Arsouille hieß Charles de la Battut. Er war 1806 geboren, Sohn einer Französin und eines englischen Apothekers, der unendlich reich war, seiner Ehe wegen aber den unehelichen Sohn nicht anerkennen konnte; er hatte ihn aber gegen Zahlung hoher Beträge von einem gewissen Grafen de la Battut, einem bretonischen Edelmann ohne Vermögen und – ohne Vorurteile, legitimieren lassen. Schon auf der Schule erwarb sich der junge Charles in den Kaschemmen den Ruf, ein tüchtiger Boxer zu sein. Der englische Apotheker konnte ihm vor seinem Tod noch ein enormes Vermögen vermachen, das es Milord Arsouille, der die Intelligenz eines Spatzes und den Appetit eines Straußes hatte, ermöglichte, ein Leben zu führen, das seinen wüsten Neigungen entsprach.

Paris, das seine Farben heute nur noch von den Kinoplakaten und den Leuchtreklamen bezieht, war einst eine außerordentlich bunte Stadt trotz des Graus seiner Steine. Voll gewürdigt wurde seine pittoreske Erscheinung erst, als sie verschwunden war, wenngleich die «Nostalgie», von der soviel die Rede ist, weniger eine rückläufige Sehnsucht nach der Vergangenheit

Unten: Wer hat Blasebälge oder alte Eimer zu flicken?
Oben rechts: Aquavit! Aquavit! – Mitte: Rattenfallen! Rattenfallen! – Unten: Windmühlen! Wer will Windmühlen?! – Die Stiche aus dem 18. Jahrhundert schildern die Hierarchien der verschiedenen Kleingewerbe des Straßenhandels. Eine ganze Skala von Situationen umfaßt ebenso die Verkommenheit einer offensichtlich selbst trunksüchtigen Schnapsverkäuferin wie die Abstufungen vom Handwerker, der seine Produkte an den Mann bringt, über den schmalverdienenden Kesselflikker bis zu der zuweilen als Handel getarnten Bettelei.

ausdrückt als vielmehr das leidenschaftliche Interesse an den Mängeln und Mühen, die nicht erduldet haben zu müssen, man sich beglückwünscht. Wie dem auch sei, Gewohnheit hat immer das Interesse abgestumpft, und im 18. Jahrhundert hätte sich z.B. niemand besonders an der Augenfreude des farbigen Plunders ergötzt, der auf langen Stangen zum Trocknen hing, oder an den melodischen Rufen, mit denen die verschiedenen Straßenhändler ihre Ware anpriesen. Da gab es die Kolporteure von Liedern, Aufkäufer von Hasenfellen, Wiederverkäuferinnen getragener Kleider, Händler mit gebackenen Birnen, Kuchen oder Zuckerzeug, Burschen, die Lakritzwasser oder Kaffee ausschenkten, Bänkelsänger, Drehorgelspieler, Dienstmänner, Laternenträger, Ausrufer der Gazetten, savoyardische Schornsteinfeger, Reisigsammler und alle die anderen ambulanten Berufe, im Grunde Auswuchs endemischer Arbeitslosigkeit. Aber auch die Lädchen waren nicht weniger mannigfach, bunt und typisch. Noch Ende des 19. Jahrhunderts wohnte ein ganzes Volk von Marionettenmachern in der Rue du Clos-Bruneau bei der Place Maubert, im übrigen anerkanntes Reich der Lumpensammler, die hier ihrem Gewerbe nachgingen und hier die Stätten ihrer Zusammenkünfte hatten. Im Viertel Maubert und der Montagne Sainte-Geneviève fand in den windschiefen Häusern der Gäßchen eine wunderliche Fauna Unterschlupf, als Châtelet und Cité saniert wurden; noch bis zum Ersten Weltkrieg gab es hier Herbergen, in denen Obdachlose «auf dem Seil» schlafen konnten, d.h. aufgestützt auf einem ausgespannten Tau, das am Morgen fortgezogen wurde. In den Spelunken wurden absonderliche Geschäfte getätigt, etwa beim «Père Lunette», dessen sensationelle und schon fast touristische Seite freilich J.K. Huysmans bereits 1895 feststellt. «Eigentlich ist es der am wenigsten gefährliche und dümmste Ort des Viertels.» Doch er beschreibt auch voll düsterer Unverblümtheit andere Schankhöhlen, ohne ihre Wirte auszusparen, alle im Sold der Polizei.

Für jenes Pariser Original, das seine Seltsamkeit nicht den Zufällen der Existenz verdankt, sondern fest entschlossenen Schrittes seinen Schrullen folgt, läßt sich kein frappierenderes Beispiel finden als die Geschichte eines gewissen D., eines der verwirrendsten «Geheimnisse von Paris»: Dieser D., Makler bei den Markthallen, wurde 1847 zu Hause enthauptet neben einem Apparat gefunden, den er eigens zu dem Zweck gebaut hatte. Der Kopf war spurlos verschwunden. Am Vorabend hatte D. Freunden seinen Selbstmord in einem Brief angezeigt, der folgendermaßen schloß: «Um meinen Kopf kümmert euch nicht, ich habe für ihn Sorge getragen.»

Festlichkeiten und Belustigungen

Die Bacchantinnen aus den Vorstädten schluchzen, der Mond lodert und jault. Venus tritt ein in die Höhlen der Schmiede und Eremiten.
Arthur Rimbaud, Les Illuminations XVII. Villes

Der Cancan der Cascadeusen, der frenetische Tanz, bei dem das schwarzbestrumpfte Bein bis zum Gaskronleuchter flog und das Rascheln des *frou-frou* vor Erotik knisterte, schien so manchem fremden, das Großstadtleben suchenden Gast identisch mit Paris. Der Cancan ist in den kleinen Ball-Lokalen bei den Barrièren entstanden und hat seinen Canaille-Geruch nicht abgelegt, als er in Paris eindrang und sich sogar auf den berühmten Opernbällen zu zeigen wagte, weswegen die Polizei eingriff. Dennoch eroberte er Paris im Sturm. Bis in die Belle Epoque hinein hielt er sich, wie auch Bilder von Toulouse-Lautrec beweisen. Was man heute im internationalen Show-Geschäft als *French cancan* zeigt, ist eine Fälschung, denn der *chahut,* anderer Name für den *cancan,* kann nicht ohne Partner getanzt werden; in seinen lasziven und feurigen Gesten resumiert er das ganze alte Drama vom Begehren bis zum Besitzen.
Er machte den Quadrillen auf den Opernbällen Konkurrenz, die wegen ihres Übermutes berühmt waren, seit der Kapellmeister Musard im Winter 1838 die Ballmusik durch Lärm-Sensationen, z.B. Abschießen eines Böllers oder Zerhacken eines Stuhls, bereichert hatte. Der Baedeker von 1878 nennt die jährlichen Opernbälle, die von Dezember bis Karneval stattfanden, eine Pariser Eigentümlichkeit und das Exzentrischste, was man sich denken könne. Es gab sie seit 1716, um die Einnahmen der Oper aufzurunden; lange hielt ihr Erfolg sich in Grenzen, bis sie im 19. Jahrhundert ungeheuer populär wurden. Von Jahr zu Jahr schwoll die Besucherzahl an, 1846 schon auf 6000; aber Leute, die etwas auf sich hielten, beobachteten den Trubel diskret aus den Logen; da Maskenzwang war, riskierte freilich auch manche kleine Beamtenfrau oder abenteuerlüsterne große Dame, sich ins Gedränge zu mischen. Alexandre Dumas fils

Der Walzer. Stich aus der Zeit des Konsulats, einer Epoche, in der der Walzer seinen Siegeszug durch Europa antrat. Die Ursprünge dieses Tanzes waren bedeutend älter. Vielleicht leitet er sich vom Dreher her, der in den alemannischen Ländern bereits im 18. Jahrhundert getanzt wurde.

Maskenball in der Oper. Die Brüder Goncourt haben diese jährliche Entweihung der den Masken ausgelieferten Oper geschildert. Doch der Opernball verlor seinen pittoresken Charakter, als im zweiten Kaiserreich für Männer der Frack vorgeschrieben wurde.

Seite 296–297: Das «Fest der Einheit» vom 10. August 1793, Zerstörung der Sinnbilder des Königtums. Gemälde von Pierre-Antoine Demachy. Der erste Jahrestag des Sturzes der Monarchie wurde durch Festlichkeiten gefeiert, wie die dargestellte auf der Place de la Révolution (Place de la Concorde).

fand, die Opernbälle seien *une chose bien lugubre* (eine finstere Angelegenheit). Es wimmelte von anrüchigen Pierrots, weißen, hellblauen, violetten, mit spitzen Hüten und steifen Halskrausen, die das gepuderte Gesicht halb verdeckten, daneben aber auch von Köchen, Landstreichern, Rittern, Clowns usw., bis die von Gavarni entworfene Maske des *débardeur,* vielleicht wegen ihres «demokratischen» Charakters, so beliebt wurde, daß sie an Zahl sogar die Pierrots übertraf. Das Tosen der Musik und Gewirbel des Tanzes dauerte von Mitternacht bis ins Morgengrauen, und manche Lorette mußte am Aschermittwoch ihre Schuhe zum Schuster bringen.

Der Karneval, heute in den Straßen kaum wahrzunehmen, versetzte einst die Pariser in unbeschreibliche Exaltation. Von der Oper bis zur Courtille fanden am Fastnachtsdienstag Hunderte von Bällen statt; ein Augenzeuge meinte: «Kein Fremder, auch wenn er den Karneval in Italien erlebt hat, wird es bedauern, dem von Paris beigewohnt zu haben.» Wenn der Zug der geschmückten Fiaker, Equipagen und Karren mit ihrer Fracht lachender, singender, außer Rand und Band geratener Masken von der Courtille herunterkam, schlug das Volksfest in Frenesie

Der Karneval ist wieder da! Dieser in L'Illustration erschienene Stich vom Februar 1848 hält den Trubel fest, bei dem sich Kontertänze und Chahut zu einem dantesken Chaos vermengen.

um. Daß es dabei auch zu Ausschreitungen und zu Haßausbrüchen kommen konnte, schildert Musset in der *Confession d'un Enfant du Siècle*.

In den drei letzten Tagen vor der Fastenzeit führten die Metzger mit großem Pomp einen geschmückten Ochsen, *le bœuf gras,* ein preisgekröntes Exemplar, durch die Straßen, von einem Schwarm Maskierter begleitet und bei dröhnender Militärmusik. Die Sitte ging auf einen mittelalterlichen Zunftbrauch zurück. Man hat darin sogar eine noch ältere Reminiszenz an den Mithraskult oder an den aus Ägypten eingeführten Gott Apis sehen wollen.

Berg-und-Tal-Bahn in der Grande Chaumière. Zu dem Ballokal mit seinen Gärten gehörte auch ein Rummelplatz. Er lag am Boulevard Montparnasse. Um 1830 wurde eine Berg-und-Tal-Bahn (zu 1 franc für 4 Fahrten) eingerichtet.

Ein Bosquet der Closerie des Lilas. Die 1804 eröffnete Closerie des Lilas lag beim Observatorium; größten Zulauf hatte sie gegen 1850. Lange blieb sie die Vergnügungsstätte der Studenten und Grisetten, auch als sie zum Bal Bullier geworden war.

Öffentliche Hinrichtungen waren bekanntlich noch bis ins 18. Jahrhundert hinein Grund zu wahren Volksfesten, als sei der verurteilte Schächer der Sündenbock, dessen Opferung eine Feier forderte. Willkommener Anlaß zu Fest und Feier waren auch stets die Einzüge der Fürsten, für die jeweils ephemere Triumphbogen aus Laub, Flitter und Blumen errichtet wurden. Als Karl VI. seine junge Gemahlin Isabeau von Bayern einholte, musizierten als Engel verkleidete Pariser Kinder, und zwei Männer in Bären- und Einhornkostüm brachten der jugendlichen Königin Geschenke der Stadt dar. Das an Leichtsinn, Verwirrung und Tragödien reiche Leben der Bayerin gab dem Hof auch zu Lustbarkeiten vielerlei Gelegenheit. Eine davon nahm einen tragischen Ausgang, ein Hofball im Château de la Reine Blanche (nach anderen Quellen im Hôtel Saint-Pol). Der König und fünf junge Edelleute hatten sich als «wilde Männer» verkleidet, um mit den üblichen obszönen und grotesken Gesten eine Moresca zu tanzen. Das Kostüm bestand aus Werg, das mit Pech auf ein eng anliegendes Gewand geklebt war. Der Herzog von Orléans kam mit der Fackel einem der «Wilden» zu nahe, das Werg fing Feuer, und im Nu standen die Tänzer in Flammen, darunter auch der König; doch eine Hofdame warf sich unzeremoniell, aber geistesgegenwärtig auf ihn und erstickte mit ihrem Mantel den Brand, während die anderen fünf im knisternden Werg bei lebendigem Leib verbrannten. Der Zwischenfall soll den Ausbruch des Wahnsinns bei Karl VI. beschleunigt haben.

Voll Gepränge war der Einzug Ludwigs XIV. und der jungen spanischen Maria-Theresia nach ihrer Hochzeit. Im Faubourg Saint-Antoine war ein riesiger Thron errichtet worden, weswegen die Place du Trône diesen Namen erhielt und lange Zeit trug. Nicht weniger prächtig war, vier Jahre vorher, die Tochter Gustav Adolfs, die zum Katholizismus übergetretene Christine von Schweden, in Paris empfangen worden. Der Name eines anderen Platzes, Place du Carrousel, hält die Erinnerung an ein höfisches Reiterfest wach, das am 5. und 6. Juni 1662 zwischen Louvre und Tuilerien mit Ringelrennen und phantastisch aufgeputzten Kavalkaden, Schau-Turnieren und Pferdeballetten gegeben wurde.

Doch Ludwig XIV. verließ Paris; die Hoffestlichkeiten und das feierliche Zeremoniell entzog er den Augen der Pariser. Nur als die Gesandten des Großtürken in mächtigen Turbanen, siamesische Würdenträger in exotischer Seidenpracht oder der Botschafter des Perserreiches huldigend zu Besuch erschienen, wurden sie durch die Straßen von Paris geleitet, und das Volk

durfte solche Märchenpracht bestaunen. Im übrigen vergnügte es sich mit Ringeltänzen, mit Familienfesten in den Gartenschenken vor den Toren und leider auch mit schaurigen Tierkämpfen in elenden Bretterarenen an der Porte du Combat, Bluthunde gegen einen Stier, Tiger gegen einen Eber oder Kämpfe zwischen Hunden aus verschiedenen Zwingern, deren Besitzer sich in der Regel, wenn einer der Hunde verendet war, in die Haare gerieten. Oft haben Fest und Blut, Weltlust und Grausamkeit geheimnisvolle Bezüge zueinander gehabt.
Abbé Gassendis epikureische Lehren bereiteten das Rokoko vor, dessen lebensbejahende Weisheit dem Festlich-Graziösen vor barocker Schwere und Schwüle den Vorzug gab. Mitunter schlug es auch ins Frivole um. Aber die Melancholie, die über den Parkszenen und *fêtes galantes* eines Watteau liegt, über seinen artigen Kavalieren, gezierten Komödianten und jugendlichen Damen, verleiht ihnen den Schmelz der Unschuld.
Doch schon erhob Jean-Jacques Rousseau seine pathetische Stimme; das kunstvolle Rankenwerk dieses Lebens als Spiel und Stil verdammte er: Der Wille des Höchsten Wesens ist Natur allein; Tugend soll sein, nicht Verführung, Komödie und abgezirkeltes Menuett. Auch entwarf er eine Theorie des Öffentlichen Feierns.
Seine eifernden Jünger, die Jakobiner, legen sie den Festen der Revolution zugrunde. Beim ersten, am 14. Juli 1790, dem ersten Jahrestag des Sturms auf die Bastille, herrscht noch viel Sponta-

Dekoration für das Feuerwerk vor ▷ dem Hôtel de Ville. Der Stich zeigt die allegorischen Elemente bei einem Fest vom 25. Juli 1756, das die städtischen Behörden zu Ehren der Eroberung von Port-Mahon durch den Herzog von Richelieu gaben.

neität. La Fayette, der auf dem Marsfeld der Menge den Eid vorspricht, damit sie ihn brausend wiederholt, wird von den begeistert sich an ihn drängenden Menschen fast erdrückt. Nur der König, obwohl das Volk ihm heißen Herzens noch kindliche Verehrung entgegenbringt, sieht «wie ein wegen Schulden Verurteilter» aus. Paris summt tagelang von Gesang und Musik. Über den öffentlichen Banketten steigen Leuchtraketen und Girandolen auf. *Ça ira!* Noch erwartet das Volk Glück, Frieden und Wunder. Anders drei Jahre später am «Fest der Brüderlichkeit» vom 10. August 1793. Düstere Stimmung liegt über Paris. Capet ist tot. Krieg an den Grenzen. La Fayette zum Feind übergegangen. Das Brot ist teuer geworden; bald wird es fehlen. Doch der Maler David organisiert das Fest. Große Gipsfiguren, «Das Herkules-Volk», «Die Freiheit», schauen aus toten Augen auf die in geordneten Reihen angetretene Menge; schon nach den ersten Regentagen werden sie wüst und verkommen aussehen. Kronen aus Goldpappe werden ins Feuer geworfen, Schwärme von Tauben freigelassen. Abends bei den Straßenbanketten entspannt sich die Menge. Auch Chaumettes *Fête de*

◁ Feuerwerk an Johannis. Stich von Merian. Alljährlich zur Sommersonnenwende legte der König im Beisein von viel Volk vor dem Hôtel de Ville Feuer an einen mit Raketen bestückten Holzstoß. Verbrannt wurde darauf ein Sack mit Katzen und einem Fuchs. Die Revolution schaffte den grausamen Brauch ab.

la Raison in Notre-Dame wird eine traurige, trockene, langweilige Zeremonie und ist zudem einem Robespierre ein Ärgernis; Chaumette wird es auf dem Schafott bezahlen. Großartiger soll nach des «Unbestechlichen» Wunsch das «Fest des höchsten Wesens» werden. Die Gironde, Philippe Egalité, Danton hat er fortgeräumt; er herrscht durch Schrecken. Das Volk erwartet zum Fest vergeblich seinen Spruch «Gnade für alle». Im Tuileriengarten werden vor der nach Sektionen aufmarschierten Menge – wieder führt David Regie – die Statuen des «Atheismus», des «Egoismus» und des «Nichts» verbrannt, doch das Bild der «Weisheit», das sich aus den Flammen erheben soll, kommt rußgeschwärzt zutage. Als der Zug sich in feierlichem Marsch zum Marsfeld bewegt, wo der «Altar des Vaterlandes» steht, merkt der Tief-Unglücklichste aller heimlich Machtbesessenen, daß ihm die Zügel entgleiten. Nach dem 9. Thermidor und dem Ende der Tugendherrschaft wirft Paris sich in einen Taumel der Lebenslust. Freude am Putz, an Verschwendung, Sorglosigkeit, zynische Gleichgültigkeit vor dem Morgen, der Hintergrund dazu aber bitterste Not im Volk. Trotz allem wird überall getanzt. Der Walzer tritt seinen Siegeszug durch die Ballsäle an, deren es 640 gibt. Einer der besuchtesten ist der im Tivoli (in der heutigen Rue Saint-Lazare) inmitten der üppigen Gärten des Finanzmanns Boutin, *la Folie-Boutin.* Muscadins, Incroyables und Merveilleuses bringen ihn in Mode, ein Ort, «wo man gewesen sein muß». Jeden Sonntag vergnügen sich hier 10000 bei Tanz, Feuerwerk, Wahrsagerei und anderen Attraktionen. Napoleon wird die Gärten des Tivoli wählen, als er der kaiserlichen Garde ein Bankett geben will.

Selbst in dem düsteren Bau der Karmeliter der Rue de Vaugirard (an dessen Wänden man noch heute Blutspuren vom Septembergemetzel sieht) erklingen Fiedel und Flöten zum öffentlichen Tanz. Im Hôtel Thélusson (Rue de Provence), das Bonaparte später seinem Schwager Murat schenken wird, finden die gruselig-fröhlichen *Bals des victimes* statt, bei denen man, um Zutritt zu haben, nachweisen muß, daß ein naher Blutsverwandter unter dem Fallbeil gestorben ist. Düsteres Dekor bietet auch der *Bal des zéphyrs* bei Saint-Sulpice im ehemaligen Friedhof, wo man auf den Grabsteinen tanzt, bis Bonaparte die Schließung befiehlt. Das Militär zeigt Vorliebe für *la Grande Chaumière* beim Montparnasse, die es schon seit 1788 gibt; ihre Berg- und Talbahn scheint fast Symbol der verstrichenen Jahre. Später wechselt das Publikum: Studenten kommen vom Quartier Latin herüber. Clara Fontaine, «Studentenkönigin», feiert hier ihre Triumphe.

Nach der Tugenddiktatur der Jakobiner schweifte die Mode ins Übertriebene aus, und man suchte wilde Vergnügungen.

Neben dem fröhlichen Treiben gibt es immer die hoch-offiziellen Feste. Napoleon, der sich den Adel verpflichten will, hat die gar zu sansculottischen Feiertage abgeschafft (21. Januar, 31. Mai, 10. August) und nur den 14. Juli beibehalten, der jetzt *Fête de la Concorde* heißt. Ein Fest von unvergleichlichem Pomp wird die Kaiserkrönung (es ist übrigens die zweite, die Paris erlebt; die erste war die Krönung von Julian Apostata). Selten hat man an fast barbarischer Farbenpracht Gleiches gesehen, und wieder hat David Kostüme und Dekor entworfen. Der Papst ist nach Paris gekommen und erwartet den Kaiser in Notre-Dame. Aber die Krone setzt Bonaparte sich selbst auf und verlangt nur, gesalbt und gesegnet zu werden. Trotz Glatteis und Schneegestöber sind die Straßen von Menschen überfüllt; halb Europa hat sich in Paris versammelt. Um neun Uhr bricht die Sonne durch. Die Zeremonie dauert bis zum späten Nachmittag. Die Rückkehr in die Tuilerien, von 20000 Fackeln begleitet, findet mit einem weiten Umweg durch die Stadt bei sinkender Dämmerung statt. Nur neun Jahre, dann wohnt in den Tuilerien wieder ein Bourbone. Er löscht die Gedenktage der Revolution und ordnet andere Feiertage an. Der feiste, gichtkranke Monarch kann dem Königtum nicht den alten Glanz zurückgeben, und das völlig ausgeblutete Frankreich sehnt sich nach Ruhe. Aber trotz Besatzungsregime und Witwentrauer tanzt Paris; freilich mit den Kosaken lieber als mit preußischen Grenadieren. Die Besatzung zieht ab. Paris tanzt, ausgelassen in den Schenken bei den Barrièren, züchtig in den Salons des Bürgertums. Paris hat eine neue Revolution, und sie ist fast wie ein Volksfest, *les Trois Glorieuses*. Louis-Philippe regiert. In den Ball-Lokalen treten Rose Pompon und la Reine Pomaré alsbald ihre jauchzende, wirblige Herrschaft an.

Im Jardin Mabille, beim Rond-Point der Champs-Elysées, trifft sich bei brillanter Illumination unter den künstlichen Palmen die «Blüte der Halbwelt». Céleste Mogador, mit bürgerlichem Namen Vénard, wird von den Herren in Bratenrock und Zylinder umschwärmt, sie heiratet einen Grafen von Chabrillan. Brididi, ein Notariatsschreiber, und sein Rivale Chicard tun sich in gewagten Luftsprüngen und exzentrischen Gesten vor allen Tänzern hervor und küren die jeweilige Ballkönigin. Wenn um 11 Uhr die Musiker Olivier Métras die Instrumente in die Etuis packen, weil Polizeistunde ist, geht die Polka auf den Champs-Elysées weiter, wo es genug blinde Geiger gibt, die die Fiedel kreischen lassen.

Friedrich Gilly, der Lehrer des Berliner Architekten Karl Friedrich Schinkel, war 1797 in Paris, von wo er ein Skizzenbuch mitbrachte; hier Entwürfe daraus für eine festliche Dekoration des Marsfeldes.

Die *Closerie des Lilas,* auch *Bal Bullier* genannt, wird der bacchantischen Quadrillen wegen berühmt; im maurischen Saal

AFÉ
GLACES
SORBETS

Das Bild vom August 1869 aus Harper's Weekly schildert einen Sommerabend am Boulevard. Wenn auch die «Leute von Welt» Paris im Sommer verlassen haben, um die Badeorte und Sommerfrischen aufzusuchen, bleibt noch genug elegantes Publikum, um die Kaffeehausterrassen zu füllen.

tummeln sich Studenten und Ladenjünglinge mit ihren Grisetten. Doch auch Literaten stellen sich ein; Murger, Théodore de Banville u.a. gehören zu den Stammgästen. Im Garten gibt es Schießbuden, Spiele, Springbrunnen, eine Kegelbahn. Gemischter noch ist das Publikum in *Les Mille Colonnes* der Rue de la Gaité. Die Chiffonniers (Lumpensammler) tanzen im *Bal du Vieux Chêne* der Rue Mouffetard, auch Treffpunkt kleiner fünfzehnjähriger Gauner und ihrer noch jüngeren lasterhaften Mädchen, Nachwuchs der Bordelle. Der Besitzer stirbt 1863 durch den Fußtritt eines Gastes.
Gier, Lebenslust, Vergnügungssucht, der sprühende, unermüdliche Sabbat werden nicht sanfter, eher hektischer noch, als der Prinzpräsident sich zum Kaiser der Franzosen aufgeschwungen hat, er selbst ein *fêtard* mit allen Champagnern getauft. Ein sauertöpfischer Beobachter meint, das Dekorum werde nur in der Nähe der Polizisten gewahrt, die aber nicht überall sein könnten und meist nur am Eingang der Ballokale Wache hielten. Die Gaslampen heizen, der Staub beizt die Augen, die Wangen glühen, die Füße wirbeln, stampfen und springen. Schicksale werden zertreten. Berüchtigt: *La Boule Noire,* nach der verrußten Kugellampe über dem Eingang so genannt. Hier ist auch Rose Malingre, die Dienstmagd der Brüder Goncourt, verlottert und an einer schlimmen Gossenleidenschaft zugrunde gegangen. Das Publikum der Tanzlokale rekrutiert sich aus allen Schichten. Unterm 11.1.1863 liest man im Tagebuch der Gon-

Ein Ball an der Barrière du Trône. Zeichnung von Gustave Doré, gestochen von Hildibrand. Diese Barrière, die auch Barrière de Vincennes hieß, war ein Tor durch die Stadtmauer der Fermiers Généraux. Sie kannte einen lebhaften Verkehr, außerdem gab es dort zahlreiche Vorstadtkneipen und Tanzlokale.

courts: «Auf den öffentlichen Bällen gibt es zur Zeit vier bekannte Tänzer; der renommierteste heißt Dodoche, ein Papierhändler; ein anderer ist Bildhauer, der dritte Steinmetz für Grabsteine, der vierte Angestellter eines Bestattungsinstituts. So berühren sich unsere Bacchanale mit dem Totentanz.» Und Jean Lorrain urteilt sarkastisch: «Arme, von Anämie ausgezehrte Mädchen, trauriges, hungerndes Laster, Elend in Seidenfetzen, und um die von professionellen Weibern geschüttelten Dessous Gaffer, von dreckiger Begierde aufgegeilt. Die ganze Schmach eines Proletariats der Unzucht, das zu festgesetzten Stunden zappeln muß, damit sich Ladenschwengel und Kleinbürger die Langeweile vertreiben» (Monsieur de Phocas). Das gesetzte Bürgertum besucht allerdings lieber Tanzlokale drei oder vier Meilen vor der Stadt, wo man keinen Kokotten und zweideutigen Figuren begegnet.
Fin de siècle! *Moulin-Rouge* hat seine große Zeit; die *Goulue* (Vielfraß), *Rayon-d'Or* (Goldstrahl), *Grille-d'Egout* (Kanaldekkel) und *Nini-patte-en-l'air* (Nini hoch die Beine) tanzen mit *Valentin-le-Désossé* (der Entbeinte) die *Quadrille naturaliste.* Toulouse-Lautrec, unermüdlicher Stammgast, hat den Haut-goût der absinth-trunkenen Nächte verewigt, zu denen auch die mondäne Welt aus Maxim's sich einstellt. Doch 1900 wird Moulin-Rouge Music-hall, wo auch Mistinguette debütiert. Das Gebäude brennt ab, neu aufgebaut wird es 1937 ein Kino. *Sic transit*... Mancherlei Exzentrisches sieht die Belle Epoque, wie den *Bal des Incohérents,* den der Journalist Jules Lévy 1884 und 1885 gibt, wahrer Vorläufer der Dadaisten. Sein Maskenball von 1891 in Folies-Bergère soll den Futurismus inspiriert haben. Eine Dame erscheint als Luftschiff, eine als Grabstatt, auch einen «Gasmann Ludwigs XIII.» kann man treffen. 1892 findet

Les Variétés.

Cirque d'été.

Die Karikaturen von Cham zeigen Situationen aus dem Zuschauerraum des Théâtre des Variétés und des Cirque d'été.

Zwei Plakate aus der Belle Epoque, links für den Ball eines Ruderklubs draußen in Bougival vor den Toren, Abfahrt stündlich von der Gare St-Lazare aus; rechts für eine Pantomime in Folies-Bergère, mit dem Pierrot, der Figur, in der das Fin de siècle seinen geheimen Weltschmerz spiegelte.

erstmals der *Bal des Quat'z' Arts* der Studenten der Ecole des Beaux-Arts statt, Bacchanal der Bohème, und zieht 1894 ins Moulin-Rouge um, wo es zum Skandal kommt: Die ach so keusche Goulue schwört vor Gericht, durch die Nacktheit der Teilnehmerinnen sei sie in ihrer Scham verletzt!
Neue Tänze kommen auf, der *Cake-Walk,* ursprünglich ein englischer Matrosentanz, und 1910 erobert, trotz Verbot des Erzbischofs, der feierlich zu zelebrierende Tango Paris. Schon taucht auch nach amerikanischer Negermusik der Jazz auf. Seine hämmernden, winselnden, synkopischen Rhythmen verdrängen das *Tha Ma Ra Boum Dié* und werden die Begleitung zu den aus Weltschmerz orgiastischen *Roaring Twenties*. In den kleinen Ball-Lokalen der Rue de Lappe, der Rue des Anglais oder an der Montagne Sainte-Geneviève dominiert auch dann noch zur Ziehharmonika *la Valse Musette*. Erst das Radio macht den *Bals Musettes* den Garaus. Montmartre hat sich mit Cabarets bestückt, manche ursprünglich mit politisch-satirischer Intention. Sie suchen einander an Originalität zu übertrumpfen: *le Ciel* mit dem seraphischen Chor, *l'Enfer,* dessen Pforte ein Höllenrachen ist,

la Taverne du Bagne, unter Leitung eines aus Nouméa zurückgekommenen Obersten der *Commune,* und hundert andere. Nach dem Ersten Weltkrieg findet man russische Nachtlokale, wo Großfürsten im Kosakenrock den Champagner servieren. Das alte Viertel der Bohème wird beim Flackern der Lichtreklamen zum zwielichtigen Rummelplatz Europas mit einer Fauna, die Francis Carco geschildert hat. Im *Moulin de la Galette,* das auf die Zeit der Kreuzzüge zurückgehen soll, tanzten einst Müllersknechte mit den Bauernmädchen; im 19. Jahrhundert kamen die Künstler, um bei Gaslicht im Garten zu tanzen; sie zogen die auf Pittoreskes gierige Touristik nach sich, aber die Mühle gehört seit vielen Generationen derselben Familie. – Vielfältige Traditionen als Stätte des vergnüglichen Lebens hat Paris. Nicht selten hat sein wohlverdienter Ruf aber andere, gewichtige Seiten in den Schatten verdrängt. Denn trotz allem ist Paris nicht identisch mit dem *chahut* der Cascadeusen und dem Touristenparadies der Gassen unter Sacré-Cœur.

Das Plakat wirbt für die ersten Filmvorführungen. Ein Zeitungsbericht von 1895 urteilte: «Es handelt sich um eine Art *laterna magica,* deren Bilder sich bewegen. Die Vorführer des Apparates, der übrigens keine sehr große Zukunft zu haben verspricht, haben einen Namen, der für ein Pseudonym gelten könnte, sie heißen Lumière.»

Die Welt der Bretter

Es gibt hier zahllose Tänzer und Flötenspieler, mehr Schauspieler als einfache Bürger; auch trifft man auf keinerlei Respekt für die Herren.
Julian Apostata

Wie in Anpassung an den Kalender der neuen Religion der dionysische Festzug in Rom sich der Prozession der Karwoche eingliedert, wie er damit Martyrium und Auferstehung des Dionysos auf die Gestalt Christi überträgt, so wiederholt sich auch in Lutetia die gleiche Entwicklung. Auch die rituelle Deutung des Theaters ist elastisch genug, so daß die heidnischen Symbole auf ganz natürliche Weise vom Christentum übernommen werden können. Die antiken Vegetationsdämonen, das Animalische der atellanischen Mimen oder die chthonischen Gestalten, die in Felle vermummt ewige Naturkräfte darstellen, tauchen im Teufelsgelichter der Mysterienspiele wieder auf. Der Chor der Bacchantinnen feiert in den Engelschören und in denen der

Der Stich zeigt vermutlich die berühmte italienische Truppe der Commedia dell'arte von Giuseppe Bianchi, Capitano Spezzafer, die 1639 nach Paris kam, um vor Ludwig XIII. zu spielen. Sie führte auch Opern auf, wie die «Finta pazza» von Strozzi.

Aufriß des Théâtre de l'Impératrice. Das alte Odéon war 1799 durch eine Feuersbrunst völlig zerstört worden und blieb acht Jahre lang eine Ruine. Erst 1807 wurde es von Chalgrin restauriert und im Juni als Théâtre de l'Impératrice neu eröffnet. 1818 wurde der Chalgrin-Bau durch einen abermaligen Theaterbrand vernichtet. Der heutige Bau stammt von Baraguey.

trauernden Marien Urständ im Zwiegesang der Wechselstrophen am Heilandsgrab. Die Form wird allmählich säkularisiert; das Latein macht der Volkssprache Platz; eine Trivialisierung des sakralen Dramas läßt sich feststellen, da die rituelle Handlung sich nach und nach zu einem erbaulichen Schauspiel wandelt. War aber nach alter Tradition das antike Mysterium in eine sehr strikte repetitive Form eingespannt, so wuchert das mittelalterliche Mysterienspiel aus; profane Szenen schieben sich zwischen die religiöse Handlung und nehmen einen erstaunlichen Umfang an. So sieht man zum Beispiel die heiligen Frauen beim Einkaufen der Spezereien in eine lange Komödie verwickelt; der Knecht des Würzkrämers, geradezu eine Präfiguration Harlekins, ergeht sich in Obszönitäten und führt ein wahres *Imbroglio* herbei. Gleichzeitig werden auf der anderen Seite des Schauplatzes die Verdammten in Bütten gesotten, die Engel stoßen in ihre Fanfaren, und Herodes bringt die unschuldigen Kindlein um.

In Paris finden vom 15. Jahrhundert an regelmäßig Mysterienspiele im großen Saal des Dreifaltigkeitshospitals (Ecke der heutigen Rues Greneta und Saint-Denis) statt. Die Prämonstratensermönche vermieten ihre riesigen Räumlichkeiten an fromme Schauspieler, die sich «Meister und Darsteller der Passion und Erlösung Unseres Herrn» nennen. Übrigens führt diese «Bruderschaft» auch Schwänke, Possen und allegorische Moralitäten auf, um durch das ausbrechende Lachen die beim Passions-Schauspiel erlebte Katharsis noch zu vertiefen. Doch während mit der Renaissance das Mysterienspiel in Vergessenheit gerät oder zum Triumphzug degeneriert, entwickelt sich

Auf dem Ausschnitt aus einem anonymen Gemälde der französischen Schule des 17. Jahrhunderts sieht man in der Mitte Molière unter seinen Schauspielern, von denen einige Kostüme der Commedia dell'arte tragen. Molière hatte bei Fiorilli-Scaramouche vom italienischen Theater gelernt.

Aufriß der Fassade des Théâtre-Français. Es handelt sich um den von Moreau und Palaiseau umgebauten Theaterbau, der 1799 mit einer Aufführung des «Cid» eröffnet wurde und den 1822 Fontaine abermals abänderte.

Auf dem populären Stich sieht man Tabarin, der zu Beginn des 17. Jahrhunderts mit improvisierten Possen das Publikum auf der Place Dauphine anlockte, um einen Wunderbalsam zu verkaufen, Scharlatan und Komödiant in einem. Seine Farcen erschienen damals schließlich sogar in Buchform.

parallel dazu ein anderes Theater und erlebt einen raschen Aufschwung: Die aus Italien eingeführten *Intermezzi,* die als Einlagen in das Mysterienspiel antike Mythen, historische Ereignisse oder sogar alltägliche Vorfälle zum Thema hatten, breiten sich auf Kosten der Heilsgeschichte aus. Der Wandel in der kirchlichen Macht und vor allem die tiefgreifende Veränderung der geistigen Haltung bringen notwendigerweise einen neuen dramatischen Ausdruck hervor. In Frankreich tritt nun eine völlige Trennung ein zwischen dem volkstümlichen Theater – den von der Commedia dell'Arte herkommenden Jahrmarktsbühnen – und dem höfischen Theater, das seinen Höhepunkt im 17. Jahrhundert erlebt, übrigens bevor sich der Kreis mit der Entstehung der komischen Oper auf den Brettern des Jahrmarkts von Saint-Germain schließt.

Vom Ende des 16. Jahrhunderts an bilden sich mit Ermächtigung durch den *lieutenant civil* Komödiantentruppen und spielen ihre Stücke im Freien. Die sehr strengen polizeilichen Auflagen zwingen sie, nicht mehr als 12 sols zu fordern und nichts ohne das Plazet des königlichen Procureurs zu spielen oder zu singen, eine unendlich behindernde Vorschrift, wenn man bedenkt, welche Rolle dem Improvisieren in dieser Art Theater zukommt. Die Zensur liegt ständig auf der Lauer; 1697 geschieht es zum Beispiel, daß eine italienische Truppe vertrieben wird, auf Befehl von Madame de Maintenon, die weder selbst lachen kann noch andere gern lachen sieht. Durch ausländische Truppen ergänzt, teilen sich die Schauspieler alsbald ins linke und ins rechte Seine-Ufer, werden aber immer unter den Schikanen der Mitglieder des klassischen französischen Theaters zu leiden haben, die ihrerseits wegen der ständigen Proteste der Geistlichen um den Fortbestand ihrer Bühne zittern.

Mit der Klassik erlebt das Theater eine Reform des Kostüms und Dekors. Die Bühne wird weiträumiger. Eine neue dramatische Form entsteht, seit der Humanist Jules-César Scaliger die aristotelische Regel von den drei Einheiten – der Zeit, des Ortes und der Handlung – neu zum Leben erweckt hat. Doch wenn verschiedene Theatertruppen auch am gleichen Strick ziehen, Kabalen und Rivalitäten entzweien sie. Die Komödianten des Hôtel de Bourgogne, dessen Bühne sich noch immer in den Händen der alten Bruderschaften befindet, die sich freilich stark laisiert haben und sogar die Mimen vom Pont-Neuf bei sich aufnehmen, verschanzen sich hinter ihren altherkömmlichen Privilegien. Molières Truppe dagegen wird von neuen Ideen beseelt, die mit dem dramatischen Konformismus und überhaupt jedem Konformismus nichts zu schaffen haben. Seinen *Tartuffe* schreibt Molière so gegen das Hôtel de Bourgogne, wie er *Les Précieuses Ridicules* gegen das Hôtel de Rambouillet ver-

Die französischen Komödianten. Stich von Joannes M. Liotard nach einem Gemälde von A. Watteau. Das französische Theater verzichtete, im Gegensatz zum rivalisierenden italienischen, auf die Masken.

faßt. Beim Tod des großen Satirikers, der über jedes Thema, das er sich vornahm, triumphiert hat, muß sich seine Truppe auf der Suche nach einer Bühne mit einem Saal der Rue Guénégaud begnügen, den sie auf Befehl des Königs zudem mit der alten Rivalin, der Truppe vom Hôtel de Bourgogne, zu teilen hat. Der König, der ewigen Zänkereien müde, fusioniert die feindlichen Truppen und gibt ihnen den Namen *Comédiens français*. Ein großes Theater ist geboren, doch es ist noch nicht am Ende aller Wanderschaft. Von einem nicht mehr benutzten Ballspielsaal in den andern heißt es umzuziehen, daher der Ausdruck *«enfants de la balle»;* einmal zieht man sogar in den Maschinenraum der Tuilerien, und überall wird die Comédie Française von den «Wohldenkenden» als eine Einrichtung Satans abgelehnt. Jeder Vorwand ist recht, um die Komödianten zu vertreiben, bis endlich das Theater in der Rue des Fossés-Saint-Germain (heute Rue de l'Ancienne Comédie) gebaut wird, ein prachtvoller amphitheatralischer Saal, der muschelförmig vom Parterre zu den ersten Logen ansteigt. Der von einer Minerva überragte Giebel trägt in goldenen Buchstaben die Inschrift: «Hôtel der Komödianten des Königs, die Seine Majestät unterhält. 1688.» Das Haus wird am 18. April 1689 mit «Phädra» und dem «Arzt wider Willen» eingeweiht. Hier werden bis 1770 alle in französischer Sprache verfaßten wichtigen Werke gespielt, und alle Schauspieler von Talent treten hier auf. Abend für Abend ist das Theater ausverkauft, die Zuschauer sitzen bis auf die Bühne; kleine Hunde kläffen, das Wachs der Kronleuchter tropft auf die Perücken, man schwatzt genau so ungeniert wie in der Kirche, immer droht der Skandal und manchmal bricht er aus: Als «Figaros Hochzeit» zum ersten Mal gespielt wird, muß der Verfasser für 60 Stunden ins Gefängnis Saint-Lazare. Die *Comédiens français* lassen nicht nach, Marionettenspieler und Wanderschauspieler mit Prozessen und Schikanen zu verfolgen; sie erreichen sogar beim *lieutenant de police* eine Verordnung, die den Jahrmarktgauklern untersagt, Komödien in Dialogform aufzuführen; die so Gemaßregelten helfen sich mit Pantomimen, deren summarischer Inhalt auf Zetteln ausgehängt ist, und singen populäre Couplets, die im Chor vom Publikum aufgegriffen werden. Es kommt ja nur auf die unmittelbare Handlung an, die psychologischen Konflikte sind Nebensache. Bei diesem von Gebärden und Gags bestrittenen Theater ist der Tumult zuweilen gewaltig, aber Verblüffung breitet sich aus, wenn wie in «Harlekin, König von Serendib» als Amouretten verkleidete Kinder, durch Gegengewichte ausbalanciert, plötzlich vom Gesims herabschweben.

Les Bouffes.

Le Gymnase.

L'Odéon.

Links drei Karikaturen von Cham, die Reaktionen des Publikums in den verschiedenen Theatern verspotten. Die Bouffes-Parisiens führten seit 1855 auch Offenbach auf. Im Gymnase-Dramatique (Mitte) debütierte 1837 die berühmte Rachel. Das Odéon bevorzugte historische Stücke. Die Funambules (rechts) begannen mit Harlekinaden; dort kreierte der großartige Mime Deburau seinen Pierrot, den zu sehen ganz Paris herbeiströmte.

Aber die *Comédie Française* braucht einen größeren und solideren Saal als den zu rasch gebauten der Rue de Fossés-Saint-Germain. 1781 wird das Königliche Theater des *Odéon* auf dem Platz errichtet, der noch heute seinen Namen trägt; die Architekten sind Wailly und Peyre. Nach einer Feuersbrunst von 1799 zieht die *Comédie Française* um. Man baut aber an derselben Stelle wieder, da die Erbauer offenbar nicht zu wissen scheinen, daß sich mit der Revolution das Stadtzentrum zum Palais-Royal und zur Chaussée-d'Antin verlagert hat. Zwar protegiert Napoleon das Odéon, das nun in *Théâtre de l'Impératrice* umgetauft ist, aber das Publikum schmollt, und der Saal füllt sich nur mehr oder weniger, wenn italienische Sänger hier Mozart oder Cimarosa singen.

Der *Comédie Française* fehlt es an zeitgenössischen Autoren, die in der Lage sind, das Repertoire zu ergänzen und zu erneuern. Denn in dieser Hinsicht ist das Empire wenig fruchtbar; erst mit dem großen romantischen Schwung regeneriert sich die französische Bühne. Weniger die Qualität der alten Stücke steht in Frage als vielmehr die falsche Interpretation, die man ihnen im 19. Jahrhundert zuteil werden läßt.

Die *Comédie Française* ist seit dem 30. Mai 1799 bereits im *Théâtre Français* untergebracht, das an derselben Stelle wie heute steht. Zahlreiche Male um- und neugebaut, hat es mannigfache Schicksale erlebt. Eine Zeitlang beherbergt es sogar das ehemalige *Théâtre de la Montagne,* das man 1795 in *Théâtre des Variétés* umbenannt hat. Damals vor allem ist es Treffpunkt der oppositionellen Literaten und Politiker, die Waffenschmiede, wo die Pfeile gegen das Directoire und das Konsulat zugespitzt werden. Dieses *Théâtre des Variétés* muß seinerseits zum Boulevard Montmartre umziehen und wird sogar, hundert Jahre später,

Zola als Dekorum für «Nana» dienen. Die Romantik greift auf die Geschichte zurück, «die man vergewaltigen darf, sofern man ihr nur ein schönes Kind macht», wie Dumas Père sagt, der dieses Prinzip übrigens eiligst in die Praxis umsetzt. Die Erneuerung des Theaters bricht sich mit Entschiedenheit am 25. Februar 1830 Bahn: mit der ersten Aufführung von «Hernani». Das Stück eines jungen unbekannten Autors namens Victor Hugo läuft nicht nur den verknöcherten Regeln des klassischen Dramas zuwider, es ist auch durch Anspielungen subversiv. Der Aufruhr ist so groß, daß die Anhänger der liberalen Opposition und die «Perücken» handgemein werden: Man prügelt sich um das Symbol einer Weltanschauung. Aber die Zensur Louis-Philippes ist nicht weniger empfindlich als die Ludwigs XVIII.: Als Balzacs «Vautrin» im Theater der Porte Saint-Martin gespielt wird, verbietet die Behörde das Stück, in dem sie beleidigende Anspielungen auf den Herrscher zu sehen glaubt. Es ist nicht nur die Epoche des historischen Dramas, sondern auch die des Melodrams und des Vaudeville. Um 1830 besitzt keine Stadt auf der Welt so viele Theater wie Paris. Der Boulevard du Temple, wo fast jedes Haus eine Bühne beherbergt, verdient mit Recht den Spitznamen *Boulevard du Crime:* Im fünften Akt fließt das Blut jeweils in Strömen! Wenn das Publikum so richtig gezittert und ausgiebig geweint hat, geht es sich bei den Pantomimen von Jean-Baptiste Deburau, bei den Akrobatenkunststücken von Mme Saqui und den anderen Unterhaltungen zerstreuen, an denen der Boulevard du Temple so reich ist. (Im Film «Die Kinder des Olymp» hat Marcel Carné ihn 1946 noch einmal zum Leben erweckt.) Es fehlt auch nicht an den *monstres sacrés,* den Volksidolen: Frédérick Lemaître kreiert die urkomische Figur des Robert Macaire, Mélingue hat den ersten großen Erfolg mit der Premiere von «Königin Margot», einer denkwürdigen Vorstellung, für die das Publikum 24 Stunden lang an den Kassen Schlange steht. 24 Stunden lang kampiert es vor dem *Théâtre Historique,* das Papa Dumas mitten im Faubourg du Temple hat erbauen lassen: «Von zehn Uhr abends an begannen die Bouillonverkäufer zu zirkulieren... Um Mitternacht waren die frisch aus dem Ofen gekommenen Brote an der Reihe... In der Frühe kam das Intermezzo des Milchkaffees mit heißen Törtchen dran; ein paar Leute aus der Schlange hielten die Wasserträger an, die vorüberkamen, und machten öffentlich die erlaubten Waschungen. In der Nacht und tagsüber feierten Wurstwaren mit Knoblauch Triumphe» (Hostein, «Mes Souvenirs»). Abgesehen von den historischen Schauspielen, den Horrordramen und den Zirkussensationen

Das Théâtre des Variétés, eine Gründung von Mlle Montansier, wurde von Napoleon aus dem Palais-Royal ausquartiert. Die tüchtige Direktorin ließ den klassizistischen Bau am Boulevard errichten. Unter Nestor Roqueplan nahm es nach 1843 einen Aufschwung, der sich mit den Stükken Offenbachs noch steigerte. Der Schauspieler Brunet hatte unter den Zuschauern viele gekrönte Häupter gesehen; er erzählte: Napoleon lachte wenig, Ludwig XVIII. hatte ein deftiges Lachen, Karl X. lächelte nur, und Louis-Philippe platzte mit dem Lachen heraus. Die Lithographie ist von G. Engelmann. – Links eine Szene aus «Jérôme le maçon», einem heute vergessenen Stück. Aus L'Illustration vom 27. November 1847.

wird das Vaudeville Mode und entwickelt sich zum «Boulevard-Theater», das zu einem Begriff für ein ganz bestimmtes Repertoire wird, bei dem das Thema des Ehebruchs – genauer das des Hahnreis – die Proportionen einer fixen Idee annimmt, um die herum sich eine gewisse Situationskomik entfaltet, das Ganze im übrigen von einem straffen Handlungsaufbau getragen. Das Thema des – namentlich mondänen – Ehebruchs stellt eine faszinierende Digression dar, eine der wenigen, die das damalige Theater zuläßt; eine patriarchalische Welt, die das Ende ihrer Macht vorausfühlt, sucht damit, wie in einer magischen Handlung, die In-Frage-Stellung der Ehe als bürgerlicher Institution beschwörend zu bannen. Heute ist man eher frappiert über die Plattheit dessen, was damals in den Boulevardstücken als Esprit galt, über die billigen Kalauer, mit denen die

Zuschauer sich zufriedengaben. Durch einen merkwürdigen Kompromiß kann dieses rein kulinarische Theater also auch die Rolle der «moralischen Anstalt», von der Schiller spricht, übernehmen, wobei es sich freilich um die Moral der Epoche handelt. Die Tugend triumphiert im gesunden Menschenverstand eines Emile Augier. Das Theater hat sein sakrales Kleid abgelegt; Sardou und Dumas fils malen das Bild eines goldenen Zeitalters für den Parvenu. Das Theater ist auch nicht mehr bloß Kunstinstitut, es wird zu einer ganz bestimmten Sphäre, einem Dschungel, wo sich eine spezifische Fauna tummelt: Abonnenten, Gönner, Theateragenten, Kuppelmütter und Garderobieren, die die Blumensträuße wiederverkaufen, Maschinisten, Stückeschreiber und Chefs der Claqueure, die das Zeichen zum Applaus geben müssen, eine ganze zuweilen heroische und immer faszinierende Welt.

Eine lange Filiation verbindet die Mimen der Arenen von Lutetia über die Trivelins vom Pont-Neuf mit den Transvestiten Pierre Spivakovs, eine kurvenreiche Tradition, die der Pariser Bühne ihren besonderen Charakter gab. Sie ist weniger Manifestation einer eigentlichen Geschichte des Theaters als vielmehr der historischen Folgen von theatralischen Formen, Übereinstimmungen und Entwicklungen im mimischen Ausdruck. Der Darsteller verkörpert auch das künstlerische Ideal der jeweiligen Epoche, mit allem, was es an mondäner Aura und erotischem Nimbus impliziert. Der Rachel, der Mätresse von Fürsten, gelingt es eine Zeitlang, die klassische Tragödie wiederzubeleben; vier Jahre nach ihrem Tod findet sie in Sarah Bernhardt eine Nachfolgerin, die in der Rolle des Zanetto in François Coppées *Le Passant* debütiert. Der Historismus ist noch längst nicht tot, und es gibt entsprechend der «Genre-Malerei» auch «Genre-Stücke». Sarah Bernhardt treibt den Sinn für die Anleihe bei der Geschichte, das Genie der Nachahmung, auf die Spitze, mit einem ganzen Arsenal von stilistischem Plunder.

Immerhin gibt es auch noch andere Wege. Da ist etwa der Unternehmungsgeist und die Theaterleidenschaft eines kleinen Angestellten der Gaswerke: André Antoine gründet im Jahre 1887 sein *Théâtre Libre* und inszeniert bis 1896 realistische Stücke, die er als *«tranches de vie»* (Lebensausschnitte) begreift; zunächst naturalistische Werke – an der Spitze Zola –, dann Dramen von Ibsen, Björnson, Strindberg und Turgenjew. Ein neuer theatralischer Stil ist entstanden.

Am 28. Dezember 1895 prangt über dem Eingang zum Grand Café am Boulevard des Capucines ein Transparent: *«Cinématographe Lumière. Entrée 1 franc.»* Im indischen Salon des Souter-

Kasperletheater. Puppenspiel ist ikonographisch schon 1340 bezeugt. Im 17. Jahrhundert machte sich die Puppenspielerdynastie Brioché einen Namen. Der Guignol, wie Kasperle in Frankreich heißt, ist ein Verwandter Pulcinellas. In Pantin gab es eine bekannte Fabrik für Marionetten, daher heißt der Hampelmann auf französisch *pantin*.

Kinoanzeige aus dem Jahre 1896, die für einen Aktualitätenfilm wirbt; Beweis, daß es schon sehr früh eine Art Wochenschau gab. Erst das Fernsehen hat ihr den Garaus gemacht.

rains hat man rund um das Gestell, das den Projektionsapparat trägt, etwa dreißig Stühle aufgestellt. Trotz Einladung ist die Presse nicht gekommen. Der Gewinn der Brüder Lumière beträgt ganze 3 francs. Doch *L'Arroseur arrosé* (Der begossene Blumengießer) eröffnet eine visuelle Ära, einen Wahrnehmungsmodus, der sich in den Kontext der neuen Zeit einschreiben wird. Das Kino wird eine Art zu denken und zu fühlen bewirken und die Moden beeinflussen in einem Umfang, wie keine andere dramatische Form es je vermocht hat. Bald sollte das Phänomen, das Paris zur Welt gebracht hat, weltweite Bedeutung gewinnen.

Während das Theater des Jahrmarkts auf den Brettern der satirischen Cabarets wiederauflebt, erschüttert das klassische Theater mit einer mehr als altmodischen Interpretation in seiner sonoren Agonie die Wölbung des Odéon, «Nachtasyl der verirrten Alexandriner» (Henri Boutet). Doch schon zwischen den beiden Weltkriegen hat ein Kampf für die theatralische Wiedergeburt eingesetzt. Ein neuer, der Entwicklung der Künste entsprechender Stil wird dem klassischen Repertoire endlich gerecht, und verjüngte Inszenierungen ermöglichen auch dem modernen Menschen den Zugang. Wie in den schönen Tagen des Faubourg du Temple steht das Publikum wieder Schlange vor den Pforten der Theater, von denen das hervorragendste sicherlich das *Théâtre National Populaire* von Chaillot ist, das kürzlich renoviert wurde. Das Odéon wird zum *Théâtre de France* unter Leitung von Jean-Louis Barrault, bis im Mai 1968 die aufrührerischen Studenten ihr Forum darin errichten, zu denen sich leider Vandalen gesellen, die für mehrere Millionen Schaden anrichten. André Malraux entzieht darum Barrault die Leitung des Theaters. Mit seinen eigenen bescheidenen Ersparnissen und dem Vertrauen der Bank Rothschild gründet Barrault sein *Théâtre d'Orsay* in dem stillgelegten Bahnhof, wo 1962 Orson Welles bereits Kafkas «Prozeß» gedreht hat. In diesem ungewöhnlichen Rahmen findet die Quintessenz der Pariser dramatischen Kunst ihren Höhepunkt. Außerdem gibt es zahlreiche junge Truppen von Amateuren und Berufsschauspielern, die unermüdlich experimentieren und durch ihr Wirken für ein Fortleben der dramatischen Kunst in Frankreich sorgen.

Die Musik in Paris

Da die Wissenschaften und Künste der hervorragendste Schmuck der Staaten sind, haben Wir, seit Wir Unseren Völkern den Frieden gaben, keine angenehmere Zerstreuung gekannt, als sie zu beleben, indem Wir alle zu Uns beriefen, die sich, nicht nur innerhalb Unseres Königreichs, sondern auch im Ausland, den Ruf erwarben, Ausgezeichnetes darin zu leisten; und um sie darin zu bestärken, damit sie sich darin noch weiter vervollkommnen, haben Wir sie mit Unserem Wohlwollen und Unserer Hochschätzung geehrt. Doch unter den freien Künsten hält die Musik einen der ersten Plätze.

Ludwig XIV., Patentschreiben für Jean-Baptiste Lully

Wer hat eigentlich behauptet, der Franzose sei nicht musikalisch? Paris jedenfalls ist eine der Großstädte, wo zahllose musikalische Werke ihre Uraufführung erlebt haben, eine Stadt, deren Oper als Bau und als Institution und sowohl ihres Orchesters wie auch ihres Ballettkorps wegen Weltruf genießt. Paris ist außerdem die Stadt der leichten Muse. Das Chanson fand hier großen Anklang, bis die Massenmedien die Volksmusik nivellierten und den Pariser, der einmal am Chanson teilzunehmen, es mitzusingen liebte, zum passiven Zuhörer machten.

Im 12. Jahrhundert ist Paris Treffpunkt der namhaftesten Musikologen. So wird denn auch an die Chorgesangsschule von

Rechts: Szene aus dem 4. Akt der Tragödie Soliman von Conte Prospero Bonarelli. Stich von Jacques Callot. Die Darstellung einer Szene aus Soliman durch Callot gibt einen Eindruck von dem Dekorationsschema des Barocktheaters: Auf dem Prospekt setzen sich Straßen und Häuserzeilen bis in weite Ferne optisch fort. Die Bühne entfaltete großen Aufwand an Maschinerie und Dekor.

Rechts: Polichinelle, der aus Neapel importierte komische Intrigant, genoß Beliebtheit bis ins 19. Jahrhundert. Skizze von Paul Lormier, 1838.

Links: Eine Ballettszene aus dem Jahr 1779. Stich von Pierre Lélù. An Aufführungen des *ballet de Cour* nahmen bis ins 18. Jahrhundert tanzend auch die Mitglieder des Adels teil, oft waren nur die Ballettmeister und Dekorateure «Fachleute», für mimische Soli mußte man freilich auch ausgebildete Tänzer hinzuziehen, obwohl man lieber unter sich blieb.

Notre-Dame, wo zum ersten Mal – unerhörte Neuerung in der europäischen Musik – mehrstimmig gesungen wird, eine Klasse für Komposition angegliedert. Im 15. Jahrhundert gelingen der Profanmusik subtile instrumentale Vervollkommnungen. «Die Autoren der Zeit», schreibt de Labédollière, «erwähnen eine dreisaitige Geige (*rebec* oder *violon*), die Drehleier *(vielle)*, die lateinische und die maurische Quinterne, das *demi-canon,* die böhmische oder Behaigne-Flöte, das deutsche Horn, die Schellen, die Baßgeige, den Dudelsack, Zimbeln, Trommeln, Glöckchen, Kriegstrompete (buccina), Monochorde, *flaïots, naquaires,* Flageolett usw.» Schon vom 13. Jahrhundert an ziehen Straßensänger von Taverne zu Taverne, und 1321 wird ihr Stand als Zunft anerkannt. Auch Sängerinnen gibt es, und der pittoreske Name *Marguerite-la-Fame-au-Moine* ist uns sogar überliefert. Was wird gesungen? Legenden in Versform, Liebeslieder, Ritornelle, Moritaten über lokale Vorkommnisse und über Tagesereignisse oder deftige Liedchen, die von den Zechern mit Gelächter quittiert werden.

Wie bei allen anderen Künsten wirkt sich auch auf die Musik der italienische Einfluß aus; ihm verdankt sie das Preziöse und Ziselierte. Lully führt am Hof Ludwigs XIV. die barocke Kunst der Suite ein, ein musikalisches Kaleidoskop aus einer Folge von Tanzweisen. Doch gegen Ende des 17. Jahrhunderts setzt in der Instrumentalmusik ein Übergang ein, und aus der Suite wird die Sonate. *La Steinkerque* von François Couperin, 1692 geschrieben, illustriert diese Entwicklung; Kammersonate zur Feier eines Sieges des Marschalls von Luxembourg, hält sie vor allem ein Gleichgewicht zwischen den breit angelegten, harmonischen Tonsätzen, in denen die Fugenthemen auf dem Dreiklang beruhen, wie es sich häufig auch bei Händel findet. Zu Beginn des 18. Jahrhunderts ist Paris reich an talentierten Komponisten: Bodin de Boismortier, Joseph de Mondonville, Jean-

Maria Taglioni als Sylphide. Sie entstammte einer alten italienischen Tänzerfamilie und wurde einer der leuchtenden Sterne der ersten Hälfte des 19. Jahrhunderts. Als sie sich nach ihren außerordentlichen Erfolgen in Paris von der Bühne zurückzog, gab sie Tanzunterricht in England; sie starb in größter Armut in Marseille.

Die Fassade des Opernhauses in der Rue Le Peletier. Die Statuen stellen die Musen dar, es sind allerdings nur acht. Böse Zungen behaupteten, die fehlende neunte sei die Muse der Musik. Das Repertoire der Oper wurde zu einem großen Teil von den Werken Meyerbeers bestritten. 1861 hatte Wagners Tannhäuser hier Première.

Seite 324
Oben: Inneres der Oper während der Revolutionszeit. Es handelt sich um das Opernhaus in der Rue de Richelieu, das von dem der Rue Le Peletier abgelöst wurde. Napoleon übertrug seinem Bruder Lucien die Überwachung der Theaterspielpläne. Erst als man 1806 die strenge Zensur einführte, wurde sie dem Polizeiministerium unterstellt.
Unten: Die Zeichnung von Tony-Johannot aus L'Illustration, vom 24. Februar 1848, trägt die Unterschrift: Neuer Tanzschritt, ausgeführt von Mlle Maria [Taglioni] bei einer Aufführung von «Das befreite Jerusalem». Kurioserweise erschien diese Zeichnung just in den Tagen, an denen Paris von der Revolution erschüttert wurde (22. bis 24. Februar).

Marie Leclair, Rameau und Corette. Auch die ausländischen Komponisten und Virtuosen, die vor dem König spielen, bleiben selbstverständlich, ehe sie nach Versailles gehen, eine Zeitlang in Paris. So wohnt von November 1763 an die Familie Mozart, der Vater, ein zehnjähriges Mädchen und der sieben Jahre alte Wolfgang Amadeus, der für die Seinen den Unterhalt verdient, fünf Monate lang im zweiten Stock des ehemaligen Hôtel de Beauvais, das damals zu einem möblierten Gasthof für Fremde und zu einem Spielhaus geworden ist.
Bereits im 16. Jahrhundert bemühen sich die Franzosen zunächst mit formlosen Versuchen, die Oper florentinischer Erfindung zu imitieren. Man mischt Rezitative, Choreographie, Orchesterstücke und Chöre. Die erste in Frankreich gespielte eigentliche Oper ist ein Pastorale von Giuseppe Torelli und Guido Strozzi, *Festa teatrale della Finta Pazza;* eine von Mazarin eingeladene Truppe führt sie vor dem Hof auf. Die erste französische Oper, *La Pastorale* von Abbé Perrin und Cambert, dem *Surintendant de la musique* der Königin-Mutter, wird 1659 bei einem gewissen Monsieur de la Haye kreiert. Die Aufführung lockt so viele Leute herbei, daß die Straße von Paris nach Issy mehrere Tage lang von Karossen verstopft ist. Nach verschiedenen Ansätzen wird die *Académie Royale de Musique* schließlich im März 1671 in einem alten Ballspielsaal der Rue Mazarine gegründet. Unter großem Aufwand an Maschinen wird als erstes *Pomone* hier aufgeführt. Nachdem Lully *spiritus rector* der neuen Institution geworden ist, prägt er ihr einen ganz be-

stimmten Stil und höchste Qualität auf, denn er ist nicht nur ein hervorragender Opernkomponist, sondern er versteht auch meisterhaft, seine Werke aufzuführen. Unnachgiebig bildet er selbst seine Interpreten aus. Doch als das *Théâtre du Marais* der *Académie Royale de Musique* Konkurrenz macht und musikalische Stücke mit großem Apparat aufführt, ergeht ein Verbot für alle Bühnen, mehr als zwei Stimmen und sechs Geigen zu verwenden. «Die Musik bin ich!» Die junge Oper wird regelmäßig vom Hof, vom Adel und vom Bürgertum besucht, «und sogar von den Geistlichen, die incognito hingehen». Trotzdem muß sie oft umziehen, ihre Finanzen sind mit Schulden belastet, die Reglementierung ihrer Statuten ist unzureichend. Schließlich befiehlt der *Conseil royal* die Annullierung aller mit der Opernpacht verknüpften Privilegien und überträgt die allgemeine Leitung der *Académie Royale de Musique* der Stadt Paris. Doch die Oper, die vom Elysée-Bourbon in einen Saal der Rue Saint-Honoré umgezogen ist, wird infolge einer Feuersbrunst obdachlos. Der neue, am 8. Juni 1781 eingeweihte Saal, genau dem

Plakat des Théâtre des Variétés. Jacques Offenbach hatte seine Pariser Karriere 1847, 28 Jahre alt, als Kapellmeister des Théâtre-Français begonnen, 1855 erhielt er die Konzession für die Bouffes-Parisiens. Von 1858 an spielte seine Truppe nur noch im Théâtre des Variétés, das ihr bis dahin als Wintersaal gedient hatte.

alten gegenüber, wird seinerseits ein Raub der Flammen. Zwanzig Menschen kommen bei der Katastrophe um. Die Oper wird darauf nach dem Boulevard Saint-Martin verlegt; der hastig für sie errichtete Bau wird schließlich das Théâtre de la Porte Saint-Martin beherbergen, bis er unter der *Commune* niederbrennt. Ebenso verheerend wie die Flammen sind die Streitigkeiten zwischen «Gluckisten» und «Piccinisten», die das Publikum in zwei Lager spalten. Laharpe, Marmontel und d'Alembert nehmen an diesem musikalischen Krieg teil, bei dem die Damen nicht die am wenigsten Erbitterten sind. *La Gazette de la Littérature, Le Journal de Paris, Le Mercure,* alle Blätter der Epoche ergreifen Partei. Marie-Antoinette ist selbstverständlich «Gluckistin», wenn man auch zu Ehren der Geburt des Dauphin *Adèle de Ponthieu* von Piccini spielt.

Viele Lieder und Opern der Revolutionszeit sind in Vergessenheit geraten, weil sie zu stark auf die geschichtliche Aktualität bezogen waren. (Was die Melodie der Marseillaise betrifft, so scheinen nur wenige gemerkt zu haben, daß sie mit einigen Varianten dem Oratorium *Esther* von Jean-Baptiste Grison ent-

Orpheus in der Unterwelt. Illustration von Gustave Doré. Obwohl die Aufführung ein großer Erfolg wurde, suchte Offenbach vergeblich nach einer Interpretin, die «den Teufel im Leib hätte». Er fand sie erst später für seine «Schöne Helena» in Hortense Schneider.

In den Kulissen der Oper. Stich von Gustave Doré. Das Corps der Ballerinen war während des ganzen 19. Jahrhunderts ein Reservoir für liebebedürftige Herren, namentlich für Kenner der «fruits verts».

lehnt ist.) Von Feuersbrunst zu Feuersbrunst gelangt die Oper schließlich in den Saal der Rue de Richelieu gegenüber der Nationalbibliothek und kann hier 2800 Zuschauer aufnehmen. Obwohl 1819 restauriert, wird dieses Theater doch abgerissen, und 2500000 frs werden auf den Bau eines «provisorischen Saales» in der Rue Le Peletier verwendet, der über ein halbes Jahrhundert bestehen wird. Bühne und Unterbau sind riesengroß. Gespielt werden Werke von Spontini, Salieri, Rossini und Meyerbeer. Auch die Werke von Donizetti werden hier gegeben, als in Italien die doppelte Zensur, die des Staates und die der Kirche, ihn dazu zwingt, die für jede künstlerische Entwicklung nötige Freiheit in Frankreich zu suchen.

Um die Mitte des 19. Jahrhunderts hat die Oper einen unbeschreiblichen Erfolg in Paris. Mehr als eine musikalische Form ist sie Statussymbol; es gehört zum «guten Ton», die Sänger zu hören und die Tänzerinnen zu bewundern. Das Opernhaus beherbergt ja auch das offizielle Pariser Ballettkorps. Die Romantik bringt für die choreographische Kunst eine tiefgreifende Wandlung. Der Körper soll eher einer Idee Ausdruck geben, als eine Geschichte erzählen. Das Individuum übernimmt die wesentliche Rolle in einem Spiel, das, auch wenn es sich als Feenmärchen gibt, nichts mehr mit den getanzten Pantomimen des Rokoko gemein hat. Diese Entwicklung begünstigt das Aufkommen besonders reicher Talente. Während das Ballett im Empire einen letzten Höhepunkt klassischer Themen gekannt

Ein Theater im Freien. Aus Harper's Weekly vom 2. Oktober 1869. An den Champs-Elysées konnte man Augenschmaus und Likör- oder Fruchteisgenuß vor einer Bühne unter freiem Himmel kombinieren.

hat – «Hero und Leander», «Pygmalion», Antonius und Kleopatra» –, greift die Romantik zu dem Vorwurf «gotischer» Fabeln, zu Phantasiegebilden, für die *La Sylphide* ein typisches Beispiel ist. Maria Taglioni, die 1832 auf unvergeßliche Weise darin die Titelrolle tanzt, ersetzt die fast geometrische Gestik durch das Natürliche der fließenden Bewegung und revolutioniert das traditionelle Kostüm, indem sie es durch die Kreation des Gaze-Röckchens aufs äußerste vereinfacht. Im selben Jahr debütiert Carlotta Grisi in der Oper mit dem Pas de deux in *Giselle,* einem Ballett, in dem die romantische Nekrophilie ihre dunklen Blüten entfaltet. Die Oper hat damals in ihrem Orchester, ihren Chören und ihrem Ballett eine solide Grundlage.
Einige Kirchen, wie z.B. Saint-Eustache, berühmt wegen der Orgel und des meisterlichen Spiels auf ihr, führen gern Werke der jungen Komponisten auf. In Saint-Eustache dirigiert Berlioz am 30. April 1855 zum ersten Mal eine Aufführung seines *Te Deum* und am 15. März 1886 Liszt seine *Missa solemnis.* Richard Wagner komponiert seine «Meistersinger von Nürnberg» im Hôtel Voltaire, und sein «Tannhäuser» wird am 13. März 1861 in der Oper uraufgeführt, aber es kommt zu

einem Skandal, der sich nur mit dem anläßlich von Hugos «Hernani» vergleichen läßt. Eine chauvinistische Kabale soll vom Jockey Club ausgegangen sein; einige seiner Mitglieder pfeifen die Wagnersche Musik aus, während ein empörtes Publikum die Störenfriede hinauszuwerfen verlangt: «Raus mit den Jockeys!» Die Pariser bereiten dem Werk eine triumphale Aufnahme; zwölf Aufführungen sind vorgesehen, schon von der dritten an steigen die Einnahmen zur enormen Summe von 10800 frs. Doch das Pfeifen des «Jockey» und die Machenschaften der Konkurrenz bringen «Tannhäuser» dennoch zu Fall.

Die Opern und komischen Opern von Gounod, Bizet und Saint-Saëns erobern Paris und halten ihren Erfolg. Auch andere musikalische Formen stehen in Ehren. 1861 gründet Pasdeloup die *Concerts populaires,* um für die klassische Musik zu werben. Drei Jahre später bieten die *Concerts Lamoureux* dem Publikum ihr beachtenswertes Kammermusik-Programm an. Das *Conservatoire de Musique* gibt seinerseits Konzerte von europäischem Ruf; Werke von Haydn, Beethoven, Mozart und von den alten italienischen und französischen Meistern werden hier aufgeführt. Während der Karwoche gibt es außerdem alljährlich drei geistliche Konzerte.

Die Pariser Gesellschaft des Zweiten Kaiserreichs sollte den musikalischen Ausdruck, der ihrer Sorglosigkeit, ihrer Lebensfreude und ihrer beschwingten Sinnlichkeit entspricht, in der Operette finden, deren unbestrittener Meister Jacques Offenbach ist. Den Gipfel seiner Produktivität erreicht er in den letzten sechs Jahren dieser *fête impériale,* deren Größe und Dekadenz er festhält. Keine Musik ist in ihrem wunderbaren Aufbau «pariserischer» im vollsten Sinn des Wortes als die dieses Deutschen aus Köln, der zum Wahl-Pariser geworden ist. «Wenn man jemals von unserer Zeit ein allegorisches Gemälde malen wird, so soll man vor allen Dingen nicht vergessen, über unseren epileptischen Sabbat den mageren Offenbach zu setzen, wie er lachend die Runde anführt», schrieb Jules Claretie in *La vie moderne au théâtre.*

Napoleon III. befiehlt den Bau einer Oper in dem neuen, von Haussmann errichteten Viertel nicht weit von den Tuilerien. Ein Wettbewerb wird ausgeschrieben, und von 169 Anwärtern wird der junge Charles Garnier der Gewinner. Er hat schon den *Prix de Rome* erhalten, und seine Aufenthalte in Italien, Griechenland und Konstantinopel haben ihm eine Vorliebe für die polychrome, architekturale Ornamentik eingeflößt. Bei der Oper gelingt es ihm, die inneren Dispositionen des Bauwerks in der äußeren Figuration zu spiegeln, vor allem aber diesem

Kavaliere zu Fuß. Auf dem Stich aus dem Tableau de Paris von Texier sieht man Herren aus dem Mittelstand, die es der «großen Welt» gleichtun wollen. Der Zylinder war das Klassenabzeichen des Bürgertums in seiner ganzen Breite.

Denkmal des Triumphes der Bourgeoisie einen repräsentativen Stil zu geben, der, ohne eine Restitution des Barocks zu sein, ihn großartig interpretiert, einen Stil im Dienste einer technisch vollkommenen Architektur, die sich im übrigen an klassischen Theaterbauten inspiriert hat. Die Ausschmückung der Oper wird 13 Malern und 73 Bildhauern übertragen. Einer von ihnen, Carpeaux, ruft einen Skandal hervor, als seine Gruppe *La Danse* vor der Fassade enthüllt wird. Unzählbar sind die Protestschreiben, die drohenden, verbitterten, törichten, wie jener Leserbrief an den *Gaulois,* der unterzeichnet ist: «Ein Feind der Ausschweifung», und der die Verstümmelung der Figurengruppe ankündigt. Doch das «obszöne Werk» wird nur durch den Inhalt eines Tintenfasses besudelt. Der Fleck ist noch immer zu sehen, doch die Nymphen tanzen trotzdem weiter. Die Oper wird erst im Januar 1875 durch den Präsidenten der Republik, den Marschall Mac-Mahon, in Anwesenheit der ganzen internationalen Aristokratie eingeweiht. Manche Leute halten auch heute noch das «Palais Garnier» für eines der elegantesten Denkmäler der Hauptstadt; andere sehen in ihm einen Alptraum; jedenfalls ist es ein Dekor und Bild eines Mythos.

Anfangs unseres Jahrhunderts findet dank Komponisten wie Gabriel Fauré und César Franck eine Erneuerung der französischen Musik statt. *Pelléas et Mélisande,* mit der Musik von Claude Debussy nach einem Libretto von Maurice Maeterlinck, hat am 27. April 1902 in der Opéra-Comique Hauptprobe; das Werk stellt eine wahre musikalische Revolution dar. «Ich habe versucht», schrieb Debussy (Lettres, 1902), «einem Schönheitsgesetz zu gehorchen, das merkwürdigerweise vergessen zu werden scheint, wenn es sich um Bühnenmusik handelt; die Personen dieses Dramas wollen wie natürliche Leute singen und nicht in einer durch veraltete Traditionen geformten Sprache.» Die Empörung, die sein Werk hervorruft, hat in Wirklichkeit moralische Gründe: Die öffentliche Meinung sieht in dem auf doppelter Scheidung beruhenden Eheglück Debussys eine Provokation.

1909 begeistern Diaghilews Russische Ballette die Pariser. Erst im Châtelet, dann in der Oper und 1913 im neuen *Théâtre des Champs-Elysées* aufgeführt, das Maurice Denis und Bonnard ausgemalt haben, lassen diese Musikpantomimen alle choreographischen Traditionen hinter sich; diese prächtig ausgestatteten Feerien, bei denen Kostüme und Dekor mit zum Handlungsablauf gehören, reißen die Zuschauer zu verblüffter Bewunderung hin. Bald werden ihnen die Werke von Rimski-Korsakow im Vergleich mit denen des jungen Strawinski

Links: Umschlagbild zu der Nummer von «Comoedia», die den Ballets Russes von Diaghilew gewidmet war. «Comoedia» war eine Theaterzeitschrift der Belle Epoque. «L'Après-midi d'un faune» mit der Musik von Debussy, auf welches Ballett das Bild hinweist, war von dem Gedicht Mallarmés inspiriert. Ausstattung und Kostüme entwarf Léon Bakst.
Rechts: Titelblatt zu «Fausts Verdammung» von Hector Berlioz. Das Chorwerk mit Orchester nach Goethes Faust wird von vielen Musikologen für Berlioz' Meisterwerk gehalten.

höchst klassisch vorkommen. *Le Sacre du printemps* und *Parade* stellen eine Synthese von Musik, Tanz und Malerei aus dem Jahrhundertbeginn dar. Es handelt sich um das wesentlichste Kunstereignis der Epoche, seitdem hat sich das musikalische und choreographische Repertoire nicht mehr auf so spektakuläre Weise erneuert. Die zeitgenössische profane Musik scheint Mühe zu haben, die Schwelle des «Palais Garnier» zu überschreiten, und die Kompositionen von Olivier Messiaen z.B., seine Chor- und Orchesterwerke, inspirieren sich vor allem an der Kirchenmusik, auch wo er den Klangausdruck zu verjüngen trachtet.
Hinsichtlich der Ballettkunst haben die Zentren sich nach London, Amsterdam und vor allem New York verlagert, wenn sich auch die jungen französischen Choreographen bemühen, ihr den alten Glanz zurückzugeben.

Paris bei Tisch

In der Feinschmeckerei drückt sich unsere Erkenntnisfähigkeit aus, durch die wir den Dingen, die dem Geschmack angenehm sind, den Vorzug vor denen geben, die diese Qualität nicht haben.
Anthelme Brillat-Savarin, Physiologie du Goût

Die Kneipe Le Tambour Royal in La Courtille, die 1750 Ramponneau übernahm, genoß einen Ruf, dessen Echo bis zum königlichen Hof drang. Mit einem Male gehörte es zum guten Ton unter den Weltleuten des Ancien Régime, im Tambour Royal zu «ramponner», das heißt, in Gesellschaft von Kolporteuren und Lastträgern billigen Wein zu trinken. ▷

Schon unter der römischen Besatzung treffen Lebensmittel massenhaft in Lutetia ein, Obst und Gemüse aus dem Seine-Tal, Honig, Käse, Schlachtvieh aus der Normandie; Fische liefert die Seine (bis zum Meer ist es damals noch weit), und neben dem Handelshafen ist Lutetia ein Fischereihafen. Die Märkte strotzen von Waren. Dennoch ißt das Volk in Paris bis ins 19. Jahrhundert ziemlich schlecht, auch wenn es um seine Ernährung immerhin besser steht als um die der Bewohner unfruchtbarer Gegenden wie der Auvergne, der Cévennen, der Bretagne oder Savoyens. Die Pariser Durchschnittsfamilie sättigt sich im Mittelalter an Füllgerichten, an Gerichten, die schwer im Magen liegen, an Kohl und Erbsen. Fleisch, Schweinefleisch, gibt es bei den ärmeren Leuten nur an Festtagen. Brot spielt für die Ernährung ebenfalls eine wichtige Rolle. Da man um so teurer lebt, je ärmer man ist, holt man sich, statt zu kochen, was einen ganzen Apparat erfordert, über den der Bedürftige oft nicht verfügt, lieber beim Garkoch etwas schon Zubereitetes. Die Gilde der Garköche, auf deren Banner der heilige Laurentius mit seinem Märtyrer-Rost zu sehen ist, gilt als eine der reichsten und mächtigsten des Mittelalters. Ganze Straßenzüge, namentlich die Rue de la Huchette, hallen wider vom Surren der Bratspieße und dem Schmurgeln der Tropfpfannen. Doch Konflikte und Kompetenzstreitigkeiten zwischen den verschiedenen Zünften, die sich, wie Montaigne sagt, den *«arts de la gueule»* (den Freßkünsten) widmen, führen zu häufigen, endlosen Prozessen. Garköche, Zuckerbäcker, Wurstmetzger und Kneipenwirte streiten sich um das Recht, die Wünsche der Kundschaft zu befriedigen.

In fast allen Vierteln von Paris gibt es auch die Speisewirte, die zu bestimmten Stunden zu einer – je nach Kosten – mehr oder

Im Café. Stich von Dunker. Die Legende zum Bild weiß von einem Armenier, einem Engländer und einem Deutschen, die sich am Ofen aufwärmen, während ein anderer Gast der Schankmagd den Hof macht, deren «Reize ebenso trügerisch seien, wie die Getränke, die sie verkauft».

Seite 334
Oben: Das Café Procope. Stich von Badoureau nach einer Zeichnung von M. Kretz. Das älteste Pariser Café wurde 1670 gegründet. Der Wirt, der junge Sizilianer Procopio dei Coltelli, hatte zuvor armenischen Kaufleuten auf der Foire Saint-Germain beim Ausschank eines bis dahin unbekannten Getränkes, nämlich des Kaffees, geholfen. Im 18. Jahrhundert war das Café Procope ein Treffpunkt berühmter Leute, deren ziemlich unrealistische Porträts das Bild umrahmen: 1. Buffon, 2. Gilbert. 3. Diderot, 4. d'Alembert. 5. Marmontel. 6. Lekain. 7. J.J. Rousseau. 8. Voltaire. 9. Piron. 10. d'Holbach.
Rechts unten: Audienz eines Feinschmeckers. Es ist das Titelbild des «Almanach des Gourmands» von Grimod de la Reynière, der, als Feinschmecker mit elegantem Stil, in Sachen der Küchenkünste zu seiner Zeit höchste Instanz war.

weniger reichhaltigen *table d'hôte* einladen. «Drinnen läßt sich gut sein, drinnen gibt es warmes Brot und warmen Hering und Weine aus Auxerre fässerweise» (Das Spiel vom Sankt Nicolaus). Im 17. Jahrhundert sind manche Gastwirte wegen ihres opulenten Tisches berühmt, z.B. jener der «Reine Marguerite», Rue de Seine, oder jener des Hostel de Bouillon mit dem prädestinierten Namen – die Ecole des Beaux-Arts hat sich das Haus am Quai Malaquais einverleibt. Meist sind solche Wirtshäuser mit einer Fremdenherberge gekoppelt, die recht kostspielig zu sein pflegt. Obwohl man hier gemeinhin gut schmaust, wird vor gewissen Gefahren gewarnt: Joachim Christoph Nemeitz schreibt in seinem *Séjour de Paris,* man begegne hier eleganten Damen von geringer Tugend, «... und diese kleinen Schelminnen besitzen auf wunderbare Weise das Geheimnis, verliebten Neulingen die Uhren, Ringe und andere Gegenstände abzubetteln», beim Schäkern zwischen Birne und Camembert. Man kann aber dieser Art Gefahren aus dem Wege gehen, wenn man einen Speisewirt wählt, der nach Hause liefert. Es gibt auch die bescheidene *table d'hôte,* deren Tradition sich weit über die balzacsche und die finstere Pension Vauquer hinaus verfolgen läßt. Es sind meist wahre «Fütterstellen», wo der Gast, zwi-

schen gierigen Kormoranen sitzend, die Ellbogen zu benützen lernen muß, wenn er satt werden will.
Im 18. Jahrhundert frühstücken Gläubige und Libertiner gegen neun Uhr, die letzteren, um sich für den Tag zu rüsten, die ersteren, um das Fasten zu beenden, das der Kommunion vorausging. Man verzehrt Fleischbrühe, Eier, Kuchen und trinkt dazu Kaffee oder Schokolade. Das Mittagessen findet gegen zwei Uhr nachmittags statt, um zu betonen, daß man sich unter Städtern befindet, denn auf dem Lande setzt man sich viel früher zu Tisch. Soupiert wird nach dem Theater, das heißt zwischen acht und neun Uhr abends, da die Vorstellungen gegen fünf Uhr beginnen. Es gibt aber auch das *ambigu* gegen zwei Uhr morgens, ein robuster, aber subtiler Imbiß, den man mit Champagner begleitet. Die Revolution revolutioniert sogar die Essenszeiten, denn die Sitzungen der Versammlung verzögern den bisher gewohnten Rhythmus um mehrere Stunden. Will man vor elf Uhr morgens – der neuen Stunde des *déjeuner* – etwas zu sich nehmen, so muß man vom *«petit déjeuner»* spre-

Das Café des Aveugles (Café der Blinden) im Palais-Royal, um 1800. Das düstere Kellerlokal hallte wider von der Musik eines bizarren, aus achtzig Blinden bestehenden Orchesters. Es war übrigens ziemlich verrufen; man brauchte aber indiskrete Blicke der Musikanten nicht zu befürchten.
Unten: Titelblatt des «Almanach des Gourmands» von Grimod de la Reynière.

chen. Doch schon lange vor der Revolution taucht in der gastronomischen Welt eine andere Neuerung auf: das Restaurant, das unter Ludwig XV. die Pariser Mägen stimuliert. Um diese Zeit bürgert sich nämlich eine Unterscheidung ein, die wir nur schwer nachvollziehen können: diejenige zwischen dem Speisewirt *(traiteur)* und dem Kneipenwirt, der auch Essen serviert *(cabaretier)*. An der Rue de Bailleul läßt ein gewisser Boulanger 1765 über seine Türe eine Verheißung in Küchenlatein malen: *«Venite ad me omnes qui stomacho laboratis et ego vos restaurabo.»* Es handelt sich einfach darum, bekannt zu machen, daß man zu jeder Stunde Eier, Geflügel mit grobem Salz und eine stärkende Kraftbrühe haben kann, eben jene, die als «restaurierend» gilt, ein Consommé aus feinem Geflügel, geschälter Gerste, Rosinen und destilliertem Wasser, das mit Rosenessenz aromatisiert ist. Die eigentliche Neuerung beim Restaurant besteht darin, daß man *à la carte* speisen kann. Die Einrichtung setzt sich jedenfalls rasch durch, und in seiner letzten Ausgabe (1771) notiert der *Dictionnaire de Trévoux* in echt jesuitischer Akribie: «Restaurateure sind Leute, die echtes, sogenanntes restaurierendes Consommé oder Bouillon de Prince zuzubereiten die Kunst besitzen und die das Recht haben, Crèmes, Reissuppen, Nudelsuppen, Eier, Makkaroni, Kapaun mit grobem Salz, Kompotte und andere gesunde und schmackhafte Speisen zu verkaufen.» Bei allem Erfolg der Restaurants, die auch Personen betreten können, die sich bei einem Speisewirt oder einem Kneipenwirt nie würden blicken lassen, haben sie doch auch einen Nachteil, denn – wie Diderot schreibt – «man wird dort gut, aber teuer bedient.»

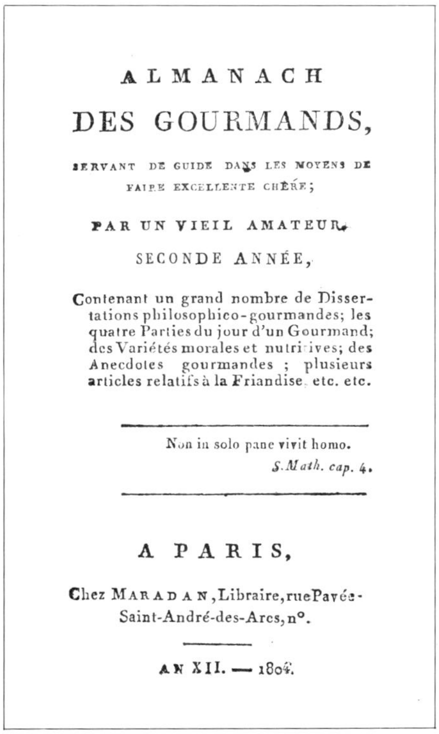

ALMANACH
DES GOURMANDS,
SERVANT DE GUIDE DANS LES MOYENS DE FAIRE EXCELLENTE CHÈRE;
PAR UN VIEIL AMATEUR.
SECONDE ANNÉE,
Contenant un grand nombre de Dissertations philosophico-gourmandes; les quatre Parties du jour d'un Gourmand; des Variétés morales et nutritives; des Anecdotes gourmandes; plusieurs articles relatifs à la Friandise, etc. etc.

Non in solo pane vivit homo.
S. Math. cap. 4.

A PARIS,
Chez MARADAN, Libraire, rue Pavée-Saint-André-des-Arcs, n°.

AN XII. — 1804.

Das 18., das «Jahrhundert der großen Küche und der großen Köche», ist auch das Jahrhundert, in dem das Vegetariertum entsteht, wenn auch erst in sehr geringem Umfang. Als erster erwähnt es de Sade bei den Figuren Zamé und Bandole. Im übrigen wird die vegetarische Küche selbstredend sowohl beim Volk wie bei der Aristokratie nur als endloses Fasten gewertet; Sébastien Mercier notiert diesbezüglich: «Vom Augenblick an, an dem ein einfacher Arbeiter in der Währung des Papiergeldes zweihundert Écus pro Tag verdienen konnte, hat er sich angewöhnt, beim Restaurateur zu essen; er läßt den Kohl mit Speck zugunsten einer Poularde mit Kressesalat beiseite.» Es ist die Wirkung des Assignaten-Systems, auch wenn die Poularde zäh ist und das Brot aus den prä-industriellen Bäckereien von Gonesse stammt, die nur zweimal in der Woche frisches liefern.
Nach der Revolution werden die Köche der Prinzen Restaurateure; in den Weinkellern der Emigrierten lernt der dritte Stand den Unterschied zwischen dem Säuerling von Argenteuil und dem Romanée-Conti. Schon im 18. Jahrhundert hat die Anglomanie zum Erfolg der englischen Restaurants beigetragen, der unter der Restauration (ohne Wortspiel) zum wahren Triumph wird; Katcomb, «ein Engländer mit dem Gesicht einer mürrischen Bulldogge», serviert Rind und Hammel mit Salzkartoffeln und ein großes Glas Bier zum Gesamtpreis von 20 sous. Was das renommierte *Café Anglais* angeht, so verschwindet es nach einem Jahrhundert des guten – und galanten – Service erst im Jahre 1913. Übrigens datiert der Brauch, statt der großen Speisekarten kleinformatige Hefte mit dem Speiseangebot in alpha-

Inneres des Restaurants Les Trois Frères Provençaux, das seit 1786 in der Rue Helvétius (heute Rue Sainte-Anne) lag. Einer seiner Besitzer war Koch beim Prince de Conti gewesen, und nach der Revolution konnte man hier für 36 sous ausgezeichnet dinieren. Um die Mitte des 19. Jahrhunderts begannen die Schauspieler der Comédie-Française alljährlich dort den Geburtstag Molières zu feiern. Das Restaurant schloß 1877 seine Pforten.

La pâtisserie Cloppe. Das Gemälde von Jean Béraud zeigt die Konditorei, die, am Rond-Point des Champs-Elysées gelegen, alle Tage zur Teestunde eine elegante Kundschaft sah.

betischer Reihenfolge drucken zu lassen, ebenfalls aus der Epoche der Bourbonen-Restauration.

Das Ende des 18. und der Anfang des 19. Jahrhunderts zeichnen sich als die Glanzzeit der Feinschmecker mit Geist und sogar mit Genie aus. Grimod de la Reynière, Verfasser des *Almanach des Gourmets,* dem er noch einen *Nouvel Almanach des Gourmets* folgen läßt, gründet 1795 sein *Dîner des Mystificateurs,* unter dessen Tischgästen de Sade einer der geistvollsten ist. Manchmal sind die Mystifizierungen grausam, so wenn man Rétif de la Bretonne glauben macht, er sei in die *Académie* gewählt, um ihm beim Nachtisch brutal die Täuschung einzugestehen. Sanfter und anakreontischer sind die Sitten des «Professors», wie Brillat-Savarin genannt wird. Mit außerordentlich triftigen Argumenten läßt er sich darüber aus, daß Liebhaber von Fisch vor allem Töchter zeugen, auch über Hagerkeit und Fettsucht, über die jeweiligen Eigenschaften von Kaffee und Schokolade oder über den richtigen Gebrauch der Weine äußert er sich. Er mischt Aphorismen und Anekdoten, Rezepte und soziale Betrachtungen. Kurz, seine *Physiologie du Goût* vergißt auf knappem Raum nichts von dem, was man von einem enzyklopädischen Werk erwarten kann, auch nicht das Phänomen der Verdauung: «Manche Personen sind während der Verdauung übel gelaunt; es ist dann nicht der Moment, ihnen Pläne vorzutragen oder Gunstbeweise zu erbitten.» Das 19. und das 20. Jahrhundert fügen der Ruhmesliste der Gourmets einige illustere Namen von Theoretikern, Analytikern und Praktikern hinzu: wie Ledoyen, Prosper Montagné, Escoffier, Curnonsky und natürlich Ritz, der gesagt hat, man sollte ein Gericht niemals verzieren.

Die Kunst der Eiszubereitung macht unter dem Directoire und dem Konsulat riesige Fortschritte: Sorbets, Eisbomben und -schalen erobern die Marmortischchen der Cafés. Im Empire bringt das Auftauchen eleganter Restaurants neue Prosperität mit sich. Am Boulevard des Italiens, gegenüber dem Café Riche, dem ersten Lokal in Europa, das eine weiße Küche besitzt, öffnet das Café Hardy, und es heißt: *«Il faut être bien hardi pour dîner chez Riche et bien riche pour dîner chez Hardy»* (Man muß schon sehr verwegen sein, um bei Riche zu dinieren, und sehr reich, um bei Hardy zu speisen). Hardy führt 1803 die Neuerung der *«déjeuners à la fourchette»* ein: Der Maître d'hôtel spießt mit seiner großen Gabel unter den auf dem Buffet aufgestellten Speisen das Stück auf, das sich der Gast ausgewählt hat, und grillt es auf einem silbernen Rost oder macht es auf den immer gebrauchsfertigen Kohlenbecken heiß.

1840 löst die Maison Dorée an derselben Stelle das Café Hardy ab, und Casimir, Schöpfer der *timbale Nantua* und vielleicht auch des *riz Casimir,* waltet hier feierlich seines Amtes. Tout Paris beehrt die Maison Dorée. Ihre gastronomische Reputation und ihr mondäner und demi-mondäner Ruf überlebt den mit dem Sturz des Zweiten Kaiserreichs einsetzenden Niedergang.

Wenn die Cafés und Restaurants des Boulevard des Italiens Treffpunkt der Dandies sind, so müssen die hoffnungsvollen jungen Romantiker sich oft genug mit schrecklichen Sudelwirtschaften begnügen, wo der *Vol-au-vent,* diskretes Grab aller Reste des Menüs, die Dekadenz einer Pastete illustriert, die zur Zeit des Marquis de Noirtel eine Köstlichkeit gewesen war, pflegte er sie doch eigenhändig zuzubereiten; er hat das Rezept sogar einem Gedicht anvertraut. Die demographische Expansion der kapitalistischen Ära bringt mit ihren Degradationen merkwürdige Praktiken hervor, wie die der Dirnen der Rue de Venise, die Butterreste zum Wiederverkauf einschmelzen, oder auch die dantesken Lokale im Viertel von Saint-Séverin, die

Die Marktfrauen der Halle aux Poissons (Fischhalle), les dames de la Halle, hatten das Privilegium, am Neujahrstag eine Ansprache an den König zu halten. Napoleon nahm ihnen dieses Vorrecht, doch Ludwig XVIII. gab es ihnen zurück. Stich aus dem 18. Jahrhundert.

Dattelverkäufer. Unter der Regierung Louis-Philippes brachte die Eroberung von Algerien in Frankreich den Konsum exotischer Früchte mit sich, u.a. auch von Datteln.

J.K. Huysmans beschrieben hat. Im Jahre 1867 gründet ein rühriger Metzger Duval eine Kette von Restaurants mit dem Namen *Bouillons Duval,* wo man für den bescheidenen Preis von einem Franc eine saubere, gesunde und reichliche Nahrung findet. Sein Erfolg setzt sofort ein, und so kann sein Sohn sich für Cora Pearl ruinieren. Doch die substantiellen Bouillons Duval verschwinden erst in den zwanziger Jahren unseres Jahrhunderts.

Wenn es 1825 schon mehr als 900 Restaurants in Paris gibt, so sind es 1903 1500, ohne die 2000 Brasserien und die 12000 Schankwirtschaften. Doch jede große historische Erschütterung hat den Hunger im Gefolge, dies gilt von der Belagerung von Lutetia durch Labienus bis zur Besetzung der Stadt durch die Nazis 1940. Als 1590 Heinrich von Navarra Paris belagert, werden die Skelette der Grüfte zu Mehl zermahlen, und es kommt sogar dazu, daß Tote gekocht werden. Die Fronde, die Schreckensherrschaft, die Invasion der Alliierten 1815 bringen den Parisern Entbehrungen, die freilich im Vergleich mit denen bei der Belagerung von Paris 1870 gering sind. Obwohl die Organisation besser ist als in früheren Zeiten, hält man sich an die Tiere des Jardin des Plantes, die geschlachtet werden, und verspeist Hunde und Katzen, empörende Perversion, wenn man bedenkt, daß die Bevölkerung noch über Reis und Trockengemüse verfügte.

Paris ißt nicht nur, Paris trinkt auch, und zwar so tüchtig, daß man darüber ein ganzes Werk verfassen könnte, ohne den Gegenstand auszuschöpfen oder die Liste der Kaschemmen, Bistros und großen Cafés abzuschließen, angefangen vom *Au Petit Bonhomme qui ch*... in Ménilmontant bis zum Café de la Paix, wo die elegante Welt verkehrt.

Schon im 12. Jahrhundert wird mit der Gründung des *Marché des Champeaux* auf einem dem Bischof von Paris gehörenden Gelände eine Marktzentralisierung versucht; verschiedene Herrscher, unter anderen Ludwig IX. und Heinrich II., lassen Hallen bauen und erheben eine Abgabe auf die Nahrungsmittel. Obwohl die Napoleoniden allesamt nur traurige Esser sind, beschäftigt die Lebensmittelversorgung Napoleon ganz besonders: Er verbessert die Schlachthäuser, die Wasserversorgung und läßt die Weinhallen bauen. Napoleon III. seinerseits verlangt von seinen Architekten «etwas wie einen großen Regenschirm», als es darum geht, die Pariser Hallen in riesigen Pavillons unterzubringen. Die meisten werden von Baltard zwischen 1851 und 1857 auf dem Platz der alten Hallen aus dem 18. Jahrhundert errichtet, die geringer an Zahl und zerstreuter gelegen

Café du Dôme. Photographie aus dem Anfang der zwanziger Jahre von Harlingue-Viollet. Es war das Forum einer ganzen Kolonie russischer Emigranten, ihrerseits Nachfolger von Lenin und Trotzki, die ehemals hier verkehrt hatten. 1923 modernisiert, erlebte Le Dôme noch die schönen Tage der Bohème von Montparnasse.

waren. Die Verwendung von Gußeisen und Glas, die Breite der Mittelgänge, das Bewässerungs- und das Beleuchtungssystem sowie die hygienischen Vorkehrungen machen aus diesen Bauten ein sowohl in Frankreich wie im Ausland oft kopiertes Vorbild. 1934 werden noch zwei neue Pavillons im Westen angefügt, denn die Zentralmarkthallen spielen im Leben der Hauptstadt eine gewaltige Rolle. Bis zum Zweiten Weltkrieg hat sich seit Zola, der sie geschildert hat, wenig geändert: eine Stadt innerhalb der Stadt, mit Herren und Knechten, Fürsten und Parasiten, ganz spezifischen Einrichtungen und einer lokalisierten Prostitution. Heute haben die Hallen, die zur Entlastung des Pariser Zentrums nach Rungis verlegt worden sind, bei der Kirche Saint-Eustache einen riesigen Krater hinterlassen. Einer der prachtvollen Pavillons von Baltard ist immerhin als «Museumsstück» in Nogent-sur-Marne wiederaufgebaut worden. Beim riesigen *trou des Halles* an der Rue Beaubourg ist das Kulturzentrum Pompidou entstanden, ein Pariser Forum, das Museen, Theater, Bibliotheken usw. beherbergt. Der Plan hat nicht nur einigen Bäumen das Leben gekostet, sondern auch für die Bewohner des Viertels eine völlige soziale Umschichtung mit sich gebracht. Im Augenblick hat Paris mit seinen ausgelagerten Hallen keinen Bauch mehr, aber es hat noch immer einen guten Magen.

Die Stadt der Maler

Mir scheint, es gibt genauso viele Arten von Malerei wie Arten von Dichtung; aber es ist eine müßige Unterteilung.
Denis Diderot, Essai sur la peinture

Der Stich von Dunker illustriert eine Rubrik, die den Dachböden, das heißt in diesem Fall den Künstlerateliers gewidmet war. Die Figur im Hintergrund hält ein Blatt der «Bijoux indiscrets» in der Hand und soll vermutlich eine Karikatur Diderots sein, der viel in Malerkreisen verkehrte.

Üppig und reich im Laufe seiner Geschichte, ist Paris für die Künste ein günstiger Boden gewesen. Architekten und Bildhauer haben in Jahrhunderten sein Gesicht geformt; Goldschmiede, Schreinermeister, kunstfertige Teppichweber haben zu seiner Verschönerung beigetragen. Seit dem Mittelalter aber ist Paris vor allem eine Stadt der Maler gewesen. Schon im 13. Jahrhundert öffnet sich zwischen zwei Türmen der Stadtmauer Philipp Augusts, genau dort, wo die Rue Rambuteau heute die Rue Saint-Denis schneidet, die *Porte aux Peintres,* das Tor der Maler. Dort lag das Viertel der Illuminatoren und Illustratoren, deren fleißige Hand die Manuskripte ausschmückte; die Tätigkeit war durchaus nicht auf die Mönche in den Abteien beschränkt. Wenn Paris reich an steinernen Zeugnissen seiner prähistorischen und antiken Vergangenheit ist, so besitzt es dagegen keine Werke der Malerei mehr aus der Zeit vor dem Beginn des 13. Jahrhunderts, dessen Miniaturen in den heiligen Texten und frommen Legenden in sehr lebhaftem Ultramarin und Zinnober gehalten und mit Gold gehöht sind; der rautenförmige Hintergrund, vor dem sie sich abheben, ist typisch für die Schule von Paris. Vom 14. Jahrhundert an wird die Stadt ein Zentrum für Illuminierung und Kalligraphie. Meister Jean Pucelle, der das berühmte Brevier von Belleville illustriert hat, leitet eine international bekannte Werkstatt, wo auch einige offizielle oder private Schriftstücke mit Grisaille-Miniaturen geschmückt werden. Parallel zu dem aus einzelnen Seiten bestehenden Buch gibt es noch bis zum Ende des 14. Jahrhunderts auch das gerollte Buch, den Rotulus, der auf die Buchform der Antike zurückgeht.

Manchmal finden sich unter den Buchmalereien subtile Landschaftsbilder, auf denen Ansichten von Paris in die Komposition der Miniaturen eingegangen sind, zum Beispiel bei Pol de Limbourg und seinen Brüdern, die 1416 die *Très Riches Heures du duc de Berry* (Das reiche Stundenbuch des Herzogs von Berry) ausmalen. In Einzelheiten von unvergleichlicher Frische taucht die mittelalterliche Stadt im Zyklus der Jahreszeiten vor uns auf; der Louvre, die Sainte-Chapelle, die Seine und ihre Ufer, die Anwohner, die beim Weidengehölz ihre ländlichen Arbeiten verrichten, das ganze Spektrum der schon so städtischen und noch so ländlichen Hauptstadt ist uns als Augenschmaus erhalten. Die Illuminationskunst ist auf ihrem Höhepunkt und bleibt es auch mit Fouquet, der uns im übrigen ein italianisiertes Paris überliefert, eine Synthese aus der Ile-de-France und der Toscana, wo er gelebt hat. Bald löst sich die Pariser Malerei von jedem illustrativen Vorwand, und die Miniatur beginnt zu verschwinden. Neue Techniken verbreiten sich, oft bringen ausländische Künstler sie mit, die bereits vom Ruf der Seine-Stadt angelockt werden. Eine Zeitlang halten der niederländische und der italienische Einfluß sich die Waage, bis der italienische überwiegend wird, was sich in den klar gezogenen Linien und flächigen Nuancen der Porträts eines Janet Clouet und vor allem in den Werken der Schule von Fontainebleau ausdrückt. Neben ihr, die am liebsten mythologische Themen in einem manieristischen Stil behandelt, gibt es eine ganze realistische Richtung, die aus den Quellen der Aktualität schöpft, und sogar das, was man später Genremalerei nennen wird – Beweis dafür, daß auch der Einfluß aus dem Norden und das, was er an Introspektiven und Intimendarstellungen mit sich bringt, weiterhin wirksam bleibt. Von nun an werden die beiden großen Ströme der Malerei, unterteilt in zahllose Nebenflüsse, bis spät ins 19. Jahrhundert hinein unter den verschiedenartigsten Formen, von der akademischen Allegorie bis zur realistischen Anekdote, ihren Lauf weiterverfolgen.

Zu Beginn des *Grand Siècle* erfreut sich die Porträtkunst einer großen Beliebtheit und spiegelt die Situation der Aristokratie gegenüber dem Großbürgertum und der Magistratur. Während der Adel vom Maler ein individuelles oder seltener ein Familienporträt verlangt, wünschen die anderen beiden häufig kollektive Bildnisse – *Les Echevins de la Ville de Paris* von Philippe de Champaigne oder *Les Echevins de la Ville de Paris* von Largillière. 1648 gründet Charles Lebrun, Maler des Königs und Günstling Colberts, die *Académie de Peinture et Sculpture,* die er zunächst im alten Hôtel de Clisson unterbringt, bis sie 1661 ins Palais Brion übersiedelt. Erst 1692 zieht sie ins Palais du Louvre um, wo sie lange Zeit von Saal zu Saal umherirrt. Den Louvre

«Sprechen Sie bloß nicht von den Bourgeois zu ihm!» Zeichnung von Gavarni, gestochen von Rouget. Karikatur eines talentlosen Künstlers, der sich hinter einem im Grund höchst konformistischen Non-Konformismus verschanzt. Man trifft seinen Typ zu allen Zeiten.

Gemäldeausstellung des Salon du Louvre von 1785. Ludwig XIV. hatte 1667 den Brauch eingeführt, im Salon Carré des Louvre die königlichen Sammlungen öffentlich auszustellen. 1775 plante man, ein ständig geöffnetes Museum einzurichten; den Gedanken griff die Revolution ihrerseits auf.

hat übrigens Lebrun selbst durch seine Reihe der «Alexanderschlachten» und die Ausmalung der Galerie d'Apollon zu verschönen geholfen. Vor allem wußte er den Louis-XIV-Stil zum Sieg zu führen. Wenn die Schaffung dieser Akademie gewiß Frankreichs Prestige erhöht, bringt sie doch auch die Malerei in eine Situation, die heikel werden kann, da sie Einseitigkeit fördert und auf jeden Fall offizielle Kriterien maßgeblich macht. Die erste Kunstausstellung findet 1673 im Hof des Palais-Royal statt. Von Schirmdächern geschützt, lehnen die Gemälde an den Mauern, namentlich an der zur Rue de Richelieu hin, wo die *Académie Royale de Peinture* residiert. Es hieße die Stadt der Maler schlecht kennen, erwartete man nicht irgendeine Gegenströmung: Die alte Bruderschaft der *Imagiers* (der Illustratoren), seit langem *Académie Saint-Luc* geworden, versammelt die Nonkonformisten unter ihrer Ägide.
Wenn im 18. Jahrhundert der Pariser Malbetrieb auch in seinen großen Linien gut durchstrukturiert ist, haben die Maler dennoch Kontakt eigentlich nur zu ihren Mäzenen. Denn nur alljährlich am Fronleichnamstag haben sie die Möglichkeit, ihre Werke an der Place Dauphine von zehn Uhr bis Mittag auszustellen, und erst 1750 öffnet die erste Kunstgalerie dem großen Publikum ihre Pforten in einem Saal des Palais du Luxembourg.

Da im übrigen seit der Renaissance das System des Zwischenhändlers Platz gegriffen hat, bestellen manche Liebhaber das Kunstwerk nicht mehr direkt beim Künstler, sondern wenden sich an den Händler, wenn sie ein Bild kaufen wollen. Zum Beispiel an Gersaint, dessen Laden auf dem Pont Notre-Dame liegt. Die Kunstkritik ihrerseits entsteht mit Diderot. Die Malerei ist damals ungeheuer vielfältig: Porträtisten, Landschaftsmaler, Stillebenkünstler teilen sich in den malerischen Ausdruck. Während Nattier, Boucher, Fragonard, Watteau die Haine mit Masken und Nymphen bevölkern, suchen Chardin und Greuze den einfachen Alltag, was an die niederländische Schule erinnern mag; doch sie bringen eine Stilisierung und Leichtigkeit, die der holländische Realismus nicht kennt.
Am Vorabend der Revolution verleihen Künstler wie Debucourt, Boilly und Demachy ihren Pariser Landschaften aktuelles Leben. Man entdeckt das Licht der Ile-de-France, während das Tagesgeschehen eine Vielfalt von Themen bietet, die für uns heute eine unschätzbare Dokumentation darstellen. Übrigens verschmähen auch große Künstler es nicht, profane Orte auszumalen, und so dekoriert Hubert Robert, der «beste Ruinenmaler», ein Café im Palais-Royal.
Die Revolution kontrolliert und zensuriert die schönen Künste voller Mißtrauen. Wenn die Regierung der Republik die Gobelin-Manufaktur bestehen läßt, so unterwirft sie sie doch einem Komitee, dem Maler – unter anderen Prud'hon und Ducreux –,

Der Umzug des Künstlers. Stich nach einem Gemälde von Jeaurat. Das materielle Elend der damaligen Künstler spricht aus diesem Genrebild.

Der Stich von Hutter nach einer Zeichnung von Girardet schildert den endlosen Aufzug, mit dem man durch ganz Paris die seltenen Tiere und die Kunstwerke führte, die die Kriegsbeute aus Deutschland und Italien darstellten. Im Vordergrund sieht man die berühmten Bronze-Pferde von San Marco in Venedig.

der Architekt Percier und verschiedene Verwaltungsbeamte angehören. Ein Protokoll dieser Jury enthält eine lange Liste von Teppichen und Kartons der Manufaktur, die von der neuen Regierung verworfen werden: «Die Belagerung von Calais», weil das Thema den republikanischen Ideen widerspricht, «Heliodors Verjagung aus dem Tempel», weil das Thema Irrtum und Fanatismus verherrlicht, «Kleopatra am Grabe Marc-Antons», weil es sich um einen unmoralischen Vorwurf handelt. Diese Diktatur wird von Jacques-Louis David, dem Freund Robespierres, ausgeübt. Schon im Salon von 1786 hat sein berühmter «Schwur der Horatier» wie ein Manifest gewirkt. Heldentum ist des Bürgers erste Tugend! Doch da jedes Gemälde von Wert mehrere Bedeutungen hat, könnte man in «Marats Tod» die Darstellung des revolutionären Scheiterns und andererseits das Aufkommen eines neuen Stils sehen, des Klassizismus, der die Künste revolutioniert. Der Klassizismus ist jedoch nicht nur eine Waffe aus dem revolutionären Arsenal; er ist auch ein Instrumentarium für das Bedürfnis, das Willkürliche, das regellose Wuchern, das Chaos zu meistern. Man lebt die Geschichte und man malt sie. Die aristokratischen Mäzene haben einem relativ breiten Publikum Platz gemacht, eine Entwicklung, die übrigens schon vor der Revolution eingesetzt hat. Und Kotzebue berichtet 1804 in seinen Erinnerungen, daß das Publikum, um Davids «Raub der Sabinerinnen» zu bewundern, einen Eintritt bezahlt und gleichzeitig auch eine Broschüre kaufen kann, worin der Maler sein Verfahren durch das Beispiel der Alten rechtfertigt. Denn die Antike ist letzte Mode, und Europa richtet seine Augen auf Rom. Dort erhalten die Sieger beim Wettbewerb der *Académie de Peinture* auch auf Staatskosten ein fünfjähriges Stipendium. Diese Einrichtung des *Prix de Rome,* übrigens von Lebrun ins Leben gerufen, hat mehr als einmal bei jungen Künstlern, deren Konformismus entwickelt wurde, alle erfinderische Kraft und alle Persönlichkeit erstickt. Die Kunstdiktatur Davids setzte sich unter Napoleon fort, und sein Einfluß war enorm; er wirkte sich sogar noch auf Maler aus, die von Vision und Charakter her der offiziellen Kunstauffassung geradezu entgegengesetzt waren. Ein paar Jahre später erscheinen diese antikische Manier, diese eisige und glasierte Malerei, diese Sucht, Langeweile zu träufeln, der jungen Romantik völlig unverständlich.

Im Empire begünstigt das rasche Emporkommen einer neuen Aristokratie und eines reichen Bürgertums die Porträtkunst, die Dominique Ingres auf den Gipfel der Perfektion führt. Der mit dem ägyptischen Feldzug entdeckte Orient bestimmt bereits die wollüstige Nacktheit der Odalisken, deren Beliebtheit sich bis in die Romantik fortsetzt. Die Allegorien eines Prud'hon und eines François Gérard dagegen widersprechen oft mit ihrer Grazie Davids Heroismus, dessen das Publikum mit der Fortdauer der Kriege müde wird; man verläßt Sparta, um Paris neu zu entdecken.

Die existentielle Unruhe, die der Sturz des Kaiserreiches ausgelöst hat, schafft in der jungen Generation ein günstiges Klima für die Romantik, mit der England bereits auf die Industrialisierung geantwortet hat. «Der verwundete Kürassier» von Géricault ist dem Geheimnis der Vernichtung näher als alle Kadaver, die im Klassizismus die Leinwände bedeckten, und verleugnet damit die Legende vom Heldentod. Delacroix, der mit der Tradition bricht, kann sich jedoch den Einflüssen – namentlich denen eines Rubens – nicht entziehen. Die Farbe vor allem soll – so ist seine künstlerische Überzeugung – den Wert eines Bildes bestimmen. Von seinem Atelier am Quai Voltaire aus

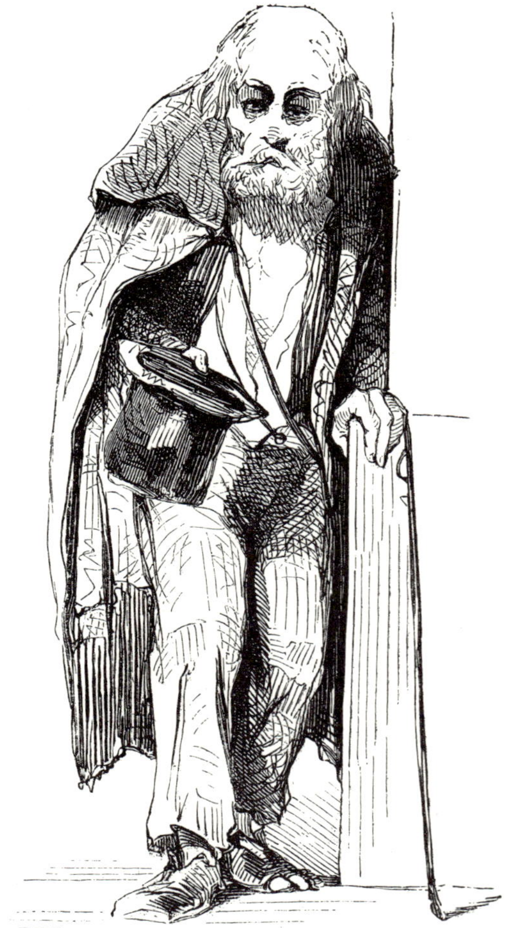

Ein Stich zur Illustrierung der den Malermodellen gewidmeten Rubrik aus dem Tableau de Paris Texiers. «Pose eines Bettlers», die spöttisch die grausame Wirklichkeit nachahmt.

Rechts oben: Maueranschlag der Commune de Paris. Courbet, ebenso wie drei andere Maler, gehörte neben Angehörigen anderer Berufe zum Comité central de la Commune und spielte darin eine wichtige Rolle. Als Bevollmächtigter für die Schönen Künste ließ er die Vendôme-Säule umlegen; der Geniestreich, für den die Republik ihm die Rechnung präsentierte, verursachte seinen Ruin.

Rechts unten: Le Cabaret du Chat-Noir, 1886 von Paul Merwart gezeichnet. Fünf Jahre früher von Rodolphe Salis, «gentilhomme cabaretier», in den Räumen eines ehemaligen Postamtes am Boulevard de Rochechouart gegründet, wurde Le Chat-Noir unter anderem durch sein

RÉPUBLIQUE FRANÇAISE

N° 128 LIBERTÉ — ÉGALITÉ — FRATERNITÉ N° 128

COMMUNE DE PARIS

La Commune autorise le citoyen G. COURBET, nommé en assemblée générale Président de la société des Peintres, à rétablir, dans le plus bref délai, les Musées de la Ville de Paris dans leur état normal, d'ouvrir les galeries au public et d'y favoriser le travail qui s'y fait habituellement.

La Commune autorisera à cet effet les quarante-six délégués qui seront nommés demain *Jeudi*, 13 *Avril*, en séance publique, à l'École de médecine (grand amphithéâtre), à *deux heures précises*.

De plus, elle autorise le citoyen COURBET, ainsi que cette assemblée à rétablir l'Exposition annuelle aux Champs-Élysées.

Paris, le 12 avril 1871.

La Commission exécutive,

AVRIAL, F. COURNET, CH. DELESCLUZE, FÉLIX PYAT, G. TRIDON, A. VERMOREL, E. VAILLANT.

chinesisches Schattentheater berühmt. Das Tout-Paris der Intellektuellen besuchte das Kabarett.

überblickt er eine Landschaft, in der die Revolution von 1830 alsbald ihre leidenschaftlichen Episoden entfalten wird.

Die Maler aus dem Ausland strömen nach Paris, dem weltoffenen Platz, dessen Strömungen den Künstler stimulieren und an dem sich auch die Geburt der modernen Kunst vollzieht. Als politische Umwälzung, die neue Ausdrucksbedürfnisse freisetzt, ermöglicht die Revolution von 1848 die Entstehung einer explosiven Bewegung, die den Bruch zwischen der akademischen Tradition und der neuen Malerei vollendet. «Bestürzung in der Welt der Künste habe ich bewirkt», ruft der junge Courbet nicht ohne Genugtuung aus; für jede Malerei verlangt er absolute Freiheit, «ohne Ideal noch Religion, die sie nur belasten und hemmen», und geht damit weiter als Daumier, der sein Genie in den Dienst eines politischen Ideals stellt.

Junge Künstler stellen alljährlich ihre Werke im offiziellen *Salon* aus. Die willkürlichen Entscheidungen der Jury von 1863 erregen nicht nur die Empörung der Künstler, sondern auch die

Oben: La Rue du Mont-Cenis, Photographie von Harlingue-Viollet. Berlioz wohnte lange in dieser Straße, hier komponierte er sein Requiem und seinen «Benvenuto Cellini».

Rechts oben: La Place du Tertre im Jahre 1909 mit dem Haus der Mère Catherine, der berühmten Gastwirtin. Rechts auf dem Photo von Roger-Viollet sieht man die Fassade ihres Restaurants. Die Place du Tertre war topographisch schon vom 15. Jahrhundert an erkennbar; im 17. Jahrhundert wurde sie mit Bäumen bepflanzt, darunter auch einem – Galgenbaum.

Rechts unten: Das ebenfalls von Roger-Viollet aufgenommene Photo zeigt die Chapelle de la Trinité, die zur Abtei von Montmartre gehörte. Sie wurde 1579 erbaut, 1783 wieder geschlossen, während der Revolution enteignet und als «Nationalgut» versteigert. Um 1860 diente sie als Feuerwehrstation, dann wurde sie eine Schenke mit dem Namen «La Belle Gabrielle».

FIX
FIX
FIX
FIX

MAISON à LOUER
Brocanteur.

eines kunstverständigen Publikums, und der Kaiser sieht sich gezwungen, den abgelehnten Malern das Recht einzuräumen, sich in einem besonderen *Salon* zusammenzutun: dem «Salon der Abgelehnten», Zeugnis einer echten Erneuerung der Malerei. Hier stellt Manet sein berühmtes «Frühstück im Grünen» aus, das von einer Komposition Giorgiones inspiriert ist, gegen die es aber gleichzeitig auch Front macht. Das Bild ruft einen Skandal hervor; die Hüter der Moral schreien nach dem Staatsanwalt. Doch Manets Kunst beeinflußt stark die Impressionisten, und sie wiederum bleiben nicht ohne Wirkung auf seinen Bildaufbau. Mehr als irgendeine andere Richtung der Malerei ist der Impressionismus mit dem Seine-Tal, der Ile-de-France, vor allem aber mit Paris verbunden, und kein anderer Stil ist so geeignet, das dieser Gegend eigene Perlmutterlicht wiederzugeben.

Vom Jahrhundertbeginn bis um etwa 1925 ist Paris das unbestrittene Zentrum des künstlerischen Lebens Europas, um nicht zu sagen der Welt. Während die Dichtung sich der konventionellen Rhythmen entledigt, greift die Malerei das «kubistische» Erbe Cézannes auf und entwickelt es weiter. Viele von denen, die zum Ruhm der französischen Malerei beitragen, sind Fremde, deren Boheme ganz und gar nicht vergoldet ist. Montparnasse beherbergt ihr Elend, und nachts trifft man sich im Café de la Rotonde zu endlosen Diskussionen bei einer Tasse Kaffee, die bis zum Morgengrauen reichen muß. In dieser paradiesischen Hölle hat Modigliani sein Hauptquartier, und hier begegnet man Braque, Derain, Chagall und Kisling. Am Montmartre hausen im *Bateau Lavoir* der Rue Ravignan, in der «Akropolis des Kubismus», Picasso, Juan Gris, Kees van Dongen und manchmal auch Überläufer vom Montparno. Das seltsame Gebäude, wo «Die Fräulein von Avignon» entstanden sind, ist 1969 auf rätselhafte Weise abgebrannt, soll aber unter der Protektion der Verwaltung der historischen Monumente mit 25 Ateliers, 25 Künstlerwohnungen und einem Ausstellungssaal wieder aufgebaut werden. Die *Ruche* (Bienenkorb) der Passage de Dantzig, eine andere Künstlerkolonie, verdankt ihre Rettung dagegen einer Privatinitiative. Einen kurzen Abriß über die Stadt der Maler kann man nicht abschließen, ohne des Salons der Gertrude Stein, Rue de Fleurus, zu gedenken, wo sie all jene empfing, die in Literatur und Kunst Bedeutung hatten, und wo, nach ihren eigenen Worten, ihr Ratschlag stets den jungen Künstlern half.

Die meisten großen Maler der Moderne sind zwischen 1940 und 1950 verstorben und haben Leere und Ratlosigkeit hinterlassen.

Plakat von Carlos Schwabe für den ersten Salon Rose + Croix, der 1892 in der Galerie Durand-Ruel eröffnet wurde. Die Salons Rose + Croix waren während einer ganzen Reihe von Jahren die Ausstellung der Symbolisten, deren Bewegung damals in Europa eine beachtliche Bedeutung hatte.

Ein Café am Montparnasse um 1930. Links mit Hut Van Dongen, erkenntlich an seinem Bart. Die Frau in der Mitte des Vordergrunds ist Aïcha la Noire, ein bekanntes Malermodell. Im Hintergrund, ebenfalls frontal zum Beschauer, sieht man Francis Carco mit seiner ständigen Zigarette im Mund.

Jeder erwartete nun eine große Erneuerung der Künste, und am Ende der fünfziger Jahre wird Paris vom Fieber neuer Richtungen ergriffen: *Action Painting, amalgame,* Automatismus, *Pop Art, Op Art, Informal Art, Happening* usw. Wenn auch diese Bestrebungen aus Amerika kommen und Paris sein souveränes Monopol auf die Aktualisierung der Malerei eingebüßt hat, hat es dennoch nicht aufgehört, die Stadt der Maler zu sein. Noch immer weiß man für neue Bewegungen in der Malerei Feuer zu fangen, und es vergeht kaum ein Tag, an dem nicht die eine oder andere der zahllosen Galerien zu einer Vernissage einlädt, Ereignis, das gleichzeitig kulturelle Manifestation, kommerzielles Angebot und unschätzbarer Faktor gesellschaftlicher Kontakte ist.

Die Presse

Mein Redaktionsstuhl wiegt drei Thronsessel auf.
Bunau Varilla, Direktor des «Matin»

Schon seit Mitte des vorigen Jahrhunderts quoll täglich gegen fünf Uhr nachmittags die Invasion der Zeitungsausrufer, mit dem Stoß ihrer Abendausgaben bepackt, aus der Rue Montmartre. Gellende Schreie übertönten das Summen der Stimmen, das Rattern der Räder, das Klipp-Klapp der Hufe. Atemlos, mit weit aufgerissenen Mündern, stürzten die hektischen Schreier davon, und auf den Terrassen der Cafés, die zur Apéritifstunde überfüllt waren – seit den sechziger Jahren begann auch der Absinth seinen fahlgrünen Zauber auszuüben –, streckten sich überall die Hände nach den druckfeuchten Blättern aus. Ein kurzer Halt, und die Zeitungsjungen hasteten weiter, Herolde der Aktualität. Das 2. Arrondissement, wo auch heute noch Zeitungspaläste mit ihren Redaktionsstuben und Rotationsmaschinen stehen, ist seit damals ein Mittelpunkt der französischen Presse.

Das älteste der sogenannten Massenmedien hat in Paris das Licht der Welt erblickt. Emile de Girardin war in den dreißiger Jahren des 19. Jahrhunderts mit seiner Zeitung *La Presse* dessen Schöpfer; drei Neuerungen führte er ein: das bezahlte Inserat, den Feuilletonroman und die Herabsetzung des Abonnementspreises um die Hälfte, und sicherte damit den Massenabsatz seines Blattes.

Zeitungen, die von einem kleinen Kreis gelesen wurden, gab es längst. Die älteste, *La Gazette de France,* 1631 vom Arzt Théophraste Renaudot gegründet, zählte zu ihren Mitarbeitern Richelieu und Ludwig XIII. Der Name ist vom italienischen *gazza,* einer kleinen venezianischen Geldmünze, abgeleitet. Die *Gazette de France* stellte erst 1914 ihr Erscheinen ein und ist damit zweifellos eine der periodischen Veröffentlichungen mit der längsten Lebenszeit. Doch erst mit der Revolution begann

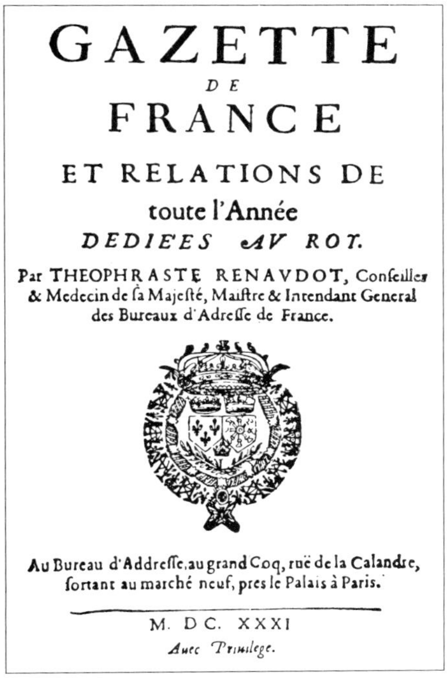

GAZETTE
DE
FRANCE
ET RELATIONS DE
toute l'Année
DEDIEES AV ROY.
Par THEOPHRASTE RENAVDOT, Conſeiller & Medecin de ſa Majeſté, Maiſtre & Intendant General des Bureaux d'Adreſſe de France.

Au Bureau d'Addreſſe, au grand Coq, ruë de la Calandre, ſortant au marché neuf, pres le Palais à Paris.

M. DC. XXXI
Avec Privilege.

Titelseite der «Gazette de France» aus dem Jahr 1631. Als offizielles Organ der Regierung erschien die 1631 gegründete Gazette von 1762 an wöchentlich. Nach dem 10. August 1792 gab es eine tägliche Ausgabe. Im 19. Jahrhundert war die Tendenz des Blattes royalistisch. Erst 1914 stellte es sein Erscheinen ein.

die Presse in Frankreich sich zu entwickeln; im Gegensatz zum Nachrichtenblatt bildete sich nun auch die Meinungspresse heraus, die ihre Leser propagandistisch zu beeinflussen trachtet und für Ideen streitet. 1789 werden 150 neue Zeitungen unters Volk gebracht. Ihre Zahl nimmt in den folgenden Jahren wieder ab, da jede der Faktionen, die nacheinander zur Herrschaft kommen, das Erscheinen ihr mißliebiger Blätter verhindert. Die bekanntesten Titel sind Marats *L'Ami du peuple,* der für radikalrevolutionäre Maßnahmen ficht, Héberts nicht minder unerbittlicher *Père Duchesne,* der sich bewußt einer unflätigen Sprache bedient und damit ungeheure Verbreitung gewinnt, Camille Desmoulins' *Vieux Cordelier,* worin dieser auf Dantons Veranlassung inmitten des schrecklichen Winters 1793/94 zur Mäßigung mahnt, was ihm Robespierres Haß und die Hinrichtung einträgt; *Les Actes des Apôtres,* ein antirevolutionäres Blatt der Royalisten, an dem u.a. Rivarol mitgearbeitet hat und das bis 1791 erscheinen kann. Neben ihm bleiben 65 andere Blätter auf der Strecke. Unter Napoleon schmilzt die Zahl der zugelassenen Zeitungen auf dreizehn. Der *Moniteur universel,* 1789 vom Verleger Panckoucke gegründet, wird offizielles Blatt der Regierung (und bleibt es bis 1869, um vom *Journal officiel* abgelöst zu werden).

Unter der Restauration schwillt die Zahl der Zeitungen wieder auf 150 an, von denen freilich nur acht politische Nachrichten bringen; auch ist es verboten, Einzelnummern zu verkaufen. Wer sie lesen will, muß das teure Abonnement (80 frs) bezahlen oder sie im Café oder im Lesekabinett studieren. Nach den Zeiten der revolutionären Leidenschaften und den von Kanonendonner durchdröhnten Jahren breitet sich politische Müdigkeit aus; man wendet sich vermehrt dem Theater, der Literatur, dem bürgerlich behaglichen Leben zu. 1824 gibt es in Paris nur 47000 Abonnenten von Zeitungen. Ihre Zahl steigt dank der Neuerungen Girardins bis 1846 auf 200000 an. Doch obwohl die Revolution von 1830 sich an den Zensurmaßnahmen entzündet hat, lassen Einschränkungen auch unter Louis-Philippe nicht lange auf sich warten. Doch ein ganzer Schwarm neuer Zeitungen flattert auf Paris herab. *Le Revenant* ist legitimistisch, *Le Corsaire* republikanisch, die Bonapartisten haben in *La Révolution* ihr Presseorgan. Alle drei stehen in heftiger Opposition. Beißend satirisch sind *Le Charivari* und *La Caricature* des Zeichners und Journalisten Charles Philipon, in denen die politische Verspottung immer neue Wege und durchsichtige Tarnungen findet, um dem Zensor ein Schnippchen zu schlagen. Selbst ein Blatt mit dem harmlosen Titel *La Mode,* von Emile de Girardin

ins Leben gerufen, fällt in den Chor der Oppositionellen ein und attackiert als einen der Paladine der Juli-Monarchie vor allem Thiers, der mit seinem Blatt *Le National* sich für die Regierung einsetzt. Die Fourieristen geben das Journal *Le Phalanstère* heraus, bis die Regierung es verbietet, darauf *La Démocratie pacifique,* an der Considérant mitarbeitet, und der Saint-Simonismus hat sein Organ in *Le Globe*. Und Léon Gozlan schreibt 1845: «Bekanntlich haben die Zeitungen, durch eine vor unseren Augen vollzogene Umwälzung, das Buch verdrängt, das es folglich nicht mehr gibt, ebenso die Kanzel, das Rednerpult und ganz allgemein alle die verschiedenen Organe, deren sich früher die Vernunft, das Talent und die Wahrheit bedienten, um eine möglichst große Anzahl von Intelligenzen zu erreichen» (Le Diable à Paris).
Napoleon III. schränkt die Pressefreiheit ganz erheblich weiter ein; wiederum dürfen nur dreizehn Blätter politische Fragen behandeln, bei den oppositionellen geschieht es unter ständiger Gefahr in einer Art Verschwöreratmosphäre, bis am 11. Mai 1868 die Zensur aufgehoben wird, als der Kaiser das Ruder herumzuwerfen versucht. Nach dem *Débâcle* und unter den Besatzungstruppen stellen die meisten Blätter aus patriotischen

Zeitungsstand. Aus: L'Illustration vom 10. Juni 1848. Erregte Zeiten verdoppeln das Interesse an den Nachrichten; auf dem Bild erkennt man die ganze Skala der Presseerzeugnisse im Revolutionsjahr, von Le Lampion bis zu L'Assemblée Nationale, von de Girardins La Presse bis zum links-extremen Père Duchesne.

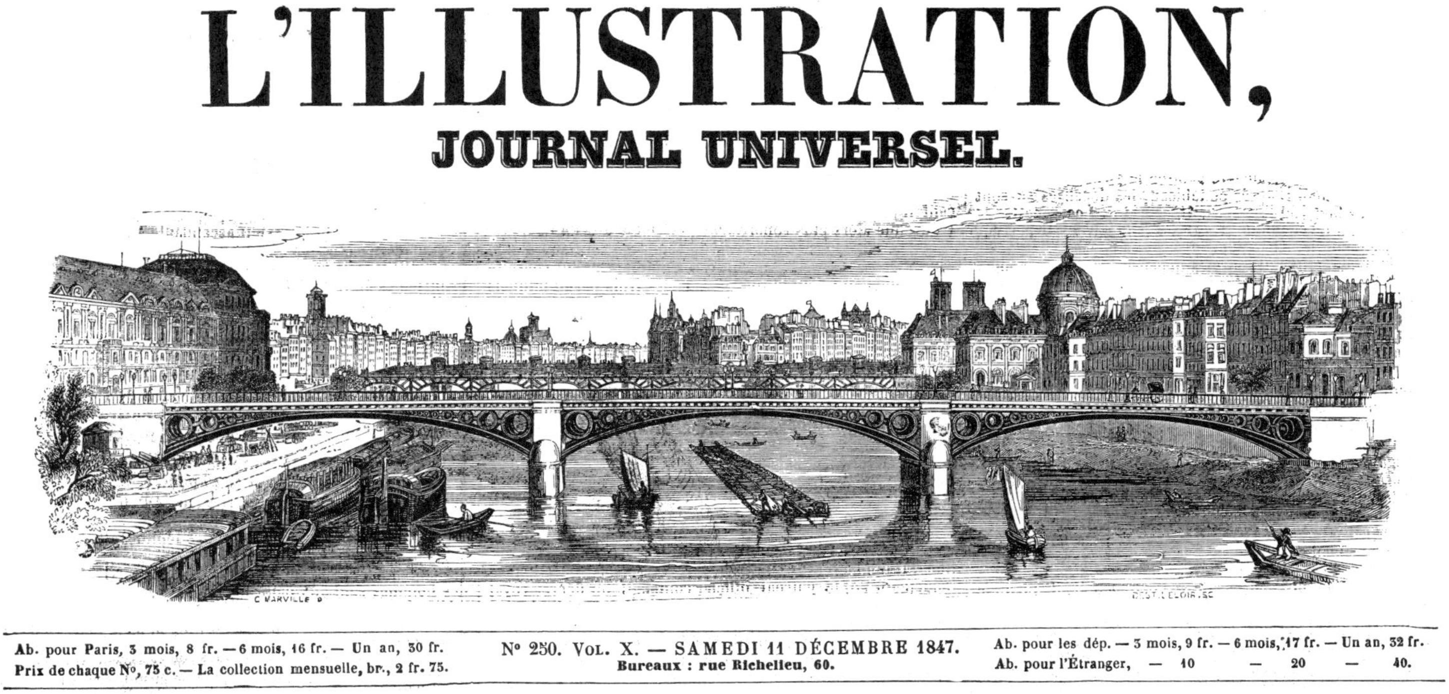
L'ILLUSTRATION,
JOURNAL UNIVERSEL.

Ab. pour Paris, 3 mois, 8 fr. — 6 mois, 16 fr. — Un an, 30 fr.
Prix de chaque N°, 75 c. — La collection mensuelle, br., 2 fr. 75.

N° 250. Vol. X. — SAMEDI 11 DÉCEMBRE 1847.
Bureaux : rue Richelieu, 60.

Ab. pour les dép. — 3 mois, 9 fr. — 6 mois, 17 fr. — Un an, 32 fr.
Ab. pour l'Étranger, — 10 — 20 — 40.

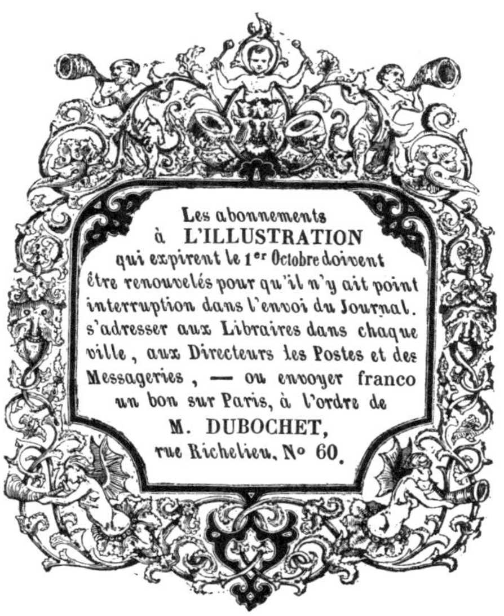

Oben: Kopfleiste der Wochenillustrierten L'Illustration. Die aktuell bebilderte Zeitung war 1843 von Paulin, Joanne und Charton gegründet worden. Erst 1944 verschwand sie; da sie mit der deutschen Besatzung kollaboriert hatte, wurde sie verboten. – Darunter: Dieser schöne Holzstich ist eine Aufforderung an die Leser des Jahrgangs 1847, das Abonnement zu erneuern.

Gründen ihr Erscheinen ein. Dafür schwillt die Flut aber schon 1878 auf 750 Tages- und Wochenzeitungen an, darunter fünfzig politische. *Le Temps,* schon 1861 als Oppositionsblatt gegründet, beginnt eine offiziöse Rolle zu spielen. Zola urteilt, er sei «bemerkenswert durch seinen Schulmeisterton, die pedantische Art, einfachste Gedanken auszudrücken, und die beharrliche Gewohnheit, niemals zu lächeln» (Zit. nach Arbellot, La Fin du Boulevard). Liberal und konformistisch wird *Le Temps* das Blatt der Hochfinanz und des Großbürgertums. Poincaré schickt Artikel, Anatole France arbeitet mit, Albert Sorel liefert Beiträge. Nicht nur dem äußeren Format nach gilt *Le Temps* als die größte Tageszeitung der Dritten Republik, für seine literarischen Arbeiten benützt auch Zola in reichem Maß die Redaktionsarchive in der Rue des Italiens. 1944 verschwindet *Le Temps* aus gutem Grund, und *Le Monde* tritt gewissermaßen die Nachfolge an. Jüngst werden ihm aber von seiner traditionellen Leserschaft «gauchistische» Neigungen nachgesagt.

Älter als *Le Temps* ist *Le Figaro.* Unter der Restauration gegründet, gewinnt er Bedeutung freilich erst 1854, als der gewandte, aufs beste informierte Boulevardier Villemessant die Leitung übernimmt. Legitimistisch, aber vorsichtig und fast unpolitisch muß er trotzdem mancherlei Eingriffe und Verbote erdulden. Aufsehen erregt das Fest, das er zugunsten der im Clichy-Gefängnis wegen Schulden Eingesperrten im Jahre 1860 veranstaltet. Nach dem Sturz des Napoleoniden kommt eine stärkere politische Färbung in seine Spalten. Zola veröffentlicht darin

Kampfartikel in der Dreyfus-Affäre, wenn er sein berühmtes *J'accuse* auch Clemenceaus *L'Aurore* anvertraut. In den düsteren Redaktionsstuben des gotischen Hôtel der Rue Drouot, wo der *Figaro* bis 1927 haust, schießt am 15. März 1914 Mme Caillaux wegen eines indiskret veröffentlichten Briefes den Redakteur Calmette nieder, weil er die Indiskretion als Waffe gegen ihren Mann, den Minister, benützt hat, dessen auf Verständigung mit dem Reich abzielende Politik er attackierte. Nach dem Ersten Weltkrieg kauft der Parfüm-Millionär François Coty, der sich ein Zeitungsimperium schaffen will und in Riesenauflage einen *Ami du peuple* mit Dumping-Preisen lanciert hat, die Aktien des alten Unternehmens, das 1935 jedoch die «goldenen Fesseln» abwerfen kann. *Le Figaro* ist eine der wenigen Zeitungen, die nach dem Zweiten Weltkrieg weiter erscheinen dürfen; François Mauriac wird bis zu seinem Tod der bedeutendste Kolumnist des angesehenen Blattes.

Einer der mächtigsten Informationsapparate Europas war am Boulevard Poissonnière seit 1894 *Le Matin*. Sein Direktor hatte unmittelbaren Zutritt zur Regierung. *Le Matin* wird eine Großmacht, doch eine andere Macht ist noch größer als er: die Bistros! Er greift sie an, und wie durch Zauber fällt schwindelerregend die Auflageziffer. Er muß Kompromisse schließen, Schadenersatz zahlen und die Gunst der Kneipenwirte, die auch bei Wahlen ein gewichtiges Wort mitzureden haben, durch be-

Der ambulante Zeitungshändler. Aus: L'Illustration vom 10. Juni 1848. Die Karikatur übertreibt die Reklametricks der konkurrierenden Zeitungsausrufer.

Das Redaktionsbüro einer Zeitung. Der Stich aus Texier, Tableau de Paris, zeigt die überladene Ausschmükkung eines so sachlichen Ortes, wie es eine Nachrichtenredaktion ist. Makart hätte seine Freude daran gehabt.

Kopfleiste und Schlagzeile des Anarchistenblattes «Le Père Peinard», das mit Vorliebe Argot-Ausdrücke verwendete. Die Nummer vom Mai 1897 berichtet über die Niederwerfung eines Tumultes in Barcelona und über den Brand des Pariser Wohlfahrtsbazars, bei dem mehrere Damen der Oberklasse umkamen.

Fusillade d'Innocents
A BARCELONE!

CRÉMATION D'ARISTOS A PARIS!

sänftigende Artikel zurückgewinnen. In anderem Zusammenhang hat Walter Benjamin geäußert: «Schwerlich kann die Geschichte der Information von der der Pressekorruption getrennt werden.» Im Zweiten Weltkrieg verkauft sich *Le Matin* an die Besatzungsmacht und muß darum nach der Befreiung von Paris sein Erscheinen einstellen. Damals zieht *L'Humanité* in den geräumigen Gebäudekomplex ein, einst das Blatt Jean Jaurès' und erste bedeutende sozialistische Zeitung Frankreichs, heute Parteiorgan der PCF.

Neben den großen Tageszeitungen der Dritten Republik, der katholischen *La Croix,* der kämpferisch royalistischen *Action Française* mit ihrem Heer streitbarer *Camelots du Roi,* dem wegen seiner großen Reportagen bekannten *Journal,* dem *Petit Parisien* mit der größten Auflage aller Pariser Zeitungen und neben vielen anderen Nachrichten- und Meinungsblättern gab es auch typisch pariserische wie *Gil Blas,* der Spalten um Spalten mit Theaterklatsch und mondänen Histörchen füllte, die Zeitung der großen Kokotten. Auch die Sensationspresse ist keine Erfindung unserer Tage. Henri Boutet klagt schon 1909, daß an den Kiosken schreiende Überschriften nur von Verbrechen und Katastrophen künden, und 1892 wurde Maupassant durch die taktlosen Artikel der Boulevardblätter über das Fortschreiten seiner furchtbaren Krankheit zu einem Selbstmordversuch getrieben.

Aber selbst seriöse Zeitungen wie der *Figaro* hatten ihren Chronisten für Duelle, dessen tägliche Rubrik mit derselben Spannung erwartet wurde wie heute etwa ein Sportbericht. Blätter, die sich leidenschaftlich für eine Idee einsetzten, hatten ihrerseits ihr Publikum. *La Fronde,* die erste feministische Tageszeitung in Paris, war 1897 von Marguerite Durand gegründet worden und zählte zu ihren Mitarbeiterinnen auch Séverine. Die junge, doch bereits mächtige Gewerkschaftsbewegung gab *La Voix du Peuple* heraus; ihr Redakteur, Emile Pouget, hatte zuvor als Wochenzeitung das deftige, mit Argot-Ausdrücken gespickte Anarchistenblatt *Père Peinard* redigiert.

Großer Beliebtheit erfreute sich das frivole Witzblatt *Le Rire,* das um 1900 jeweils 150000 Exemplare absetzen konnte. Im Ausland galt es mit seinen galanten Bildern als «typisch pariserisch». Höher war das Niveau des satirischen Blattes *L'Assiette au beurre,* an dem Künstler wie Steinlen, Willette und Forain regelmäßig mitarbeiteten. Seine Florettstiche teilt heute *Le Canard enchaîné* aus, in dessen Redaktionsbüro der Geheimdienst vor ein paar Jahren ein Ohr zu installieren versucht hat.

Doch aus der unendlichen Flut bedruckten Papieres, das seit zwei Jahrhunderten Tag für Tag Paris überschwemmt, läßt sich hier nur ein winziger Bruchteil an Titeln herausfischen. Sie mögen genügen, um den Gang der Entwicklung zu skizzieren. Nicht verwunderlich ist, daß die Zeitungsstadt Paris der Welt auch die Rotationsmaschine bescherte, die das Pressewesen revolutioniert hat. Ihr Erfinder, Hippolyte Marinoni, trat 1883 in die Direktion des *Petit Journal* ein, das als erstes die neuen Druckmaschinen installierte. Man sagt, an den Feuilletonromanen und Gerichtsreportagen dieses Massenblattes (schon 1893 mit einer Auflage von 900000) hätten sich vor allem die Pariser Conciergen gelabt.

Gegenwärtig kennt auch Frankreich das Phänomen der Pressekonzentration, und das Verschwinden profilierter Blätter, wie zum Beispiel des nach der Befreiung 1944 von Albert Camus gegründeten *Combat,* der sein Erscheinen 1975 eingestellt hat, nährt Befürchtungen einer Verarmung der Pariser Presselandschaft.

Vom Wehen des Geistes

An Wissen ist Paris so schöpferisch wie Hellas,
An Größe kann es neben Rom bestehen.
An Reichtum kommt es Asien gleich,
An rarer Neuheit einem zweiten Afrika.
Joachim du Bellay, Les Regrets, CXXXVIII

Für die geistige Entwicklung in Europa hat wohl keine Stadt über einen gleich langen Zeitraum hin eine so bedeutende Rolle gespielt wie Paris. Rom ist älter, den frühesten Geistesfrühling kannte Athen; aber Rom versank für Jahrhunderte im Dornröschenschlaf, Athen geriet in die dumpfen Fesseln von Eroberern. In London beginnt der Genius sich erst in der späten Renaissance zu regen; Berlin durfte nur episodisch zu den Brennpunkten der Geistesgeschichte zählen; auch Madrid erlebte nur die Spanne einer einzigen goldenen Epoche. An Kontinuität des Ingeniums kommt kein anderer Ort Paris gleich, denn aus welchem anderen Kraftquell strömten ebenso viele weltgestaltende Energien?
Schon die Scholastik erobert von Paris aus das theologische Denken. Um 1100 gilt Abälard als ihr Hauptvertreter (heute ist er freilich fast mehr wegen seines privaten Mißgeschickes bekannt). Als die Studenten aller «Nationen» ein Jahrhundert später, in der Rue du Fouarre (heute Rue Lagrange) auf Strohballen sitzend, den Professoren lauschen, ist Paris schon längst ein

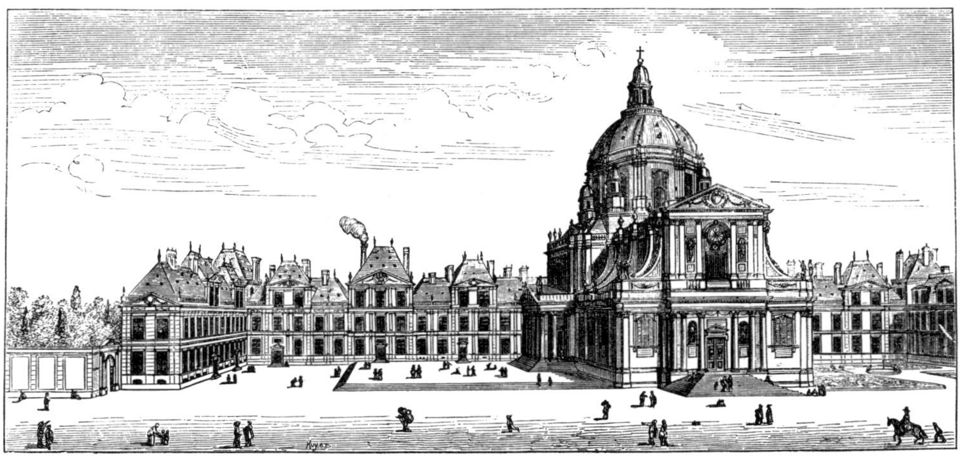

Der Stich zeigt die Baulichkeiten und die Kapelle der Sorbonne, wie sie sich im 17. Jahrhundert darboten. Den Grundstein zur Kapelle hatte der Kardinal de Richelieu am 15. Mai 1635 mit eigener Hand gelegt. Der damalige Neubau der Sorbonne war 1653 beendet. Der heutige Bau wurde am 5. August 1889 eingeweiht, aber erst 1901 fertiggestellt.

Zentrum der Wissenschaften: 10000 Schüler strömen herbei; das Sprichwort nennt Paris: *le four où le pain du monde est cuit* (Ofen, wo das Brot der Welt gebacken wird). Im ganzen 13. und 14. Jahrhundert hält seine zentrale Bedeutung an. Albertus Magnus lehrt im Schatten der Pariser Kirchen; der andere große Dominikaner, Thomas von Aquin, schreibt seine *Summa* im Kloster der Rue Saint-Jacques. Duns Scotus, aus dem Norden herübergekommen, stellt den Dominikanern seine franziskanische Theologie entgegen, das Primat des Willens betonend. Auch Roger Bacon, *doctor mirabilis,* kommt über den Kanal; er trennt die Philosophie von der Theologie und weist beiden eigene Aufgaben zu.

Anfangs des 13. Jahrhunderts schließen sich mehrere Pariser Schulen zusammen unter dem Namen *universitas,* Geburtsstunde der Universität. Um die Mitte des Jahrhunderts gründet Robert de Sorbon, Kaplan Ludwigs IX., eigener karger Studentenzeit eingedenk, für arme Scholaren ein Kollegium, wo sie kostenlos wohnen können; zum ersten Mal werden sie auch von Weltpriestern unterrichtet. Aus der Stiftung ist die Sorbonne hervorgegangen, die den Namen des Stifters verewigt; lange Zeit ist sie höchste Autorität in theologischen Streitfragen, eine der ältesten und einflußreichsten Universitäten Europas.

Ein Archäologe bewundert eine etruskische Vase. Radierung von B.A. Dunker.

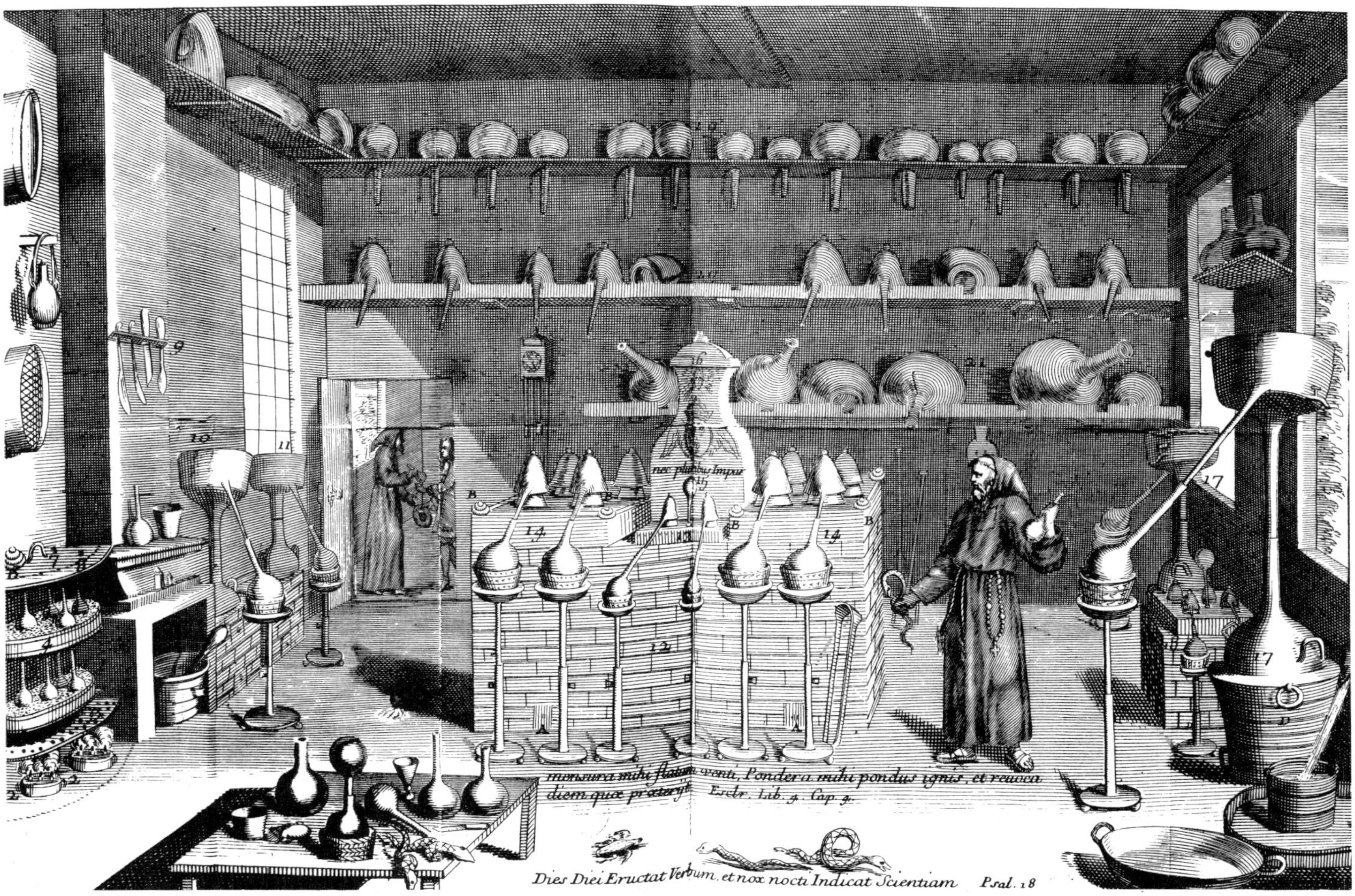

Das Laboratorium der Kapuziner des Louvre. Stich aus dem Mercure Galant vom Dezember 1678. – Schon seit dem sogenannten «christlichen Philosophen», einem hochgebildeten Mönch des 11. Jahrhunderts, wurde immer wieder versucht, Alchimie und Theologie zu verschmelzen, obwohl die Kirche mißtrauisch blieb gegen die «Chemia», wie die jüngste magische Wissenschaft hieß, bis die Araber den Artikel «al» vor das Wort setzten.

◁ Links außen: Mütterliche Erziehung im 17. Jahrhundert. Die Unterschrift zu dem Stich will auf die Folgen hinweisen, die eine zu schwache mütterliche Hand zeitigt; im Hintergrund sind sie ins Bild gebracht. – Daneben: Die Schule ist aus! Nur wenige der Knaben besuchten eine Schule. Die meisten der hier ausgelassen Tollenden werden einmal würdige Priester sein.

Im 14. Jahrhundert lehrt Johannes Buridan in Paris, Philosoph und Physiker, Schüler Wilhelm von Ockhams. In seiner Lehrmeinung kommt er dem Kraft- und Trägheitsbegriff der modernen Physik schon sehr nahe. (Das berühmte Gleichnis von Buridans Esel, Gleichnis von der Unfreiheit des Willens, findet sich freilich nicht in seinen Schriften, obwohl das Problem der Willensfreiheit ihn beschäftigte.) In den Gelehrtenstuben der mittelalterlichen Stadt wären er und seine Schüler vermutlich zu noch «moderneren» Ergebnissen gekommen, hätte nicht der Hundertjährige Krieg seinen Schatten über Paris geworfen.
Der neue Kontakt mit Italien beim Übergang zum 16. Jahrhundert bringt gerade auch für Paris Entscheidendes. Geistige Reste des Mittelalters schmelzen dahin; der Humanismus erobert die Geister, und wieder wird Paris zu einem der Zentren. Im Jahre 1500 läßt Erasmus hier seine *Adagia* drucken, Quintessenz der antiken Weisheit; auf Zeitgenossen wirkt das Buch wie ein befreiender Zauber. Um den gelehrten Drucker Estienne scharen sich die Vertreter der neuen weltoffenen Richtung. In der Rue des Fossés Saint-Victor (heute Rue Cardinal-Lemoine) kommen die Dichter der Pléiade zusammen. Ein Blütenfrühling

der Dichtkunst und der Wissenschaften hebt an. Guillaume Budés Beschäftigung mit dem antiken Recht bewirkt eine Umformung des Justizwesens in ganz Europa. Bodin führt für die Staatswissenschaft die vergleichende Methode ein, Belon vergleicht das Vogelskelett mit dem des Menschen und begründet die komparative Anatomie.

Doch die alte Macht dankt nicht ab. Die Theologen der Sorbonne wittern im Studium des Hebräischen, sogar des Griechischen Häresie und Rebellion; durch wüstes Zelotentum tut sich unter ihnen Béda hervor. Es gelingt ihnen 1529, Louis de Berquin, den Freund der Königin von Navarra, der Autorin des *Heptaméron,* und 10 Jahre später ihren Sekretär auf den Scheiterhaufen zu bringen.

Um der Philologie eine Stätte und den Wissenschaftlern Brot zu geben, ruft Franz I. das *Collège de France* ins Leben, Rivale fortan der Sorbonne. Als einer der ersten Professoren wird Ramus berufen; er wendet sich gegen die Absurditäten der verknöcherten Scholastik, wird aber von aufgehetzten Studenten totgeschlagen. – Im Lauf der Jahrhunderte werden glänzende Namen sich mit dem Collège de France verknüpfen. Um nur ein paar zu nennen: der Astronom Lalande, der Naturwissenschaftler Cuvier, der Historiker Michelet (dessen Vorlesungen Napoleon III. untersagen wird) und Corvisart, der berühmte Arzt.

Eine medizinische Fakultät hat in der Rue de la Bûcherie schon Ludwig XI. eingerichtet. 1617 erhält sie ein Amphitheater, wo trotz Kirchenverboten die Anatomie an sezierten Leichen gelehrt wird. Um 1600 praktizieren 96 Ärzte in einem Paris von 300000 Einwohnern. Noch wacht der Klerus streng darüber, daß sie sich vor allem auch um die Obedienz der Patienten kümmern: Pius V. untersagt, einen Kranken weiterzubehandeln, der nicht beim dritten Arztbesuch einen Beichtbrief vorweist. Vor gewagten Operationen indessen scheut man nicht zurück; schon 1563 war bei Katharina von Medici eine Trepanation vorzüglich gelungen. Auf vielen medizinischen Gebieten wird Paris oft führend sein, sei es mit Dr. Philippe Pinel, der im 18. Jahrhundert der Psychiatrie neue Wege weist, sei es im 19. Jahrhundert mit dem genialen Claude Bernard, der die Medizin von vielen Irrtümern befreit, und mit Charcot, zu dessen Schülern Sigmund Freud gehört.

Der Sorbonne hatte Richelieu einen Neubau geschenkt, von dem heute, nach dem Umbau von 1880, nur noch die Kapelle existiert. Der mächtige Kardinal stiftet 1635 die *Académie française,* die oft gescholtene. Freilich haben ihr viele große Franzosen nicht angehört, weder Molière noch Balzac. Als der Kon-

Oben: Die Galerie der vergleichenden Anatomie. Aus: L'Illustration, vom 11. Dezember 1847. Trotz Einspruch der Universität wurde, von 1643 an, im Jardin des Plantes neben Botanik und Chemie auch die vergleichende Anatomie gelehrt, die Cuvier als Wissenschaft begründete. Lakanal schuf hier 1793 das «Muséum national d'histoire naturelle».

Unten: Der Arzt à la mode überfährt seine Rivalen. Satirischer Stich des 18. Jahrhunderts. In dem Dargestellten hat man Dr. Tronchin erkannt; der gebürtige Genfer ließ sich 1766 in Paris nieder, wo er alsbald der Modearzt wurde.

vent sie 1793 abschaffte, jubilierte Mercier und begrüßte dies als «ein Morgenrot der literarischen Freiheit», hat aber später, als sie 1795 neu gegründet wurde, den grünen, palmbestickten Rock selbst angelegt. Seit 1807 tagt die *Académie* im Collège Mazarin. Nachdem Napoleon sie reformiert hat, setzt sie sich aus fünf Akademien als *Institut de France* zusammen.

Weniger offiziell, vielleicht lebensnaher und wirkungsweiter war eine andere und private Institution, die nur in Paris entstehen konnte und das geistige Leben der Hauptstadt protegiert, gefördert und stimuliert hat – der *Salon*. Der erste, wenngleich das Wort auch erst im darauffolgenden Jahrhundert aufkommt, ist der, den die Marquise de Rambouillet in ihrer *chambre bleue* im Jahre 1620 eröffnet. Männer und Frauen versammeln sich regelmäßig und zwanglos zu artiger, geistvoller Konversation, zu Disputen über Ethik und Ästhetik. Hochadel und Bürgertum treffen sich vielleicht zum ersten Mal ohne Herablassung und Unterwürfigkeit; es gilt, sittsames Betragen und preziöse Literatur zu pflegen. Unausgesprochen regen sich Anfänge einer weiblichen Emanzipation. Wenn französisches Wesen unter der Strahlkraft von Versailles ein Jahrhundert lang die europäische Gesellschaft prägt, so ist nicht zuletzt der Salon sein Schrittmacher gewesen.

Der erste bürgerliche Salon ist der von Madeleine de Scudéry in der Rue de Beauce, wo sie Mitte des 17. Jahrhunderts ihre *Samedis du Marais* abhält. Ihr Salon übt wie ihre Bücher einen glättenden Einfluß auf die Sitten der Zeit aus. Leibniz zählt sie zu den größten französischen Moralisten. Ihr Roman *Clélie* enthält die berühmte «Landkarte der Zärtlichkeit», die den Frauenverehrer den Weg über Höflichkeit, Großmut und Anziehung zur Liebe lehren soll. Das 18. Jahrhundert hat man geradezu das Jahrhundert des Salons genannt. Einer der brillantesten ist der von Mme de Tencin, wo man Montesquieu, Fontenelle, Marivaux, Piron und andere Koryphäen trifft. Ihr Sohn ist bekanntlich d'Alembert, eine der Stützen des Salons von Mme du Deffand, bei der sich alles begegnet, was an der Enzyklopädie mitarbeitet, diesem gewaltigen Unternehmen der Aufklärung, die wiederum in Paris ihren Brennpunkt hat. Die Gastgeberin selbst freilich findet das epochale Werk «sterbenslangweilig». Vielleicht erklärt sich daraus, daß Julie de Lespinasse ihr mit dem konkurrierenden Salon den Rang abläuft und die Elite der Aufklärungsliteraten zu sich herüberzieht. Zum Wesen des Salons gehören die Rivalitäten, die weiblichen Intrigen und die höflichen Perfidien.

Selbst die Revolution hat ihre Salons. Bei Fanny de Beauharnais

Bei der Geselligkeit des 18. Jahrhunderts, die der Konversation im Salon höchsten Schliff verlieh, nahm auch das Spiel großen Platz ein. Hier ein Brettspiel, «la comète» genannt.

Café de la Régence. Das 1681 eröffnete Café trägt seit 1718 seinen heutigen Namen. Berühmte Gäste waren Le Sage, Voltaire, Franklin, Rousseau, Diderot, Marmontel, Philidor, Chamfort, Grimm, Bonaparte, Sainte-Beuve, Alfred de Musset. Seit 1760 wurde viel Schach gespielt, was abends, wegen der zwei Kerzen neben dem Schachbrett, teurer war.

verkehren u.a. der arme Cazotte und der arme Rétif. Mme Roland empfängt bei Zuckerwasser die Gironde bis zum bitteren Ende. Über den gesellschaftlichen Umsturz hinaus bewahren die Salons ihre Bedeutung. Abende beim Kerzenschein im Arsenal, wo die Romantiker sich vor Nodiers Tochter verneigen. Abende im Gaslicht bei Princesse Mathilde. Abende im Glanz der Kristallüster bei Mme de Caillavet, der Freundin von Anatole France.

Aber der Geist weht seit drei Jahrhunderten auch in den Cafés. Grimm spricht in seiner Korrespondenz von der Leidenschaft, die alle hervorragenden geistreichen Männer des 18. Jahrhunderts für das Café haben. Nicht zu Unrecht ließ sich behaupten, daß zum Beispiel die Geschichte des Café Procope eigentlich die Geschichte des literarischen, philosophischen und politischen Lebens zum mindesten jenes Jahrhunderts ist. Von Voltaire bis Diderot, von Crébillon bis Laharpe, von Condorcet bis Danton gingen die Männer hier aus und ein, deren Namen sich dem Gedächtnis der Nachwelt eingeprägt haben. Zwangloser tauscht man im Café Gedanken aus, sucht und gibt man Anregung, streitet über aktuelle und ewige Probleme. Mercier nennt das Café geradezu ein *«bureau académique»,* wo man lernt, in Gesellschaft zu leben. 1789 werden die Cafés zu Vorhöfen der revolutionären Clubs. Die in den Cafés erörterten Parolen dröhnen alsbald von den Tribünen und erschüttern das Gesellschaftsgebäude und schließlich Europa. Neben dem Procope wird das Café de la Régence berühmt, wo Diderot den Neffen Rameaus trifft, Rousseau seine schlechte Laune beim Schachspiel mildert, später Bonaparte seinen noch unbefriedigten Ehrgeiz hinter arroganten Gesten versteckt.

Auch das 19. Jahrhundert hat seine politischen und literarischen Cafés. In der Rue de Croissant, wo 1914 Jaurès erschossen werden wird, verkehrt die Zeitungswelt. Auch *Le Napolitain* am Boulevard ist ein Treffpunkt der Journalisten. Mancher Leitartikel, der die Welt bewegt, entsteht auf seinen Marmortischchen. Die Literatur hat ebenso ihre bevorzugten Lokale. Verlaine sitzt am liebsten im *Grand Cluny* beim Absinth. Aragon und die Surrealisten werden im *La Source* verkehren. Das Café Certa in der Passage de l'Opéra wird zum Zentrum der Dadaisten in Paris. In den zwanziger Jahren unseres Jahrhunderts bilden die Cafés an der Kreuzung der Boulevards Montparnasse und Raspail ein Hauptquartier der Bohème und der Arrivierten, wo bis zum Morgengrauen ein internationales Leben fiebert; *La Coupole* und *Le Select* sind neu eröffnet. Hemingway gehört zu den Stammgästen. Schon der Abbé Galiani hatte ganz allgemein behaupten können: *«Paris est le café de l'Europe.»*

Stiller, intensiver, konzentrierter ist die Atmosphäre in den großen Lesesälen der Bibliotheken, wo man nur das Rascheln der umgeblätterten Buchseiten, nur selten einmal ein Stuhlrücken hört. Die *Bibliothèque Nationale* ist aus der Bibliothèque Royale entstanden. Schon 1373 hatte Karl V., der Weise, die königliche

Blick ins Innere der Bibliothek für die Chorherren von Sainte-Geneviève. Stich aus dem 18. Jahrhundert. Zu den Benützern der berühmten Bibliothek gehörten u.a. Erasmus, Loyola, Calvin und Rabelais. Der heutige Bau stammt aus den Jahren 1844 bis 1850.

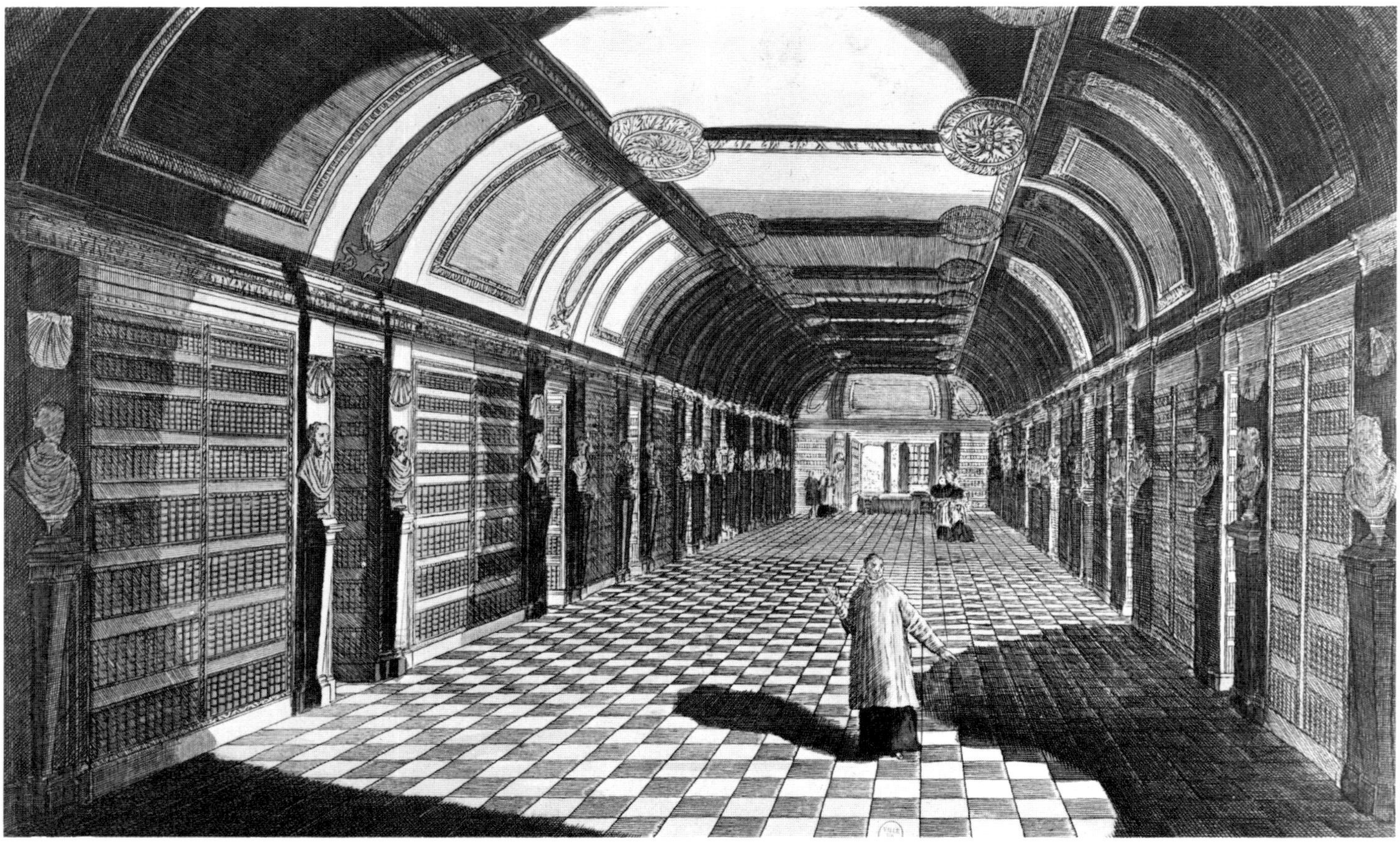

Krönung Voltaires auf der Bühne des Théâtre-Français, am 30. März 1778. Aus Ferney nach Paris gekommen, erlebte Voltaire drei Monate vor seinem Tode den Triumph, seine Büste nach einer Aufführung seiner Tragödie «Irène» gekrönt zu sehen.

Bibliothek zum ersten Mal katalogisieren lassen; sie umfaßte 910 Bände, meist Theologie, doch auch Astrologie, Geschichte, Jura, Medizin, die *Chansons de geste,* dazu Romane und Übersetzungen aus dem Lateinischen. In den Kriegswirren ging sie verloren, der Herzog von Bedford entführte sie nach England. Ludwig XI., der die ersten Drucker nach Paris rief, schuf mit ihrer Hilfe eine neue Bibliothek, die Karl VIII. durch die Bücher der Anjou und der Aragonesen, Teil seiner Kriegsbeute aus Italien, vermehrte. Unter Ludwig XII. kam Petrarcas Büchersammlung und die der Sforza und der Visconti aus Mailand hinzu. Doch der eigentliche Gründer einer umfassenden Nationalbibliothek, heute wohl die größte auf der ganzen Welt, war der Advokat Raoul Spifame, der 1550 Heinrich II. dazu veranlaßte, bei den Druckern und Buchhändlern von nun an ein Exemplar von jeder erscheinenden Druckschrift anzufordern; das Dekret ist noch heute in Geltung, und die Bibliothèque Nationale umfaßt inzwischen sechs Millionen Bände. Seit der Régence ist sie im ehemaligen Palais Mazarin der Rue Vivienne untergebracht, das mehrfach erweitert wurde. Der Trakt mit dem Lesesaal unter dem riesigen Glasdach, Reservoir, wo Gelehrte, Forscher und Autoren aus der ganzen Welt ihren Wissensdurst stillen, und der Haupteingang an der Rue de Richelieu stammen aus dem Zweiten Kaiserreich.

Paris ist eine Stadt der Bibliotheken. Die *Bibliothèque Mazarine* unter dem Dach des Institut de France hat der Kardinal gegründet, dessen Namen sie trägt. Die *Bibliothèque historique de la Ville de Paris* ist jüngst an ihren Geburtsort, in das Hôtel d'Angoulème, Rue Pavée, zurückgekehrt. Die *Bibliothèque de l'Arsenal,* wo nach Charles Nodier später auch José Maria de Heredia Bibliothekar war, hat auch den Dichterkreis der Parnassiens empfangen. Die *Bibliothèque Sainte-Geneviève* beim Panthéon ist mit 700000 Bänden eine der bedeutendsten von Frankreich. Neben ihnen allen gibt es manche andere spezialisierte öffentliche Bücherei, wie die polnische oder die Bibliothek des Protestantismus.

Im Geistesleben der Stadt haben auch Logen eine Rolle gespielt, zum mindesten eine im 18. Jahrhundert: *La Loge des Neuf Sœurs.* Um 1770 wurde sie vom Verfasser des *Dictionnaire des Athées,* dem Astronomen Lalande, zur Erinnerung an Helvétius zusammen mit dessen schöner Witwe gegründet, die bis zum Tod ihres Mannes fünfzehn Jahre lang in ihrem prachtvollen Hôtel den *«Etats généraux de la Philosophie de l'Europe»* präsidiert hatte. Am 8. April 1778 wurde im Beisein Benjamin Franklins der nach Paris zurückgekommene greise Voltaire initiiert. Die meisten Logen des Jahrhunderts gehörten freilich der okkulten Richtung an; die Alchimie, tastende Vorläuferin der modernen

Collège Mazarin, auch Collège des Quatre-Nations. Lavierte Zeichnung aus der Zeit des Directoire. Während der Revolution hatte der Bau für 650 «Verdächtige» als Gefängnis gedient, darunter Dr. Guillotin. 1805 bestimmte Napoleon das ehemalige Collège zum Sitz des Institut de France, in welchem die fünf Akademien zusammengefaßt wurden.

Ansicht des Observatoire. Das Observatorium ließ Ludwig XIV. nach den Plänen von Claude Perrault außerhalb von Paris erbauen. Beim Bau wurden weder Eisen, um die Magnetnadel nicht abzulenken, noch Holz, um die Brandgefahr auszuschalten, verwendet.

Seite 370
Nadar, mit eigentlichem Namen Félix Tournachon, stieg auf dem Champ de Mars am 5. Oktober 1860 in seinem Freiballon um 5 Uhr morgens auf; der Korb trug 13 Personen. Er landete um 10 Uhr abends in Meaux. Beim zweiten Aufstieg erlitt der Ballon «Le Géant» Schiffbruch. Der Materialschaden war gering, aber einige Passagiere wurden verletzt. Die Aufnahme auf der folgenden Seite – im Atelier entstanden – zeigt Nadar im Korb.

Chemie, hat in Paris von jeher ihre fleißigen Adepten und rauchigen Werkstätten gehabt, ehe es zu den hellen Laboratorien der Wissenschaft kommt. Bis zu den Entdeckungen eines Berthelot und eines Ehepaars Curie ist es ein langer Weg.
Es ist unmöglich, in Stichworten die rapide Entwicklung der Wissenschaften nachzuzeichnen, denen Paris Impulse gegeben hat und die hier Stätten der Forschung und Leistung fanden. Mit Auguste Comte ist Paris die Geburtsstadt der Soziologie. Auf den kartesianischen Rationalismus, der sich auf Intuition stützte, folgt ein radikal auf Erfahrung beruhender Rationalismus, und Claude Bernard unterstellt auch die Intuition dem Experiment als dem unvergleichlichen Werkzeug der Naturwissenschaften. Doch es soll hier nicht ein Kompendium der Namen und Disziplinen zusammengestellt werden. Unmöglich ist es, den durch die Jahrhunderte flutenden Strom des geistigen Lebens der Stadt Paris in ein Kapitel zu fassen; es würde Bände einer Enzyklopädie erfordern.
Die Zentralisierung aller Entwicklungen und aller Kräfte Frankreichs in Paris hatte auch für das Schöpferische auf allen Gebieten die Wirkung einer Ballung mit sich gebracht, einen gesteigerten Wettbewerb, eine gesteigerte Leistung. Dies wiederum zog Talente und Intelligenzen aus allen Kontinenten an, wodurch Paris seine kosmopolitische Atmosphäre erhielt, die ihrerseits Schöpfung fördert und steigert. Paris als Leuchtturm, als *ville lumière*.

Anhang

Zeittafel

Altertum

58–51 v.Chr. Cäsar erobert Gallien
52 v.Chr. Labienus besetzt Paris (Lutetia)
361 Julian Apostata in Lutetia zum römischen Kaiser ausgerufen
451 Hunneneinfall in Gallien
476 Ende des weströmischen Reiches

5.–10. Jahrhundert: Frühmittelalter

482–511 Chlodwig erschafft das Fränkische Reich
482–751 *Die Merowinger*
629–639 König Dagobert
714–719 Karl Martell ergreift in Nord-Gallien die Macht
732 Karl Martell schlägt mohammedanischen Einfall bei Tours und Poitiers zurück
741–768 Pippin der Jüngere
751–987 *Die Karolinger*
751 Pippin, König der Franken
768–814 Karl der Große
771 Karl der Große alleiniger König der Franken
800 Karl der Große zum Kaiser gekrönt
820 Erster Normanneneinfall
843 Teilung des Reichs Karls des Großen. Der Westteil wird das spätere Frankreich
885 Paris wird von den Normannen belagert
987–1328 *Die Kapetinger*

11.–13. Jahrhundert: Hochmittelalter

1180–1223 Philipp II. (August). Kriege gegen England
1215 Statut der Universität von Paris
1226–1270 Ludwig IX. (der Heilige). Stärkung der Monarchie. Ständeversammlung hat festen Sitz in Paris
1285–1314 Philipp IV. (der Schöne). Skrupellose Expansionspolitik

13.–16 Jahrhundert: Spätmittelalter

Es entstehen feste Zentralbehörden
1302 Erstmals Generalstände einberufen
1328–1589 *Die Valois*
1328–1350 Philipp VI. (Valois)
1338 Beginn des Hundertjährigen Krieges
1358 Die Revolte von Etienne Marcel scheitert. Bauernaufstand der Jacquerie
1415 Paris von den Engländern besetzt
1420 Höhepunkt der Finanzkrise Frankreichs
1429 Auftreten der Jungfrau von Orléans
1453 Verdrängung der Engländer vom Kontinent (außer Calais)
1461–1483 Ludwig XI. Er vollendet den zentralisierten Einheitsstaat
1477 Druck des ersten Buches auf Französisch

16. Jahrhundert: Renaissance und Glaubenskriege

1494–1495 Karl VIII. unternimmt den Italienfeldzug
1515–1547 Franz I.
1562 Beginn der Hugenottenkriege in Frankreich
1572 Bartholomäusnacht
1589–1792 *Die Bourbonen*
1589–1610 Heinrich IV.
1598 Edikt von Nantes gewährt den Hugenotten Religionsfreiheit

1600–1789: Zeitalter des Absolutismus

1624–1642 Kardinal Richelieu leitender Minister Ludwigs XIII.
1635 Gründung der Académie-Française
1643–1715 Ludwig XIV. Er macht Frankreich zur europäischen Vormacht, erschöpft es aber durch seine Kriege. Klassische Epoche der französischen Literatur
1648–1653 Wirren der Fronde
1685 Aufhebung des Edikts von Nantes
1715–1774 Ludwig XV.
1715–1723 Régence des Herzogs Philipp von Orléans
1716 John Law of Lauristan errichtet seine Notenbank
1718 Law's Bank wird Staatsbank
1720 Die Bank macht bankrott
1745 Mme de Pompadour wird Favoritin
1751 Erster Band der Enzyklopädie
1774–1792 Ludwig XVI.
1785 Affäre des Halsbands der Königin
1788 Einberufung der Generalstände verkündet

1789–1804: Die Französische Revolution

1789 Generalstände. Ballhausschwur, konstituierende Nationalversammlung. Sturm auf die Bastille. Erklärung der Menschenrechte. Marsch nach Versailles. Assignaten (Papiergeld)
1790 Fest der Föderation
1791 Tod Mirabeaus. Fluchtversuch Ludwigs XVI. Er beschwört die Verfassung. Gesetzgebende Versammlung tritt zusammen
1792 Kriegserklärung. Tuileriensturm. Sturz des Königtums. Kanonade von Valmy. Der Konvent tritt zusammen
1793 Hinrichtung Ludwigs XVI. Revolutionstribunal. Sturz der Girondisten. Robespierre
1794 Hinrichtung Dantons. Fest des höchsten Wesens. Der 9. Thermidor. Robespierres Sturz
1795 *Beginn des Direktoriums*
1796–1797 Italienfeldzug Bonapartes
1798 Beginn der Expedition nach Ägypten
1799 Rückkehr Bonapartes nach Frankreich. Staatsstreich des 18. Brumaire. *Beginn des Konsulats*
1800 Gründung der Bank von Frankreich
1801 Friede von Lunéville schließt Revolutionskriege ab
1802 Friede von Amiens. Bonaparte «Konsul auf Lebenszeit»
1803 Friedensbruch. In Frankreich das Arbeitsbuch eingeführt

1804–1814: Erstes Kaiserreich

1804 Kaiserkrönung Napoleons I.
1806 Kontinentalsperre
1809 Scheidung Napoleons und Joséphines
1810 Heirat Napoleons mit Marie-Louise von Österreich
1811 Geburt des Königs von Rom
1812 Rußlandfeldzug

1813 Schlacht bei Leipzig. Rückzug aufs linke Rheinufer
1814 Paris kapituliert. Wiener Kongreß. Napoleon nach Elba
1815 Rückkehr von Elba. Herrschaft der Hundert Tage. Napoleon nach Sankt Helena verbannt

1814–1830: Restauration der Bourbonen

1814 und 1815 Einzug Ludwigs XVIII. in die Tuilerien
1817 Haus Rothschild läßt sich in Paris nieder
1830 Eroberung von Algier
1830 Juli-Revolution

1830–1848: Bürgerkönigtum Louis-Philippes

1834 Volksaufstand in Paris
1836 Gründung von «La Presse» und «Le Siècle»
1837 Eisenbahnlinie nach St-Germain-en-Laye
1846 Wirtschaftskrise in Europa
1848 Februar-Revolution

1848–1870: Zweite Republik und Zweites Kaiserreich

1848 Louis-Napoleon Bonaparte Prinzpräsident
1851 Durch Putsch Präsident auf zehn Jahre
1852 Als Napoleon III. Kaiser der Franzosen
1853 Haussmann wird Préfet de la Seine
1853–1856 Krim-Krieg
1855 Erste Weltausstellung in Paris
1867 Zweite Weltausstellung in Paris
1870 Ausbruch des deutsch-französischen Krieges. Nach Sedan «La Débâcle»

1870–1940: Dritte Republik

1871 Aufstand der Commune
1871 Frankfurter Friede
1889 Weltausstellung (Eiffelturm)
1898 Dreyfus-Affäre
1900 Weltausstellung in Paris

1914–1918: Erster Weltkrieg

1925 Ausstellung «Arts Décoratifs»
1931 Kolonialausstellung
1934 Stavisky-Skandal. Straßenkämpfe
1936 Volksfront
1937 Weltausstellung in Paris

1939–1945: Zweiter Weltkrieg

1940–1944 «Etat Français» unter Pétain
1940 Deutsche Truppen besetzen Paris
1944 Paris wird befreit

1944–1958: Vierte Republik

ab 1958: Fünfte Republik

1968 Studentenrevolte
1970 Präsident de Gaulle stirbt

Einige Daten der Baugeschichte

Um 1000 v.Chr. Keltensiedlung
1. Jahrhundert n.Chr. Palast des römischen Statthalters auf der Cité-Insel
um 200 Thermenpalast und Arena
507 Chlodwig baut Basilika und Abtei auf dem Mont-Ste-Geneviève
650–656 Das Hôtel-Dieu wird gegründet
um 950 Neuer Palast auf der Cité-Insel
1063 Saint-Germain-des-Prés
1180 Sogenannter Chlodwig-Turm
1135–1144 Chor und Vorhalle der Kathedrale von St-Denis
1163–1196 Notre-Dame de Paris
1186–1190 Stadtmauer von Philipp-August
1182 Die ersten Markthallen und Beinhaus *des Innocents*
1202 Louvre rechteckig um den Bergfried
1243 Sainte-Chapelle begonnen
1312 Anlage des Quai de Nesle und des Quai des Grands-Augustins
1357 «Maison aux piliers» (erstes Stadthaus)
1360 Stadtmauer Karls V.
1370 Grundstein zur Bastille gelegt
1489 Erstes Straßenverzeichnis
1491 Saint-Etienne-du-Mont begonnen
1527 West- und Südflügel des Louvre (Lescot)
1578 Tuilerien. Weiterbau am Louvre. Grundstein zum Pont-Neuf
1595 Louvre-Galerie an der Seine, Pavillon de Flore
1605 Place Royale (Place des Vosges)
1607 Place Dauphine
1613 Palais du Luxembourg
1624 Cour carrée du Louvre
1628 Hôtel de Ville (Boccador)
1653 Hospiz der Salpêtrière
1664 Die ersten Weinhallen
1670 Planung der Champs-Elysées
1672 Porte St-Denis
1674 Porte St-Martin
1699 Place Louis-le-Grand (Place Vendôme)
1706 Les Invalides und Invalidendom
1728 Palais-Bourbon (Deputiertenkammer)
1738 Erstes Postbüro Rue des Poulies
1757 Place Louis XV (Place de la Concorde)
1765 Halle au blé
1770 Panthéon
1787 Stadtmauer der Fermiers-Généraux
1798 Friedhof Montmartre
1804 Père Lachaise
1805 Numerierung der Häuser obligatorisch
1808 Erstes Schlachthaus
1826 Canal de l'Ourcq und Canal St-Denis
1827 Börse (begonnen 1808)
1836 Arc de Triomphe (begonnen unter Napoleon I.)
1842 Madeleine (begonnen unter Ludwig XV.)
1844 Stadtmauer Thiers'
1850 Gare de l'Est
1853 Haussmann wird Präfekt, beginnt Umgestaltung von Paris
1857 Zentralhallen beendet
1859 Eingemeindung von Vororten
um 1860 Viollet-le-Duc unternimmt seine Restaurierungen
1861 Garnier beginnt den Bau der Großen Oper
1867 Les Buttes-Chaumont eröffnet
1868 Der Bois de Boulogne fertig
1878 Trocadéro
1883 Neubau des Hôtel de Ville fertig
1889 Eiffelturm
1896 Pont Alexandre III
1900 Métro eingeweiht. Grand und Petit Palais
1919 Sacré-Cœur geweiht
1931 Zoo von Vincennes. Kolonialmuseum
1937 Palais de Chaillot
1958 UNESCO-Palais
1965 La Défense
1977 Centre Pompidou (Beaubourg)

Bildnachweis

Die Verfasser und der Verlag danken folgenden Personen und Institutionen, die das Zustandekommen dieses Bandes wohlwollend unterstützt haben:
Der Zentralbibliothek Zürich, die ihnen in großzügiger Weise ihre Bestände zur Verfügung gestellt hat, insbesondere Herrn Dr. Weber und Fräulein Rutz von der Graphischen Sammlung sowie Herrn Kohler und seinen Mitarbeitern vom Benutzungsdienst; der Bibliothek der Eidgenössischen Technischen Hochschule Zürich, dem Kunsthaus Zürich, dem Heimatmuseum Neuruppin und Monsieur de Montgolfier vom Musée de Carnavalet, Paris.

Poster: Atlas National illustré, Region du Nord N° 72: Département de la Seine. Paris 1833. Archiv des Verlags.

Vorsatz vorn: Stich nach einer Zeichnung von Rouargue, Vue des Quais, prise du Pont-Neuf. Aus: Chamouin, Choix de 26 vues. Vorsatz hinten: Stich von Chamouin, Place de la Concorde, prise au daguerréotype. Aus: Chamouin, Collection de 28 vues. Zentralbibliothek Zürich.

Schmutztitel: Holzschnitt von Deschamps, La Grand'Navire, Marque de la Compagnie des libraires assoicés de Paris. Aus: Coëtlogon, Les Armoiries de la ville de Paris, I. Zentralbibliothek Zürich.

Frontispiz: Miniatur, Missel de Juvénal des Ursins: La maison aux piliers. (Photo Bulloz.) Bibliothèque historique de la Ville de Paris.

Einleitung

6–7 Plan de Paris et de ses faubourgs (1809). Aus Legrand/Landon, Description de Paris, II. Zentralbibliothek Zürich.

11 Pol de Limbourg, Très Riches Heures du Duc de Berry (1415–1416), Octobre/Le Louvre. (Photo Lauros-Giraudon.) Musée Condé, Chantilly.

Über die Entwicklung der Stadt

13 Antiquités romaines. Monument découvert au Palais de Justice, en 1784: Mercure. Aus: Lenoir, Statistique monumentale, I. Zentralbibliothek Zürich.

14 Palais des Thermes, Vue générale des ruines. Aus: Lenoir, Statistique monumentale, I. Zentralbibliothek Zürich.

16 Stich, l'Enceinte de Philippe Auguste, Rekonstruktion 19. Jahrhundert. (Photo Bulloz.) Musée Victor Hugo, Paris.

17 Jean Fouquet, Stundenbuch des Etienne Chevalier. (Photo Skira Editions d'Art.) Sammlung Robert Lehmann, New York.

19 Frontispiz des «Recueil des Ordonnances Royaulx» (Paris, Januar 1500). Aus: Coëtlogon, Les Armoiries de la ville de Paris, I. Zentralbibliothek Zürich.

21 Jacques du Cerceau l'Ancien, Projet se rattachant à la construction du Pont-Neuf. Aus: Geymüller, Les Du Cerceau. (Photo Oechslin.) Sammlung Werner Oechslin, Zürich.

22–24 Merian-Stich, Paris 1620. Aus: Zeiller, Topographia Galliae. Zentralbibliothek Zürich.

25–26 Le Corps municipal, les Officiers et la Milice de la Ville de Paris défilant autour de la statue équestre de Louis XIV. Aus: Coëtlogon, Les Armoiries de la ville de Paris, I. Zentralbibliothek Zürich.

27 Elévation de la Barrière de Fontainebleau. Aus: Legrand/Landon, Description de Paris, II. Zentralbibliothek Zürich.

28 Projet pour la Porte Saint-Honoré. Album S. de Brosse, Fol. 29v. (Photo Bulloz.) Musée Carnavalet, Paris.

29 Stich von Perelle, La Porte Saint-Antoine. Aus: Perelle, Veües des belles maisons de France. Zentralbibliothek Zürich.

32 Stich von J.B. Scotin, Plan et Description du Quartier de la Cité. Aus: Piganiol de la Force, Description de Paris, I. Zentralbibliothek Zürich.

33 Bretez, Plan de Paris, Détail: La Cité. Zentralbibliothek Zürich.

34–35 Stich von Georg Balthasar Probst, Vue du Pont Saint-Michel, vers l'église Notre-Dame. (Photo Bulloz.) Musée Carnavalet, Paris.

36–37 Photo, La Cité rasée, vue de la tour Saint-Jacques en 1867. (Photo Bulloz.) Bibliothèque historique de la ville de Paris.

38–39 Stich von Chamouin nach einer Zeichnung von Rouargue, Nouveau Louvre, pris des Tuileries. Aus: Chamouin, Choix de 26 vues. Zentralbibliothek Zürich.

40 Oben: La Fontaine des Innocents. Unten: Fontaine de Birague. Aus: Tableau historique et pittoresque de Paris, II, par M****. Zentralbibliothek Zürich.

41 Vue de la Place Royale. Aus: Tableau historique et pittoresque de Paris, II, par M****. Zentralbibliothek Zürich.

42 Photo von Nadar, Quartier Etoile, prise en ballon, 1868. Archives photographiques, Paris/S.P.A.D.E.M.

44 Radierung von Jacques Callot, Vue de Paris, La Tour de Nesle, La Seine et le Pont-Neuf. Aus: Lieure, Jacques Callot, N° 668, II. (Photo U. Edelmann.) Städelsches Kunstinstitut, Frankfurt am Main.

Stadt am Wasser

46–47 Stich von Perelle, Perspective de la ville de Paris, vue du Pont-Rouge. (Photo Bolloz.) Musée Carnavalet, Paris.

48–49 Stich von Perelle, Le Pont-au-Change. Aus: Perelle, Veües des belles maisons de France. Zentralbibliothek Zürich.

50–51 B. Oudry, L'Incendie du Petit-Pont en 1718. (Photo Lauros-Giraudon.) Musée Carnavalet, Paris.

52–54 Jean-Rodolphe Perronet, Projet d'un pont sur la rivière de Seine vis-à-vis la place Louis XV. Aus: Perronet, Descriptions des projets. Zentralbibliothek Zürich.

55–56 Photo, Le Pont Alexandre III et des bateaux-mouches. (Photo N.D. Roger-Viollet.) Documentation photographique Roger-Viollet, Paris.

58–59 Le Pont-Neuf et la Pompe de la Samaritaine. Aus: Lenoir, Statistique monumentale, II. Zentralbibliothek Zürich.

59 Le Pont-Neuf, Détail: Deux mascarons. Aus: Lenoir, Statistique monumentale, II. Zentralbibliothek Zürich.

60–61 Lithographie von J. Villain nach einer Zeichnung von Bacler d'Albe, Le port du Quai de l'Ecole. Aus: Bacler d'Albe, Promenades pittoresques. Kunsthaus Zürich.

62–63 Lithographie von J. Villain nach einer Zeichnung von Bacler d'Albe, Le Pont des Arts. Aus: Bacler d'Albe, Promenades pittoresques. Kunsthaus Zürich.

64 Radierung von Charles Meryon, La Pompe Notre-Dame (1852). Staatliche Graphische Sammlung, München.

65–66 Wasserhebemaschine von Marly, um 1725. Aus: Leupold, Theatri machinarum hydraulicarum. Zentralbibliothek Zürich.

67–68 Stich, Vue du bassin du Canal de L'Ourq à la Villette. (Photo Bulloz.) Musée Carnavalet, Paris.

70 Lithographie von G. Engelmann nach einer Zeichnung von Bacler d'Albe, Les Bains Vigier. Aus: Bacler d'Albe, Promenades pittoresques. Kunsthaus Zürich.

Stadt der Kirchen und Paläste

71 Elévation du Dôme du Val-de-Grâce. Aus: Legrand/Landon, Description de Paris, I. Zentralbibliothek Zürich

72 L'Abbaye de Montmartre, Vue de l'Abbaye et du Prieuré au 17e siècle. Aus: Lenoir, Statistique monumentale, I. Zentralbibliothek Zürich.

73 Oben: Montmartre, détail du Prieuré: Statue de saint Denis, par Sarrasin. Unten. Abbaye de Montmartre, Vue de l'Eglise et emplacement du cloître. Aus: Lenoir, Statistique monumentale, I. Zentralbibliothek Zürich.

74 Abbaye de Saint-Germain-des-Prés. Façade occidentale de l'église (restituée). Aus: Lenoir, Statistique monumentale, I. Zentralbibliothek Zürich.

75 Abbaye de Saint-Germain-des-Prés. Oben: Vue générale de l'Abbaye. Unten: Costume d'abbé, 14e siècle. Aus: Lenoir, Statistique monumentale, I. Zentralbibliothek Zürich.

77 Stich von Chamouin, Notre-Dame, prise au daguerréotype. Aus: Chamouin, Collection de 28 vues. Zentralbibliothek Zürich.

78 Links: Stich von W. Wallis nach einem Bild von Eugène Lami, Saint-Etienne-du-Mont. Aus: Janin, Un Hiver à Paris. Rechts: L'Abbaye de Sainte-Geneviève. La châsse de Sainte-Geneviève. Aus: Lenoir, Statistique monumentale, I. Zentralbibliothek Zürich.

79 Bleistiftzeichnung von Charles Meryon, Saint-Etienne-du-Mont (1850–52). (Photo Toledo Museum of Art.) Toledo Museum of Art, Toledo (Ohio).

80 Ecole flamande 16e siècle, Le Cimetière des Innocents et son charnier, Temps François 1er. (Photo Lauros-Giraudon.) Musée Carnavalet, Paris.

81 Cimetière des Innocents. Vue de la Chapelle Villeroy et d'Orgemont. Aus: Lenoir, Statistique monumentale, II. Zentralbibliothek Zürich.

82 Oben: Eglise Saint-Julien-le-Pauvre. Détail de sculpture: Saint Julien, batelier. Aus: Lenoir, Statistique monumentale, I. Unten: Merian-Stich, Prosp. de l'Eglise Saint-Martin-des-Champs. Aus: Zeiller, Topographia Galliae. Zentralbibliothek Zürich.

83 Oben links: Elévation du Dôme des Invalides. Oben rechts: Elévation de l'Eglise de la Sorbonne. Unten links: Portail de Saint-Sulpice. Unten rechts: Portail de Saint-Eustache. Aus: Legrand/Landon, Description de Paris, I. Zentralbibliothek Zürich.

84 Bretez, Plan de Paris, Détail: Hôtel Royal des Invalides. Zentralbibliothek Zürich.

86 Oben: Zeichnung von Du Cerceau, Projet pour la porte prinicpale du Louvre. Aus: Geymüller, Les Du Cerceau. Bibliothek der ETH, Zürich. Unten: Lorenzo Bernini, Projet pour la façade est du Louvre (1664). (Photo Musées Nationaux.) Musée du Louvre (Cabinet des Dessins), Paris.

87 Stich von Perelle, Le Louvre, Façade vers la rue Frementeau. Aus: Perelle, Veües des belles maisons de France. Zentralbibliothek Zürich.

88–89 Oben: Palais des Tuileries, côté de la Cour. Mitte: Cour du Louvre, côté oriental. Unten: Colonnades du Louvre. Aus: Legrand/Landon, Description de Paris, I. Mitte rechts: Elévation de l'Arc de Triomphe des Tuileries. Aus: Legrand/Landon, Description de Paris, II. Zentralbibliothek Zürich.

90–91 Bretez, Plan de Paris, Détail: Le Louvre et les Tuileries. Zentralbibliothek Zürich.

92–93 Hôtel de Cluny, Façade principale. Aus: Lenoir, Statistique monumentale, II. Zentralbibliothek Zürich.

94 Oben: Elévation de l'Hôtel Davaux, côté du Jardin. Mitte: Elévation de l'Hôtel de Carnavalet, rue de la Culture Sainte-Catherine. Unten: Façade de l'Hôtel de Soubise. Aus: Legrand/Landon, Description de Paris, II. Zentralbibliothek Zürich.

95 Tourelle de l'Hôtel Barbette. Aus: Lenoir, Statistique monumentale, II. Zentralbibliothek Zürich.

97 Palais du Sénat, côté de la rue de Tournon. Aus: Legrand/Landon, Description de Paris, I. Zentralbibliothek Zürich.

Das Irrationale in Paris

100 Stich von Civeton, Monument de Mithra (gravé d'après l'original déposé dans l'une des salles des antiques au Louvre). Aus: Dulaure, Histoire de Paris, Seconde Edition, I. Zentralbibliothek Zürich.

101 Image populaire, Les faux enchantements de la Voisin. (Photo Bulloz.) Bibliothèque Nationale, Paris.

102 Stich von Couché, Procession des pénitents ou flagellants. Aus: Dulaure, Singularités historiques. Zentralbibliothek Zürich.

103 Stich von Lechard nach einer Zeichnung von E. de Beaumont, Procession du Pape des fous. Aus: Victor Hugo, Notre-Dame de Paris. Zentralbibliothek Zürich.

105 Oben: Stich, Le Cimetière de Saint-Médard. (Photo Giraudon.) Unten: Stich, Différentes agitations des Convulsionnaires. (Photo Giraudon.) Bibliothèque Nationale, Paris.

106 Stich von P. Yver, Marie Anne Couronneau, ayant été guérie sur le tombeau de M. de Pâris (1737). (Photo Giraudon.) Bibliothèque Nationale, Paris.

107 Stich 18. Jahrhundert, François de Pâris, Diacre de l'église de Paris († 1727). (Photo Giraudon.) Musée d'Argenteuil.

109 Stich von 1784, Le Bacquet de Mr. Mesmer, où Réprésentation fidelle des Opérations du Magnétisme Animal. (Photo Giraudon.) Bibliothèque Nationale, Paris.

111 Links: Stich von R. Brunet, Un Cabinet de physique au 18e siècle. Aus: Recherches sur la physique de l'abbé Nollet. (Photo Giraudon.) Bibliothèque Nationale, Paris. Rechts: Stich, Trois Dames consultent le Cabaliste Cagliostro. (Photo Giraudon.) Musée Carnavalet, Paris.

113 The French Zouave Jacob, the Miracle-Worker. Aus: Harper's Weekly, September 28, 1867. Zentralbibliothek Zürich.

114 Radierung von Charles Meryon, Le Stryge (1853). (Photo British Museum.) British Museum, London.

Das Blut von Paris

117 Holzschnitt, Entrée de Charles VIII à Paris (Le premier volume des «Chroniques de France»). Aus: Landry, Imprimerie. Navire des Idées. Archiv des Verlags.

118 Stich von Couché, Assassinat de Henri III et supplice de J. Clément. Aus: Dulaure, Singularités historiques. Zentralbibliothek Zürich.

121 Oben: François Dubois, La St-Barthélémy. (Photo André Held.) Musée cantonal des Beaux-Arts, Lausanne. Unten: Stich von Couché, Procession de la Ligue. Aus: Dulaure, Singularités historiques. Zentralbibliothek Zürich.

122 Stich von Née (18e siècle), Le Corps municipal et le Gouverneur de Paris à l'inauguration de la statue de Louis XV (1763). Aus: Coëtlogon, Les Armoiries de la ville de Paris, I. Zentralbibliothek Zürich.

123 Oben: Page de titre du «Vieux Cordelier», journal de Camille Desmoulins. (Photo Bulloz.) Bibliothèque Nationale, Paris. Unten: Stich von Otto nach einer Zeichnung von Vény, Erster Aufruhr in der Vorstadt Saint-Antoine, 28. April 1789. Aus: Seida, Denkbuch der Französischen Revolution. Zentralbibliothek Zürich.

124–125 Stich von J.P. Laminit, Eroberung der Bastille, 14. Juli 1789. Aus: Seida, Denkbuch der Französischen Revolution. Zentralbibliothek Zürich.

126–127 J. Bertaux, Prise des Tuileries le 10 août 1792. (Photo Lauros-Giraudon.) Château de Versailles.

128 Oben: Stich aus der Revolutionszeit 1789–1793, Les massacres de Septembre à la prison de l'abbaye Saint-Germain. Aus: Les révolutions de Paris. (Photo Giraudon.) Musée Carnavalet, Paris. Unten: Stich von Carl Schleich d.Ä. (1816) nach einer Zeichnung von Fragonard d.J., Darstellung des Innern eines Revolutionsausschusses unter der Schreckensregierung in den Jahren 1793 und 1794. Aus: Seida, Denkbuch der Französischen Revolution. Zentralbibliothek Zürich.

129 Image d'Epinal. Kolorierter Holzschnitt (1833), La Colonne. Archiv des Verlags.

130 Stich, Attaque de l'Hôtel de Ville (le 28 juillet 1830). (Photo Bulloz.) Bibliothèque Nationale, Paris.
Unten: Attaque au faubourg du Temple au

pont du canal Saint-Martin, 25 juin. Aus: L'Illustration, 1er juillet 1848. Zentralbibliothek Zürich.

131 Oben links: Stich von A. Hervieu, Le Roi Citoyen. Aus: Trollope, Paris and the Parisians, II. Zentralbibliothek Zürich. Oben rechts: Zeichnung von Gavarni, Behind the Barricade. Aus: The Illustrated London News, March 18, 1848. Zentralbibliothek Zürich. Unten: Neuruppiner Bilderbogen N° 2096, Napoleon III., umgeben von dem Senat und den Staatsräthen. (Photo H.W. Gerlich.) Heimatmuseum Neuruppin.

132 Bringing up Ship Guns at the Buttes Montmartre, Paris. Aus: The Illustrated London News, February 4, 1871. Zentralbibliothek Zürich.

133 Oben: A Prussian Battery before Paris. Aus: The Illustrated London News, February 4, 1871. Unten: The Defense of Paris, Gunboats on the Seine. Aus: The Illustrated London News, September 10, 1870. Zentralbibliothek Zürich.

134–135 Photo, Paris Commune, Fallen Vendôme Column, 16 May 1871, Statue of Napoleon I. (Photo Humanities Research Center, University of Texas, Austin.) Gernsheim Collection, University of Texas, Austin.

136 Oben: Cutting the Base of the Column in the Place Vendôme, Paris. Aus: The Illustrated London News, May 27, 1871. Unten: The Late Events in Paris: A Woman Shot at the Louvre for Spreading Petroleum. Aus: The Illustrated London News, June 10, 1871. Zentralbibliothek Zürich.

137 Paris incendié (1871). Oben: Le Palais des Tuileries. Zweite Reihe, links: La Colonne Vendôme, rechts: Le Palais de Justice. Dritte Reihe, links: Le Conseil d'Etat, rechts: Le Palais-Royal. Unten: L'Hôtel de Ville. Zentralbibliothek Zürich.

139 Photo, Guerre 1914–1918, Départ des troupes françaises en 1914. (Photo Cap Roger-Viollet.) Documentation photographique Roger-Viollet, Paris.

140 Photo, Guerre 1914–1918, Carnet de sucre 1917. (Photo Collection Viollet.) Documentation photographique Roger-Viollet, Paris.

Paris der Schatten

141 Holzschnitt aus François Villon, Edition princeps du «Grand Testament». Aus: Landry, Imprimerie. Navire des Idées. Archiv des Verlags.

142 Stich von Jacques Callot, Les gueux, Le mendiant aux béquilles coiffé d'un chapeau et vu de dos. Aus: Lieure, Jacques Callot, N° 483. (Photo Giraudon.) Bibliothèque Nationale, Paris.

143 Etienne Jeaurat, Transport des filles de joie. (Photo Bulloz.) Musée Carnavalet, Paris.

144 Oben: Populärer zeitgenössischer Stich, Gruet à la Tournelle, avec la chaîne des forçats. Unten: Populärer zeitgenössischer Stich, Gruet au pilori des Halles. Aus: Lacroix, Le XVIIIe siècle. Zentralbibliothek Zürich.

145 Oben: Image populaire 18e siècle, L'Arrestation de Cartouche, bandit de grand chemin. (Photo Lauros-Giraudon.) Bibliothèque Nationale Paris.
Unten: Stich, Justice militaire, aus: «Jeu de la guerre». Aus: Lacroix, Le XVIIIe siècle. Zentralbibliothek Zürich.

146 Stich von Laisné nach einer Zeichnung von Daubigny, Gibet de Montfaucon. Aus: Victor Hugo, Notre-Dame de Paris. Zentralbibliothek Zürich.

147 Neuruppiner Bilderbogen (1836), Hinrichtung des Anfertigers der Höllenmaschine nebst seinen beiden Mitschuldigen durch die Guillotine in Paris. Archiv des Verlags.

148 Stich von H. Lavoignat nach einer Zeichnung von Daubigny. Aus: Sue, Les Mystères de Paris, I. Zentralbibliothek Zürich.

149 Gustave Doré, Composition sur la mort de Gérard de Nerval. (Photo Bulloz.) Exposition Gustave Doré, Paris.

150 Radierung von Charles Meryon (1854), La Morgue. (Photo B.N.) Bibliothèque Nationale, Paris.

151 The Morgue at Paris, The Last Scene of a Tragedy. Aus: Harper's Weekly, July 18, 1874. Zentralbibliothek Zürich.

152 Stich von Geoffroy nach einer Zeichnung von E. Lorsay, Bal à la Barrière du Maine. Aus: Sue, Les Mystères de Paris, IV. Zentralbibliothek Zürich.

Hospitäler und Gefängnisse

153 Radierung von B.A. Dunker, Les prisons. Aus: Dunker, Esquisses. Zentralbibliothek Zürich.

154 Holzschnitt, Ecole française du 16e siècle, Intérieur de l'Hôtel-Dieu de Paris. (Photo Giraudon.) Musée des Arts Décoratifs, Paris.

155 Stich von Gustave Doré, Une visite à l'Hôtel-Dieu. Aus: Labédollière, Le Nouveau Paris. Sammlung der Verfasser.

156 Oben: Stich von Gustave Doré, Les folles de la Salpêtrière. Aus: Labédollière, Le Nouveau Paris. Sammlung der Verfasser. Unten: Stich von Perelle, L'Hôpital de Saint-Louis. Aus: Perelle, Veües des belles maisons de France. Zentralbibliothek Zürich.

157 Oben: Vue extérieure de l'Hôpital de la Salpêtrière. Aus: Tableau historique et pittoresque de Paris, II, par M****. Zentralbibliothek Zürich. Unten: R. Fath, Une salle de l'Hôpital Saint-Louis en 1886. (Photo Bulloz.) Musée Carnavalet, Paris.

158 Stich, Les Enfants-Trouvés, L'enfant dans la tour et Réception de l'enfant. Aus: Texier, Tableau de Paris, II. Zentralbibliothek Zürich.

159 Stich, Costumes des enfants trouvés. Aus: Texier, Tableau de Paris, II. Zentralbibliothek Zürich.

160 Stich, Prison de Saint-Germain-des-Prés, aus: Livre II «De la Trigonometrie». (Photo Bulloz.) Musée Carnavalet, Paris.

161 Oben: Stich von Fontaine nach einer Zeichnung von Civeton, La Tour du Temple. Aus: Dulaure, Histoire de Paris, Seconde Edition, IV. Unten: Merian-Stich, Le Grand Châtelet de Paris. Aus: Zeiller, Topographia Galliae. Zentralbibliothek Zürich.

163 L'atelier des tailleurs réunis dans les bâtiments de la Prison pour dettes, rue de Clichy. Aus: L'Illustration, 29 juillet 1848. Zentralbibliothek Zürich.

164 Stich, Le débutant. Aus: Texier, Tableau de Paris, I. Zentralbibliothek Zürich.

165 Oben: Cloquemin, Bicêtre: Le départ. (Photo Bulloz.) Musée Carnavalet, Paris. Unten: Stich, Le récidiviste. Aus: Texier, Tableau de Paris, I. Zentralbibliothek Zürich.

166 Stiche nach Zeichnungen von Gérard-Séguin im Prison de la garde nationale, cellule N° 14, dite des «Artistes». Aus: Texier, Tableau de Paris, I. Zentralbibliothek Zürich.

Die Pariserin

167 Stich (1797), Les Merveilleuses (date 23 mars 1796). (Photo Giraudon.) Bibliothèque Nationale, Paris.

168 Stich von L. Gaultier nach einer Zeichnung von J. Le Clerc (date 13 mai 1610), Couronnement de Marie de Médicis. Aus: Lacroix, Le XVIIe siècle. Zentralbibliothek Zürich.

169 Stich, Die Hallenweiber ziehen nach Versailles den König abzuholen, 5. Oktober 1789. Aus: Seida, Denkbuch der Französischen Revolution. Zentralbibliothek Zürich.

170 Stiche nach Zeichnungen von Gavarni. Oben: La Grisette. Mitte: Les Lorettes vieillies (Text: «Paméla! La mère a été ma femme de chambre.»). Unten: La femme sans nom. Sammlung der Verfasser.

171 Oben: Kolorierter Stich nach einer Modezeichnung von Jules David. Aus: Le Moniteur de la Mode, N° 3 de septembre 1865. Unten: Kolorierter Stich, Eine junge Dame in einem schwarzen Atlas-Kapot. Aus: Journal des Luxus und der Moden, Januar 1788. Zentralbibliothek Zürich.

172 Kolorierte Zeichnungen von François Courboin. Oben links: La promenade du Lion au Bois (1840). Oben rechts: Une loge aux Italiens (1852). Unten links: Les jardins du Bal Mabille (1858). Unten rechts: Devant une barricade, Le laissez-passer de la Commune (1871). Aus: Uzanne, Les Modes de Paris. Zentralbibliothek Zürich.

173 Jean Béraud, Une Parisienne, Place de la Concorde. (Photo Bulloz.) Musée Carnavalet, Paris.

174 Photo von Nadar, La Goulue danseuse au Moulin-Rouge (vers 1890–1900). Archives photographiques, Paris/S.P.A.-D.E.M.

175 Photo von Nadar, Sarah Bernhardt (vers 1866). Archives photographiques, Paris/S.P.A.D.E.M.

177 E. Clouet, Affiche des cycles Decauville à

Petit-Bourg en 1894. (Photo Giraudon.) Musée de l'Ile de France, Sceaux.

178 Links: Stich von Jacques Callot, Les Gueux, La vieille aux chats. Aus: Lieure, Jacques Callot, N° 503. Rechts: Stich von Piaud nach einer Zeichnung von Gavarni, Les gens de Paris, Oraisons funèbres (Text: «En v'là du guignon! la femme à Salanthoud qui perd son homme le même jour que son chien! – Pauv' femme!... un si beau caniche.»). Aus: Le Diable à Paris, I. Zentralbibliothek Zürich.

179 Links: «La Modiste», Affiche de 1900. (Photo Bulloz.) Musée des Arts Décoratifs, Paris. Rechts: Rouchon, Affiche «Au Paradis des Dames» (1856). (Photo Giraudon.) Bibliothèque Nationale, Paris.

180 Affiche «De Dion Bouton» von H. Thuret. (Photo Giraudon.) Musée de l'Ile de France, Sceaux.

Enrichissez-vous!

181 Imagerie d'Epinal, Populärer Druck: Usurier. Archiv des Verlags.

182 Lithographie von J. Villain nach einer Zeichnung von Bacler d'Albe, Barrière de l'école militaire. Aus: Bacler d'Albe, Promenades pittoresques. Kunsthaus Zürich.

183 Stich, Bombario, dont la bosse servait de pupitre aux agioteurs et qui, à ce métier, gagna 150000 livres en peu de jours. (Aus einer 1720 in Holland publizierten Satirensammlung). Aus: Lacroix, Le XVIIIe siècle. Zentralbibliothek Zürich. Unten: Stich 18. Jahrhundert, L'agioteur. (Photo Giraudon.) Bibliothèque Nationale, Paris.

184 Stich von Benard (1720), Almanach de la fortune ou Agenda de la rue Quincampoix. (Photo Giraudon.) Bibliothèque Nationale, Paris.

185 Oben: Billet de la Banque Royale de Law (1719). Aus: Lacroix, Le XVIIIe siècle. Unten: Stich, Gueux et mendiants. Aus: Lacroix, Le XVIIe siècle. Zentralbibliothek Zürich.

186 Oben: Münzprägung in Paris im 18. Jahrhundert. Aus: Encyclopédie de Diderot et d'Alembert. Unten: Radierung von B.A. Dunker, Bouquinistes. Aus: Dunker, Esquisses. Zentralbibliothek Zürich.

187 Stich, Distribution du Pain du Roy au Louvre. Aus: Histoire de France, Année 1709. (Photo Giraudon.) Bibliothèque Nationale, Paris.

188 Radierung von B.A. Dunker, Libraires. Aus: Dunker, Esquisses. Zentralbibliothek Zürich.

189 Stich von Chamouin nach einer Zeichnung von Rouargue, La Bourse. Aus: Chamouin, Choix de 26 vues. Zentralbibliothek Zürich.

190 Stich von H. Lavoignat, Pique-Vinaigre. Aus: Sue, Les Mystères de Paris, IV. Zentralbibliothek Zürich.

Das Paris der kleinen Leute

193 Radierung von B.A. Dunker, Les écrivains des Charniers des Innocents. Aus: Dunker, Esquisses. Zentralbibliothek Zürich.

194 Lavierte Zeichnung, Ecole française du 19e siècle, Vue de Notre-Dame. (Photo Bulloz). Musée Carnavalet, Paris.

195 Radierung von Charles Meryon, Rue Pirouette (1860). (Photo British Museum.) British Museum, London.

196 Photo, Moulins de Montmartre. (Photo H. Bayard 1839.) Documentation photographique Roger-Viollet, Paris.

197 Photo, Montmartre, 18, rue du Mont-Cenis, La maison de Mimi Pinson. (Photo N.D. Roger-Viollet.) Documentation photographique Roger-Viollet, Paris.

198 Photo, Intérieur de café vers 1900. (Photo Harlingue-Viollet.) Documentation photographique Roger-Viollet, Paris.

199 Photo, A la terrasse d'un café pendant l'hiver. (Photo Collection Viollet.) Documentation photographique Roger-Viollet, Paris.

200 Photo von Atget, Rue des Ursins. Archives photographiques, Paris/S.P.A.-D.E.M.

201 Oben: Photo von Atget, Boutique d'antiquités. Unten: Photo von Atget, Cour, 41, rue Broca. Archives photographiques, Paris/S.P.A.D.E.M.

202 Oben links: Photo von Atget, 2, rue des Fossés St-Jacques, Boutique à l'enseigne au Port Salut. Oben rechts: Photo von Atget, 136, rue Amelot, Cabaret à l'enseigne au Réveil Matin. Unten: Photo von Atget, Boutique à l'angle de la rue Bourdonnais, Ancien cabaret «à l'enfant Jésus». Archives photographiques, Paris/S.P.A.D.E.M.

203 Photo von Atget, 50, rue de Rennes, Entrée de la Cour du Dragon. Archives photographiques, Paris/S.P.A.D.E.M.

204 Photo, Guerre 1914–1918, Février 1917. (Photo Branger.) Documentation photographique Roger-Viollet, Paris.

Der Boulevard

206 Stich von Martinet, «Vue du Boulevard, prise du Carrefour de Vaugirard». (Photo Bulloz.) Musée Carnavalet, Paris.

207 Vue de la Porte Saint-Denis. Aus: Tableau historique et pittoresque de Paris, II, par M***. Zentralbibliothek Zürich.

208 Oben: Stich von Chamouin nach einer Zeichnung von Rouargue, La Madeleine. Aus: Chamouin, Choix de 26 vues. Unten: Lithographie von Arnoud, Boulevard Montmartre. Aus: Panorama de Paris. Zentralbibliothek Zürich.

209 Stich von Charles Rolls nach einem Bild von Eugène Lami, Les Champs-Elysées. Aus: Janin, Un Hiver à Paris. Zentralbibliothek Zürich.

210 Neuruppiner Bilderbogen N° 1029, Barrikade an der Ecke des Boulevard und der Rue Mazagran in der Nähe der Porte St-Denis. (Photo H.W. Gerlich.) Heimatmuseum Neuruppin.

211 Stich von H. Linton nach einem Bild von Felix Thorigny, Percement du boulevard de Sébastopol. (Photo Giraudon.) Musée Carnavalet, Paris.

212 Oben: Incroyable et décrotteur. Aus: L'Illustration, 1er avril 1848. Unten links: Kolorierte Zeichnung von François Courboin, Les derniers lions du boulevard (1853). Unten rechts: do. Les spectateurs de la comète (1857). Aus: Uzanne, Les Modes de Paris. Zentralbibliothek Zürich.

213 Photo von Nadar, Napoléon III. Archives photographiques, Paris/S.P.A.-D.E.M.

214–215 Stich, Vue de l'Opéra. (Photo Bulloz.) Musée Carnavalet, Paris.

216 Kolorierte Radierungen von Potémont. Links: Boulevard Montmartre, Théâtre des Variétés. Rechts: Boulevard des Italiens, Café Cardinal. Aus: Potémont, Les Boulevards de Paris. Zentralbibliothek Zürich.

217 Oben: Kolorierte Lithographie von E. Guérard, Le perron du Café Tortoni, Boulevard des Italiens. (Photo Bulloz.) Musée Carnavalet, Paris. Unten: Stich, La queue au théâtre. Aus: Texier, Tableau de Paris, I. Zentralbibliothek Zürich.

218 Stich von Chamouin nach einer Zeichnung von Rouargue, Arc de Triomphe de l'Etoile. Aus: Chamouin, Choix de 26 vues. Zentralbibliothek Zürich.

Passagen

220 Oben: Kolorierte Radierungen von Potémont. Links: Boulevard Montmartre, Passage Jouffroy. Rechts: Boulevard des Italiens, Passage de l'Opéra. Aus: Potémont, Les Boulevards de Paris. Zentralbibliothek Zürich. Unten: Kolorierte Lithographie, «Café au lait tout chaud!» Kaffeeverkäuferin in den Straßen von Paris. Aus: Atlantis, Jg. 9, 1937. Archiv des Verlags.

223 Stich, Le marchand de paniers. Aus: Texier, Tableau de Paris, I. Zentralbibliothek Zürich.

Unterirdisches Paris

226 Poursuite des insurgés dans les carrières de Montmartre. Aus: L'Illustration, 1er juillet 1848. Zentralbibliothek Zürich.

227 Lithographie von J. Villain nach einer Zeichnung von Bacler d'Albe, Escalier d'une carrière de blanc au bas de Meudon. Aus: Bacler d'Albe, Promenades pittoresques. Kunsthaus Zürich.

228 Photo von Nadar, Les Catacombes (1861). Archives photographiques, Paris/S.P.A.D.E.M.

229 Lithographie, Chapelle des Catacombes (Ossements du cloître des Blancs-Manteaux). (Photo Bulloz.) Musée Carnavalet, Paris.

231 Photo von Nadar, Les égouts en 1860.

Archives photographiques, Paris/S.P.A.-D.E.M.

Verkehrsmittel

234–235 Stich von Nicolas Guérard, L'embarras de Paris. (Photo Giraudon.) Bibliothèque Nationale, Paris.

236 Oben: Radierung von B.A. Dunker, Fiacres. Aus: Dunker, Esquisses. Zentralbibliothek Zürich. Unten: Stich von Perelle, L'Arsenal. Aus: Perelle, Veües des belles maisons de France. Zentralbibliothek Zürich.

237 Stich 18. Jahrhundert, Vue de la terrasse de M. Franklin à Passy. (Photo Giraudon.) Bibliothèque Nationale, Paris.

238 Aquarell von C. Guys, Un coupé. (Photo Bulloz.) Musée du Louvre, Paris.

239 Nouvel omnibus pour la distribution des lettres dans Paris. Aus: L'Illustration, 23 septembre 1848. Zentralbibliothek Zürich.

240 Service des postes. – Vue extérieure du bureau ambulant. Aus: L'Illustration, 23 septembre 1848. Zentralbibliothek Zürich.

240–241 Photo, Gare de l'Est. (Photo N.D. Roger-Viollet.) Documentation photographique Roger-Viollet, Paris.

242 Oben: Stich, Gare de l'Est. Mitte: Stich, Ligne de Sceaux. Unten: Stich, Ligne du Havre. Aus: Texier, Tableau de Paris. I. Zentralbibliothek Zürich.

243–244 Neuruppiner Bilderbogen N° 1493, Das große Unglück auf der Eisenbahn zwischen Paris und Versailles. (Photo H.W. Gerlich.) Heimatmuseum Neuruppin.

245–246 Photo, Les guichets du Louvre. (Photo N.D. Roger-Viollet.) Documentation photographique Roger-Viollet, Paris.

247 Oben: Kolorierte Lithographie von A. Cheneveau, Tramways à vapeur de Paris (1876–1878). (Photo Lauros-Giraudon.) Musée Carnavalet, Paris. Unten: Photo, Autobus, Paris 1908, «Avenue de Clichy-Odéon». (Photo Branger.) Documentation photographique Roger-Viollet, Paris.

248–249 Photo, Vue prise de la Place St-Michel. (Photo N.D. Roger-Viollet.) Documentation photographique Roger-Viollet, Paris.

250 Photo, Paris rétrospective, Le Rond-Point des Champs-Elysées pris vers la place de la Concorde. (Photo Collection Viollet.) Documentation photographique Roger-Viollet, Paris.

251 Photo, Embarras de circulation à Paris 1910. (Photo Branger.) Documentation photographique Roger-Viollet, Paris.

252 Photo, Métro, La rotonde de la Villette. (Photo N.D. Roger-Viollet.) Documentation photographique Roger-Viollet, Paris.

253 Affiche de la ligne de Chemin de fer d'Orléans–Paris à Sceaux et Limours. (Photo Lauros-Giraudon.) Musée de l'Ile de France, Sceaux.

254 Photo, La Seine, Bateaux-mouches, vue prise du Pont Royal. (Photo N.D. Roger-Viollet.) Documentation photographique Roger-Viollet, Paris.

Pariser Gärten

256 Stich von Perelle, «Veüe du Jardin du Thuileries comme il est à present, 1680». Aus: Perelle, Veües des belles maisons de France. Zentralbibliothek Zürich.

257 Populärer Druck, 19. Jahrhundert, Second Empire, Les Champs-Elysées – petits métiers et promeneurs. (Photo Bulloz.) Musée Carnavalet, Paris.

258 Oben: Stich nach einer Zeichnung von Daubigny, Le jardin d'hiver. Aus: Sue, Les Mystères de Paris, I. Unten: Stich, Auriol. – L'équilibre des bouteilles. Aus: Texier, Tableau de Paris, I. Zentralbibliothek Zürich.

259 Stich, Champs-Elysées. – Chanteurs devant le café Morel. Aus: Texier, Tableau de Paris, I. Zentralbibliothek Zürich.

260 Stich von Chamouin nach einer Zeichnung von Rouargue, Lac du Bois de Boulogne. Aus: Chamouin, Choix de 26 vues. Zentralbibliothek Zürich.

261 Lithographie, Plan du jardin et de la maison du citoyen Caron de Beaumarchais, près de la Bastille, à Paris, vue du petit Temple de Bacchus. (Photo Bulloz.) Musée Carnavalet, Paris.

262 Stich von E.I. Roberts nach einer Zeichnung von Batty, Palace of the Tuilleries, London 1822. (Photo Bulloz.) Photo Bulloz, Paris.

263 Stich von Chamouin nach einer Zeichnung von Rouargue, Palais du Sénat, côté du Luxembourg. Aus: Chamouin, Choix de 26 vues. Zentralbibliothek Zürich.

264–265 Aquatinta Ende 19. Jahrhundert, Parc des Buttes-Chaumont. (Photo Lauros-Giraudon.) Musée Carnavalet, Paris.

265 Stich, Vue de la Tente Tartare du Parc de Monceau. (Photo Bulloz.) Musée Carnavalet, Paris.

266 Lithographie von Pailloud, Vue du Cimetière du Père-Lachaise. (Photo Bulloz.) Musée Carnavalet, Paris.

267 Oben: Kolorierter Stich von Guiguet nach einer Zeichnung von Courvoisier, Vue du Cimetière du Père-Lachaise, prise du Tombeau de l'Abbé Delille. (Photo Bulloz.) Musée Carnavalet, Paris. Unten: Tombeau du Cimetière des Innocents. Squelette en albâtre. Aus: Lenoir, Statistique monumentale, II. Zentralbibliothek Zürich.

Märkte und Ausstellungen

269 Stich nach Gravelot, Les Galeries du Palais à Paris. Aus: Lacroix, Le XVIIIe siècle. Zentralbibliothek Zürich.

270 Oben: Stich, La Foire Saint-Ovide. – Place Louis-le-Grand. Aus: Lacroix, Le XVIIIe siècle. Unten: Stich nach Israël Sylvestre (1672), Foire annuelle tenue à Saint-Ouen, au bord de la Seine. Aus: Lacroix, Le XVIIe siècle. Zentralbibliothek Zürich.

271 Oben: Le Marché à la Volaille et le Marché au Pain. Quai des Grands-Augustins um 1660. (Photo Lauros-Giraudon.) Unten: Stich, Vue de la nouvelle décoration de la Foire Saint-Germain. (Photo Bulloz.) Musée Carnavalet, Paris.

272 Honoré Daumier, Le Marché. (Photo Bulloz.) Collection Rockefeller.

273 Oben: Canella, Vue des nouvelles Halles um 1835. (Photo Lauros-Giraudon.) Musée Carnavalet, Paris. Unten: Stich, Halle au Blé. – La coupole (démolie en 1887). (Photo Bulloz.) Musée des Arts Décoratifs, Paris.

274 Intérieur des Halles 1835 von Berthelin (Photo Bulloz.) Musée Carnavalet, Paris.

275 Stich nach Gillot, Parade de la Foire. Aus: Lacroix, Le XVIIIe siècle. Zentralbibliothek Zürich.

276 Lithographie von J. Villain nach einer Zeichnung von Bacler d'Albe, Fontaine de la Place de l'école. Aus: Bacler d'Albe, Promenades pittoresques. Kunsthaus Zürich.

277 Kolorierter Stich, Exposition Universelle de 1867, Vue générale. (Photo Bulloz.) Bibliothèque Nationale, Paris.

278 Exposition Universelle de 1878, Ausschnitt. Aus: Harper's Weekly, December 21, 1878. Zentralbibliothek Zürich.

280–281 Photos vom Bau des Eiffelturmes. Aus: Eiffel, La Tour de trois cents mètres. Bibliothek der ETH, Zürich.

283 Photo von Larger, Exposition Universelle de 1900, Palais des Mines et Métallurgie. (Photo Bulloz.) Musée Carnavalet, Paris.

284 Stich, Maison Moreaux. Aus: Texier, Tableau de Paris, I. Zentralbibliothek Zürich.

284–285 Stich von J. Worms, La foire au pain d'épices, sur le rond-point de la barrière du Trône. (Photo Bulloz.) Musée Carnavalet, Paris.

Pariser Merkwürdigkeiten

286 Radierung von B.A. Dunker, Perruquiers. Aus: Dunker, Esquisses. Zentralbibliothek Zürich.

287 Fontaine de l'Eléphant, Place de la Bastille von Jean-Antoine Alavoine. (Photo Lauros-Giraudon.) Musée Carnavalet, Paris.

288 Stich von Brugnot nach einer Zeichnung von Gavarni, Frontispiz. Aus: Le Diable à Paris, I. Zentralbibliothek Zürich.

289 Oben: Stich von Delphine B. nach einer Zeichnung von Gavarni, Chemin de Toulon. Aus: Le Diable à Paris, I. Unten: Stich von Beyer nach einer Zeichnung von Jacques, Cour des miracles. Aus: Hugo, Notre-Dame de Paris. Zentralbibliothek Zürich.

290 Stich von Gustave Doré, La descente de la Courtille. Aus Labédollière, Le Nouveau Paris. Sammlung der Verfasser.

290–291 Photo von Atget, Cour du Dragon. Archives photographiques, Paris/S.P.A.-D.E.M.

292 Oben: Stich von Gustave Doré, Les invalides. Aus: Labédollière, Le Nouveau

Paris. Sammlung der Verfasser. Unten: Stich, A raccommoder les vieux seaux! les vieux soufflets! Aus: Lacroix, Le XVIIIe siècle. Zentralbibliothek Zürich.

293 Oben: Stich, La vie! la vie! Mitte: Stich, La mort aux rats. Unten: Stich, Achetez des moulins! Aus: Lacroix, Le XVIIIe siècle. Zentralbibliothek Zürich.

Festlichkeiten und Belustigungen

294 Kolorierter Stich, Le Bal de Vincennes, La Valse. (Photo Bulloz.) Musée Carnavalet, Paris.

295 Stich von J.B. Allen nach einem Bild von Eugène Lami, Bal Masqué à l'Opéra. Aus: Janin, Un Hiver à Paris. Zentralbibliothek Zürich.

296–297 Pierre-Antoine Demachy, La Fête de l'Unité, 10 août 1793, Destruction des Emblèmes de la Monarchie. (Photo Bulloz.) Musée Carnavalet, Paris.

298 Le retour du Carnaval. Aus: L'Illustration, 17 février 1848. Zentralbibliothek Zürich.

299 Oben: Stich, Montagnes russes à la Grande-Chaumière. Unten: Stich, Un bosquet à la Closerie des Lilas. Aus: Texier, Tableau de Paris, I. Zentralbibliothek Zürich.

300 Stich von Mathieu Merian, Les canons du feu de la Saint Jean. Aus: Coëtlogon, Les Armoiries de la ville de Paris, II. Zentralbibliothek Zürich.

301 Stich, Décoration du feu d'artifice, devant l'Hôtel de Ville 1756. (Photo Lauros-Giraudon.) Musée Carnavalet, Paris.

302 Stich, Französische Incroyables 1794. (Photo Giraudon.) Musée des Arts Décoratifs, Paris.

303 Ausschnitt aus Skizze Champ-de-Mars von Friedrich Gilly. Aus: Atlantis, Jg. 1937. Archiv des Verlags.

304 A summer evening on the boulevards of Paris. Aus: Harper's Weekly, August 7, 1869. Zentralbibliothek Zürich.

305 Stich von Hildibrand, Un bal à la barrière du Trône. Aus: Labédollière, Le Nouveau Paris. Sammlung der Verfasser.

306 Links: Stich, Les Variétés. Rechts: Stich, Cirque d'été. Aus: Texier, Tableau de Paris, I. Zentralbibliothek Zürich.

307 Links: Affiche (um 1880) du Bal des Canotiers. (Photo Lauros-Giraudon.) Musée de l'Ile de France, Sceaux. Rechts: Affiche pour les Folies-Bergère; Le Miroir, von Chéret. (Photo Lauros-Giraudon.) Musée des Arts Décoratifs, Paris.

308 Affiche 19e siècle pour le Cinématographe Lumière. (Photo Lauros-Giraudon.) Musée du Conservatoire National des Arts et Métiers, Paris.

Die Welt der Bretter

309 Theater im Hôtel de Bourgogne 1630. Theatersammlung, Bildarchiv der Österreichischen Nationalbibliothek, Wien.

310 Elévation du Théâtre de l'Impératrice. Aus: Legrand/Landon, Description de Paris, II. Zentralbibliothek Zürich.

311 Ecole française 17e siècle, Farceurs français et italiens (détail avec Molière). (Photo Bulloz.) Archives de la Comédie-Française, Paris. Unten: Elévation du Théâtre-Français. Aus: Legrand/Landon, Description de Paris, II. Zentralbibliothek Zürich.

312 Stich, Théâtre de Tabarin. (Photo Bulloz.) Bibliothèque Nationale, Paris.

313 Stich von Joannes M. Liotard um 1720 nach einem Gemälde von A. Watteau, Comédiens François. Theater-Museum München.

314 Oben: Stich, Les Bouffes. Mitte: Stich, Le Gymnase. Unten: Stich, L'Odéon. Types emblématiques des Théâtres de Paris, par Cham. Aus: Texier, Tableau de Paris, I. Zentralbibliothek Zürich.

315 Lithographie, Funambules. (Photo Bulloz.) Musée Carnavalet, Paris.

316 Théâtre des Variétés. – M Bouffe, rôle de Jérome le maçon, acte premier. Aus: L'Illustration, 27 novembre 1847. Zentralbibliothek Zürich.

317 Lithographie von G. Engelmann, Théâtre des Variétés. (Photo Bulloz.) Musée Carnavalet, Paris.

318 Stich, Le théâtre de Guignol. Aus: Texier, Tableau de Paris, I. Zentralbibliothek Zürich.

319 Inserat Cinématographe E. Pirou. Aus: Landry, Imprimerie. Navire des Idées. Archiv des Verlags.

Die Musik in Paris

320 Stich von Pierre Lélù, M. Doberval, Mlles Allard und Pélin in einer Ballettszene, Paris 1779. Theater-Museum München.

321 Oben: Stich von Jacques Callot, Soliman – 4e acte. Aus: Lieure, Jacques Callot, N° 367. Zentralbibliothek Zürich. Unten: Skizze von Paul Lormier, Saltimbanque 1838. (Photo Lauros-Giraudon.) Bibliothèque de l'Opéra, Paris.

322 Stich von Andreas Geiger nach einer Zeichnung von Joh. Chr. Schöller, Maria Taglioni, Rollenbild als Sylphide. (Theatersammlung.) Bildarchiv der Österreichischen Nationalbibliothek, Wien.

323 Lithographie von C. Motte, Façade de la nouvelle salle de l'Opéra. (Photo Bulloz.) Musée Carnavalet, Paris.

324 Oben: Stich, Intérieur de l'opéra sous la République. (Photo Bulloz.) Musée Carnavalet, Paris. Unten: Zeichnung von Tony-Johannot, Nouveau pas exécuté par mademoiselle Maria dans une représentation de la «Jérusalem délivrée». Aus: L'Illustration, 24 février 1848. Zentralbibliothek Zürich.

325 Affiche du Théâtre des Variétés pour «Le pont des soupirs» d'Offenbach. (Photo Bulloz.) Bibliothèque Nationale, Paris.

326 Gustave Doré, Orphée aux Enfers. (Photo Bulloz.) Exposition Gustave Doré, Paris.

327 Stich von Gustave Doré, Les coulisses de l'Opéra. Aus: Labédollière, Le Nouveau Paris. Sammlung der Verfasser.

328 An open-air theatre in Paris. Aus: Harper's Weekly, October 2, 1869. Zentralbibliothek Zürich.

329 Stich, Cavaliers à pied. Aus: Texier, Tableau de Paris, I. Zentralbibliothek Zürich.

331 Links: Illustration pour les Ballets Russes «L'après-midi d'un Faune». (Photo Bulloz.) Bibliothèque de l'Opéra, Paris. Rechts: Affiche pour la damnation de Faust par Hector Berlioz. (Photo Bulloz.) Bibliothèque Nationale, Paris.

Paris bei Tisch

332 Radierung von B.A. Dunker, Café. Aus: Dunker, Esquisses. Zentralbibliothek Zürich.

333 Stich, Café Ramponeau. (Photo Bulloz.) Musée Carnavalet, Paris.

334 Oben: Stich von E. Badoureau nach einer Zeichnung von M. Kretz, Le Café Procope au dix-huitième siècle. (Photo N.D. Roger-Viollet.) Documentation photographique Roger-Viollet, Paris. Unten: Stich, Les audiences d'un Gourmand. Aus: Almanach des Gourmands. Zentralbibliothek Zürich.

335 Oben: Zeichnung, Le Café des aveugles au Palais Royal um 1800. (Photo Bulloz.) Musée Carnavalet, Paris. Unten: Titelseite. Aus: Almanach des Gourmands. Zentralbibliothek Zürich.

336 Stich von J.B. Allen nach einem Bild von Eugène Lami, Intérieur d'un Restaurant (Les Trois Frères Provençaux). Aus: Janin, Un Hiver à Paris. Zentralbibliothek Zürich.

337 Jean Béraud, La pâtisserie Cloppe (Rond-Point des Champs-Elysées) en 1889. (Photo Franco Cianetti.) Musée Carnavalet, Paris.

338 Stich, Scène aux Halles: Marchandes de poissons. (Photo Bulloz.) Musée Carnavalet, Paris.

339 Stich, Le marchand de dattes. Aus: Texier, Tableau de Paris, I. Zentralbibliothek Zürich.

340 Photo, Le Café du Dôme à Paris. (Photo Harlingue-Viollet.) Documentation photographique Roger-Viollet, Paris.

Die Stadt der Maler

341 Radierung von B.A. Dunker, Greniers. Aus: Dunker, Esquisses. Zentralbibliothek Zürich.

342 Zeichnung von Gavarni: «Ne lui parlez pas des bourgeois!» Aus: Le Diable à Paris. Sammlung der Verfasser.

343 Stich, Le Salon du Louvre 1785. (Photo Bulloz.) Bibliothèque Nationale, Paris.

344 Stich, Le déménagement du peintre, d'après Jeaurat. Aus: Lacroix, Le XVIIIe siècle. Zentralbibliothek Zürich.

345 Stich von J. Hutter nach einer Zeichnung von Girardet, Die Freiheitsfeste und der Schauzug der aus Italien und Deutschland entführten Kunstwerke durch Paris während des 27. und 28. Juli 1798. Aus: Seida, Denkbuch der Französischen Revolution. Zentralbibliothek Zürich.

346 Stich, Les modèles; Pose pour la charité. Aus: Texier, Tableau de Paris, I. Zentralbibliothek Zürich.

347 Oben: Affiche de la Commune de Paris. (Photo Lauros-Giraudon.) Musée G. Courbet, Ornans. Unten: Bleistiftzeichnung von Paul Merwart (1886), Cabaret du Chat-Noir. (Photo Bulloz.) Musée Carnavalet, Paris.

348 Photo, Paris Montmartre, La Rue du Mont-Cenis. (Photo Harlingue-Viollet.) Documentation photographique Roger-Viollet, Paris.

349 Oben: Photo, Montmartre 1909, Place du Tertre – La maison de la Mère Catherine. (Photo Collection Viollet.) Unten: Photo, Vieux Montmartre, Manoir de Gabrielle d'Estrées vers 1900. (Photo Cap Roger-Viollet.) Documentation photographique Roger-Viollet, Paris.

350 Carlos Schwabe, Affiche pour le Salon Rose + Croix. (Photo Bulloz.) Photo Bulloz, Paris.

351 Photo, Dans un café de Montparnasse vers 1930. (Photo Harlingue-Viollet.) Documentation photographique Roger-Viollet, Paris.

Die Presse

353 Titelseite der «Gazette de France», le premier journal d'information français imprimé en typographie, 1631. Aus: Landry, Imprimerie. Navire des Idées. Archiv des Verlags.

354 Le magasin de Journaux sur la voie publique. Aus: L'Illustration, 10 juin 1848. Zentralbibliothek Zürich.

355 Oben: Kopf der Zeitschrift «L'Illustration», Journal universel, 11 décembre 1847. Unten: Holzstich. Aus: L'Illustration, 25 septembre 1847. Zentralbibliothek Zürich.

356 Oben: Le marchand de Journaux ambulant. Aus: L'Illustration, 10 juin 1848. Unten: Stich, Un bureau de rédaction de journal. Aus: Texier, Tableau de Paris, I. Zentralbibliothek Zürich.

357 Photo, Frontseite der Zeitschrift «Le Père Peinard». Sammlung der Verfasser.

Vom Wehen des Geistes

359 Stich, Vue perspective de la chapelle et maison de Sorbonne. Aus: Lacroix, Le XVIIe siècle. Zentralbibliothek Zürich.

360 Oben: Radierung von B.A. Dunker, Académie des Inscriptions; un antiquaire. Aus: Dunker, Esquisses. Unten links: Stich, L'éducation maternelle. Aus: Lacroix, Le XVIIe siècle. Unten rechts: Stich, Sortie du Collège (tiré de la suite des «Petits Polissons de Paris»). Aus: Lacroix, Le XVIIIe siècle. Zentralbibliothek Zürich.

361 Stich aus Mercure Galant, Décembre 1678, Description du laboratoire des Capucins du Louvre. (Photo Giraudon.) Bibliothèque Nationale, Paris.

363 Oben: Ecole de médecine de Paris; la galerie d'anatomie comparée. Aus: L'Illustration, 11 décembre 1847. Unten: Stich, Le Médecin à la mode écrasant ses rivaux. Aus: Lacroix, Le XVIIIe siècle. Zentralbibliothek Zürich.

364 Stich, La Comète (jeu de salon). Aus: Lacroix, Le XVIIIe siècle. Zentralbibliothek Zürich.

365 Stich, Café de la Régence. Aus: Texier, Tableau de Paris, I. Zentralbibliothek Zürich.

366 Stich, Vue d'optique nouvelle de l'Intérieur de la Bibliothèque des Chanoines de Ste-Geneviève. (Photo Lauros-Giraudon.) Musée Carnavalet, Paris.

367 Stich, Couronnement de Voltaire, sur le Théâtre-Français, le 30 Mars 1778 après la sixième Représentation d'Irène. (Photo Bulloz.) Musée Carnavalet, Paris.

368 Lavierte Zeichnung aus der Zeit des Directoire. Façade du Collège des Quatre-Nations. (Photo Bulloz.) Musée Carnavalet, Paris.

369 Stich, Veüe et perspective de l'Observatoire situé au bout du Fauxbourg St-Jacques à Paris; fait par Aveline avec privilège du Roy. Aus: Vues des châteaux de Paris et des environs. Zentralbibliothek Zürich.

370 Photo von Nadar, Nadar im Ballonkorb. Archives photographiques, Paris/S.P.A.D.E.M.

Bibliographie

Alexandre, Ch., et Millon, P.: Le Marais. Paris 1971
Allem, Maurice: La Vie Quotidienne sous le Second Empire. Paris 1948
Almeras, Henri D': La Vie Parisienne sous le Consulat et l'Empire. Paris o.J.
– La Vie Parisienne sous la Restauration. Paris o.J.
– La Vie Parisienne sous le règne de Louis-Philippe. Paris o.J.
– La Vie Parisienne sous le Second Empire. Paris o.J.
– La Vie Parisienne pendant le Siège et sous la Commune. Paris o.J.
Apollinaire, Guillaume: Le Flâneur des deux Rives. Paris 1929
Aragon, Louis: Le Paysan de Paris. Paris o.J.
Arbellot, Simon: La Fin du Boulevard. Paris 1965
Atlantis, Zürich Jg. 1937
Aubry, Octave: La Révolution Française. Paris o.J.
– Napoléon. Paris o.J.

Bacler d'Albe: Promenades pittoresques et lithographiques dans Paris et ses environs. Mit 42 Lithographien von G. Engelmann und J. Villain. Paris 1822
Baedeker, Karl: Paris und seine Umgebung. Leipzig 1878
Balzac, Honoré de: Le Cousin Pons. Paris 1959
– La Cousine Bette. Paris 1959
– La Grande Ville. Nouveau Tableau de Paris. Paris 1844
Bancquart, M.B.: Paris des Surréalistes. Paris 1972
Barbier, Edmond J.F.: Journal Anecdotique d'un Parisien sous Louis XV. Paris 1963
Barrois, Maurice: Le Paris sous Paris, Paris 1964
Baudelaire, Charles: Œuvres complètes. Paris 1963
Bertaut, Jules: Paris à travers les Ages. Paris 1951
Blanchard, Claude: Dames de Cœur. Paris 1946
Bloch, Iwan: Der Marquis de Sade und seine Zeit. Hanau 1970
Boehn, Max von: Das Empire; die Zeit, das Leben, der Stil. Berlin 1925
Boulenger, Jacques: Sous Louis-Philippe; Le Boulevard. Paris 1933
Boutet, Henri: Les Curiosités de Paris. Paris o.J.
Brantôme, Pierre de: Chronique des Dames Galantes. Paris o.J.
Bretez, Louis: Plan de Paris. Dessiné par L. Bretez, gravé par Claude Lucas sous les ordres de Michel Etienne Turgot. Paris 1739
Breton, André: Nadja, Paris 1964
Brillat-Savarin, Anthelme: Physiologie du Goût. Paris 1954
Burnand, Robert: La Vie Quotidienne en France en 1830. Paris 1943

Cabanès, Dr. A.: La prétendue folie du Marquis de Sade: Le Cabinet secret de l'Histoire, 4e série. Paris 1900
– Autour de la Vie de Bohème. Paris 1938
Cain, Georges: Les Pierres de Paris. Paris 1910
«Catalogue de l'Exposition Paul Poiret». Paris 1974
Chadeuil, Gustave: Les Mystères du Palais; Mémoires d'un Petit Bossu. Paris 1860
Chamouin, Choix de 26 vues et monuments. Paris actuel. Dessinés par A. Rouargue. Paris o.J.
– Collection de 28 vues de Paris prises au daguerréotype. Paris o.J.
Coëtlogon, A. de: Les armoiries de la ville de Paris. Deux tomes. Paris 1874
«Conseiller des Dames, Le». Paris 1848–1849
Corrozet, Gilles: La Fleur des Antiquitez de Paris. Paris 1561
Courthion, Pierre: Le Vieux Paris, de Fouquet à Daumier. Genève 1957
Crapouillot. Montmartre. Juillet 1959
– Paris pittoresque. Juillet 1960
– Paris pittoresque. Juillet 1962.

Decaux, Alain: Amours Second Empire. Paris 1958
«Diable à Paris, Le». Textes de George Sand, Charles Nodier, Honoré de Balzac, Gérard de Nerval, Arsène Houssaye, Théophile Gautier, etc. Illustrations par Gavarni, Bertall, etc. Deux tomes. Paris 1845–1846
Du Camp, Maxime: Paris, ses organes, ses fonctions et sa vie dans la seconde moitié du XIXe siècle. Six tomes. Paris 1869–1875
Dulaure, J.A.: Histoire physique, civile et morale de Paris. Six tomes. Paris 1821. Seconde Edition, Paris 1823
– Singularités historiques, contenant ce que l'histoire de Paris et de ses environs offre de plus piquant et de plus extraordinaire. Paris 1825
Dunker, Balthasar Anton: Esquisses pour les Artistes et Amateurs des Arts, sur Paris. 96 figures gravées à l'eau-forte, dont l'explication se trouve dans le Tableau de Paris par Mercier. Yverdon 1787

Eiffel, Alexandre Gustave: La Tour de trois cents mètres. Deux tomes. Paris 1900

Fargue, Léon-Paul: Lanterne Magique. Marseille 1954

Gault, Henri, et Millau, Christian: Guide de Paris Amoureux. Paris 1969
Gérards, E.: Paris souterrain. Paris 1908
Geymüller, H. de: les Du Cerceau. Leur vie et leur œuvre. Paris 1887
Goldoni, Carlo: Mémoires. Paris 1946
Goncourt, Edmond et Jules de: La Femme au XVIIIe siècle. Paris 1898
– Journal, Mémoires de la Vie Littéraire. 1851–1863. Quatre tomes. Paris 1956
Gouriet, J.B.: Personnages Célèbres dans les rues de Paris, depuis une haute antiquité jusqu'à nos jours, etc. Tomes I et II. Paris 1811
Grimod de la Reynière, Laurent, et Coste, C.P.: Almanach des Gourmands, Paris 1804
«Guide Illustré». Paris 1852
«Guide de Paris Mystérieux», réalisé sous la direction de François Caradec. Paris 1966

Harper's Weekly, New York Jg. 1867, 1869, 1874, 1878
Héron de Villefosse, René: Histoire et Géographie gourmandes de Paris. Paris 1956
– Singularités de Paris. Paris 1940
Hillairet, Jacques: Connaissance du Vieux Paris. Paris o.J.
– Dictionnaire Historique des rues de Paris. Paris 1964

Hillairet, Jacques, Payen, P., Appenzeller: Supplément au Dictionnaire Historique des rues de Paris. Paris 1972
Hillairet, Jacques, et Cogniat, R.: Musées d'Art de Paris. Paris o.J.
«Histoire Générale des Civilisations». Paris 1956–1957. Tome I: Crouzet, Maurice. Tome III: Perroy, Edouard. Tome IV: Mousnier, Roland. Tome V: Mousnier, Roland, et Labrousse, Ernest. Tome VI: Schnerb, Robert.
«Histoire de Paris et des Parisiens», ouvrage réalisé sous la direction de Robert Laffont. Paris 1973
Hobsbawm, Eric J.: Primitive Rebels. Manchester 1959
Hoffbauer, F.: Paris à travers les Ages. Aspects successifs des monuments et quartiers de Paris, depuis le XIIIe siècle jusqu'à nos jours. Paris 1785
Hostein, Hippolyte: Mes Souvenirs. Paris o.J.
Huart, Louis: Paris au Bal. Paris 1845
Hugo, Victor: Notre-Dame de Paris. Edition illustrée. Paris 1844
– Les Misérables. Paris 1965
Huysmans, J.K.: Croquis parisiens. Paris 1880
– La Bièvre et Saint-Séverin. Paris 1898

The Illustrated London News, London Jg. 1848, 1870, 1871
L'Illustration, Paris Jg. 1847, 1848

Janin, Jules: Un Hiver à Paris. Tableau des mœurs contemporaines, illustré par 18 gravures sur acier d'après les tableaux d'Eugène Lami. Paris 1843
«Journal des Luxus und der Moden», hg. von Bertuch und Kraus. Weimar 1788

Kardorff, Ursula von: Adieu Paris. München 1974
«Katalog Charles Meryon». Frankfurt 1975
Kunstler, Ch.: Paris souterrain. Paris 1953

Labédollière, Emile de: Le Nouveau Paris. Histoire de ses 20 arrondissements. Paris 1860
Lacroix, Paul: Le XVIIe siècle. Institutions, usages et coutumes. Paris 1880
– Le XVIIIe siècle. Institutions, usages et coutumes. Paris 1875
Lamartine, Alphonse de: Histoire des Girondins. Bruxelles 1851
Landry, C.F.: Imprimerie, Navire des Idées. Lausanne 1957
Lanoux, Armand: Amour 1900. Paris 1961
Legrand, J.G. et Landon, Ch.P.: Description de Paris et de ses édifices. Deux tomes. Paris 1806–1809
Lenoir, Albert: Statistique monumentale de Paris. Cartes, Plans et Dessin. Atlas 2 tomes, Explication des Planches 1 tome. Paris 1867
Lenôtre, G.: Paris révolutionnaire. Paris 1947
– Vieilles Maisons, Vieux Papiers. Six tomes. Paris 1937–1949
– La Guillotine et les exécuteurs des arrêts criminels pendant la Révolution. Paris 1912
– Le roi Louis XVII et l'énigme du Temple. Paris 1950
– Les Massacres de Septembre. Paris 1947
– Les Tuileries. Paris 1933

Leupold, Jacob: Theatri machinarum hydraulicarum. Teil 2. Leipzig 1725
Lieure, J.: Jacques Callot, Catalogue de son œuvre gravé. Paris 1927

Macé, Gustave: La Police parisienne. Gibier de Saint-Lazare. Paris 1888
«Magasin pittoresque, Le». Paris 1890
Manuel, Pierre: La Police de Paris dévoilée. Paris 1794
Mercier, Sébastien: Tableau de Paris. Neuchâtel 1781
Michelet, Jules: Histoire de la Révolution française. Paris 1952
– Histoire de France. Paris 1879
Miller, Henry: Tropic of Cancer. Paris 1952
«Moniteur de la Mode, Le. Année 1865». Paris 1865
Morand, Paul: Paris. Luzern und Frankfurt 1970
Moura, Jean et Louvert, Paul: Le Café Procope. Paris 1930
Musset, Alfred de: La Confession d'un Enfant du Siècle. Paris 1836

«Panorama de Paris: du Boulevard de la Madeleine au Boulevard Beaumarchais sur le côté gauche et retour sur le côté droit.» 2 parties. Lithographies. Paris vers 1830
«Paris incendié». (Album de 25 vues coloriées de Paris incendié). Paris 1871
Pelletan, Eugène: Histoire de Paris. Paris 1867
Perelle: Veües des belles maisons de France. Paris (chez N. Langlois) o.J. [16..]
Perronet, Jean-Rodolphe: Description des projets et de la construction des ponts de Neuilli, de Mantes, d'Orléans, de Louis XVI, etc. Paris 1782
Pidanzat de Mairobert: L'Espion anglais ou la correspondance secrète entre Milord All'eye et Milord All'ear. London 1784
Piganiol de la Force: Description de Paris. Tome 1er. Paris 1742
Potémont, Ad.-Théod.-Jul.-Martial: Les Boulevards de Paris. Mappe mit 45 kolorierten Radierungen. Paris 1877
Privat d'Anglemont, Alexandre: Paris inconnu. Paris 1886

Rétif de la Bretonne, Nicolas: Les Contemporaines. Paris 1791
– Les Nuits de Paris. Paris 1788
– Monsieur Nicolas ou le Cœur humain dévoilé. Six tomes. Paris 1959
«Revue du Commerce». Paris 1924
Richard: Le véritable conducteur parisien. Paris 1828
Richardson, Joanna: La Vie Parisienne, 1852–1870. London 1971
– The Courtesans. London 1967
Robiquet, Jean: La Vie quotidienne au temps de Napoléon. Paris 1942
– La Vie quotidienne au temps de la Révolution. Paris 1938

Sauval, Henri: La Chronique scandaleuse de Paris ou histoire des mauvais lieux. Bruxelles 1883
Schwob, Marcel: Spicilège. Paris 1960
Seida und Landsberg, Freiherr Franz Eugen von: Denkbuch der Französischen Revolution. 2 Bände. Memmingen 1815–1819

Staehelin, Walter et Rast, Josef: Paris. München 1973
Stern, Daniel: (Marie d'Agoult) Mes Souvenirs. Paris 1877
Sue, Eugène: Les Mystères de Paris. Nouvelle Edition. Quatre tomes. Paris 1843–1844

«Tableau historique et pittoresque de Paris depuis les Gaulois jusqu'à nos jours», par M**** avec figures. Tome II. Paris 1808–1811
Tenon, Dr. J.R.: Mémoires. Paris 1786
Texier, Edmond: Tableau de Paris. Ouvrage illustré de quinze cents gravures. Deux tomes. Paris 1852–1853
Troller, Georg Stefan: Mein Paris. Frankfurt 1973
Trollope, Frances: Paris and the Parisians in 1835. Second Edition. 2 Vols. London 1835–1836

Uzanne, Octave: Les Modes de Paris. Variations du goût et de l'esthétique de la femme 1797–1897 (Illustrations originales de François Courboin). Paris 1898

Vallée, Robert: Les Petits Musées de Paris. Paris 1954
Vallès, Jules: Le Tableau de Paris. Paris 1964
«Visages du Monde». N° 85. Paris 1946
Voltaire: Dictionnaire philosophique. Genève 1764
«Vues des châteaux de Paris et des environs». 52 Planches, o.O., o.J. [17..]

Walter, Gérard: La Vie à Paris sous l'Occupation. Paris 1960
Watts, Stephen: Le Ritz. Paris 1968
Wilhelm, Jacques: La Vie à Paris sous le Second Empire et la Troisième République. Paris 1947

Yriarte, Charles: Paris grotesque. Les célébrités de la rue. Paris 1864

Zeiller, Martin: Topographia Galliae. Frankfurt a.M. (Verlag Caspar Merianus) 1655
Ziegler, Gilette: Histoire secrète de Paris. Paris 1967
Zola, Emile: Nana. Paris 1955
– Le Ventre de Paris. Paris 1958

Personenregister

Die Namen der Maler und Zeichner, Stecher und Lithographen, deren Werke das Buch illustrieren, sind im Personenregister nur ausnahmsweise aufgeführt.
Die *kursiv gesetzten Zahlen* beziehen sich auf Illustrationen.

Abélard, Pierre (1079–1142) 359
Abrantès, Laure Junot, Herzogin von, geb. Permon (1784–1838) 174
Agoult, Marie de Flavigny, Gräfin von (1805–1876) 261 f.
Aguado, Alexandre (1784–1842) 189
Aïcha la Noire *351*
Albert von Sachsen-Coburg (1819–1861) 275
Albertus Magnus (um 1200–1280) 360
Albizzi, Familie 181
Alembert, Jean Le Rond d' (1717–1783) 63, 326, 364, *186, 334*
Alexander III., Orlando Bandinelli (Papst von 1159 bis 1181) 85
Aliette 99
Alphand, Adolphe (1817–1891) 262, 265 f., *260*
Anguier, François (1604–1669) *207*
Anguier, Michel (1614–1686) *207*
Anna von Österreich (1601–1666) 96, 323, *71*
Antoine, André (1858–1943) 318
Arago, Etienne (1802–1892) 207
Aragon, Louis (*1897) 37, 222, 267, 366
Arlandes, François-Laurent, Marquis d' (1742–1809) 250, *237*
Armagnac, Connétable Bernard d' 116
Arnauld, Angélique (1591–1661) 76
Arsouille, Milord, siehe Battut, Charles de la
Artois, Charles Graf von, siehe Karl X.
Astorg 239
Atget, Eugène (1857–1927) *200, 201, 202, 203, 290–291*
Aubriot, Hugues (?–1382) 15
Augier, Emile (1820–1889) 318
Augustinus (354–430) 76

Bacon, Roger (um 1210–1294) 360
Bakst, Léon (1866–1924) *331*
Ballu, Théodore (1817–1885) 18
Baltard, Victor (1805–1874) 37, 339 f.
Balzac, Honoré de (1799–1850) 31, 96 f., 146, 189, 207, 248, 316, 333, 362
Banville, Théodore de (1823–1891) 305
Barbier, Edmond Jean François (1689–1771) 111 f.
Barrault, Jean-Louis (*1910) 319
Barry, Jeanne Bécu, Gräfin von (1743–1793) 143
Bassompierre, François de (1579–1646) 234
Battut, Charles de la (1806–?) 290, 292, *290*
Baudelaire, Charles (1821–1867) 8, 219, 231, *238*
Baudoin I. (1171–1205) 75
Bauffremont, Abbé 145
Bayard, Hippolyte *196*
Beauharnais, Stéfanie de, Prinzessin von Baden (1789–1860) 364
Beaumarchais, Pierre Augustin, Caron de (1732–1799) 151, 159, 275, 314, *261*
Béda (?–1536) 362
Bedford, Herzog von (1389–1435) 367, *88–89*
Beethoven, Ludwig van (1770–1827) 329
Belgrand, Eugène (1810–1878) 232 f.
Belhomme, Dr. (1737–1824) 162
Bellay, Joachim du (1522–1560) 359
Belon, Pierre (1517–1564) 362
Benjamin, Walter (1892–1940) 219, 357
Berlioz, Hector (1803–1869) 328, *331, 348*
Bernard, Claude (1813–1878) 362, 369
Bernardin de Saint-Pierre, Jacques Henri (1737–1814) 268, *265*
Bernhardt, Sarah (1844–1923) 252, 318, *175*
Bernini, Lorenzo (1598–1680) *86*
Berquin, Louis de (?–1529) 362
Berry, Jean, Herzog von (1340–1416) 342, *11, 80*
Bertall, Charles Albert d'Arnoux, genannt B. (1820–1882) 164
Berthelot, Marcelin (1827–1907) 369
Bienvenüe, Fulgence (1852–1936) 252
Binder 239
Birague, René de (um 1507–1583) *40*
Bismarck, Otto von (1815–1898) 212
Bizet, Georges (1838–1875) 329
Bjœrnson, Bjœrnsterne (1832–1910) 318
Blanqui, Louis Auguste (1805–1881) 212, 222
Blondel, Jacques François (1618–1686) *207*
Boccador (Domenico Bernabei), genannt Domenico da Cortona oder le Boccador (?–1549) 18
Bodin de Boismortier (1691–1765) 322
Bodin, Jean (1530–1596) 362
Boffrand, Germain (1667–1754) *25–26*
Boilly, Louis-Léopold (1761–1845) 344
Bombario *183*
Bonaparte, Lucien (1775–1840) *324*
Bonaparte, Mathilde (1820–1904) 365
Bonaparte, Pauline, Prinzessin Borghese (1780–1825) 176
Bonarelli, Prospero (1582–1659) *321*
Bonjour, Casimir (1795–1856) 181
Bonnard, Pierre (1867–1947) 330
Boucher, François (1705–1770) 344
Boucicaut, Aristide (1810–1877) 190
Boulanger, Georges, General (1837–1891) 213
Boulanger (Restaurateur) 335
Boullan, Abbé Joseph-Antoine (1824–1893) 113
Boutet, Henri 215, 319, 357
Boutin 302
Braque, Georges (1882–1963) 350
Braunschweig, Karl Wilhelm Ferdinand, Herzog zu Braunschweig und Lüneburg (1735–1806) 122, *126–127*
Braunschweig, Karl, Herzog zu (1804–1873) 211
Breton, André (1896–1966) 71, 167, 222
Briçonnet, Abbé Guillaume (1472–1534) 101
Brididi 303
Brillat-Savarin, Anthelme (1755–1826) 332, 337
Brinvilliers, Marquise de, geb. Marie-Madeleine d'Aubray (1630–1676) 110
Brioché (um 1650) 48, *44, 318*
Brissot, Witwe 224
Brosse, Salomon de (1571–1626) 29, *28, 97*
Bruant, Libéral (1635–1697) 30, *84*
Brunet, Schauspieler *316–317*
Budé, Guillaume (1468–1540) 362
Buffon, Leclerc, Graf von (1707–1788) *334*
Bunau Varilla (1812–1879) 352
Buridan, Jean (um 1300–1358) 361

Caboche (14. Jahrhundert) 116
Cagliostro, Giuseppe Balsamo, genannt Graf von Cagliostro (1743–1795) 112, *111*
Cail 191
Caillaux, Madame C. 356
Caillavet, Madame de 365
Callot, Jacques (1592–1635) *44, 142, 178, 321*
Calmette, Gaston (1858–1914) 356
Calvin, Jean (1509–1564) *366*
Cambert, Robert (1628–1677) 323
Campan, Jeanne-Louise, geb. Genet (1752–1822) 109
Camus, Albert (1913–1960) 358
Capeluche (?–1418) 116
Capet, Hugues (um 940–996) 16

Capet, siehe Ludwig XVI.
Carco, Francis Carcopino, genannt C. (1886–1958) 308, *351*
Carmontelle, Louis Carrogis, genannt C. (1717–1806) 265
Carné, Marcel (*1909) 316
Carnot, Lazare (1753–1823) 57
Carnot, Sadi (1837–1894) 57
Carpeaux, Jean-Baptiste (1827–1875) 330
Cartouche, Louis-Dominique Bourguignon, genannt C. (1693–1721) 146f., 227, *145*
Casanova de Seingalt, Giacomo (1725–1798) 143, 148, *111*
Casimir 338
Castiglione, Virginia Oldoini di (1837–1899) 168, 179, 211
Catherine, Mère *349*
Cavaignac, Louis-Eugène (1802–1857) 229, *226*
Cavour, Camillo Benso, Graf von (1810–1861) 179
Cazotte, Jacques (1719–1792) 365
Cézanne, Paul (1839–1906) 350
Chagall, Marc (*1887) 350
Chalgrin, Jean (1739–1811) *263, 310*
Chamfort, Sébastien Roch Nicolas (1740–1794) *365*
Chamousset, Claude Piarron de (1717–1773) 236
Champaigne, Philippe de (1602–1674) 342
Chanel, Gabrielle (Coco) 167
Charcot, Jean-Martin (1825–1893) 362
Chardin, Jean-Baptiste (1699–1779) 344
Charles, Jacques (1746–1823) 250
Charolais, Graf von 143, 145
Charton, Edouard (1807–1890) *355*
Chastillon, Claude de 29
Chateaubriand, François-René de (1768–1848) 76
Chaumette, Pierre-Gaspard (1763–1794) 301f.
Chevalier, Etienne (1410–1474) *17*
Chicard 303
Childebert (495–558) 14, 72
Chinard, Joseph (1756–1813) 174
Chlodwig (465–511) 14, 16, 71
Choiseul, Herzogin von (?–1793) 162
Christine von Schweden (1626–1689) 299
Cimarosa, Domenico (1749–1801) 315
Citroën, André (1878–1935) 191
Clairon, Claire de la Tude, genannt la Clairon (1723–1803) 170
Claretie, Jules (1840–1913) 329
Clemenceau, Georges (1841–1929) 356
Clément, Jacques (1567–1589) *118*
Clouet, Janet (1505–um 1545) 342
Cocteau, Jean (1889–1963) 99, 224
Cognacq, Ernest (1839–1928) 190
Colbert, Jean-Baptiste (1619–1683) 258, 342, *256*
Comte, Auguste (1798–1857) 369
Comte, M. 221
Condorcet, Antoine Nicolas de (1743–1794) 365
Considérant, Victor (1808–1893) 354
Constantius Chlorus (225–306) 14
Coppée, François (1842–1909) 318
Corday, Charlotte (1768–1793) 113
Corette (1709–1795) 323
Corneille, Pierre (1606–1684) 13
Corrozet, Gilles (1510–1568) 101
Corvisart, Nicolas (1755–1821) 362
Coty, François Sportuno, genannt C. (1874–1934) 356
Couperin, François (1668–1733) 322
Courbet, Gustave (1819–1877) 347, *134–135, 347*
Couronneau, Marie-Anne *106, 107*
Crébillon, Claude (1707–1777) 365
Crébillon, Prosper (1674–1762) 365
Curie, Marie, geb. Sklodowska (1867–1934) 369
Curie, Pierre (1859–1906) 369
Curnonsky, Maurice Edmond Sailland, genannt C. 338
Cuvier, Georges (1769–1832) 362, *363*

Dagobert (603–639) 269
Damiens, Robert-François (1715–1757) 148
Danton, Georges-Jacques (1759–1794) 85, 224, 302, 353, 365, *122–123*
Daumier, Honoré (1808–1879) 31, 138, 164, 347, *272*
David, Jacques-Louis (1748–1825) 301ff., 345f.
Davioud, Gabriel (1823–1881) *278*
Debucourt, Philibert-Louis (1755–1832) 344
Deburau, Jean-Baptiste Gaspard (1796–1876) 316, *315*
Debussy, Claude (1862–1918) 330, *331*
Deffand, Marie, Marquise du (1697–1780) 364
Dehors, Robert 119
Delacroix, Eugène (1798–1863) 221, 277, 346
Delille, Abbé Jacques *267*
Demachy, Pierre Antoine (1723–1807) 344
Denis, Maurice (1870–1943) 330
Deperthes 18
Derain, André (1880–1954) 350
Desmoulins, Camille (1760–1794) 97, 168, 353, *122–123*
Desmoulins, Lucile, geb. Duplessis (1771–1794) 168
Desrue (?–1777) 148
Detourbay, Marie-Anne (1837–1908) 178
Devéria, Achille (1800–1857) 164
Diaghilew, Sergei de (1872–1929) 330, *331*
Diderot, Denis (1713–1784) 188, 335, 341, 344, 365, *186, 334, 341, 365*
Dion, Albert, Marquis de (1856–1946) 254
Dionysius, der heilige (3. Jahrhundert) 72, *72–73*
Dodoche 306
Dolet, Etienne (1509–1546) 119
Dongen, Kees van (1877–1968) 350, *351*
Donizetti, Gaetano (1797–1848) 327
Doré, Gustave (1832–1883) *149, 155, 156, 290, 292, 326, 327*
Dreyfus, Alfred (1859–1935) 215, 356
Drolling, Martin (1752–1817) 138
Du Bourg, Anne (1521–1559) 119
Du Breul, Dom 108
Du Cerceau, Baptiste Androuet (1545–1590) 29, *21, 58–59*
Du Cerceau, Jacques I. (um 1510–um 1585) *21, 86*
Ducreux, Joseph (1737–1802) 344
Dulaure, Jacques-Antoine (1755–1835) 107
Dumas père, Alexandre (1802–1870) 207, 221, 316
Dumas fils, Alexandre (1824–1895) 208, 294, 318
Dumont d'Urville, Jules (1790–1842) *243–244*
Duns Scot, John (1266–1308) 360
Duplessis, Alphonsine (die Kameliendame) (1824–1847) 208
Durand, Marguerite 358
Duthé, Rosalie (1752–1820) 170
Duval, Jeanne 231
Duval, Pierre-Louis (1811–1870) 339
Duveyrier, Charles 248

Eduard VII. (1841–1910) 57
Eon, Charles de Beaumont, Chevalier de (1728–1810) 286
Erasmus, Didier (Erasmus von Rotterdam) (1467–1536) 361, *366*
Escoffier, Georges (1846–1935) 338
Estienne, Robert (1503–1559) 361
Estrées, Victor-Marie de, Marschall (1660–1737) 262
Eugénie (Kaiserin), geb. Montijo (1826–1920) 178
Euklid (330–270 v. Chr.) 240
Evreux, Graf von 98

Faure, Félix (1841–1899) *55–56*
Fauré, Gabriel (1845–1924) 330
Félibien, Michel *74–75*
Fieschi, Giuseppe (1790–1836) *147*
Flachat, Eugène (1802–1873) 248
Flamel, Nicolas (1330–1418) 108
Fontaine, Claire 302
Fontaine, Pierre François Léonard (1762–1853) *311*
Fontenelle, Bernard Le Bovier de (1657–1757) 364
Forain, Jean-Louis (1852–1931) 358
Force, Henri Nompar de Caumont, Herzog von (1582–1678) 162
Fouché, Joseph, Herzog von Otranto (1759–1820) 150
Fouquet, Jean (1420–um 1480) 342
Fouquet, Nicolas (1615–1680) 110, *17*
Fouquier-Tinville, Antoine-Quentin (1746–1795) 162
Fragonard, Jean-Honoré (1732–1806) 344, *128*
France, Anatole Thibault, genannt F. (1844–1924) 355, 365
Franck, César (1822–1890) 330
Franklin, Benjamin (1706–1790) 63, 368, *365*
Franz I. (1494–1547) 21, 96, 119, 182, 260, 362, *80, 95*
Freud, Sigmund (1856–1939) 362
Fugger, Familie 181
Fulton 221

Galiani, Abbé Ferdinando (1728–1787) 366
Gambetta, Léon (1838–1882) 212
Garnier, Charles (1825–1898) 282, 329, *214–215*
Gassendi, Abbé Pierre Gassend, genannt G. (1592–1655) 300
Gauguin, Paul (1848–1903) 224
Gaulle, General Charles de (1890–1970) 140
Gavarni, Sulpice-Guillaume Chevalier, genannt G. (1804–1866) 164, 221, 295, *131, 170, 178, 288, 289*
Genoveva, die heilige (um 422–502) 71f., 167, *78*
Gérard, François, Baron (1770–1837) 346
Gérard de Nerval (1808–1855) *149*
Géricault, Théodore (1791–1824) 346
Gersaint, Edme-François (1696–?) 344
Giffard, Henry (1825–1882) 250
Gilbert, Nicolas Joseph Laurent (1751–1780) *334*
Gilly, Friedrich (1772–1800) *303*

Giorgione, Giorgio Barbarelli, genannt G. (1477–1510) 350
Girardin, Emile de (1806–1881) 352f., *354*
Girardin, Delphine de, geb. Gay (1804–1855) 176
Girardon, François (1628–1715) *207*
Gobelin, Familie (seit dem 16. Jahrhundert) 69
Goethe, Johann Wolfgang von (1749–1832) *331*
Goëzman, Richter 151
Golias, Bischof (15. Jahrhundert) 141
Goncourt, Edmond de (1822–1896) 164, 305f., *211, 238, 295*
Goncourt, Jules de (1830–1870) 305f., *211, 238, 295*
Goujon, Jean (um 1510–1567) 96, *88–89*
Goulue, Louise Weber, genannt la G. (1865–1926) 283, 306f., *174*
Gounod, Charles (1818–1893) 282, 329
Gourdan, la 143
Gozlan, Léon (1803–1866) 179, 354
Gramont-Caderousse, Herzog von (1833–1865) 210f.
Grandville, Jean-Isidore Gérard, genannt G. (1803–1847) 31
Greuze, Jean-Baptiste (1725–1805) 344
Grille-d'Egout 306
Grimm, Friedrich-Melchior, Baron von (1723–1807) 365, *365*
Grimod de la Reynière, Laurent (1758–1838) 337, *334, 335*
Gris, Jose Gonzales, genannt Juan G. (1887–1927) 350
Grisi, Carlotta (1819–1899) 328
Grison, Jean-Baptiste 326
Gruet de la Tournelle *144*
Guaïta, Marquis de 113
Guibourg, Abbé 110
Guillaume, Henker 110
Guillebert de Préval, Dr. 158
Guillotin, Dr. Joseph-Ignace (1738–1814) 223, *368*
Guimard, Marie-Madeleine (1743–1816) 170
Guise, Henri, Herzog von (1550–1588) 120, *118*
Guizot, François (1787–1874) 189
Guys, Constantin (1802–1892) 239

Händel, Georg-Friedrich (1685–1759) 322
Hardouin-Mansart, Jules (1646–1708) 30, *25–26, 83, 84*
Hauff, Wilhelm (1802–1827) 57
Haussmann, Eugène Georges, Baron von (1809–1891) 36f., 193, 222, 266, 329, *148, 150–151, 211, 250*
Haydn, Franz-Joseph (1732–1809) 329
Haye, de la 323
Hébert, Jacques-René (1757–1794) 353
Heinrich II. von Valois (1519–1559) 87, 260, 265, 339, 367
Heinrich III. von Valois (1551–1589) 48, 120, 260 *118*
Heinrich IV. von Navarra (1553–1610) 29, 48, 120, 223, 339, *41, 84, 88–89, 121, 156, 168*
Helvétius, Claude Adrien (1715–1771) 368
Hemingway, Ernest (1898–1961) 366
Henckel von Donnersmarck, Graf Guido (1830–1916) 178
Heredia, José-Maria de (1842–1905) 368
Hérouard, Jean 267
Hitler, Adolf (1889–1945) 140
Hobsbawm, Eric J. (*1917) 152
Holbach, Paul Henri, Baron d' (1723–1789) *334*
Homer (8. Jahrhundert v. Chr). 180, 225, 255
Hostein, Hippolyte (1814–1879) 316
Hugo, Victor (1802–1885) 15, 18, 108, 205, 223, 255, 277, 286, 316, 329
Huysmans, Joris-Karl (1848–1907) 76, 113, 223, 293, 339

Ibsen, Henrik (1828–1906) 318
Ignatius von Loyola (1491–1556) 76, *366*
Ingres, Dominique (1780–1867) 277, 346
Isabeau von Bayern (1371–1435) 20, 167, 299, *95*

Jakob der Zouave (1828–1913) 112, *113*
Jakobin, der kleine 104
Jakobus, der heilige *92–93*
Jarente, Monseigneur von 170
Jaurès, Jean (1859–1914) 357, 366
Jeanne d'Arc (Jungfrau von Orléans) (1412–1431) 118
Joanne *355*
Johann ohne Furcht (1371–1419) 20, 116
Joséphine de Beauharnais (Kaiserin), geb. Marie-Josèphe Tascher de La Pagerie (1763–1814) 113, 168, 170, 208
Julian, der heilige *82*
Julian Apostata (331–363) 9, 43, 303, 309
Julius Cäsar (101–44 v. Chr.) 45, *213*
Juvénal des Ursins (1360–1431) *Frontispiz*

Kafka, Franz (1883–1924) 319
Kardorff, Ursula von 224
Karl der Große (742–814) 14, 73
Karl V. (der Weise) (1337–1380) 15, 85, 366, *11, 88–89*
Karl VI. (1368–1422) 299
Karl VII. (1403–1461) 87, 118f.
Karl VIII. (1470–1498) 367, *117*
Karl IX. (1550–1574) *121*
Karl X. (1757–1836) 143, 262, *316–317*
Katcomb 336
Katharina von Medici (1519–1589) 27, 109, 234, 265, 362, *88–89, 121*
Kisling, Moïse (1891–1953) 350
Kleberger, Familie 182
Kock, Paul de (1793–1871) 167
Kotzebue, August-Friedrich von (1761–1819) 346

La Barre, Jean-François Lefebvre, Chevalier de (1747–1766) 150
Labédollière, Emile Gigault de (1812–1883) 18, 48, 69, 164, 321
Labienus, Titus (um 98–45 v.Chr.) 339
La Chaise, François de, genannt Père La Chaise (1624–1709) *266*
Lacroix, Paul (1806–1884) 237
La Fayette, Marie-Joseph Motier, Marquis de (1757–1834) 301
Laffite, Jacques (1767–1844) 188
La Fontaine, Jean de (1621–1695) 110
Laharpe, Jean-François de (1739–1803) 326, 365
Lakanal, Joseph (1762–1845) *363*
Lalande, Joseph-Jérôme de (1732–1807) 362, 368
Lambert, Anne-Thérèse de Courcelles, Marquise de (1647–1733) 186
Landry, der heilige (?–656) 154
Largillière, Nicolas de (1656–1746) 342
Laurentius, der heilige (um 210–258) 332
Law, John (1671–1729) 185f., *183, 184*
Lebas, Hippolyte (1782–1867) 166
Lebrun, Charles (1619–1690) 342f., 346
Leclair, Jean-Marie (1697–1764) 322f.
Lecomte, Casimir (Compagnie) 248
Ledoux, Claude Nicolas (1736–1806) *27, 67–68*
Ledoyen 338
Lefebvre, Catherine Herzogin von Dantzig, geb. Hubscher (Madame Sans-Gêne) (1759–1835) 174
Lefuel, Hector (1810–1881) *88–89*
Leibniz, Gottfried Wilhelm (1646–1716) 364
Lekain, Henri Louis Cain, genannt L. (1729–1778) *334*
Lemaître, Frédérick (1800–1876) 316
Lemercier, Jacques (um 1585–1654) *83*
Lenin, Wladimir Iljitsch (1870–1924) *340*
Lenoir, Pierre (1732–1807) 150, 158
Lenormand, Marie-Anne (1772–1843) 113
Le Nôtre, André (1613–1700) 264, *256, 262*
Lenotre, Théodore Gosselin, genannt G.L. (1857–1935) 123
Léon-la-Lune 286
Léonard-Alexis Autié, genannt Léonard *286*
Lepeletier de Saint-Fargeau, Louis-Michel (1760–1793) 259
Lesage, Alain-René (1668–1747) 274, *365*
Lescombat (?–1733) 148
Lescot, Pierre (1515–1578) 96, *88–89*
Lespinasse, Julie de (1732–1776) 364
Le Vau, Louis (1612–1670) *157, 256*
Levy, Jules 306
Ligne, Charles-Joseph, Fürst von (1735–1814) 265
Limbourg, Pol de (15. Jahrhundert) 342, *11*
Liszt, Franz (1811–1886) 328
Lorrain, Jean-Paul Duval, genannt J.L. (1855–1906) 167, 268, 306
Louis-Philippe (Bürgerkönig) (1773–1850) 31, 138, 165, 189, 206, 239, 290, 302f., 316, 353, *38–39, 131, 147, 223, 316–317, 339*
Louvois, Michel de Tellier, Marquis de (1641–1691) *25–26*
Ludwig IX. (der Heilige) (1214–1270) 75f., 108, 339, 360
Ludwig XI. (1423–1483) 20, 362, 367
Ludwig XII. (1462–1515) 21, 367
Ludwig XIII. (1601–1643) 15, 96, 234, 267, 352, *71, 78, 309*
Ludwig XIV. (1638–1715) 29, 30, 73, 76, 96f., 120, 206, 299, 320, 322, 343, *25–26, 29, 65–66, 71, 84, 88–89, 105, 186, 187, 207, 266, 343, 369*
Ludwig XV. (1710–1774) 30, 71, 148, 150, 335, *122–123*
Ludwig XVI. (1754–1793) 48, 268, 301, *48–49, 83, 126–127*
Ludwig XVII. (1785–1795) 164, 326
Ludwig XVIII. (1755–1824) 109, 303, 316, *316–317, 338*
Lully, Jean-Baptiste (1632–1687) 320, 322f.
Lumière, Auguste (1862–1954) 221, 319, *308*
Lumière, Louis (1864–1948) 221, 319, *308*
Luxembourg, François-Henri, Herzog und Marschall von (1628–1695) 322
Lyautey, Louis-Hubert, Marschall (1854–1934) 284

Macé, Gustave (1835–1904) 219, 279
Mac-Mahon, Marie Edme Patrice, Graf von, Herzog von Magenta, Marschall von Frankreich (1808–1893) 330
Maeterlinck, Maurice (1862–1949) 330
Maintenon, Marquise de, geb. Françoise d'Aubigné, verwitwete Scarron (1635–1719) 120, 313
Makart, Hans (1840–1884) *356*
Malingre, Rose (?–1862) 305
Mallarmé, Stéphane (1842–1898) *331*
Malraux, André (1901–1976) 319
Manet, Edouard (1832–1883) 350
Marat, Jean-Paul (1743–1793) 123, 223, 229, 259, 353
Marcel, Etienne (?–1358) 15, 115
Marcellus, der heilige (?–436) 102
Margot, la Grosse 142
Marguerite, die heilige (um 255–275) *290–291*
Marguerite d'Angoulême, Königin von Navarra (1492–1549) 362
Marguerite-la-Fame-au-Moine 321
Marguerite de Valois, genannt la reine Margot (1553–1615) *168*
Maria von Medici (1573–1642) 27, 96, *97, 168*
Marie-Amélie, Königin der Franzosen (1782–1866) 248
Marie-Antoinette (1755–1793) 85, 109, 262, 326, *286*
Maria-Theresia von Österreich (Madrid 1638–1683) 299
Marie, Christophe 48
Marinoni, Hippolyte (1823–1904) 358
Marivaux, Pierre de (1688–1763) 364
Marmontel, Jean-François (1723–1799) 326, *334, 365*
Marx, Karl (1818–1883) 139, 181
Maupassant, Guy de (1850–1893) 193, 282, 357
Mauriac, François (1885–1970) 216, 356
Mazarin, Giulio Mazarini, genannt M. (1602–1661) 120, 323, 367
Medici, Katharina von, s. Katharina von M.
Medici, Maria von, siehe Maria von M.
Mélingue, Etienne (1808–1875) 316
Mercier, Sébastien (1740–1814) 59, 146, 153, 234f., 336, 364f.
Mérimée, Prosper (1803–1870) 207
Meryon, Charles (1821–1868) 115, *64, 79, 114, 150, 195*
Mesmer, Franz-Anton (1734–1815) 112 *109*
Messiaen, Olivier (* 1908) 331
Métra, Olivier (1831–1889) 303
Metternich, Pauline, Fürstin von, geb. Sandor von Szlavricza (1836–1921) 97, 211
Metternich, Richard, Fürst von (1829–1895) 207
Meyerbeer, Giacomo (1791–1864) 327, *323*
Michaux 251
Michelet, Jules (1798–1874) 143, 362
Miller, Henry (* 1891) 45
Millet, Jean-François 279 (1815–1875) 279
Milosz, Oswald Wenceslas de (1877–1939) 71
Milton, John (1608–1674) *267*
Miron, François (1560–1609) 37
Mistinguett, Jeanne-Marie Bourgeois, genannt M. (1875–1956) 306
Modigliani, Amedeo (1884–1920) 224, 350
Mogador, Céleste Vénard, genannt M. (1824–1909) 303
Molière, Jean-Baptiste Poquelin, genannt M. (1622–1673) 76, 167, 313f., 362, *311, 336*
Mondonville, Joseph de (1711–1772) 322
Montagné, Prosper 338
Montaigne, Michel de (1533–1592) 332
Montansier, Mlle *316–317*
Montereau, Pierre de (?–1266) 75
Montespan, Marquise de, geb. Françoise-Athénaïs de Rochechouart (1641–1707) 110
Montesquieu, Charles de Secondat, Baron de la Brède (1689–1755) 364
Montgolfier, Jacques de (1745–1799) 250
Montgolfier, Joseph de (1740–1810) 250
Montpensier, Louise von Orléans, Herzogin von (la Grande Mademoiselle) (1627–1693) 120
Mozart, Wolfgang Amadeus (1756–1791) 315, 323, 329
Mucha, Alphonse-Marie (1860–1939) 282
Murat, Joachim (1767–1815) 302
Murger, Henri (1822–1861) 305
Musard, Philippe (1793–1859) 294
Musset, Alfred de (1810–1857) 164, 176, 207, 298, *172, 197, 365*

Nadar, Felix Tournachon, genannt N. (1820–1910) 230, *42, 174, 175, 203, 213, 228, 231, 238, 370*
Napoleon I. (1769–1821) 31, 57, 63, 96, 98, 109, 123, 164, 174, 188, 208, 210, 275, 286, 302f., 315, 339, 346, 353, 364, 365, *62–63, 64, 67–68, 129, 134–135, 136, 208, 316–317, 324, 338, 365, 368*
Napoleon III. (1808–1873) 36f., 69, 97, 138, 210, 261, 305, 329, 339, 350, 354f., 362, *36–37, 65–66, 88–89, 97, 131, 213*
Nattier, Jean-Marc (1685–1766) 344
Necker, Jacques (1732–1804) 97, 158
Nemeitz, Joachim Christoph (17. Jahrhundert) 333
Neuville de Villeroy 96
Nicolet, Jean-Baptiste (1728–1796) 274
Nikolaus II. (1868–1918) 57, *55–56*
Nini-patte-en-l'air 306
Nivet 148
Noailles, Kardinal von (1651–1729) 112
Nodier, Charles (1780–1844) 110, 176, 368
Nodier, Marie (verheiratete Ménessier), genannt Notre-Dame de l'Arsenal (1811–?) 176, 365
Noirtel, Marquis de 338

Oberkampf, Christophe-Philippe (1738–1815) 186
Ockham, Wilhelm von 361
Offenbach, Jacques (1819–1880) 37, 211, 221, 279, 329, *216, 314, 316–317, 325, 326*
Omnès 240
Oranien, Wilhelm, Fürst von (Prince d'Orange) (1840–1879) 211
Orléans (Bürgerkönig), siehe Louis-Philippe
Orléans, Adelaïde d' (1777–1847) 248
Orléans, Antoine d', Herzog von Montpensier (1824–1890) 248
Orléans, Clémentine d' (1817–1907) 248
Orléans, François-Ferdinand d', Fürst von Joinville (1818–1900) 289
Orléans, Gaston d' (1608–1660) 120
Orléans, Henri d', Herzog von Aumale (1822–1897) 248
Orléans, Louis-Philippe Joseph d', Herzog von Chartres, genannt Philippe-Egalité (1747–1793) 97, 170, 265, 302
Orléans, Ludwig, Herzog von (1372–1407) 20, 116, 223, 299
Orléans, Philipp II., Herzog von (1674–1723) 97, 185
Oudry, Jean-Baptiste (1686–1755) *50–51*
Ouvrard, Gabriel Julien (1770–1846) 188

Païva, Thérèse, Marquise de, geb. Lachmann, spätere Gräfin von Donnersmarck (1819–1884) 178
Panckoucke, Charles-Joseph (1736–1798) 353
Pâris, François de (Diakon) (1690–1727) 111, 112, *105, 106, 107*
Parissot 190
Pascal, Blaise (1623–1662) 76, 236, 240
Pasdeloup, Jules (1819–1887) 329
Paulin, J.B. Alexandre (1793–1859) *355*
Pearl, Cora, Emma Crouch, genannt C.P. (um 1835–1886) 178, 339
Percier, Charles (1764–1838) 345
Pereire, Emile (1800–1875) 248
Perrault, Claude (1613–1688) 96, *88–89, 369*
Perrin, Abbé Pierre (1620–1675) 323
Perronet, Jean-Rodolphe (1708–1794) *52–54*
Persigny, Eglé, Herzogin von (1832–1890) 179
Petrarca, Francesco (1304–1374) 367
Petrus, der heilige *72–73*
Peyre, Marie-Joseph (1730–1785) 315
Philidor, François-André (1726–1795) *365*
Philipon, Charles (1800–1862) 353
Philipp August (1165–1223) 15, 18, 154, 341, *16, 40, 88–89*
Philipp der Schöne (1268–1314) 85, 163
Picasso, Pablo Ruiz y P. (1881–1973) 350
Piccini, Nicolas (1728–1800) 326
Pilon, Germain (um 1537–1590) *78, 267*
Pinel, Dr. Philippe (1745–1826) 362, *156*
Pinson, Mimi 176, *197*
Piron, Alexis (1689–1773) 274, 364, *334*
Pius V., Antonio Michele Ghislieri (1504–1572) 362
Pius VII., Luigi Barnaba Chiaramonti (1742–1823) 303
Platon (429–347 v. Chr.) 119
Poincaré, Raymond (1860–1934) 355
Poiret, Paul (1879–1944) 41, 283
Poitiers, Diane de *95*
Pomaré, la reine 303
Pompon, Rose 303
Pontremoli, Emmanuele (1865–1956) 282
Potin, Felix 190
Pouget, Emile 358
Préval, Dr. Guillebert de, siehe Dr. Guillebert de P.
Procopio dei Coltelli *334*
Proust, Marcel (1871–1922) 216
Prud'hon, Pierre-Paul (1758–1823) 344, 346
Pucelle, Maître Jean (?–1380) 341

Rabelais, François (1494–1553) 10, 69, 119, *366*
Rachel, Elisabeth Félix, genannt R. (1820–1858) 207, 318, *314*
Racine, Jean (1639–1699) 110
Raffia 148
Rais, Gilles de (1404–1440) 145
Rambouillet, Catherine de Vivonne, Marquise de (1588–1665) 169, 364
Rameau, Jean-Philippe (1683–1764) 323, 365
Ramponneau, Gastwirt *333*
Ramses II. (1301–1235 v. Chr.) 31
Ramus, Pierre La Ramée, genannt R. (1515–1572) 362
Rayon d'Or 306

Récamier, Juliette, geb. Bernard (1777–1849) 76, 170f.
Regnault de Saint-Jean d'Angély, Mme 170
Renan, Ernest (1823–1892) 269, 276
Renaudot, Théophraste (1586–1653) 352
Renault, Louis (1877–1944) 191
Restif de la Bretonne, Nicolas Edme (1734–1806) 115, 146, 148, 186, 188, 337, 365
Réveillon, Papierfabrikant (Ende des 18. Jahrhunderts) 120
Richelieu, Armand du Plessis, Kardinal von (1585–1642) 97, 120, 352, 362, *216, 359*
Richelieu, Louis-François Armand, Herzog von (1696–1788) 143, 146, 148, *301*
Rigaud, Raoul (1846–1871) 212
Rigord 18
Rimbaud, Arthur (1854–1891) 294
Rimski-Korsakow, Nikolai (1844–1908) 330
Ritz, César (1850–1918) 190, 338
Rivarol, Antoine de (1753–1801) 353
Robert II. (der Fromme) (980–1031) 108
Robert, Hubert (1733–1808) 344
Robert, die Brüder R. 250
Robespierre, Maximilien de (1758–1794) 164, 302, 345, 353
Roland, Manon, geb. Phlipon (1754–1793) 170, 365
Roqueplan, Nestor (1804–1870) 176, *316–317*
Rossini, Gioacchino (1792–1868) 327
Rothschild, James de (1792–1868) 188, 248
Rothschild, Bank 319
Rousseau, Jean-Jacques (1712–1778) 69, 146, 188, 264, 300, 365, *344, 365*
Rubens, Pieter-Paul (1577–1640) 346, *97*

Sade, Alphonse-Donatien, Marquis de (1740–1814) 141, 142, 145, 336f.
Sagan, Charles Guillaume Bosan, Fürst von (1832–1910) 251
Saint Germain (496–576) 72, *74–75*
Saint-Just, Louis de (1764–1794) 188
Saint-S., Madame de 143
Saint-Saëns, Camille (1835–1921) 329
Saint-Simon, Claude Henri, Graf von (1760–1825) 190
Saint-Simon, Louis de Rouvroy, Herzog von (1675–1755) 163
Sainte-Amaranthe, Jeanne Françoise Demier, genannt Emilie de S.A. (?–1794) 170
Sainte-Beuve, Charles Augustin de (1804–1869) 224, 277, *365*
Salieri, Antoine (1750–1825) 327
Salis, Rodolphe *347*
Salviati, Familie 181
Sand, Aurore Dupin, Baronin Dudevant, genannt George S. (1804–1876) 207
Santerre, Antoine-Joseph (1752–1809) 121
Saqui, Madame 9, 316
Sardini, Scipio 27
Sardou, Victorien (1831–1908) 318
Sauli, Familie 181
Sauvage, Nicolas 238
Sauval, Henri (1623–1676) 104, 141
Scaliger, Jules-César (1484–1558) 313
Scaramouche, Fiorilli, Tiberio, genannt S. (1608–1694) *311*
Schinkel, Karl Friedrich (1781–1841) *303*
Schmidt, Gefängniswärter 162
Schneider, Hortense (1838–1920) 211, 279, *326*
Scudery, Madeleine de (1607–1701) 364
Servandoni, Giovanni Niccolo (1695–1766) *83*
Séverine, Caroline Guebhard, geb. Rémy, genannt S. (1855–1929) 358
Seymour, Lord Henry (1805–1859) 215, 290, 292
Sforza, Familie 367
Soissons, Gräfin von, geb. Olimpia Mancini (1639–1708) 110
Sorbon, Robert de (1201–1274) 360
Sorel, Albert (1842–1906) 355
Soubise, Charles, Fürst von (1715–1787) 170
Soufflot, Jacques-Germain (1713–1780) 31, *58–59*
Spifame, Raoul 367
Spivakow, Pierre 318
Spontini, Gasparo (1774–1851) 327
Stein, Gertrude (1874–1946) 350
Steinlen, Théophile (1859–1923) 358
Stendhal, Henri Beyle, genannt St. (1783–1842) 167, 208
Strawinski, Igor (1882–1971) 330f.
Strindberg, Johan August (1849–1912) 318
Strozzi, Guido 323, *309*
Sue, Eugène (1804–1857) 154, 191, 259, *190*
Sully, Maurice de (12. Jahrhundert) 154
Susse, Papierhandlung 221
Syagrius (430–486) 16

Tabarin (1584–1626) 48, *312*
Taglioni, Maria (1804–1884) 328, *322, 324*
Tallien, Thérésa, geb. Cabarrus (1773–1835) 170, 259
Tencin, Alexandrine Guérin de (1682–1749) 364
Tenon, Dr. Jacques-René (1724–1816) 160
Thayer 221
Thiers, Adolphe (1797–1877) 15, 138f., 354
Thomas von Aquin (1225–1274) 360
Tiberius (42 v.Chr.–37 n.Chr.) 45
Torelli, Giuseppe (1658–1709) 323
Toulouse-Lautrec, Henri de (1864–1901) 294, 306, *174*
Tripet 258
Tronchin, Jean-Robert (1710–1793) *363*
Trotzki, Leo (1879–1940) *340*
Turgenjew, Iwan (1818–1883) 318
Turgot, Anne-Robert (1727–1781) 231, *33, 84, 90–91*

Valbelle, Graf von 170
Valentin-le-Désossé (1843–1907) 306
Valéry, Paul (1871–1945) 146, 286
Vanens 110
Vanloo, Jean-Baptiste (1684–1745) 170
Varé 261
Vendôme, Philippe de Bourbon, Prior von Vendôme (1655–1727) 163
Vergil (70–19 v.Chr.) *267*
Verlaine, Paul (1844–1896) 366
Vermorel, Auguste (1841–1871) 212
Verne, Jules (1828–1905) *283*
Véron, Louis-Désiré, genannt Dr. V. (1798–1867) 207
Vigny, Alfred de (1797–1863) *242*
Viktoria I. von England (1809–1901) 57, *207*
Villemessant, Auguste Cartier de (1812–1879) 355
Villon, François (1431–um 1489) 76, 142, *141*
Vinzenz von Paul, der heilige (1581–1660) 158
Viollet-le-Duc, Eugène-Emmanuel (1814–1879) *77*
Visconti, Louis (1791–1853) *88–89*
Voisin, Catherine, geb. Deshaies (la Voisin) (1640–1680) 110, *101*
Voltaire, François Arouet, genannt V. (1694–1778) 150, 163, 274, 365, 368, *334, 365, 367*
Voyer d'Argenson, Marc René (1652–1721) 146

Wagner, Richard (1813–1883) 328f., *323*
Wailly 315
Walewski, Graf Alexandre (1810–1868) 210
Watteau, Jean-Antoine (1684–1721) 151, 267, 300, 344, *313*
Welles, Orson (*1915) 319
Wilhelm, Jacques 181, 211
Willette, Adolphe (1857–1926) 358
Worth, Philippe (1819–1895) 167

Zola, Emile (1840–1902) 167, 190ff., 192, 215, 221, 316, 318, 340, 355, *198*

Orts- und Sachregister

Die *kursiv gesetzten Zahlen* beziehen sich auf Illustrationen.

Aachen 73
Abbaye-aux-Bois 76
– de Longchamp 260
– de Montmartre 76, *22–24, 72–73, 349*
– de Port-Royal 76
– de Saint-Denis 72, 159
– de Saint-Germain-des-Prés 47, 72f., 122, 274, *74–75, 160*
Académie Française 362f.
– Royale de Musique 323f.
– Royale de Peinture et de Sculpture 342f., 346
– Saint-Luc 343
Ägypten 255, 298
Allée des Veuves 259
Amiens 238
Amsterdam 331, *188*
Angkor 284
Arc de Triomphe 31, *218*
Archive 30
Arcueil 14
Arènes de Lutèce 15
Argenteuil 336
Arsenal 69, 110, 365, *236*
Asnières 69, 232
Athen 284, 359
Auberge du Grand-Saint-Fiacre 238
Aubervilliers 269
Au Pauvre Diable 190
Au Petit Bonhomme qui ch... 339
Auteuil 63, 261
Auvergne 332
Auxerre 333
Avenue Denfert-Rocherau 108
– de Malakoff 276
– de l'Observatoire 108
– de Suffren 282

Babylon 255
Bagatelle 262f.
Bains Chinois 63
– de Tivoli 63
– Vigier *70*
Bal de la Boule Noire 305
– Bullier 303, *299*
– Mabille 303, *172*
– du Vieux Chêne 305
– des Zéphirs 302
Bals des Victimes 302
Banque Royale 185, *184–185*
Barrière de l'école militaire *182*
– de Fontainebleau *27*
– des Gobelins *27*
– d'Italie *27*
– du Maine *152*
– de Pantin *67–68*
– du Trône renversé 122, *305*
– de la Villette *67–68*
– de Vincennes *305*
Bassin de la Villette 69, *67–68*
Bastille 15, 57, 102, 121, 146, 162, 300, *124–125, 261*
Bateau Lavoir 350
Batignolles 32
Bazar de l'Hôtel de Ville 190
Belle Gabrielle, La *349*
– Jardinière 190
Belleville 138, 193, 230, 233, 341, *290*
Bercy 43, 58, 265
Berlin 359
Bibliothèque de l'Arsenal 368
– Historique de la ville Paris 367f.
– Mazarine 367
– Nationale 327, 366
– Polonaise 368
– du Protestantisme 368
– Sainte-Geneviève 368, *366*
Bicêtre 122, 159, 161, 166, *165*
Bièvre 21, 69, 232
Blois 179
Bois de Boulogne 252, 259, 261f., 265f., *260*
– de Vincennes 265f., 284
Bordeaux 147, 248
Bouffes-Parisiens 221, *314, 325*
Bougival *307*
Bouillons Duval 339
Boulevards, Les 30, 205ff., 209ff., 215ff., *212, 217, 290, 304*
Boulevard Bonne-Nouvelle *210*
– des Capucines 205, 215, 318
– du Crime 316
– Haussmann 222
– des Italiens 32, 63, 205, 338, *220*
– de la Madeleine 208
– Montmartre 205, 315, *208–209, 220*
– Montparnasse 366, *299*
– du Palais *248–249*
– Poissonnière 356
– Port-Royal *201*
– Raspail 366
Boulevard de Rocheshouart *347*
– Saint-Germain 85, 223f.
– Saint-Martin 326
– Saint-Michel 45, *248–249*
– de Sébastopol 276, *211*
– du Temple 316, *147*
– de Vaugirard *206*
Bourse, La 85, 186, 189, *189*
– du Commerce *273*
Brest *165*
Bretagne 332
Bureau des Longitudes 30
Butte de Gravelle 265
Buttes-Chaumont 229, 266f., *264–265*
– Montmartre *132, 196*

Cabaret du Chat-Noir *347*
– le Ciel 307
– l'Enfer 307
– de l'Epée de Bois *184–185*
Café des Ambassadeurs 258
– Anglais 209, 336
– des Aveugles *335*
– Cardinal *216*
– Certa 366
– du Dôme *340*
– Grand Cluny 366
– Hardy 338
– de Madrid 212
– Morel *259*
– Napolitain 215, 366
– de la Paix 339
– du Palais-Royal 344
– de Paris 207
– de la Régence 365, *365*
– Riche 213, 338
– de la Rotonde 350
– Tortoni 207, 211, *212, 217*
– Zoppi (alias Procope) 224, 365, *334*
Calais 248
Canal de l'Ourcq 69, *67–68*
– Saint-Denis 69
– Saint-Martin 69, 254, *130, 261, 264–265*
Carrières d'Amérique 230, 267, *226, 227, 264–265*
– de Montmartre 227
Catacombes 73, 225ff., 229ff., *228, 229*
Caveau des Trois-Mailletz 230
Centre Culturel Pompidou 340
Cévennen 332

Chaillot 43, 268, *278*
Champs-Elysées, Les 30, 98, 215, 234, 258f., 282, 303, *209, 218, 257, 259, 328*
Champ-de-Mars 250, 259, 275, 279, 301f., *303, 370*
Chapelle, La (Quartier) 104
– de la Trinité *349*
Charnier des Innocents *274*
Charonne (Quartier) 13, 162, 256, *266*
Château de Madrid 260f.
– de la Reine Blanche 299
– de Vauvert 108
Châtelet 37, 122, 231, 293, 330, *144*
Chaumière 259
Chaussée d'Antin 208, 315
Chemins de fer 248ff.
Chevaux de Marly 259, 264
Cimetière des Innocents 18, 226, *80, 81, 193*
– Montparnasse *133*
– du Père-Lachaise *266, 267*
– de Sainte-Marguerite 164
– de Saint-Médard 110f., 112, *105*
Cirque d'été *306*
Cité Falguière 224
– Fleurie 224
– Monthiers 224
– Universitaire 41
Clichy (Prison de) 165, 355, *163*
Clignancourt 282
Cloître des Blancs-Manteaux *229*
– Mont-Louis *266*
– Saint-Benoît 142
Cloppe, Pâtisserie *337*
Closerie des Lilas 303, *299*
Collège de France 362
– Mazarin 364, *368*
– de Navarre 142
– des Quatre-Nations *368*
Colombes 232
Comédie Française 314f., *336*
Compagnie Générale des Omnibus 240
Concerts Lamoureux 329
– populaires 329
Conciergerie 85, 162
Conservatoire de Musique 30, 329
Coupole, La 366
Cour Carrée *88–89*
– -du-Commerce-Saint-André 223
– du Dragon *203, 290–291*
– des Miracles *289*
Cours-la-Reine 27, 234, 258, 276
Courtille, La 290, 295, *145, 290, 333*
Couvent des Carmes 122, 302

Défense, La 43, 98
Dijon 142

Ecole des Beaux-Arts 307, 333
– Militaire 277
– Normale 30
– Polytechnique 30f.
Egouts de ceinture 231, *231*
Eléphant de la Bastille 286, 290, *287*
Esplanade des Invalides 282, *84*
Etoile (Quartier) *42*

Faculté de Médecine 155, 362
Faubourg Clichy 232
– du Roule 259
– Saint-Antoine 120f., 158, 236, 299, *122–123, 284–285*
– Saint-Denis 72, 104, 269
– Saint-Germain 32, 98, 256, *52–54*
Faubourg Saint-Honoré 98, 258, *52–54*
– Saint-Jacques 76
– du Temple 316, 319
Ferney *367*
Filles-de-Saint-Thomas-d'Aquin 85, *189*
Florenz 181, *48–49*
Foire de Lendit 269
au Pain d'Epices 269, *284–285*
– Saint-Germain 274, 275, 312, *271, 334*
– Saint-Ovide 275, *270*
– du Trône 269
Folie d'Artois 263
– -Boutin 302
– de Chartres 265
Folies-Bergère 306, *307*
Fontaine d'Amour 59
– de Birague *40*
– du Diable 59
– de l'Eléphant 59, 63, 286, *287*
– des Innocents *40*
– de Tantale 63
Fontainebleau 342
Force, La Grande (Prison) 122, 162, *190*
– , La Petite (Prison) 113, 122, 162
Fresnes 162
Funambules, Les *315*

Galerie d'Anatomie Comparée *363*
– Colbert 221
– Durand-Ruel *350*
– des Variétés 222
– Vero-Dodat 221
Gare d'Austerlitz 164
– de l'Est 248, *240–241, 242*
– Montparnasse 193
– du Nord 248
– d'Orléans 248
– Saint-Lazare 248, 249, *307*
Glacière 69
Gobelins, Les (Quartier) 159
Gonesse 336
Goutte d'Or 268
Grand Café 318
– Châtelet 16, 18, *161*
– -Hôtel 190
– Palais 282
– Seize 37
Grande Chaumière 302, *299*
Grenelle 191, *84*
Gros-Caillou 59
Gymnase-Dramatique *314*

Halle au Blé, La *273*
– aux Poissons, La *338*
Halles centrales, Les 18, 37, 252, 285, 339f., *144, 169, 195, 273, 274*
– aux Vins, Les 43, 58, 339
Hamburg 43
Hippodrome 250, 265
Hôpital Saint-Louis *156, 157*
– de la Trinité 310
Hospice des Enfants-Trouvés 158f., *158, 159*
– du Petit-Saint-Antoine 269
Hostel de Bouillon (Traiteur) 333
Hôtel des Ambassadeurs de Hollande *94*
– d'Angoulême 368
– Barbette *95*
– Bazincourt 164
– de Beauvais 323, *94*
– de Bourgogne 313f.
– Carnavalet *94*
– de Clisson 342
– de Cluny 71, *92–93*
Hôtel de la Colonnade 208
– Davaux *94*
– -Dieu 154f., *154, 166, 156*
– des Haricots 164, *166*
– des Invalides 30, *84*
– du Louvre 190
– de Marle *94*
– de Montmorency 256
– Moufle *109*
– de Nesle *11*
– de Rambouillet 169, 313
– de la Reine 27, *95*
– du Roule 142f.
– Saint-Pol 85f., 255, 299
– Scribe 221
– Soubise *94*
– Taranne *290–291*
– Thélusson 302
– des Tournelles 87, 96
– de Ville 18, 40 *Frontispiz, 130, 137, 169, 179, 300, 301*
– Voltaire 328
Hyde Park 261

Ile-de-France 9, 191, 258, 285, 342, 344, 350
– de la Cité 14, 45, 47, 85, 102, 234, 293, *32, 33, 36–37, 150–151, 200*
– Notre-Dame 48
– du Palais 48
– Saint-Louis 48, 167
– aux Vaches 48
Impasse Guéménée 223
Institut de France 57, 364, 367, *368*
– Médico-Légal *150–151*
Issy 323
– -les-Moulineaux 140
Ivry 191

Jardin Mabille 303
– des Plantes 267f., 339, *363*
Jerusalem 255
Jockey Club 215, 290, 329
Juli-Säule 286

Köln 329

Laboratoire des Capucins du Louvre *361*
Lac Daumesnil 265
La Muette 263, 267, *237*
Le Havre 57, 147
London 43, 142, 275, 331, 359, *48–49*
Longwy 122
Louisiana 185
Louveciennes (Réservoirs) *65–66*
Louvre, Grands Magasins du 190
– Palais du 18, 20, 27, 31, 57, 87, 96f., 109, 275, 299, 342f., *11, 38–39, 62–63, 86, 87, 88–89, 90–91, 100, 157, 187, 245–246, 343*
Lutetia, Lucotetia 10, 14, 45, 102, 234, 309, 318, 332, 339
Luxembourg, Jardins du 15, 227, 236, 256, 264, 267, *263*
– , Palais du 29, 97, 227, 236, 343, *97, 263*
Lyon 14, 181, 223

Madeleine, La 31, 97f., 167, *208*
Madelonnettes, Les (Prison) 113
Madrid 359
Maison du Bon Marché, La 190
– Dorée 37, 338
– de la Marchandise 18
– Moreaux *284*
– aux Piliers 18, *Frontispiz*

Maison Royale des Tournelles 223
Malmaison 174
Manufacture des Gobelins 344
Marais (Quartier du) 29, 48, 147, 195, *94*
Marché des Champeaux 339
– aux Puces 282
– de la Vallée *271*
Marigny *259*
Marly *65–66*
Maubert (Quartier) 293
Maxim's 41, 179, 306
Mazas (Prison) 162
Meaux *370*
Melun 238
Ménilmontant 193, 339
Messageries Royales 238
Métropolitain (Métro) 40, 224f., 252, 254, *252*
Meudon 13
Mille Colonnes 305
Monceau 18, 265, 268, *265*
Montagne Sainte-Geneviève 15, 114, 193, 293, 307
Montfaucon 142, *146*
Montigny *146*
Montmarat 229
Montmartre 72, 102, 216, 227, 268, 307, 350, *22–24, 72–73, 196*
Montparnasse 302, 350, *340, 351*
Montpellier 268
Montrouge 138
Montsouris (Parc) 114, 267
Mont-Valérien 140
Morgue, La 37, *150–151*
Morvan 58
Moulin de la Galette 308
Moulin-Rouge 283, 306f., *174*
Musée de Cluny 71
– de la France d'outre-mer 284
– d'Histoire naturelle 30, *363*
– du Louvre 264, *267*

Nantes 248
Naumachie du Parc Monceau 265
Navarin 221
New York 43, 331
Nizza 248
Nogent-sur-Marne 340
Normandie 332
Notre-Dame-de-Lorette 176
Notre-Dame-de-Paris 18, 69, 85, 106f., 154, 158, 302f., 321, *17, 33, 77, 103, 114, 194*
Nürnberg 182

Observatoire 227, *299, 369*
Odéon 227, 315, 319, *310, 314*
Opéra (Grand Opéra) 205, 215, 282, 290, 294f., 320, 324, 326ff., 329ff., *204, 214–215, 295, 324, 327*
– -Comique 31, 312, 330
– de la rue Le Peletier 222, *323, 324*
Orléans 248, *253*

Palais-Bourbon 97, 324
– Brion 342
– de Chaillot 43, 284
– de la Cité 14, 85
– de l'Elysée 98
– des Femmes 282
– Garnier (siehe Opéra)
– de la Gastronomie 277
– de l'Industrie 276, 282
Palais de Justice 13, *13, 137*
– Mazarin 367
– des Mines et Métallurgie *283*
– Montmorency 221, *208–209*
– -Royal 30, 32, 97, 206, 267, 289, 315, 343, *137, 269, 316–317, 335*
– des Thermes 14, *14*
– de l'UNESCO 43
Palazzo Pitti 29
Panthéon 31, 71, 368
Parc de la Porte de Versailles 285
Parloir aux Bourgeois 18
Passage du Caire 221
– du Charnier-des-Innocents 223
– Choiseul 221
– de Dantzig 350
– Jouffroy *220*
– de la Longue-Allée 223
– de l'Opéra 222, 366, *220*
– des Panoramas 221f.
– de la Reine de Hongrie 287
– Saint-Paul 223
– Vivienne 221
Passy 63, 257, *237*
Pavia 179
Pavillon des Etats *88–89*
– de Flore *70, 88–89*
– de Marsan *88–89*
– du Roi *88–89*
Pecq 248
Père Lunette 293
Petit Palais 282
Petit-Pont *17, 50–51*
Petite Roquette (Prison) 166
Pirna 179
Place de la Bastille 205, *287*
– du Carrousel 96, 299, *38–39, 87, 88–89*
– de la Concorde (Place Louis XV) 30f., 98, *Vorsatz hinten, 173, 270, 296–297*
– Dauphine 343, *312*
– de l'Ecole (Place des Marchands) *276, 284*
– de l'Etoile *218*
– de Grève 18, 47, 147f.
– de l'Hôtel de Ville 47
– Maubert 119, 293
– de la Nation (Place du Trône) 269, 299
– de l'Opéra 205
– de la République 205
– ci-devant Saint-Antoine 122
– Saint-Germain 73
– du Tertre *349*
– Vendôme (Place Louis-le-Grand) 30, 190, 275, *25–26, 109, 134–135, 137, 270*
– des Victoires 30
– des Vosges (Place Royale) 29, *41, 94*
Pompe de la Colline de Chaillot 59
– de la Samaritaine 59, *58–59*
Pont Alexandre III 57, 283, *55–56*
– de l'Alma 276
– des Arts 57, *62–63*
– d'Austerlitz 69
– au Change 47f., *48–49, 161*
– de la Concorde (Pont de la Révolution) 57, 98, *52–54*
– de Iéna 277
– des Invalides 283
– -Marie 47f.
– -Neuf (Pont des Larmes) 48, 59, 140, 227, 313, 318, *Vorsatz vorn, 21, 48–49, 58–59, 234–235*
– Notre-Dame 21, 47, 344, *64*
– Royal *46–47, 254*
– Sainte-Anne (Pont-Rouge) *46–47*
Pont Saint-Michel 47, *34–35, 150–151*
Port des Célestins *236*
– -Mahon *301*
– Saint-Nicolas 57
– au Sel 58
– des Tuileries 57
Porte du Combat 300
– d'Enfer 108, 225
– aux Peintres 341
– Saint-Antoine 15, *29*
– Saint-Denis 30, 205, *207*
– Saint-Honoré 118, *28*
– Saint-Martin 30, 205
Portugal 181
Pré-aux-Clercs 73
Printemps (Magasin) 190
Prison du Dr Belhomme 162
Puits-d'Amour 99

Quai de Bercy 58
– de Conti 47
– de l'Ecole *60–61*
– de la Ferraille 58
– aux Fleurs 47
– des Grands-Augustins 47, *271*
– de l'Horloge 85
– du Louvre *60–61, 245–246*
– Malaquais 333
– de la Mégisserie 58
– de Montebello 155
– de Nesle 47
– d'Orsay 31, 63
– Saint-Paul 238, *236*
– de la Tournelle 238
– Voltaire 346
Quartier Latin 216, 302, *132*

Ranelagh (Parc du) 263
Reine Marguerite (Traiteur) 333
Réservoirs de la Vanne 63
Reuilly 265
Ritz, Le 190
Rochefort *165*
Rom 115, 142, 223, 309, 346, 359
Rond-Point de la Barrière du Trône *284–285*
– des Champs-Elysées 259, 303, *250, 337*
Roquette (Prison) 166
Rotonde de la Villette *67–68, 252*
Rouen 248, 254
Rouvray (Forêt de) 259
Ruche, La 282, 350
Rue Amelot *202*
Rue de l'Ancienne Comédie (Rue des Fossés-Saint-Germain) 314f.
– des Anglais 307
– d'Antin 32
– de Bailleul 335
– Beaubourg 43, 340
– de Beauce 364
– Béranger 162
– Bergère 32
– des Bourdonnais *202*
– de Bretagne 162
– Broca *201*
– de la Bûcherie 155, 362
– de Buci 167, 285
– Cardinal-Lemoine (Rue des Fossés-Saint-Victor) 362
– de la Cité 142
– du Clos-Bruneau 293
– de la Colombe 99
– du Croissant 366
– Croix-des-Petits-Champs 237

Rue de la Culture Sainte-Catherine *94*
– de la Cure 63
– des Deux-Portes 143
– Domat 223
– Drouot 208, 356
– du Faubourg Montmartre 205
– du Faubourg Saint-Antoine 269
– aux Fers *40, 81*
– Feydeau 221
– de Fleurus 350
– des Fossés-Saint-Jacques *202*
– du Fouarre 359
– des Francs-Bourgeois *95*
– Frementeau *87*
– de la Gaîté 305
– Galande 223
– Gozlin (Rue Sainte-Marguerite) *290–291*
– Grange 208
– Greneta 310
– Guénegaud 314
– Hautefeuille 286
– Helvétius *336*
– de l'Hirondelle 231
– de la Huchette 332
– des Italiens 355
– Lagrange 359
– de Lappe 307
– Lepic 285
– de la Lingerie *81*
– Mahler 162
– Mazagran *210*
– Mazarine 323
– du Mont-Cenis *197, 348*
– Montmartre 257, 352
– de Montmorency 108
– de Montreuil 120
– Mouffetard 99, 305
– Neuve *194*
– Notre-Dame-de-Nazareth 286
– aux Ours 104
– Pavée 368
– Le Peletier 222, 327
– de Picardie 162
– Pirouette *195*
– de Provence 32, 302
– Quincampoix 185, *184*
– Radziwill 286
– Rambuteau 341
– Ravignan 350
– Réaumur *289*
– de Rennes *203*
– de Richelieu 32, 327, 343, 367, *216*
– de Rivoli 18, 190, *88–89, 179, 245–246*
– de la Roquette *113*
– Royale 98
– Sainte-Anne *336*
– Saint-Antoine 10, 85
– Saint-Denis 221, 223, 310, 341, *40, 161*
– Saint-Honoré 324
– Saint-Jacques 10, 14, 360
– Saint-Lazare 302
– Saint-Martin 238
– Saint-Thomas-du-Louvre 169
– Scribe 215
– de Seine 333
– de Sévigné 162
– de Sèvres 76
– du Temple 162, 237
– de la Tombe Issoire 63
– de Tournon 113, *97*
– Transnonnain 138
– des Ursins *200*
– de Valois 289
Rue de Venise 338
– de la Vieille-Lanterne *149*
– Vivienne 257, 367
Rungis 14, 340

Sablons 261
Sacré-Cœur 40, 308
Saint-Cloud 261, *74–75*
– -Cloud (Menus-lez-Saint-Cloud) 260
– -Denis 72, 265
– -Etienne-du-Mont 71f., *78, 79*
– -Eustache 10, 76, 328, 340, *83*
– -Germain-l'Auxerrois 73f., *86, 276*
– -Germain-en-Laye 29, 248
– -Germain-des-Prés 72f., 101f.
– -Gervais 140
– -Jacques-de-la-Boucherie 76, 360
– -Julien-le-Pauvre 9, 76, 230, 268, *82*
– -Lazare 159, 162, 314
– -Louis-des-Invalides *83*
– -Martin (Quartier de) 75
– -Martin-des-Champs 75, *82*
– -Michel, Chapelle *34–35*
– -Ouen 269, *174, 270*
– -Roch 123
– -Sépulcre, ordre du *290–291*
– -Séverin 76
– -Séverin (Quartier) 338
– -Sulpice 274, 302, *83*
– -Vincent-Sainte-Croix 102
Sainte-Chapelle 75f., 107, 342, *248–249*
– -Geneviève 31
Salon Carré du Louvre *343*
– de Peinture, Le 347
– des Refusés 350
– Rose-Croix *350*
Salpêtrière 159, 161, *156, 157*
Samaritaine, La 190
Santé, La (Prison) 166
Savoyen 332
Sébastopol 138
Sélect, Le 366
Sèvres 57
Solferino 138
Sorbonne 181, 360ff., *359*
– , Eglise de la *83, 359*
Source, La 366
Stadtmauer der Fermiers Généraux 230, *67–68, 305*
– Philipp Augusts 341, *16, 88–89*

Talaru (Prison) 161
Tambour Royal, Le *333*
Taverne du Bagne 308
Temple 162, 164, *94*
Théâtre des Champs-Elysées (Nouveau Th...) 330
– de la Foire 275
– de France 319
– Français 315, *311, 325, 367*
– Historique 316
– de l'Impératrice 315, *310*
– des Italiens *172*
– Libre 318
– de Magie et des Enfants 221
– du Marais 324
– Moderne 222
– National Populaire de Chaillot 319
– d'Orsay 319
– de la Porte Saint-Martin 316, 326
– Sarah-Bernhardt *149*
– des Variétés 279, 315, *216, 306, 316–317, 325*
Thermes, Les 45, 71
Tivoli 267
Toledo 181
Toulon *165, 289*
Tour de Clovis 71
– du Coin *88–89*
– Eiffel 40, 227, 279f., *280–281*
– de Nesle 47, *44*
– Saint-Jacques *36–37, 114*
– du Temple *161*
Tours 248
Trappes 250
Trocadéro 43, 279, 284, *278, 280–281*
Trois Frères Provençaux, Les *336*
– Quartiers, Les 190
Tuileries, Jardins des 264, 302, *256, 262*
– Palais des 32, 40, 96ff., 108f., 121f., 299, 303, 314, 329, *88–89, 126–127, 137, 262*

Val-de-Grâce 138, 227, *71*
Vaugirard 158, 302
Vendôme-Säule *134–135, 136, 347*
Verdun 122, 218
Versailles 29, 96, 268, 323, 364, *52–54, 65–66, 157, 169, 243–244*
Village Suisse 282
Vincennes 140, 146
– , Zoo de 284

Ypern 218